本书为 2013 年度国家社会科学基金项目（批准号：13BFX122）"专利权的不确定性与专利诱饵的法律规制研究"最终成果，受国家社会科学基金项目资助。

专利权的不确定性
与专利诱饵的法律规制

徐棣枫　孟　睿　严　犟　闫宇晨　著

知识产权出版社

全国百佳图书出版单位

——北京——

图书在版编目（CIP）数据

专利权的不确定性与专利诱饵的法律规制/徐棣枫等著. —北京：知识产权
出版社，2019.12（2020.3 重印）

ISBN 978-7-5130-6567-2

Ⅰ.①专…　Ⅱ.①徐…　Ⅲ.①专利权法—研究—中国　Ⅳ.①D923.424

中国版本图书馆 CIP 数据核字（2019）第 251208 号

内容提要

本书从专利诱饵、专利非实施主体等实际问题出发，揭示专利权不确定性的现象和危害。在财产法和市场管制法两个框架下，通过对现有理论和制度的解析，以权利确定性寻求为路径，一方面通过对传统专利法财产理论的反思，探讨如何借鉴占有理论应对专利权的不确定性；另一方面通过重新认识专利法与垄断法的关系，探讨专利法市场管理功能的界定和发挥，为专利审查和专利司法实践如何应对专利诱饵等行为提出具体建议。

责任编辑：龚　卫　李　叶　　　　　责任印制：刘译文
封面设计：韩建文

专利权的不确定性与专利诱饵的法律规制

ZHUANLIQUAN DE BUQUEDINGXING YU ZHUANLI YOUER DE FALÜ GUIZHI

徐棣枫　孟　睿　严　骥　闫宇晨　著

出版发行：知识产权出版社有限责任公司	网　　址：http://www.ipph.cn
电　　话：010-82004826	http://www.laichushu.com
社　　址：北京市海淀区气象路 50 号院	邮　　编：100081
责编电话：010-82000860 转 8745	责编邮箱：laichushu@cnipr.com
发行电话：010-82000860 转 8101	发行传真：010-82000893
印　　刷：三河市国英印务有限公司	经　　销：各大网上书店、新华书店及相关专业书店
开　　本：720mm×1000mm　1/16	印　　张：19.75
版　　次：2019 年 12 月第 1 版	印　　次：2020 年 3 月第 2 次印刷
字　　数：322 千字	定　　价：89.00 元
ISBN 978-7-5130-6567-2	

目 录

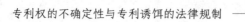

引 言

一、问题的提出与背景❶

专利制度是近代法律制度创新的重要成果之一，其为发明人提供激励是以牺牲社会公众对知识自由使用为代价的。专利制度改变了人类长期以来知识共享的规则，专利法的实施应当促进创新及其成果，并产生社会净收益。然而，专利法的实施目前面临诸多错综复杂的问题，甚至动摇了人们对专利制度的认识，难以满足创新型国家建设的需要。专利侵权与专利权滥用之风并存，"专利灌丛"（Patent Thicket）林立，"问题专利"（Questionable Patent）/垃圾专利泛滥与高质量专利稀缺形成鲜明对照；一方面是大量专利沉睡、专利实施率低，另一方面却是"专利阻击"和"专利钓鱼"（Patent Trolls）无孔不入。申请专利甚至被戏称为"买彩票加敲竹杠"。专利制度如何在适度保护专利权的同时产生有效的创新激励；如何避免专利制度的不当运用，防止专利制度从技术创新的发动机蜕化为技术创新的障碍和发达国家遏制后发国家崛起的工具；专利制度随着技术进步如何不断自我完善已引起人们的注意。

目前，国内研究或关注于宏观层面的价值分析，或集中于个别具体问题的讨论。虽也有对无形财产权制度较为深入的理论研究，但尚无专门针对专利制度从财产权角度，特别是权利确定性角度全面检视专利制度的研究，忽视从财产权的基本理论和基本制度出发挖掘专利制度根基性问题。由于研究

---

❶ 徐棣枫. 权利的不确定性与专利法制度创新初探［J］. 政治与法律，2011（10）：124.

视角的局限和理论深度的不足，难以发现专利基础性制度中存在的缺陷，也无法就专利法基础性制度的完善提出建设性意见。虽有研究介绍国外动态，但尚未整合相关成果并结合我国实际问题，借鉴的孤立研究缺乏深度和广度，也难以从专利制度的系统层面提出改革措施，更缺乏制度创新的研究。

国外研究者较早对专利制度实施的社会净收益进行了研究，明确了专利制度完善的方向。通过对专利权的特点、独特的权利表达和界定制度进行研究，揭示了专利权的不确定性的存在和其具体表现及对专利制度的影响；❶ 国外研究者还通过对专利局面对迅猛增长的专利申请，难以确保审查质量的困境之实证研究，批评了专利局授予了太多的坏专利❷，揭示了专利审查制度存在的问题，对专利审查制度的改革提出了大胆的建议；英国知识产权委员会，以及美国国家科学院（National Academy of Sciences）、美国专利商标局（USPTO）、美国联邦贸易委员会（Federal Trade Commission，以下简称"FTC"）发布了多篇研究报告，坦陈专利制度存在的缺陷，提出了改革目标和方案；自2005年以来，美国国会先后提出的多个专利改革法案及围绕这些改革法案的讨论，也出现了一些颇有意义的改革建议；还有研究通过对司法判例的讨论，提出了专利司法救济的完善措施等。

专利权作为财产权利已为世界各国立法和有关国际公约所普遍承认，有法谚称"没有确定性就没有财产权"。然而，作为财产权利的专利权，在现实中给人们的感受却是非常不确定的。专利申请能否被授权、专利权范围有多大、专利权是否有效、专利能否真正得到有效保护、专利技术能否实施、专利的质量和价值如何等，都具有不确定性。无论是旷日持久的专利诉讼，还是低位徘徊的专利实施率，从策略性专利申请的大量出现到问题专利的泛滥，以及滥用专利权，甚至发达国家构筑专利壁垒，动辄挥舞专利这一知识产权大棒威胁制裁打击发展中国家，都与专利权的不确定性有关。

因此，有必要以知识产权保护国际化为背景，立足创新型国家建设的实际，从专利权的不确定性出发，研究探讨完善专利制度的具体措施，通过制

---

❶ BESSEN J, MEURER M J. Patent Failure：How Judges, Bureaucrats, and Lawyers Put Innovators at Risk [M]. Princeton：Princeton University Press, 2008：1-5.

❷ LEMLEY M A. Rational Ignorance at the Patent Office [J]. Berkeley Olin Program in Law & Economics, Working Paper Series, 2000 (95)：1021.

度创新，在避免专利法规则复杂化的同时，寻求遏制专利滥用、提高专利质量和稳定性、提高专利审查和司法救济效率的有效途径和方法。希望借此丰富专利法的基础理论，并为专利制度的改进提供理论支持和具体建议，为完善我国专利制度和专利立法以及指导专利实践，提供一孔之见。❶

二、国内外研究成果综述

作为财产权利的专利权在现实中给人们的感受是非常不确定的，专利权范围有多大、专利权是否有效、能否实施、专利的质量和价值如何等，都具有不确定性。无论旷日持久的专利诉讼，还是低位徘徊的专利实施率，从问题专利的泛滥，到专利诱饵（Patent Trolls）的攻击和滥用专利权，都与专利权的不确定性有关。专利权不确定性与专利诱饵问题已引起研究者的关注，并从不同的角度对这一问题进行了研究，所形成的成果为本研究提供了基础和素材。❷

德拉霍斯在《知识产权哲学》一书中提出了"抽象物"的概念，并就其与知识产权的关系进行了研究。❸ 美国经济学家阿罗发现界定一项信息并从其他项目中把它区分出来存在的困难，专利法为向发明创造提供知识产权保护，

---

❶ 本书的讨论集中于实审的发明专利，不实审的实用新型专利和外观设计专利未作讨论。

❷ 本书需要说明的是，patent troll 一词的中文翻译有专利蟑螂、专利海盗、专利渔夫、专利诱饵等。本书认为，专利蟑螂、专利海盗等翻译太过贬义，专利诱饵相对中性一些，适合在学术研究中使用。Patent troll 不是官方用词。2003 年，FTC 在其官方报告中首次引入 NPE（Non-Practicing Entity，中文翻译为专利非实施主体）一词，用于指称申请专利却不利用该专利生产产品或提供服务的实体，或从第三方收购专利但不实施也不打算实施，其目的仅在于通过诉讼手段主张权利以获取收益的实体。2011 年，FTC 在其另一份官方报告中又提出了 PAE（Patent Assertion Entities，中文翻译为专利主张主体）一词，用于指称那些以通过购买专利并向他人主张专利权为主业的实体，并指出之所以使用 PAE 而不是使用范围更广的 NPE，是因为 NPE 包括大学、研究机构等主要以技术研发和专利技术许可为主业的实体，而 PAE 则不包括这样的实体。然而，到了 2016 年，FTC 发布的最新一项针对 PAE 的研究报告中，PAE、NPE 成了并列的概念，各自定义了不同的主体范围，相互之间不再有包含关系。根据该报告附件中对相关词汇的定义，NPE 是指以技术创新和转让为主业的专利权人。PAE 是指以购买专利并主张专利权为商业模式的实体。如果按照 2016 年 FTC 报告的定义，本书研究的对象主要为 PAE 所指对象。但是，如前所述，patent troll、NPE 以及 PAE 的适用范围和含义在不断发生变化，不同时期的研究文献所使用的词汇也不相同。因此，本书使用专利诱饵来指称那些以购买专利并主张专利权为主要盈利模式的实体，当然 Patent Troll、NPE、PAE 均可以纳入本书研究的专利诱饵范畴。另外，由于引用的文献会不时地使用 Patent Troll、NPE、PAE 等词汇，为了保持与引用文献一致，故在相应的引文内容里，Patent Troll、NPE、PAE 会不断变换出现。

❸ DRAHOS P. A Philosophy of Intellectual Property［M］. New York：Routledge，2016：21. 转引自冯晓青. 知识产权法哲学［M］. 北京：中国人民公安大学出版社，2003：345-346.

构建了复杂和微妙的制度。❶ 罗伯特在《新技术时代的知识产权法》一书中，通过分析有形财产与无形的专利这两种不同的财产之间的区别，特别是无形财产的占有和使用具有非排他性这一事实，指出有形财产权的传统经济学理论不适用于专利。❷ 英国学者布拉德·谢尔曼和莱昂内尔·本特利在《现代知识产权法的演进：1760—1911 英国的历史》一书中对英国现代知识产权法的历史进行研究时，阐述了书面文件制度实现了无体财产的闭合，确保无体财产被置于一种既稳定又可无限重复的格式。❸ 尚比（Cotropia）在《专利权利要求解释及其信息价值》一文中研究了发明创造的抽象性，他指出，发明没有物质存在意味着不可能借助物的边界来确定发明，人们无法通过观看和触摸物的方式来理解发明的范围，从而揭示了无形性导致理解和识别发明边界的困难，并进而提出专利法为实现其目的，首要任务就是确定专利的排他性的范围之边界。❹

我国学者郑成思在《知识产权论》一书中研究了专利权的无形性特点，认为知识产权的第一个也是最重要的特点就是"无形性"，这一特点把他们同一切有形财产及人们就有形财产享有的权利区分开来。❺ 吴汉东等在《无形财产权制度研究》一书中将专利权等知识产权视为独立于传统意义上的物的另类客体，是在精神生产过程中创造出来的知识产品，这类产品具有非物质性。❻ 冯晓青在《知识产权法哲学》中指出，知识产权是非有形财产，它表现为抽象类型、设计、模式、一些思想或者思想的集合等形式。❼ 朱谢群在《创新性智力成果与知识产权》一书中，研究了个人判断智力成果的困难，以及智力成果的共享性加剧了个人利用与社会利用之间的矛盾，这些使得特定

❶ ARROW K J. Economic Welfare and the Allocation of Resources for Inovention, In The Rate and Direction of Inventive Activity [J]. Economic and Social Factors, 1962 (12): 609−626.

❷ 罗伯特·P.墨杰斯，彼特·S.迈乃尔，马克·A.莱姆利，等. 新技术时代的知识产权法 [M]. 齐筠，张清，彭霞，等，译. 北京：中国政法大学出版社，2003：1-2.

❸ 布拉德·谢尔曼，莱昂内尔·本特利. 现代知识产权法的演进：英国的历程（1760—1911）[M]. 金海军，译. 北京：北京大学出版社，2006：216-222.

❹ COTROPIA C A. Patent Claim Interpretation and Information Costs [J]. Lewis & Clark Law Review, 2005 (1): 57−91.

❺ 郑成思. 知识产权论 [M]. 北京：法律出版社，2003：64.

❻ 吴汉东，胡开忠. 无形财产权制度研究（修订版）[M]. 北京：法律出版社，2005：44.

❼ 冯晓青. 知识产权法哲学 [M]. 北京：中国人民公安大学出版社，2003：185.

主体的私益难以界定，因此，需要具有权威性、专业性的公共机构向社会提供具有公信力的认定，并以此为基础创设相应的知识产权。❶ 马俊驹和梅夏英在《无形财产的理论和立法问题》一文中强调，无形财产的存在实际上是传统"物化思维"的产物，它能有效地界定利益，扩展财产范围并对传统财产权体系理论造成冲击，从"权利"和"行为"角度去分析财产，统一财产权的理论是未来财产权理论发展的方向。❷ 韩晓春在《谈物权基本原则对专利权的类推适用》一文中，从民法的角度探讨了物权基本原则对专利权的类推适用问题，包括物权公示原则对专利权的类推适用。❸ 该研究有助于加深人们对专利权的财产权性质和特点的理解。崔国斌在《知识产权确权模式选择理论》一文中对智力成果产权边界的确权规则作出了新的解释❹，该研究拓展了人们对专利权权利客体的认知视角。

国内外学者对无形财产制度的研究表明，与有体物相比，专利权由于不具有物质形态，不占有特定的空间，客观上无法为人所占有，其无形性使得人们无法像对待有体物那样，借助或依赖无体物的本身来对其权利和权利范围加以确定，从而导致专利权不够确定的问题。但是，前述有关无形财产制度的研究，并未进一步深入探讨专利权的不确定性。

有研究者试图从专利申请和专利审查制度等方面入手，探析专利权的不确定性。希尔顿经研究后认为，专利有三个方面的不确定性：认知/感知上（统计上）的不确定性、内在的不确定性、策略性使用上的不确定性，并指出策略性使用的不确定性应当加以改革。希尔顿还认为，专利律师（代理师）是模糊性大师，是导致不确定性的主要原因之一，建议对专利申请行为进行规制以提高专利的确定性。❺ 盖勒在《国际专利的乌托邦?》一文中讨论了专利审查的高难度和高错误率所导致的难保授权专利确定性的问题。❻ 莱姆

---

❶ 朱谢群. 创新性智力成果与知识产权［M］. 北京：法律出版社，2004：112-113.

❷ 马俊驹，梅夏英. 无形财产的理论和立法问题［J］. 中国法学，2001（2）：102-111.

❸ 韩晓春. 谈物权基本原则对专利权的类推适用［M］//国家知识产权局专利法研究所. 专利法研究：1998. 北京：专利文献出版社，1998：36.

❹ 崔国斌. 知识产权确权模式选择理论［J］. 中外法学，2015（2）：438-460.

❺ HYLTON K N. Patent Uncertainty：Toward a Framework with Applications［J］. Boston University Law Review，2016（96）：1117.

❻ 保罗·爱德华·盖勒，刘家端. 国际专利的乌托邦?［J］. 科技与法律，2004（1）：118-124.

利在《专利局：理性的无知》一文中，甚至批评 USPTO 因被认为未能认真审查专利申请，导致"坏专利"从其体系中流出。❶ 兰德斯和波斯纳在《知识产权法的经济结构》一书中认为，专利商标局的行政审理程序并不严格。❷ 科伯恩等专门研究了美国专利审查员的个人特质对专利审查的影响，揭示了专利审查对主观判断的依赖增加了专利权的不确定性这一事实。❸ 候海薏等在《合理规范专利审批中的自由裁量》一文中讨论了专利审批中存在的大量自由裁量对专利稳定性的影响。❹ 美国国家科学院和 FTC 分别在 2003 年和 2004 年发布了《面向 21 世纪的专利制度》❺ 和《促进创新：竞争与专利法律政策的适度平衡》❻ 报告，坦承现行专利审批制度存在的缺陷。马拉利则从法律不确定性的角度阐释了专利权的不确定性。❼马拉利认为，法律中普遍存在对确定性的关切。只有法律的内容和适用具有一定程度的确定性，才有利于行为人确定其权利的范围和确保其行为符合法律规范。在专利法中，专利权的不确定性具有两个系统性根源：第一，来自公共机构产生的不确定性；第二，专利制度中私人行为造成的不确定性。虽然这些来源于公共和私人的不确定性不是致命的缺陷，但仍有必要予以规制。布思则通过对美国联邦巡回上诉法院新近几个重要的专利案例的分析认为，对于专利来说，唯一可以确定的就

❶ LEMLEY M. Rational Ignorance at the Patent Office ［J］. Northweatern University Law Review, 2001 (4)：95.

❷ 威廉·M·兰德斯, 理查德·A·波斯纳. 知识产权法的经济结构 ［M］. 金海军, 译. 北京：北京大学出版社, 2005：394.

❸ COCKBUR I M, KORTUM S, STERN S. Are All Patent Examines Equal? The Impact of Charcteristics On Patent Statistics And Litigation Outcomes ［EB/OL］. ［2018-12-06］, http://www.nber.org/papers/w8980.

❹ 候海薏, 俞翰政. 合理规范专利审批中的自由裁量 ［M］//国家知识产权局条法司. 专利法研究：2004. 北京：知识产权出版社, 2005：213-214.

❺ National Research Council. Committee on Intellectual Property Rights in the Knowledge – Based Economy ［J］. IEEE Engineering Management Review, 2004, 33 (3).

❻ Federal Trade Commission. To Promote Innovation：The Proper Balance of Competition and Patent Law and Policy ［EB/OL］. ［2018-04-20］. https://www.ftc.gov/sites/default/files/documents/reports/promote-innovation-proper-balance-competition-and-patent-law-and-policy/innovationrpt.pdf.

❼ MULLALLY K C. Legal (Un)Certainty, Legal Process, and Patent Law ［J］. Loyola of Los Angeles Law Review, 2010 (43)：1109.

是其不确定性。❶ 这些研究虽从多个角度揭示了专利权不确定性的部分原因，但未能从专利权特殊的权利界定制度角度出发，全面探讨专利权不确定性问题。

对于专利权不确定性表现的研究，国外研究成果较丰富。瑟顿从理论角度论述了专利权利要求保护范围不确定性的问题。❷ 瑟顿认为，专利权利要求具有广泛的不确定性，使得第三方往往难以确定已授权专利的法律保护范围，因此给第三方带来了巨大的成本，并可能减少创新。瑟顿还通过建立专利权利要求保护范围不确定性的模型，对专利权利要求解释规则和程序进行严格的评估。在此基础上，瑟顿提出，可以通过要求专利申请人事先对保护范围进行更精确的描述和调整来改善不确定性。道格拉斯认为，专利诱饵持有专利与美国宪法确立的原则相违背，其行为往往是滥用法律制度来行使权利。例如，滥发含糊不清的警告函，强制执行那些极有可能不符合授权条件的专利，迫使善意生产产品的公司签订特许协议并支付和解金，躲在空壳公司背后以逃避法律责任，以及使无辜的公司付出数百万元的律师费以解决纠纷。❸ 目前，国内尚少见对于专利权不确定性表现的研究。王会良、和金生在《专利模糊性：一种新型专利价值视角》一文中研究了专利的模糊性和不确定性，并从专利模糊性的含义出发，对专利模糊性产生的背景进行了分析，指出专利模糊性理论对法律制度、企业行为、新生行业、社会福利等都将产生深远的影响。❹ 前述国内对专利权不确定性的研究，尚无法从专利权不确定性角度回应现实中急需解决的问题专利和专利诱饵问题。

随着华为、中兴等高新技术企业在海外遭遇专利诱饵的阻击，以及高智发明（IV）公司进入中国，问题专利和专利诱饵成为我国学者的研究热点。我国不少学者对专利诱饵的商业模式、诉讼战略及其后果进行了介绍和评析。袁晓东和孟奇勋在《美国知识风险公司的运作模式及其启示》一文中认为，专利诱饵可以加速发明创造的商业化进程，但同时也有可能导致合作过程中

❶　BOOTH R C. The Only Certainty is Uncertainty: Patent Claim Construction in the United States Court of Appeals for the Federal Circuit [J]. Journal of Technology Law & Policy, 2017 (21): 243.

❷　SURDEN H. Efficient Uncertainty in Patent Interpretation [J]. Washington and Lee Law Review, 2011 (68): 1737.

❸　DOUGLAS N. Non-Practicing Entities & Patent Reform [J]. Pace Law Review, 2018 (38): 608.

❹　王会良，和金生. 专利模糊性：一种新型专利价值视角 [J]. 电子知识产权，2007 (9): 27-30.

的技术外流，从而丧失产业竞争力。❶ 曹勇和黄颖在《专利诱饵的诉讼战略及其新发展》一文中探讨了专利诱饵的分布特点，为我国企业避免专利诱饵的诉讼风险、应对诉讼袭击提供了有针对性的对策和建议。❷ 李明星等在《创新视阈下专利许可公司商业模式解构研究》一文中，从实施主体、专利类型、专利质量、许可关系及行为方式等要素系统性地分析了专利许可公司的商业模式、盛行缘由以及负面效应，并结合案例深刻揭示了专利许可公司的运营之道。❸ 孙远钊在《应对专利操控实体（PAEs）的难题与政策规制》❹ 和《专利诉讼"蟑螂"为患？——美国应对"专利蟑螂"的研究分析与动向》❺ 的文章中分析了专利诱饵的来源、定义、行为方式及规制的难点，并认为，对于专利诱饵要对症下药，不能只靠"围堵"的方式，还要运用"疏导"的方法作为配套，从根本上改善专利交易和许可的市场环境。

对于问题专利和专利诱饵的具体规制方法，国内外学者从不同的角度进行了研究。有研究者从专利质量和效力推定的角度研究了问题专利。丁宇峰在《中美专利质量控制措施比较与启示》一文中，通过比较两国控制专利质量的具体措施，揭示了我国在控制专利质量方面的不足，并提出了构建专利质量控制体系的建议。❻ 梁志文在《专利质量的司法控制》一文中提出，法院在控制专利质量方面的作用是最具效率的，我国法院在侵权之诉中以不侵权抗辩为手段，以权利要求的解释为媒介，在民事诉讼中间接处理专利权的效力争议，有助于提升专利质量。❼ 西摩经过研究后认为，在美国获得低质量专利太容易了，低质量专利问题并不只是因为 USPTO 糟糕的决策和政策，还因为当前专利审查中存在的证据、信息和法律不对称性，并提出应当对目前

---

❶ 袁晓东，孟奇勋. 美国知识风险公司的运作模式及其启示 [J]. 知识产权，2009（5）：78-85.

❷ 曹勇，黄颖. 专利钓饵的诉讼战略及其新发展 [J]. 情报杂志，2012（1）：25-30.

❸ 李明星，刘晓楠，罗鋆，等. 创新视阈下专利许可公司商业模式解构研究 [J]. 科技进步与对策，2014（23）：116-120.

❹ 孙远钊. 应对专利操控实体（PAEs）的难题与政策规制 [J]. 电子知识产权，2014（6）：36-41.

❺ 孙远钊. 专利诉讼"蟑螂"为患？——美国应对"专利蟑螂"的研究分析与动向 [J]. 法治研究，2014（1）：76-86.

❻ 丁宇峰. 中美专利质量控制措施比较与启示 [J]. 理论与改革，2016（4）：160-165.

❼ 梁志文. 专利质量的司法控制 [J]. 法学家，2014（3）：61-73.

的专利审查制度进行改革。❶ 陈武在《问题专利与专利权的重构——拟议中的"美国专利改革法案"思想评述》一文中，对问题专利产生的原因及其危害进行了分析，指出问题专利折射出来的诸多弊端反映了专利制度的整体失灵，"问题专利"产生的制度原因是专利权推定有效的误用。❷ 萨尔诺夫分析了多个有关有效推定的案件，认为有关专利推定效力及其适用范围和适用的问题还是专利程序法和实体法中争议的核心问题。萨尔诺夫建议美国法院在处理这类案件时能够仔细考虑推定的实际性质、存在的理由其运作方法以及能够克服推定效力的证据。❸

有学者从权利滥用的角度探讨专利诱饵的规制问题。宁立志等在《专利诉权滥用的防范》一文中研究了专利滥诉行为的法律性质，论证了使用侵权理论应对专利诉权滥用的局限性。❹ 王晋刚在《专利疯　创新狂：美国专利大运营》一书中，试图从大量专利运用、专利行权、专利交易、专利诉讼的案例中揭示美国专利创新机制运行的根本机理，探索专利驱动、万众创新的优势和弊端，同时对信息经济环境下中国创新产业的前途、万众创新的机遇进行有益的思考。❺ 由于专利诱饵为自己辩护的理由之一是，他们充当中间人，为创新提供便利，将新技术从发明者带到能够实施的人手中。为此，费尔德曼等学者运用实证调查的研究方法，对实际参与专利许可谈判的人进行调查和研究，发现很少有专利权人发起的许可行为导致任何创新。❻ 当然，费尔德曼的研究结论是否正确，还有待进一步分析和检验。

有研究者从专利法与竞争法、反垄断法相互配合的角度探讨专利权滥用行为的规制。王先林在《竞争法视野的知识产权问题论纲》一文中分析了知识产权与竞争之间的复杂关系，指出知识产权与竞争之间的关系决定了知识

---

❶ SEYMORE S B. Patent Asymmetries [J]. UC Davis Law Review, 2016 (49)：963.

❷ 陈武. 问题专利与专利权的重构——拟议中的"美国专利改革法案"思想评述 [J]. 环球法律评论，2009 (4)：53-60.

❸ SARNOFF J D. Bilcare, KSR, Presumptions of Validity, Preliminary Relief, and Obviousness in Patent Law [J]. Cardozo Arts & Entertainment Law Journal, 2008 (25)：995-996.

❹ 宁立志，宋攀峰. 专利诉权滥用的防范 [J]. 知识产权，2017 (10)：22-34.

❺ 王晋刚. 专利疯　创新狂：美国专利大运营 [M]，北京：知识产权出版社，2017.

❻ FELDMAN R，LEMLEY M A. Do Patent Licensing Demands Mean Innovation [J]. Iowa Law Review，2015 (101)：137.

产权在竞争法上地位的特殊性，需要从反不正当竞争法和反垄断法两个不同的视角分析知识产权，并从竞争法视角讨论了知识产权与垄断问题。❶ 于海东在《禁止专利权滥用原则及其对反竞争效果之考察》一文中分析了美国相关司法实践在评判专利权人的行为是否构成滥用时，也考察其是否具有反竞争效果的目的在于严格"专利权滥用原则"的评判标准，并对我国专利法中所规定的有关反竞争效果的内容作出新的解读。❷ 杨三正和苟学珍《论反垄断与知识产权保护的协调及互动》一文，从学理层面、基本功能和实证研究等方面，探究了反垄断与知识产权保护的协调及互动关系❸，对构建两者的动态平衡具有积极的理论与现实意义。

美国引入不正当行为规则规制问题专利和专利诱饵的作用逐渐被重视。美国学者曼明提出，通过改进不正当行为原则来控制专利欺诈行为。❹ 马恩在其论文中提出，虽然专利诱饵的专利主张行为是合法的，但其专利主张行为确实阻碍了科学和技术的进步，并建议发挥美国专利法实践中的不正当行为原则来应对专利诱饵问题。❺ 麦克则认识到了要通过改进不正当行为原则来提升专利质量。❻ 近年来，我国学者对美国专利法实践中的不正当行为原则也进行了深入的研究。崔航的《不正当行为原则的发展历程与启示》❼ 和刘珍兰的《美国专利法不正当行为原则的最新发展》❽，分别从不同的角度对美国专利法实践中的不正当行为原则的发展历程、现状及制度利弊进行了介绍和评述，揭示了不正当行为原则在规制专利欺诈中的重要作用。

结合《美国发明法案》（*America Invents Act*，简称"AIA"）以及我国

❶ 王先林. 竞争法视野的知识产权问题论纲 [J]. 中国法学，2009（4）：6-16.

❷ 于海东. 禁止专利权滥用原则及其对反竞争效果之考察 [J]. 知识产权，2017（3）：81-86.

❸ 杨三正，苟学珍. 论反垄断与知识产权保护的协调及互动 [J]. 甘肃政法学院学报，2018（4）.

❹ MAMMEN C E. Controlling the "PLAGUE"：Reforming the Doctrine of Inequitable Conduct [J]. Berkeley Technology Law Journal，2009（24）：24.

❺ MAHN G. Keeping Trolls Out of Courts and Out of Pocket：Expanding the Inequitable Conduct Doctrine [J]. Loyola University Chicago Law Journal，2014（45）：1245.

❻ MACK K. Reforming Inequitable Conduct to Improve Patent Quality：Cleansing Unclean Hands [J]. Berkeley Technology Law Journal，2006（21）：21.

❼ 崔航. 不正当行为原则的发展历程与启示 [J]. 中国发明与专利，2018（1）：36-44.

❽ 刘珍兰. 美国专利法不正当行为原则的最新发展 [J]. 武汉大学学报（哲学社会科学版），2011（5）：106-111.

《专利法》第四次修改，我国学者对 AIA 以及新近立法和司法实践做了深入研究，这些研究为我国专利法第四次修改提供了有益的参考。朱雪忠和漆苏在《美国专利改革法案内容及其影响评析》一文中，从专利制度实体、程序、行政、司法等多方面对 AIA 进行了评析，并对中国的影响等问题进行了有价值的研究和探讨。❶ 郭羽佼等在《eBay 案与美国专利制度改革》一文中，基于 eBay 案分析了美国专利侵权诉讼中改革永久禁令适用的深层原因，并梳理了 eBay 案后专利诉讼中禁令的适用情况。❷ 易继明在《遏制专利蟑螂——评美国专利新政及其对中国的启示》一文中介绍和评析了 AIA 之后美国政府和国会旨在打击专利诱饵、提高专利质量、促进专利创新所采取的行政措施和立法建议，并结合中国国情，提出了我国应对专利诱饵的建议。❸ 夏淑萍在《专利权有效性推定规则的概念论证及其展开——论专利权的证明方法》一文中，论述了美国专利法实践中有效性推定规则与司法确权程序中的专利权效力证明标准之间的紧密关联❹，这为我国《专利法》第四次修改中是否降低专利推定效力的争论提供了新的讨论视角。

三、研究角度和内容安排

（一）研究角度

本研究从专利诱饵等实际问题出发，揭示专利权不确定性现象、危害。在财产法和市场管制法两个框架下，经由对现有理论和制度的解析，以权利确定性寻求为路径，一方面，通过对传统专利法财产理论的反思，探讨如何借鉴占有理论应对专利权的不确定性；另一方面，通过重新认识专利法与垄断法的关系，探讨专利法市场管理功能的界定和发挥，进而研讨通过专利法对专利滥用等不当行为进行规制的可能性和具体构建，并通过对专利审查和专利司法实践及专利运营的研究，探讨完善专利法的可能途径和具体方案。

---

❶ 朱雪忠，漆苏. 美国专利改革法案内容及其影响评析 [J]. 知识产权，2011（9）：79-89.

❷ 郭羽佼，闫文军. eBay 案与美国专利制度改革 [J]. 科技与法律，2012（2）：34-37.

❸ 易继明. 遏制专利蟑螂——评美国专利新政及其对中国的启示 [J]. 法律科学，2014（2）：174-183.

❹ 夏淑萍. 专利权有效性推定规则的概念论证及其展开——论专利权的证明方法 [J]. 知识产权，2018（8）：41-47.

本研究的难点在于对专利权不确定性现象的实证分析和理论探讨，特别是占有理论的借鉴、专利法市场管理功能的理论阐释与制度构建，并在此基础上提出具体改进方案，通过制度创新，规制专利权滥用，应对问题专利和专利诱饵。

本研究将综合应用理论法学、部门法学、比较法学以及法学和经济学、管理学等研究方法，将经验研究和理论分析以及实证研究相结合，在财产法和市场规制法不同框架下，经由规范分析、制度构建、国内外比较、对策探讨等路径展开研究，对可能的改进途径和方案进行多角度的深入讨论。

（二）本研究解决的问题和创新之处

1. 从专利无法被实际占有的角度研究了专利权不确定性的表现及类型

现有研究尚未对专利权不确定性的表现形式及类型进行深入研究。本研究从专利无法被实际占有的角度出发，将不确定性的表现形式归纳为：专利的无形性使得权利客体难以被权利人实际占有，无法像对有形物那样在显示自己的存在后通过占有获得对发明创造的控制；专利质量，包括技术价值、经济价值以及法律质量均难以准确预估，甚至形成"申请专利如同买彩票"的慨叹；专利权的权利保护范围难以像有形物那样被准确、轻易地触及感知，缺乏确定性；专利权的效力不确定，依法授权的专利只是在法律上推定有效，专利是否可以被有效实施还处于事实上的待定状态。

本研究还进一步揭示了专利权不确定的具象化：问题专利和专利诱饵。问题专利产生的主要诱因在于专利权人的策略性申请，在中国，非正常专利申请也引发大量低质量专利。本研究在介绍专利诱饵出现、定义和态度的争论、类型及演变等基础上，讨论了专利诱饵难以准确识别和规制这一极具现实意义的问题。

2. 专利权不确定性危害的研究

专利制度作为激励创新的法律制度，通过对创新成果提供产权激励，促进创新活动及其利用，从而推动技术进步和产业发展，其终极目的是追求人类的共同利益。但现实是，专利权不确定性激励了专利持有者的机会主义行为。日益突出的问题专利和专利诱饵的伏击，对创新市场制造了混乱与恐慌，妨碍了专利技术许可、转移和实施。越来越多的专利权人已经将专利作为竞争工具使用，专利主张活动造成与所涉专利技术价值不相称的诉讼和许可费用，从而对创新产品和服务造成不必要的社会成本。而这些成本将部分甚至全部转移到产品中，最终转嫁给了消费者。如此，专利权的不确定性问题既违背专利法律制度的根本目的，也严重危害了专利制度的有效实施，有可能从创新的激励异化为创新的障碍。

3. 基于发明的无形性与专利权的权利表达和界定制度，探求专利权不确定性的缘由

专利制度为适应发明的无形性特点，参照财产权为专利权设计了独具特色的财产化制度：说明书公开发明显示占有发明并彰显自己的存在、权利外观——权利要求书公示保护范围、权利要求书的解释确定排他权的边界、专利审查批准和公告、专利权的推定有效、虚拟占有等一系列复杂的规则。本研究从专利制度体系化的角度，逐一从具体制度设计层面入手，分析了发明的无形性特点；说明书书面描述的困难和模糊性；权利要求形成和解释中存在的间隙以及公示效果的不足；与创造性评判有关的主观性；面对专利泛滥和策略性申请，力不从心的审查实践；以及已授权专利的推定有效性与权利不稳定性；揭示了专利法设计的财产化制度中的各项规则均具有不确定性，而在拟制占有规则下，禁令救济进一步放大了专利权的不确定性。因此，专利法所提供的财产制度本身构成了不确定性的制度基础。

4. 进行比较法研究，面对不确定性，美国专利制度改革和近期司法实践的努力与尝试

21 世纪初，面对专利诱饵诉讼肆虐及其对实体经济的威胁，美国国会和联邦法院均意识到当时的专利法对专利诱饵诉讼和反竞争效果的规制显得力不从心。美国国会对专利法进行了重大改革，推出了 AIA，而美国联邦法院则借助具体的判例表达了对专利诱饵问题的关注。AIA 以提升专利质量、规制专利诱饵为目标，强化了专利审查标准；改革了专利授权后的复审程序，为第三方挑战专利有效性提供便利；对专利侵权诉讼中案件合并审理进行合理的限制。美国联邦法院在 Ariad v. Lilly 案中使用占有理论发展了书面描述规则，在 eBay 案中基于衡平法原则重新审视了禁令救济标准。本研究还详细分析了美国专利不正当行为及专利权滥用行为的规制模式、历史演变以及现实效果。通过比较研究，为我国在专利权不确定性的背景下应对专利诱饵提供有益的借鉴。

5. 依循财产法路径寻求确定性，探讨专利法如何借鉴占有理论和制度

虽然大陆法系物权法上的占有制度难以简单适用于专利权的保护，但渊源于罗马法财产权体系的占有理论仍可以看作是对专利权的确定性寻求的理论逻辑进路。美国学者霍尔布鲁克基于专利的书面描述规则，通过可实施性标准将占有理论与激励理论、信息传递理论相互结合，试图为占有对专利的适用奠定理论基础。本研究回溯财产权变迁发展的历程，引入交叉学科的相关理论证成"占有"理论对专利适用的正当基础，通过占有理论审视专利权的形式要素（书面描述）和实质要素（可实施性），进一步寻求专利占有制度构建的可行性。并依据占有理论，以专利的可实施性为前提探索了如何更加精确地解释权利要求，以最大限度地寻求专利权的确定性。

6. 基于专利法中的国家行政干预研究，提出充分发挥政府在干预创新市场中的作用

披着财产外衣的专利权与政府有着密切的互动关系。从王室特权到登记授权的历史，反映了专利在产生之初就受到公权的介入。本研究以市场为背景，进一步分析与讨论了专利权对公权力的依赖。专利权的审查和授予，是政府在起点上的干预；专利申请费、维持费等费用标准是政府干预专利申请行为和专利维持行为的重要工具。专利质量改善依赖官方审查。专利权的行使，依赖政府创建和营造尊重专利权的社会氛围和提供有效的公共服务。而专利效力的行政干预在创新市场管理中发挥着重要作用。本研究还回顾了社会契约论背景下的专利财产权制度，认为固守传统民法视域的专利财产制度已不能解决"坏"发明等带来的弊端。保证博弈理论为我们展示了专利法的市场规制特征，专利制度不应完全按照传统私法对财产权利的配置和救济的思路，应将市场竞争的价值放在私人财产价值之上。基于此，本研究引入保证博弈理论下的专利管制观，将专利法视为管制行为和规范市场的工具，从而为行政力量干预创新市场提供理论依据。

另外，专利权的行使在某种程度上是作为一种禁止性规范而存在，滥用专利权行为时有发生。而专利与反垄断具有天然的联系，连接点就是滥用。为避免垄断法的不确定性放大专利权的不确定性，也为避免破坏现有垄断法的理论和规范体系，本研究提出将专利法中本就含有的政策加以规范化，在专利法规范中嵌入专利政策，充分发挥政府在干预创新市场中的作用，在充分发挥市场能动性的基础上发挥"有形的手"的应有作用。

7. 专利制度创新与完善

在前述研究的基础上，为寻求专利权的确定性、应对专利诱饵，本研究提出多项创新性建议。适用占有理论，发挥书面描述和可实施性的"占有"功能，规范专利文件撰写和审查，强化专利申请文件的充分披露要求，提升专利确定性。建议建立专利审查质量管理和监督体系，加强专利质量宏观调控，通过强化专利审查工作来提升专利审查质量。统一行政与司法两个程序中的权利要求解释规则，确保专利效力性判定和侵权判定中权利要求解释标准的一致性，提升专利确定性和公示公信力。建议在专利法中引入规制性规范，强化政府对创新市场的合法适度干预。同时建议完善专利行政干预与司法保护协调机制，改进现行专利资助政策，构建有利于专利制度运行的政策环境。依据诚实信用原则强化对专利申请和专利权行使的规制，专利申请行为的规制应不限于非正常专利申请。以现有技术抗辩制度为模型设计中国版的不正当行为抗辩制度，完善专利诱饵获得禁令的条件。建立律师费转移支付制度，引导权利人理性诉讼，防范专利诱饵滥用专利权。本研究还适用占有理论阐释了我国专利侵权判定原则的演变过程，以"多余指定原则"向"全面覆盖原则"的转变、适用禁止反悔原则限制等同原则不适当扩大保护范围为例，揭示了中国专利司法保护中寻求专利权确定性的努力，并依据"占有"理论对以被诉侵权行为发生时作为等同侵权判定的基准时间点提出了质疑和改进要求。

四、本研究的意义

本研究从发明的无形性特点和专利法财产化发明的具体制度设计出发，揭示专利权的不确定性，分析其危害和成因。经由对专利制度基础学说的理论反思，在财产理论基础上，结合财产法中占有理论和经济法中管制理论，从不同视角展开对问题专利、专利诱饵、专利权滥用等问题的分析。揭示问题专利泛滥以及专利诱饵等现象与专利权不确定性之间的关系，研究分析专利权不确定性的制度根源及运行机制，反思已有理论，尝试进行制度创新，发展专利法的研究框架。本研究正视无形性导致"占有"无法简单适用于专利法的现实，回溯财产权变迁的历史发展，结合激励理论、信息传递理论尝试为占有对专利的适用提供理论基础，并讨论占有如何具体运用于专利法，从而提升专利权的确定性。本研究还重新认识专利与垄断的关系，提出并论证专利法的市场管理功能，探讨分析不当专利行为的专利法规制等。通过理论和制度创新，探讨应对专利权不确定性的路径，寻找遏制专利滥用，规制专利诱饵不当专利行为的有效措施和方法，既可丰富专利法理论，还为专利制度改革提供理论支持和具体建议。

第一章

无法占有的权利：
专利权的不确定性之表现和危害

专利制度自肇始至今，主流观点一般强调并认可专利制度在推动技术创新及其实施方面的积极作用，却对其日益凸显出来的问题少了些许关切，特别是专利权的不确定性问题，极有可能动摇专利制度之根基。模糊的权利主张和对发明的宽泛描述的战略价值，鼓励发明者为其专利注入不确定性。专利权的不确定性已经威胁到专利制度刺激创新的能力。本章试图全面考察专利权不确定性的表现及危害，为探寻不确定性之缘由奠定基础。

第一节　不确定性的表现及类型

知识产权是在知识与财产之间架设的一座桥梁，以发明创造为基础的专利制度就是将知识转化为财产的法律安排。但我们不得不正视，在传统民事权利制度架构中，专利权与传统财产权是相区别的[1]，专利权的权利客体是智力成果，是基于发明创造具化而成的，属于没有形体的非物质化存在。在传统大陆法系物债二分的财产权框架中，专利权作为无形财产被当做一个特殊

---

[1] 吴汉东. 知识产权保护论 [J]. 中国社会科学, 2001 (1): 68-79.

问题予以对待，且常常与传统理论相抵牾而显得无所适从。❶ 法谚有云："倘若没有确定性也就没有财产权"❷，然而专利权在现实中给人们的感受却是很不确定的❸，这种不确定体现在：一是专利的无形性，其权利客体指向某一种智力成果，从本质上而言是一种因构想而具有创造性的信息，是没有物理实体的。信息是可以同时被多人享用的，信息的载体和受体均是人的大脑，信息一旦被传递出去，则无法再像有形物体一样被取回。❹ 所以说专利权因其本身的无形性，而难以在财产权框架下准确定位❺，难以通过对其实现有形地"占有"进而获得排他性支配。❻ 专利权作为财产显得"既强大又脆弱"。❼ 二是专利质量的不确定性。申请专利的首要因素是创新，创新则必然涉及人们所未知的领域，人们无法在几十年前预知到互联网现在的普及程度，也无法在当下准确预判未来智能化世界的样貌。每一项获得专利权的技术成果，其质量评判都有技术、法律、商业的多维标准❽，专利权的本体质量、运行质量都难以在申请时准确预估，且很多专利是永远不会被阅读，不会被许可也不会被争讼的❾，甚或形成"申请专利如同买彩票"的慨叹。❿ 专利质量不确定性的存在也使司法机关不得不花费更多的成本去证实某专利在该领域的真正

❶ 马俊驹，梅夏英. 无形财产的理论和立法问题 [J]. 中国法学，2001（2）：102-111.

❷ BESSEN J，MEURER M J. Patent Failure：How Judges，Bureaucrats，and Lawyers Put Innovators at Risk [M]. Princeton：Princeton University Press，2008：17-20.

❸ 徐棣枫. 权利的不确定性与专利法制度创新初探 [J]. 政治与法律，2011（10）：123-136.

❹ 董涛. 知识产权还需要占有制度吗？——知识产权给占有制度带来的困惑与重构 [J]. 浙江大学学报（人文社会科学版），2009（4）：82-91.

❺ LEMLEY M A，WEISER P J. Should Property or Liability Rules Govern Information [J]. Texas Law Review，2007（85）：783.

❻ TIMOTHY R. Patent Anticipation and Obviousness as Possession [J]. Emory Law Journal，2016（65）：987.

❼ MIKSCHE M T，ROTH S W. A Balances Approach to Patent Utilization [J]. Property Law Review，2014（5）：99.

❽ SEYMORE S B. Patent Asymmetries [J]. UC Davis Law Review，2016（49）：963.

❾ LICHTMAN D，LEMLEY M A. Rethinking Patent Law's Presumption of Validity [J]. Stanford Law Review，2007（60）：45.

❿ BESSEN J，MEURER M J. Patent Failure：How Judges，Bureaucrats，and Lawyers Put Innovators at Risk [M]. Princeton：Princeton University Press，2008：38-42.

意义。❶ 三是专利权的权利保护范围难以划定。专利权既无法像不动产一样具有自身确定的坐落位置，也无法像动产一样被准确、轻易地触及感知，专利权的保护范围是通过权利要求书的内容来确定的，但在权利要求书中，仅用文字的形式对信息进行表述和传递，而文字的表述是难以与人脑中关于发明创造的信息——精准对应的，所以，对某专利权的保护范围进行界定是一项比较困难的工作，因为该范围实际上是由专利权人个人脑海中的思想予以明确的。❷ 实践中还必然存在专利侵权的难以认定，从民法基本原则予以考量，专利权要面对着如何实现分配正义与矫正正义的双重命题。❸ 四是专利权的推定有效性。依法被赋权的专利，尽管其符合创造性、实用性以及新颖性的要求，在法律上也只是推定有效，专利是否可以被有效实施还处于事实上的待定状态。实践中，专利申请即使被批准，授权的专利也有可能被无效掉。实际上，法院对专利权有效性展开认定的同时，也是对其保护范围的一次新的厘定。❹ 五是虽然获得了专利授权，但专利权是一种消极性权利，对于专利的赋权并没有让专利权人获得积极肯定的实施自己专利的权利。基于创新的累积性，在实施自己专利的过程中，或许会陷入他人在先申请的专利的保护范围，从而构成侵权，因而，专利权人能否自由地行使权利，能否自主实施自己的专利，尚处于不确定之中。六是单一专利难以充分保护。大量防御型专利申请的提出不是进行创新，而可能是为了获取不当利益❺，并促使专利丛林（Patent Thicket）的生成，即使新进入者投入大量成本进行专利检索分析，也难以确保准确判断是否不侵犯他人专利，这样的行业生态会使得小型公司专

❶ REILLY G. Completing the Picture of Uncertain Patent Scope [J]. Washington University Law Review, 2014 (91): 1353.

❷ DEPOORTER B. Property Rules, Liability Rules and Patent Market Failure [J]. Erasmus Law Review, 2008 (1): 59.

❸ 李扬. 知识产权法定主义及其适用——兼与梁慧星、易继明教授商榷 [J]. 法学研究, 2006 (2): 3-16; 徐小奔. 专利侵权获利赔偿中因果关系的认定 [J]. 法律科学, 2018 (4): 179-189; 费安玲. 论防止知识产权滥用的制度理念 [J]. 知识产权, 2008 (3): 3-10.

❹ CHIANG T J. Formalism, Realism, and Patent Scope [J]. IP Theory, 2010 (1): 88.

❺ DAVIS R M. Failed Attempts to Dwarf the Patent Trolls: Permanent Injunctions In Patent Infringement Cases Under the Permanent Patent Reform Act of 2005 and Ebay V. Mercexchange [J]. Cornell Journal of Law and Public Policy, 2008 (Spring): 431-452.

利商业化的过程举步维艰。❶ 七是专利制度的本身属性给问题专利、专利诱饵的出现提供了空间。❷ 专利权不确定性被策略性（商业性）利用，构成了专利交互重叠的密网，想要使一项专利被顺利的商业化则必须披荆斩棘❸，如果向市场投放了产品或提供了服务，可能的威胁包括被主张专利许可和面临专利侵权诉讼，缺乏可靠的权利保护范围界定方法和质量判定标准也助长了专利诱饵的扩张。❹

鉴于此，有必要重新审视专利的权利本体与权利客体❺，正视其与生俱来的不确定性，从而为专利权在传统的民事权利制度架构中找寻到恰切的定位。

一、发明创造的无形性：无法实际占有的专利

专利权的保护内容本质上是一种基于发明创造而构成的信息❻，这种信息本身并无实体意义上的物理存在，是无形的，没有办法被物理占有。信息是一种有别于物质和能量、衔接"主观判断"与"客观世界"的一种存在形式❼，同时其又蕴含了强烈的"公共产品"（Public Goods）意蕴。一方面，信息是非排他性的，即如果没有特殊的保护，发明者要想阻却他人对其产品的再复制往往成本高昂并不切实际；另一方面，信息是非衰竭性的，即一旦发明创造被转化成有形的物，无论使用对象的范围如何扩展，发明创造的本身功效并不会出现衰减。❽

发明创造一旦以某种形式披露而为他人知悉后，就离开了发明人，处于

---

❶ SHINALL M A. Priority and Disclosure：Challenges and Protections to Small Inventors in a First-to-File World [J]. Journal of the Patent and Trademark Office Society，2012（94）：362.

❷ EBERT L B. On Patent Quality and Patent Reform [J]. Journal of the Patent and Trademark Office Society，2006（88）：1068.

❸ SHAPIRO C. Navigating the Patent Thicket：Cross Licenses，Patent Pools，and Standard-Setting [J]. Innovation Policy and the Economy，2001（1）：119-150.

❹ LOVE B J，MILLER S P，AMBWANI S. Determinants of Patent Quality：Evidence from Inter Parties Review Proceedings [J]. University of Colorado Law Review，2019（90）：67-165.

❺ 对于权利本体之定义，参见张恒山. 论权利本体 [J]. 中国法学，2018（6）：65-88；对于权利客体的定义，采用一般教科书之定义，即物、行为、智力成果、有价证券、权利、非物质利益等。

❻ 郑成思. 知识产权论：修订本 [M]. 北京：法律出版社，2001：70.

❼ 黄淳，何伟. 信息经济学 [M]. 北京：经济科学出版社，1998：7-12.

❽ 刘家瑞. 论知识产权与占有制度 [J]. 法学，2003（10）：56-63.

发明人的控制力之外，发明人对他人使用其发明创造的行为将无能为力，他人可自由使用，发明人却无法阻止，长久以来人类社会对知识采用的"共享"规则，应该是发明人无法占有自己的发明创造的重要原因之一。而有形物基于物理实体的存在，可被人通过占有对其控制，并通过占有的转移交易，私有财产制度在此基础上得以建立，其中重要的基础性法律制度就是财产法律制度。古罗马时代就制定了非常完备的物权法，形成一套简明、清晰、易懂、易于执行的财产规则来调整人们对有形物的使用行为，进而建立公平有序的商品交换市场，激励私有财产的创造和财富的积累。而发明的无形性使得人们无法像对有形物那样，在显示自己的存在后通过占有获得对发明创造的控制。

专利制度的建立，通过法律制度创新，赋予专利权人对他人使用其专利的行为控制权。也就是说，任何人在未征得专利权人允许的情况下，不得擅自运用实施其专利，这样就让专利权人在法律上享有了自己的发明创造。不过这种控制力并非直接针对发明本身，而是对权利人之外的其他人的行为。实质上，这种控制力是一种排他权，他人若想实施专利，需要先征得专利权人的允许。如果未经允许擅自使用，专利权人有权要求其停止使用。专利法的这种制度设计的核心就是：发明创造形成智力成果——向主管部门申请专利权——独占排他地实施专利，原来不可交易的发明通过专利法的财产化成为专利，专利虽是无形的，本身不可占有，但获得了排他权，若要使用专利，需经专利权人许可——法律创设了一个全新的交易模式，专利许可。从效果上看，专利权人对自己的专利形成了"占有"，但这种对专利的"占有"与对有形物的占有而言，仅仅是法律上的虚拟占有，而非实际和自然的占有。

占有对财产而言，具有非常重要的功能。能够被占有的有形物的交易信息，无论是财产的边界、价值，还是权利的有效性和稳定性、可执行性等，既容易获得，也透明且较为确定；而无形的无法实际占有的专利，各种交易信息既难以获取，也极为复杂且不确定，甚至处于变动之中。

二、专利质量的不确定性

发明创造只是一种信息，信息本身的重复利用具有非衰竭性，但要使发明创造真正转化为具有商业价值的产品和服务却需要更多的资源投入。因此，虽然专利权的本体具有非衰竭性，但专利权的赋权和价值实现却是最消耗资源，也最为注重效率的。传统的所有权构造（占有、使用、收益、处分等权能）已然将有形物商业化过程中收益与成本的风险进行了分配与考量。但与有形物相比较，专利权的收益与成本难以预估，所以只能将专利权的各种可能的商业化方式赋权于权利人，由权利人理性评估自身和周围条件，以最有效率的方式去实现专利权的价值。❶ 专利权的授予是将发明创造的可利用价值概括性地赋权于发明者，与所有权相比较，专利权的权能（制造、使用、进口、销售等）显然更加具体且更具有商业属性。但实际上，大多数专利都是难以被转化成具有商业价值的产品或服务的，而被转化成产品或服务的专利中又能形成高额收益的少之又少。有学者将申请专利形象地比作买彩票❷，价格不高的专利申请费相当于购买彩票的费用，但却期待小概率的巨额回报。实际上，专利被赋权之前，发明创造本身的价值以及被赋权后的专利质量受多种变量因素的影响而处于不确定之中，具体体现在以下三个方面。

一是技术价值（质量）不确定。部分专利可能在技术上没有创新，更甚者有些人用一些已经比较成熟的技术进行专利申请。由于专利审查人员的主观因素或是专利检索的局限性，不少获得授权的专利并不具备专利授权条件，对技术进步少有贡献，甚至有些情况下现有技术也有可能被检索所遗漏，导致不具备新颖性的技术方案被授予专利。而要对技术价值进行评估就更困难，需要考虑专利生命周期、专利创造性、专利可替代性、专利申请人特征等诸多变量。❸ 技术价值的不确定性还集中体现在究竟是属于本领域专业人员所理解的技术，还是跨领域甚至普通大众所理解的技术，判断主体和视角的不同，必然带来不同的结论。

二是经济价值（估值）的不确定。专利制度最初的目的是激励技术的创新，而对技术创新的估值则是困难的，主要是因为技术创新在转化为经济价值的过程中具有非竞合性和非排除性。❹ 通常而言，外界诸多因素都会对专利

❶ 郭雪军. 专利权的所有权构造方式及其功能［J］. 电子知识产权. 2018（10）：98-106.

❷ BESSEN J，MEURER M J. Patent Failure：How Judges，Bureaucrats，and Lawyers Put Innovators at Risk［M］. Princeton：Princeton University Press，2008：104.

❸ 吕晓蓉. 专利价值评估指标体系与专利技术质量评价实证研究［J］. 科技进步与对策，2014（20）：113-116.

❹ 刘斌斌. 论专利制度下的独占与公共利益——以专利的经济功能分析为视角［J］. 兰州大学学报（社会科学版），2012（1）：132-138.

具有的经济价值造成影响，因此需要考虑专利的技术本身、技术发展前景、市场情况、竞争和可替代性、消费者或用户、实施的技术条件和投资、价格等，这其中的变化和可测量性、货币化程度都较低，甚至直到今天还没有透明而客观科学的信息获取渠道和方法，其评估和计量的方法也不太确定。有研究指出，有形和无形资产在会计处理上的不同主要是由于无形资产投资未来结果的不确定性。无形资产进行会计处理，始终要面临着无法安全控制、不易于交易等难题，是否属于会计报表中的"资产"（Assets）也存在争议，缺乏可比性的价值是主观的价值，它的计量是不可靠的。❶ 如果在专利市场化的活动中被其他企业模仿，那么该专利的经济价值就可能被削弱甚至变为零，如此不但削弱后续研发的主动性，同时也会让专利交易市场活动难以有序活跃。可见专利技术转化和专利实施的成本和收益难以被准确预估。

三是法律质量的不确定。发明人的发明或者创造实际上属于一个自然性的事实行为，但专利权并非是那种自然性的权利，其是经过法律化后才成为财产权利的。有形财产一经制造完成，其权利的信息就可以被有形的物理形体转为清晰的象征，而无形的发明创造要成为专利获得专利权，在发明创造完成后需要经过漫长而复杂的申请程序。要将发明创造借书面表达的方式加工为专利文件（说明书、权利要求书），并通过专利审查、公告，方能获得专利权。决定专利法律质量高低的往往不是发明创造本身，而是专利文件（说明书、权利要求书）的撰写质量以及专利审查机关的审查质量。授权的专利是不是符合有关法律所要求具备的各项条件，包括实质性条件和形式条件、专利的法律稳定性、所提供的排他性权利范围是否合适、足够（保护空间的广度、深度），难以准确判断。虽然发明专利经过了实质审查，但众多研究显示，审查没有办法保证绝对正确，由于并不充分的审查，加之各种条件限制以及主观判断的混入，错误授权难以避免。为纠正难以避免的这种错误授权，专利法律制度设立了专利无效宣告程序，在制度上为专利被推翻提供了正当途径。专利权被公告授权之日起，就要接受社会公众和相关机关的质疑，任

---

❶ 巴鲁·列弗. 无形资产——管理、计量和呈报［M］. 王志台，译. 北京：中国劳动社会保障出版社，2003：87.

何第三方都可以对专利的有效性发起挑战。❶ 后文将结合所有权的权利构造详加讨论。在无效宣告程序中，专利被全部或部分推翻的比例将近一半。❷

发明创造的本身价值难以预估，需要考虑价值转化的过程，而这一过程又是充满着不确定性的。真正有价值的专利是能给权利人带来实质性经济利益的专利。❸ 但专利权在被授予以后，其质量需要从法律、财务、技术等多个维度来评判，现实中的专利质量大多难以准确预见。如果仅从法律角度而言，专利的质量需要通过法律权利的实施力彰显。❹ 早在罗马法时期，就有通过模拟诉讼而移转财产所有权的方式，且转移的对象多半是无体物。❺ 就专利而言，需要通过查阅专利文件本身以及使用其他相关的解释工具，结合专利的争讼历史以及各种索赔解释准则，评估专利质量。但是，未经诉讼的专利并非没有价值，专利质量的本身评估不应仅仅在争讼中得以实现，还需回归到权利体系中去理性判断，然而这种评估的过程既复杂也充满各种变量和主观因素，要想获得准确的判断和估值，并非易事。实践中，专利审查机构作出授予专利权的决定也往往会被认为是不当甚或是荒谬的，因为很多专利可能是无效或毫无价值的，质量不高的专利反而使得社会资源更加紧张，并阻碍了实质性的创新进步。❻ 对于低质量专利的产生原因，在于经济、技术、法律标准的难以确定，使得一些缺乏新颖性、非显而易见性的专利并不能被淘汰。❼ 但仅仅调整实质性标准是不可能完全解决专利质量问题的，还要牵涉到专利审查机构的政策、制度和人员配置等多重因素。❽

---

❶ 徐棣枫. 企业并购中的知识产权风险 [M]. 南京：南京大学出版社，2013：121.

❷ 尹新天. 美国对其专利政策的重新审视——简评美国联邦贸易委员会 2003 年 10 月的报告 [M] //国家知识产权局条法司. 专利法研究：2004. 北京：知识产权出版社，2005：84.

❸ ALLISON J R, LEMLEY M A, MOORE K A, et al. Valuable Patents [J]. Georgetown Law Journal, 2003 (92)：435-440.

❹ BARNEY J A. A Study of Patent Mortality Rates：Using Statistical Survival Analysis to Rate and Value Patent Assets [J]. Alpla Quarterly Journal, 2002 (30)：319.

❺ 娄爱华. 论罗马法中的交付原因问题 [J]. 湘江法律评论，2015 (1)：43-45.

❻ ESSEN J, MEURER M J. Patent Failure：How Judges, Bureaucrats, and Lawyers Put Innovators at Risk [M]. Princeton：Princeton University Press, 2008：165-170.

❼ KSR Int'l Co. v. Teleflex Inc., 550 U. S. 398, 415 (2007)；Alice Corp. v. CLS Bank Int'l, 134 S. Ct.2347, 2360 (2014)；Nautilus, Inc. v. Biosig Instruments, Inc., 134 S.Ct.2120, 2124 (2014).

❽ BURK D L, LEMLEY M A. The Patent Crisis and How the Courts Can Solve It [M]. Chicago：University of Chicago Press, 2009：63-69.

专利质量的不确定性不仅在于发明创造价值的难以预估，也会使权利人对于申请专利的必要性产生困惑。专利的技术价值、经济价值和法律稳定性对于专利审查机构来说都是一个考验，而社会公众对于专利质量的态度则更加复杂。所以，基于专利质量而引发的问题已然不是一个私法领域就可以消解的。

三、专利权的保护范围缺乏确定性

财产制度最为重要的价值目标之一就是对交易主体的权利边界展开界定，进而确定可以归属于权利主体的财产。❶ 基于市场交易的视角予以考察可知，任何财产权利的边界越明确，交易成本也就越低，市场合作成功的希望也就越高。因此，财产法热衷于简单而又明确的所有权准则以及合理的解释。❷ 换言之，无论何种类型的财产权，皆需要具有明确、清晰而稳定的权利边界。和有形的动产和不动产相比较可知，专利权保护的发明没有物理存在，而只是发明人大脑里思想的体现，而大脑的思想难以被抽象定义和触觉感知。基于大脑思想而形成的信息只能通过文字描述表达出来，而本身不具有固态的物质形式，也就无从谈及在特定的空间被予以界定。没有有形的客观参照物供人们像对待有形物那样来感知、评估和界定发明，无形性使得发明创造的边界难以被清晰勾勒。发明创造所形成的财产性权利要获得法律完整的保护，必须要正视的难题包括：发明创造的表达的困难、复杂而欠缺确定性的权利界定制度、无法被清晰勾勒的权利边界。

专利法律制度对于专利权的权利边界界定是以书面文件为形式、授权条件为核心、政府审查为程序的设计，但这样的制度设计不得不介入人为的主观因素，界定过程中涉及多次主观表达与客观存在间的来回转化：首先需要将存在于发明人大脑中的发明转化为书面形式的专利文件，再由各种主体对专利文件进行解释以确定专利权的权利边界。❸ 两次转化过程历经从思想意识到文字形式的存在，再到思想意识，但无论是对于客观世界还是主观世界，

---

❶　马俊驹，梅夏英. 财产权制度的历史评析和现实思考 [J]. 中国社会科学，1999（1）：90-105.

❷　罗伯特·考特，托马斯·尤伦. 法和经济学 [M]. 上海：上海三联书店，1996：136.

❸　徐棣枫. 专利权的扩张与限制 [M]. 北京：知识产权出版社，2007：35.

文字描述的能力都是有限的。不管文字是多么翔实、完备、清楚，在实际中或多或少都会存在一些难以用语言文字予以表述的不规则情形。❶ 专利权的权利要求解释者可以巧妙地利用文字游戏对专利权的保护范围进行扩张以加剧不确定性，而专利权的权利界定又必然依赖于解释，而解释规则的不同又进一步放大专利权的不确定性。从体现专利权权利边界的权利要求文件来看，不清楚和模糊是必然存在的。❷ 如果说专利权的权利保护范围在争讼中才能体现的话，那么法院对是否构成专利侵权的裁量，也要落脚于专利文件所载的文字本身对权利要求加以解释，不同法官对专利权利要求的不同解释必然影响专利权权利边界的大小，不同的解释方法之间也必然带来不同的专利权的权利边界。

四、专利权的推定有效性：效力不确定

专利权是赋予发明人的排他性权利，目的在于鼓励发明创造，属于抽象的法定权利的范畴，并非是自然权利。证明发明创造是否具有新颖性、创造性和实用性是一个客观事实认定和主观经验相结合的过程。权利推定是权利的证明方法，专利审查部门对专利进行赋权其实仅是在法律层面确定专利有效，推定有效性也是专利权的鲜明特征。专利权的推定有效性有两层含义，一是不被宣布无效则有效，二是又不能阻却不特定主体发起专利无效之诉。从传统财产权的视角审视专利权的效力，财产权的对象是资源，而专利权的对象则是信息。对于资源必须制定分配、使用的竞争机制，但是竞争机制与享有信息而被赋有合法垄断性质的专利权难以融洽，并且传统财产权理论追求绝对的支配以消除权属的质疑，这又与始终处于不稳定状态的专利权不相符合。❸ 对于专利被宣告无效的情形，我国《专利法实施细则》以封闭式列举的方式予以规定，并在《专利审查指南 2010》的操作层面明晰了无效理由

---

❶ 博登海默. 法理学：法律哲学与法律方法 [M]. 邓正来，译. 北京：中国政法大学出版社，2004：503.

❷ 381 F. 2d 394，155 USPQ697（Ct. C1. 1967）.

❸ LIIVAK O. Maturing Patent Theory from Industrial Policy to Intellectual Property [J]. Tulane Law Review，2012（86）：1163-1196.

的范围。❶ 这种制度安排在有形财产法律制度中是很少见的，因为对于有形财产而言，几乎没有这种必要。在实践中，专利被宣告无效最常见的理由是不满足专利权授予的新颖性、创造性、实用性以及公开不充分等。在理论上，专利权的授予必须满足可专利性的所有授权条件。但在专利授权后又在无效宣告程序中被宣告无效或部分无效的比例非常高，提出无效宣告申请后，无论是在美国、德国等西方世界国家，还是在中国、日本等东方世界国家，专利被判定无效或是部分无效的比例非常高，几近50%。❷ 对于专利权在法律上表现出的不稳定性，不能简单归因于专利审查质量不高，因为专利审查机构负有举证证明专利申请符合授权条件的责任，而要求专利审查员在相对有限的时间内精准判定发明创造本身与专利权之所有授权条件的充要关系，无疑是艰巨且难以完成的，专利审查更像是一场专利申请者和专利审查者之间不对等的游戏，因为专利审查者的时间远远不如专利申请者的宽裕。虽然很多国家投入了大量的人力、财力在专利审查机构上，目的在于对专利进行全方位的实质审查，但是到现在也没有哪个国家能够确保授予的专利都是满足有关要求和条件的。专利权被赋权只能是一种法律事实，而未必是客观事实。❸ 实践中也只能采取专利审查机构能够证明未发现驳回理由的，则推定专利权是有效的做法，伴随推定而来的就是专利权的不稳定性。

五、是否具有自由实施度（FTO）：自主实施的不确定性

在法律层面，专利权具有"排他性"，而事实上却很难做到"独占"。认为专利权人具有对专利独占并自主实施的权利是不妥当的，所谓的"独占"更确切地讲应被理解为是"排他"的一种权利。专利法律制度的立法初衷并不是授予权利人以独占实施其发明创造的权利，从"法不禁止即自由"的原则看，生产、销售以及使用某一商品，只要不违反法律、不违背公序良俗、不侵犯他人的合法权利，则并不需要法律的特别授权。但在专利领域，即使

---

❶　《专利法实施细则》第 65 条第 2 款、《专利审查指南 2010》第四部分第三章。

❷　尹新天. 美国对其专利政策的重新审视——简评美国联邦贸易委员会 2003 年报告 [M] //国家知识产权局条法司. 专利法研究：2004. 北京：知识产权出版社，2005：84.

❸　关于法律事实与客观事实的区分，参见何勤华. 事实的乌托邦——法律真实的本源及运行机制的现实考察 [J]. 法学论坛，2005（6）：28-33.

有人作出了发明，取得了专利权，他也不一定有权实施。例如，如果其专利是在他人享有专利的技术基础上加以改进而获得的，其中包含了他人的专利技术，那么他要实施他的改进专利，还必须得到先前专利权人的许可。所以说专利权人对其取得专利的发明创造拥有独占实施的权利并不妥当。❶ 专利可以被认作是一项"虚拟占有"的权利，为确保这项权利能够顺利实现，法律规定专利权人享有对他人使用自己专利的行为加以控制的权利，也就是"禁止权"。事实上，专利权只是为专利权人提供了阻止他人利用其专利的权利，专利权是否定性的权利，而不是肯定性的权利。❷

发明创造实际上是一个不断累积创新的过程，会用到他人的已有技术。有可能你的专利是站在他人已有的在先专利基础上，运用了他人的专利。你的专利是从属专利。你的后续改进发明虽然获得了专利权，但由于新的专利包含了他人在前的专利，如果在后的专利权人未征得在前专利权人的许可就实施自己的在后专利，则构成侵权。实践中需要在实施自己专利之前开展FTO 的评价，就是防范这种不确定性的重要对策之一。

六、单一专利难以充分保护：大量防御型专利申请的提出，专利丛林的生成

专利保护范围以权利要求的内容为准，为了获得最大化的保护效果，实践中一般将技术方案进行拆分，以最小可实施的技术方案为专利申请的对象，一件产品将会被拆分为多个独立单元进行专利申请。据报道，智能手机就富集了十多万件专利，而且这些专利分布于不同的专利权人手中。近些年，专利申请的规模呈现出爆发式上涨，尤其是改进专利越来越多，这也使得专利权的分布结构由之前的离散型慢慢向累积型的方向转变。❸ 在离散型的分布结构中，每个专利都有其对应的产品；在累积型结构中，通常需要多个专利才能对应一个产品。专利类型从离散转向累积所直接导致的后果就是大量防御性专利的涌现，从而形成了专利丛林，互相重叠在一起的发明创造产生的财

---

❶ 汤宗舜. 专利法解说［M］. 北京：知识产权出版社，2002：70.

❷ BERRY J. Tangible Strategies for Intangible Assets［M］. New York：McGraw-Hill Companies，2005：21-29.

❸ 和育东. "专利丛林"问题与美国专利政策的转折［J］. 知识产权，2008（1）：92-97.

产权（专利）形成网络，对公司而言，需要借助多种方式穿过这一网络才可以商业化其产品❶，寄希望于自身的新技术准备推出新产品的公司不得不面临多重许可，而多重许可的获得必然形成额外的成本负担，这样的局面不利于专利的商业化实施，也与专利法律制度的立法初衷不相吻合。例如，在电脑硬件产业上，一个商业产品上可能会同时聚合数以百（千）计的专利，虽然每一种专利在技术上和法律上是相互独立的，但不同机构持有不同的专利权覆盖在同一种产品之上。这种情况形成的原因是多重的，一是公司更愿意申请专利，且多多益善，希望通过交叉许可或是商业并购获得叠加的专利权；二是公司为了在市场竞争或是商业谈判时拥有足够的议价筹码，重视数量而忽视质量的专利申请竞赛，使得专利丛林不断扩张。普通的财产权在规模上飞速上涨后，不会产生财产怎样运用的问题。不过，对于缺乏确定性的专利权，要在密集的专利丛林中准确搜索出目标专利，并且准确分析判断出哪些专利权的权利是对应于拟实施的新技术、新产品则非常困难。公司对于专利权的不确定性的应对策略往往是更加过度的申请专利，这在很大程度上提高了社会成本，同时也与专利制度的目的相背离。策略性的过度专利申请，形成了密集的专利丛林，要想成功穿越"丛林"不得不付出高昂的搜索和分析成本，每项新技术的应用、每个新产品的推出都可能陷身于"丛林"中，变得困难重重，使得将创新转化为商业成果的热情大幅度削减。"专利丛林"的密布也导致诉权被滥用，使司法体系面临更重的负担和更大的压力。在维权程序中，专利数量往往与谈判优势成正相关，对一个拥有专利数量不多但切实成功研发创新技术的经营者来说，要想开拓新市场就不得不接受高额的专利许可费，毕竟逼迫真正的创新者作出离开的决定十分艰难，也与专利制度的初衷相悖。

---

❶　SHAPIRO C. Navigating the Patent Thicket: Cross Licenses, Patent Pools, and Standard-Setting [J]. Innovation Policy and the Economy, 2001 (1): 119-150.

七、问题专利、专利诱饵：专利权不确定被策略性利用的产物

专利诱饵最早出现在 20 世纪七八十年代，其含义是没有进行制造、研发，而是借助对专利所有权的收购，并通过恶意诉讼获取利益的组织。专利诱饵一词是由德金［Peter Detkin，因特尔公司（Intel 公司）前专利顾问］最先创造与使用的，用来形容像尼罗（Niro）及其客户 Tech Search 公司那样，从一破产企业以约五万美元价格购得某项专利权，并要求因特尔公司为侵犯 Tech Search 公司该项专利权支付数十亿美元的行为。德金形容专利诱饵"是试图利用其过去、现在、将来都没有实施且根本没有实施打算的专利以谋取大量钱财"的主体，而德金本人离职因特尔公司后，也与同伴成立了类似的专利诱饵公司，最后自己也成为业内被指责的对象。❶

专利诱饵充分运用了专利权的不确定性特征，引发出很多并不积极的社会影响：一是很多跨国公司成为专利诱饵的首选目标，软件应用、通讯通信、半导体等领域都被专利诱饵波及，专利诱饵发起诉讼的案件大多能被成功立案，跨国公司（特别是在多地上市的公众公司）为了避免其商誉受损，往往不得不向专利诱饵进行妥协；二是为了策略性地防御专利诱饵和自身更好的发展，许多跨国公司也积极进行专利布局，积极申请大量专利以形成专利池或事实技术标准，既可以防御专利诱饵的诉讼，也可以通过专利诉讼的方式要求竞争对手支付巨额的专利许可费或侵权赔偿金；三是跨国公司和专利诱饵结成同盟，专利诱饵代理跨国公司收取高昂的许可费或赔偿金，专利诱饵能获取丰厚的经济利益，跨国公司也可以有效地打击竞争对手。❷ 跨国公司和专利诱饵实现"双赢"的局面，带来的则是对整个社会创新动力的阻却。

专利诱饵的出现，是科学技术和社会经济发展到一定阶段的产物。对于专利诱饵，有人认为仅仅是一些小发明家珍视自己的创意而努力试图保护自己的知识产权，其行为本身并无问题，也没有突破知识产权的保护范围。❸ 但也有

---

❶ 尹新天. 美国专利政策的新近发展及对我国知识产权制度的有关思考［M］//国家知识产权局条法司. 专利法研究：2007. 北京：知识产权出版社，2008.

❷ 姜伟，赵露泽. 专利海盗现象引发的思考［J］. 知识产权，2012（9）：69-71.

❸ AUSTEN L，GUERNSEY L. Huge Blackberry Settlement Is Grist for Holding Company［N］. New York Times，2005-05-02.

人认为，专利诱饵的主要目的是获得不当利益，而不是进行创新。❶ 专利法律制度本应保护发明者，而不应助长投机性。❷ 专利法律制度中的"自动禁令规则"赋予专利诱饵更多的强势手段，使专利诱饵可以在和解谈判中处于较为主动的地位，因为根据"自动禁令规则"，任何胜诉的原告专利权人在专利侵权之诉中都可获得一个永久禁令，而这种禁令往往能迫使被告选择和解并支付巨额和解金。同时，也应理性地认识到，即使专利诱饵被认定是一种诉权滥用行为，但诉权滥用现象是伴随着现代法制发展而必然出现的负面产物。❸ 21 世纪以来，专利诱饵在美国的诉讼量呈现出显著的上涨势态，在 2011 年达到峰值，这一现象引起了美国政府的高度重视。2013 年，美国政府发布了《专利主张与美国创新》报告❹，关注专利诱饵对美国创新机制的副作用，提醒各界对这类既不从事专利研发也不实施专利，只是为了榨取巨额和解金的实体要引起高度警觉。同年年底，美国又出台了《创新法案》，对专利诉讼程序进行改革，进而起到制约专利诱饵滥用诉权的效用。修订的内容有：原告需要提交一些详细的细节，提高专利权属的透明性，诉讼费需要败诉的一方负担等。法案实施后，美国在接下来的一段时间内，专利诱饵诉讼量出现了下降势态。据统计，在 2017 年，美国的专利诱饵诉讼约 2000 例，较同期降低 27%❺，但仍旧不能缓解对创新机制的副作用。受美国政策和法律环境变化的影响，专利诱饵的相关诉讼开始向欧洲蔓延，他们一般是在欧洲设立分公司，把专利转让给分公司，然后再向欧洲的公司发起诉讼。据统计，2013~2017 年，专利诱饵诉讼的公司主要是美、中、德的企业，同时大都是信息和通信技术（ICT）领域的企业。❻

---

❶ DAVIS R M. Failed Attempts to Dwarf the Patent Trolls：Permanent Injunctions In Patent Infringement Cases Under the Permanent Patent Reform Act of 2005 and Ebay V. Mercexchange ［J］. Cornell Journal of Law and Public Policy，2008（Spring）：431-452.

❷ JAFFE A B，LERNER J. Innovation and Its Discontents：How Our Broken Patent System Is Endangering Innovation and Progress，and What to Do about it ［J］. Eastern Economic Journal，2004（15）：27-66.

❸ 张晓薇. 滥用诉讼权利之比较研究 ［J］. 比较法研究，2004（4）：121-126.

❹ Executive Office of the President. Patent Assertion and U. S. Innovation ［EB/OL］. ［2013-07-01］. http：//www.whitehousegov/sites/default/files/docs/patent. report，pdf.

❺ MACHINA L. Patent Litigation Year in Review 2017. USA，2018-02-07.

❻ DARTS-IP. NPE litigation in the European Union. USA，2018-02-18.

第二节　不确定性的具象化：问题专利和专利诱饵

一、问题专利：创新的果实抑或障碍

（一）问题专利的出现和定义

"问题专利"这一概念由 FTC 在其发布的《促进创新：竞争与专利法律政策的适度平衡》❶ 报告中提出，问题专利一经提出便受到广泛关注。FTC 给问题专利的定义是，极有可能被无效或权利要求的保护范围过宽的专利。之所以称为问题专利，主要是这种专利虽已经授权，但属于被不当授权的可能性极高，其权利状态处于极不稳定之中，存在专利权不确定性问题。因此，问题专利的关键是已经授权的专利是否确实具备专利授权条件。❷ FTC 的报告将问题专利分为两类，极有可能无效的专利和权利要求保护范围可能过宽的专利。专利权利要求保护范围过宽，以至于将现有技术纳入其保护范围之中，从法律上看，该专利就应属于不具备授权条件的专利。因此，就实质而言，问题专利就是指极有可能被无效的专利。FTC 之所以在极有可能无效的专利之外又列出权利要求保护范围可能过宽的专利，可能是因为在问题专利中此类情况较为突出。❸

（二）问题专利产生的诱因

第一，问题专利产生的一个巨大诱因就是专利权人的策略性申请。❹ 市场主体已经将专利作为竞争工具，甚至实施专利战略，策略性地申请专利。随着科学技术的不断发展，创新成果大量涌现，创新主体越来越重视专利制度在保护创新成果、增强市场竞争力方面的作用，导致专利申请量以惊人的速

---

❶ Federal Trade Commission. To Promote Innovation：The Proper Balance of Competition and Patent Law and Policy [EB/OL]. [2018-04-20]. https://www.ftc.gov/sites/default/files/documents/reports/promote-innovation-proper-balance-competition-and-patent-law-and-policy/innovationrpt.pdf.

❷❸ 徐棣枫. 问题专利探析 [J]. 东南大学学报（哲学社会科学版），2007（4）：54-59.

❹ 徐棣枫. 专利权的扩张与限制 [M]. 北京：知识产权出版社，2007：297.

度增长。然而，由于各国普遍实行先申请原则，即专利授予先提出申请的人，而不是授予先作出发明的人。发明人会尽可能早的提出专利申请，即便是尚不成熟的初步设想，也会匆忙提出专利申请。❶另外，单一专利的防御能力有限，在核心专利周围大量申请和布局外围专利已成为重要的专利申请策略，并被大量使用。外围专利不一定被实施，但出于申请策略的运用而被维持。当权利人受到侵权指控时，可以依据这些外围专利来增强权利人在市场竞争中的地位❷，从而导致专利丛林的产生和大量没有创新价值的专利出现，并在企业之间形成专利"军备竞赛"。"军备竞赛"中的专利申请只讲数量，不讲质量，由此又导致了大量问题专利的出现。❸

第二，在中国，非正常专利申请引发大量低质量专利。2017 年 12 月由世界知识产权组织发布的《世界知识产权指标 2017》报告显示❹，2016 全世界发明专利申请量为 310 万件，中国的发明专利申请量为 133.9 万件，占全球总量的 43%，超过了美国、日本、韩国和欧洲专利局四国发明专利申请量的总和。2016 年全球新增发明专利申请 24.6 万件，其中中国新增 23.6 万多件，占全球新增总量的 98%。2016 年中国实用新型和外观设计专利申请量分别占全球总量的 95.0% 和 52.4%。至 2017 年，中国专利申请量同比增长率已经连续七年居世界首位。然而，在我国专利申请量快速提高的同时，存在着专利申请量与授权量比例严重失衡、三种专利结构不合理的现象，其背后隐藏的问题不容忽视。

2017 年，我国专利授权总量为 183.6 万件，不到同期专利申请总量的50%，发明专利授权量为同期发明申请量的 30%，即便是不经过实质审查的实用新型和外观设计，授权量也分别仅为同期申请量的 57% 和 69.9%。❺ 2017年我国授权的专利中，发明专利授权量为 42 万件，国内发明专利授权 32.7

---

❶　威廉·M·兰德斯，理查德·A·波斯纳.知识产权法的经济结构 [M].金海军，译.北京：北京大学出版社，2005：407-408.

❷❸　赵启杉.美国专利政策新动向—美国联邦贸易委员会"促进创新"报告介评 [J].知识产权，2004（6）：51-56.

❹　[2018-05-07].http://www.wipo.int/edocs/pubdocs/en/wipo_pub_941_2017.pdf.

❺　2017 年，中国专利申请总量为 369.9 万件，其中发明专利申请量为 138.2 万件，实用新型和外观设计申请量分别为 168.8 万件和 62.9 万件.数据来源于 2017 年中国专利统计简要数据报告 [EB/OL].[2019-01-07].http://www.sipo.gov.cn/docs/20180411102303821791.pdf.

万件，实用新型授权量为 97 万件，外观设计授权量为 44 万件。❶ 发明授权量不及外观设计授权量，更不到实用新型授权量的 1/2。从数据上不难发现，科技含量及创造水平较高的发明专利所占比例相对较低。原因之一是实用新型和外观设计专利不需要实质审查，且有政策资助和数量追求，引发大量低质量的专利申请。

另外，我国专利申请视撤率高也是不容忽视的问题。2016 年，我国专利申请受理量 330.5 万件，专利申请量 310 万件，但提出专利申请而因未缴纳专利申请费被视为撤回的数量（以下简称"视撤量"）为 20.1 万件，专利无申请费视撤率（以下简称"视撤率"）为 6.1%。其中，发明专利申请受理量 120.5 万件，申请量 111.1 万件，视撤量 9.4 万件，视撤率 7.8%；实用新型专利申请受理量 146.8 万件，申请量 140 万件，视撤量 6.8 万件，视撤率 4.6%；外观设计专利申请受理量 63.2 万件，申请量 59.3 万件，视撤量 3.9 万件，视撤率 6.2%。发明专利视撤率是三种专利申请中最高的。❷ 可以看出，相当数量的专利申请连申请费都没有缴纳，无意进入审查阶段，其提交专利申请的目的完全不是为了获得授权，可能仅仅是为了拿到受理通知书。

高增长速度的数据背后是专利申请行为的无序，以及令人堪忧的大量低质量专利申请，甚至不诚信的恶意申请。不诚信的专利申请行为形式多样，非正常专利申请则是我国近年来较为突出的违反诚实信用原则的专利申请行为之一。不诚信专利申请的非正常动机多为获取政府补贴、投机取巧获利。专利权是法定的排他性权利。申请专利并获得专利权，就意味着通过法定程序确定发明创造的权利归属关系，从而可以有效保护发明创造成果，以换取最大的经济利益。因此，正常的专利申请动机是为了保护创新成果，并合法利用其专利获得市场利益。然而，在各种非市场化的激励政策的刺激下，以及在不正当竞争目的的驱动下，一些专利申请人的目的出现了扭曲，申请专利的目的脱离了专利制度的创设初衷。面对各级政府给予的财政资助，许多人看到了商机，个别申请人钻政策的空子，以套取政府资助和奖励资金为目

❶ 数据来源于 2017 年中国专利统计简要数据报告 [EB/OL]. [2019-01-07]. http://www.sipo. gov.cn/docs/20180411102303821791.pdf.

❷ 专利申请量为专利申请受理量减去没有缴纳申请费而视为撤回申请的数量。数据来源于国家知识产权局 2016 年专利统计年报 [EB/OL]. [2019-01-07]. http://www.sipo.gov.cn/tjxx/index.htm.

的提出专利申请，甚至因此触犯了法律构成诈骗罪。❶ 不诚信申请并获得专利权与恶意诉讼往往相伴而生。实践中，有专利申请人通过欺诈手段将明知是现有技术的相关内容申请并获得专利权后，转而控告他人侵权，以勒索技术实施者或者进行不正当竞争。❷

针对越发严重的非正常专利申请，2017 年国家知识产权局对此前制定的《关于规范专利申请行为的若干规定》（以下简称《规范专利申请行为的规定》）作出了重大修订，其中之一是增加了非正常专利申请的行为方式。修订后的《规范专利申请行为的规定》列举了六种非正常专利申请行为，其中前五种行为均是同一单位或者个人提交多件申请的情形，即批量专利申请，第六种情形则是专利代理机构或者其他人帮助申请人提交非正常专利申请的行为。❸ 2018 年下半年，国家知识产权局在全国范围内开展了打击非正常专利申请的行动，重点查处以下非正常专利申请行为：

（1）内容相同的批量申请。主要指同一单位或者个人提交大量内容明显相同的专利申请。有的申请人将已经授权的外观设计反复提交专利申请。❹

（2）明显不符合授权条件的批量申请。主要包括明显抄袭现有技术或者现有设计的专利申请，以及不同材料、组分、配比、部件等简单替换或者拼凑的专利申请。此类专利申请主要将明显不具有新颖性或者创造性的技术方案提交专利申请。例如，某个申请人在一年左右的时间内提交了 63 件实用新型专利申请，技术方案涉及设备工具、防盗门等多个技术领域，均存在与他人已经提交专利申请内容明显相同的情形。还例如，广州某两家公司在半年左右的时间提交了 122 件采用简单替换部件的方式形成的专利申请，其中发

---

❶ 上海市高级人民法院（2004）沪高刑终字第 187 号刑事判决书。

❷ 南京市中级人民法院（2003）宁民三初字第 188 号判决书。

❸ 2017 年修订后的《规范专利申请行为的规定》第 3 条规定了六种非正常申请专利的行为，包括：（1）同一单位或者个人提交多件内容明显相同的专利申请；（2）同一单位或者个人提交多件明显抄袭现有技术或者现有设计的专利申请；（3）同一单位或者个人提交多件不同材料、组分、配比、部件等简单替换或者拼凑的专利申请；（4）同一单位或者个人提交多件实验数据或者技术效果明显编造的专利申请；（5）同一单位或者个人提交多件利用计算机技术等随机生成产品形状、图案或者色彩的专利申请；（6）帮助他人提交或者专利代理机构代理提交本条第一项至第五项所述类型的专利申请。

❹ 国知办函管字〔2018〕611 号，国家知识产权局办公室关于广东省涉嫌非正常专利申请情况的通报。

明专利申请 64 件，实用新型专利申请 58 件，这两家公司的专利申请联系人均为同一人。❶

（3）编造技术方案批量提交专利申请。主要表现为提交多件技术方案、技术效果明显编造的专利申请。例如，广州某两家公司在七个月左右的时间内共提交了 3000 余件专利申请，这些申请涉及的技术领域广泛，但发明人集中，其中 1009 件的发明人均为同一人。国家知识产权局认为，从申请量和涉及的技术领域来看，明显不符合个人研发能力，背离了科技研发规律。❷

（4）对他人非正常专利申请提供帮助。帮助他人提交或者专利代理机构代理提交前述非正常专利申请的，同样属于非正常申请行为。现实中，专利申请人的某些不诚信行为是在专利代理机构或专利代理师的帮助下完成的。有的代理机构为了骗取补贴，甚至涉嫌构成犯罪。❸

第三，欺诈获得专利权，以伪专利主张权利。欺诈获得专利权是指申请人明知技术方案不符合专利授权条件，但仍然提交申请专利并获得授权的行为。欺诈获得专利多发生于不进行实质审查的实用新型、外观设计专利。《中华人民共和国专利法》（以下简称《专利法》）规定对实用新型和外观设计专利申请不进行实质审查，因此无法在专利审批程序中杜绝这种现象的发生，导致不具备专利授权条件的伪专利的出现。❹ "这样的法律规定也给心存恶意的人提供了将现有技术和现有设计申请为实用新型和外观设计专利，并利用存在瑕疵的专利起诉他人侵权的可能。"❺当然，发明专利同样也可能存在伪专利。例如，申请人向专利局提交假的实验数据，以证明其申请专利的技术方案具有意想不到的性能❻，从而获得原本不能被授予的专利权。另外，由于难以对现有技术进行全面彻底的检索，在发明专利领域，也难以避免伪专

---

❶❷　国知办函管字［2018］611号，国家知识产权局办公室关于广东省涉嫌非正常专利申请情况的通报。

❸　江阴市人民法院（2017）苏0281刑初1565号刑事判决书。

❹　徐棣枫. 专利的扩张与限制［M］. 北京：知识产权出版社，2007：278.

❺　宁立志，宋攀峰. 专利诉权滥用的防范［J］. 知识产权，2017（10）：22-34.

❻　程永顺，罗李华. 专利侵权判定：中美法条与案例比较研究［M］. 北京：知识产权出版社，1998：320-321.

利的出现。欺诈获得专利权与恶意诉讼往往是相伴而生，权利人以欺诈获得专利权后，转而控告他人侵权是司法实践中的一种专利权滥用的行为。南京市中级人民法院审理的袁利中与扬中市通发气动阀门执行器厂、扬中市通发实业有限公司专利权侵权纠纷案件，就是一起典型的以伪专利主张权利的案件。❶

该案包括两个独立之诉，一是专利权人提起的侵权诉讼，另一个是被控侵权人向专利权人提起的损害赔偿之诉。专利权人提起侵权诉讼后，被控侵权人向国家知识产权局专利复审委员会❷提出无效宣告请求，专利复审委员会作出审查决定，认定涉案实用新型专利缺乏新颖性而全部无效。随后，被控侵权人向法院提起损害赔偿之诉，认为专利权人将本领域技术中公知的国家标准申请专利并控告他人专利侵权的行为，存在明显的恶意，应当赔偿被控侵权人因遭受无辜诉讼而蒙受的损失。法院随后将专利侵权案件和损害赔偿案件合并审理。经法院审理后认为，专利权人将国家标准中明确记载的技术内容申请实用新型专利，是故意利用我国专利审查制度中对实用新型专利申请不进行实质审查的规定而实施的恶意专利申请行为。使用恶意取得的专利控告他人侵权，不但严重背离了专利制度的初衷，还干扰了他人正常的生产经营活动，侵害他人合法权益，构成恶意诉讼。于是，法院依据《中华人民共和国民法通则》（以下简称《民法通则》）第4条关于诚实信用原则的规定以及第106条关于损害赔偿的规定，判决专利权人承担相应的损害赔偿责任。

（三）问题专利的危害

问题专利导致专利质量低下。不断增长的专利申请量，以及不断涌现的前沿技术使得专利审查的难度随之提高，各国专利局有限的审查力量和条件为问题专利的出现提供了可能，专利质量不断受到怀疑。❸专利局面对迅速膨胀的专利申请量、技术研发在广度和深度上的扩展、专利制度本身的程序性

---

❶　具体案情和审判过程参见南京市中级人民法院（2003）宁民三初字第188号判决书。

❷　2019年，根据中央机构改革部署，国家知识产权局原专利复审委员会更名为国家知识产权局专利局复审和无效审理部。

❸　徐棣枫. 问题专利探析［J］. 东南大学学报（哲学社会科学版），2007（4）：54-59.

弱点以及企业知识产权斗争的加剧，实质审查制度目标之一——权利的确定性无法实现，通过实质审查的专利权的稳定性逐渐削弱。❶ 问题专利还造成了巨大的社会成本。问题专利加剧了专利丛林的形成，造成了许可上的新困难，比如重叠的许可费，并增加了专利权的不确定性；利用问题专利收取高额的使用费或者以诉讼相威胁，也会损抑现有的或潜在的制造商的竞争。❷ 专利灌丛中密布的专利有多少是真正创新的果实，有多少是毫无价值甚至虚假的创新，或者是创新征途上的障碍，已引起人们的担忧。有学者甚至指出，授予专利的标准降低以及在技术变化迅猛的行业出现大量没有价值的专利，使得专利在美国创新体系的链条中已经变成了沙子，而不是润滑剂。❸ 由于低质量以及带来的社会成本增加，问题专利最终会影响社会的整体创新效率，这也是美国2007年《专利改革法案》出台的根本动因之一。

二、专利诱饵：滥用还是正当行使权利，难以准确识别和规制

20世纪90年代以来，专利数量快速增长，市场竞争力逐步增强，并形成专利组合，专利权人开始重视专利的商业化运营，由此出现了所谓的专利诱饵。专利诱饵诞生于美国，近年来，以高智公司为代表的专利诱饵开始进入专利制度日益完善的中国市场。在华为、中兴等国内企业遭受国外的大型专利诱饵的高额专利侵权索赔的事件影响下，我国学者逐渐加大对专利诱饵的关注与研究，尤其是专利诱饵滥用专利权而又难以规制的问题成为当前研究热点。

（一）专利诱饵：出现及其定义和评价之争论

专利诱饵是英文"Patent Troll"的中文译法之一。1993年美国有人开始用 Patent Troll 来指称那些主要从事专利侵权诉讼行为的实体。Troll 本意是指斯堪的维纳亚神话中住在洞穴或山上的丑陋怪物。在2001年 Tech Search 公司

❶ 张志成. 论实质审查制度的改革［M］//国家知识产权局条发司. 专利法研究：2005. 北京：知识产权出版社，2006：256.
❷ 陈武. 问题专利与专利权的重构——拟议中的"美国专利改革法案"思想评述［J］. 环球法律评论，2009（4）：53-60.
❸ 亚当·杰夫，乔希·勒纳. 创新及其不满：专利体系对创新与进步的危害及其对策［M］. 罗建平，兰花，译. 北京：中国人民大学出版社，2007：18.

与因特尔公司之间的专利侵权诉讼案件中，因特尔公司的专利顾问德金将 Tech Search 公司称为 Patent Troll，声称 Tech Search 公司的目的不在于实施专利，而是通过起诉专利侵权来获取利益。❶ Patent Troll 的中文译法众多，比较常见的有专利钓鱼❷、专利渔翁❸、专利怪物❹、专利流氓❺、专利蟑螂❻、专利钓饵等。2003 年，FTC 在其官方报告中首次引入 Non‑practicing Entity（NPE）一词，用于指称申请专利却不利用该专利生产产品或提供服务的实体，或从第三方收购专利但不实施也不打算实施，其目的仅在于通过诉讼手段主张权利以获取收益的实体。❼ 专利通常是由用专利技术生产产品和提供服务的专利持有者提出的。然而，专利诱饵的出现，对专利的这一论点提出了挑战。❽ 这些被称为 Patent Troll 或专利诱饵的新公司，获得专利的目的只是为了对制造和销售商品的公司提出专利主张以获取利益。无论用哪一个名字，他们都是有争议的。

　　国外学者对于专利诱饵的态度分歧显著，既有支持者又有反对者。支持者认为，虽然有少数专利诱饵从事专利流氓行为，但不能否定专利诱饵在知识产权市场化运营中发挥的作用。如波尔曼和奥皮茨认为，对非专利实施主体的界定和分析应该根据具体行为而定，没有一般的模式，不同的专利海盗在创新方面既有积极影响也有消极影响。❾罗宾指出，专利诱饵公司是技术发展趋向

---

❶ 李晓秋. 危机抑或机遇：专利经营实体是非置辩 [J]. 中国科技论坛，2012（11）：149‑154.

❷ 徐棣枫. 权利的不确定性与专利法制度创新初探 [J]. 政治与法律，2011（10）：123‑136.

❸ 和育东. 专利渔翁现象引发的思考 [M] //国家知识产权局条法司. 专利法研究：2010. 北京：知识产权出版社，2011：347.

❹ 尹新天. 美国专利政策的新近发展动向 [M] //刘春田. 中国知识产权评论：第三卷. 北京：商务印书馆，2008：256.

❺ 卢宝峰. 围剿专利流氓 [J]. 电子知识产权，2014（4）：12.

❻ 易继明. 遏制专利蟑螂——评美国专利新政及其对中国的启示 [J]. 法律科学，2014（2）：174‑183.

❼ Federal Trade Commission. To Promote Innovation：The Proper Balance of Competition and Patent Law and Policy [EB/OL]. [2018‑04‑20]. https://www.ftc.gov/sites/default/files/documents/reports/promote‑innovation‑proper‑balance‑competition‑and‑patent‑law‑and‑policy/innovationrpt.pdf.

❽ SPITZER M. Patent Trolls，Nuisance Suits，and the Federal Trade Commission [J]. North Carolina Journal of Law & Technology，2018（20）：78.

❾ 张昕竹，张艳华，王宏伟. "专利海盗"对我国竞争与创新的影响和政策启示 [J]. 电子知识产权，2014（4）：70‑79.

复杂化后技术供应市场需求的产物，其能够成为创新者与资金、技术之间的媒介，进而激活专利技术交易市场的内在潜力。❶ 反对者则认为，专利诱饵对于社会福利、商业经营以及社会创新环境的影响是负面的。例如，格雷戈里认为，Patent Troll 向企业索要的专利许可费往往超过普通谈判达成的专利许可费的四倍，这将会严重挫伤企业的创新积极性。❷

国内学者对专利诱饵同样持不同的看法。肯定的一方认为，尽管知识风险公司存在专利诱饵等潜在危险，但在制度完善和法律规制的基础上，其发展有利于解决专利市场的结构性问题，能够引入新的商业模式，形成发明组合池，并最终促进发明资本市场的形成。因此，应当大力推动知识风险公司的发展，促进我国专利发明市场的繁荣。❸ 专利诱饵可以促进专利和创意市场的效率，让专利权人可以出售其无法维护或生产的专利或专利组合，使得专利权人可回收部分先前的研发成本，而能继续进行研发。❹ 反对者则认为，专利诱饵的发展对专利市场的公平竞争与企业的创新构成威胁，且专利诱饵的行为本身容易构成滥用专利权和滥用市场垄断地位。如有研究者认为，虽然专利诱饵是专利技术市场发展的需求，但其对企业的创新和市场竞争具有潜在危害。企业为了应对专利诱饵的诉讼活动，会耗费原本用于生产经营的大量资金，且专利诱饵对某些技术领域的垄断使得企业无心专注于科技研发。❺ 这些不同观点的存在，说明目前国内尚未形成对专利诱饵的统一认识。

专利诱饵兴于美国，但近年来已经逐渐向外扩散。在中国，虽然专利诱饵运营活动相对低调，但不可否认的是，专利诱饵早已进入中国，并开始布局中国市场。❻ 过去十多来年我国实行鼓励专利申请政策，连续几年我国年专利申请量超过 100 万件，位居世界各国之首。但整体专利质量却较低，其中

❶ 张昕竹，张艳华，王宏伟."专利海盗"对我国竞争与创新的影响和政策启示 [J]. 电子知识产权，2014（4）：70-79.

❷ GREGORY J K. The Troll Next Door [J]. The John Marsh Review of Intellectual Property Law, 2007 (2)：292.

❸ 徐棣枫. 促进知识风险公司发展的必要性研究 [J]. 经济纵横，2011（12）：76-81. 该文中将专利诱饵称为知识风险公司.

❹ 曲三强. 现代知识产权法概论 [M]. 北京：北京大学出版社，2015：173-178.

❺ 吕磊. 论专利海盗扩张的成因与影响 [J]. 电子知识产权，2013（8）：28-33.

❻ 刘彬，栗源. Intellectual Ventures 是机会还是威胁——关于"高智发明"现象引发的思考 [J]. 中国科技产业，2009（5）：58-60.

的问题专利、垃圾专利极有可能成为专利诱饵收购的目标和将来主张权利的工具。有学者认为，我国已经成为高智公司专利库存的第二大来源国。❶ 随着知识产权地位的日益攀升，中国本土专利运营公司也开始崛起。❷ 国内兴起的专利运营公司，除了有政府推动下所成立的、以促进科研技术成果转化为目的的机构外，还有海归或海外资本在国内设立的类似公司。一些大型企业，如华为公司也设立了自己控股的知识产权运营公司。这些运营公司目前的业务仍以专利收购和转让为主，尚未显现出以攻击性的手段主张专利权的特征。但随着这些专利运营公司的发展壮大，掀起国内专利诱饵热潮的可能性是存在的。

（二）Patent Troll、NPE、PAE：类型及演变

目前国内学者对专利诱饵的具体含义尚未形成统一认识，有学者指出，尽管 NPE 包含专注研发的科研机构和个体发明人，但大多数情况下 Patent Troll 是 NPE 比较通俗的称法❸，有学者则将 Patent Troll 与 NPE 等同。❹ 即使在上述这些词汇的起源地——美国，有的研究报告认为 PAE 是 NPE 中的一个特定的类型；而有的学者则认为，NPE 与 PAE 存在非常大的不同之处，两者之间是并列的概念。❺ 在细究之下，看似清楚的概念，似乎又变得模糊，不清

---

❶　易继明. 遏制专利蟑螂——评美国专利新政及其对中国的启示 [J]. 法律科学, 2014 (2)：174-183.

❷　有研究人员对我国本土专利运营公司做了梳理，具体表现在：一是高校、科研院所设立大量专利技术转移服务组织，如高校技术转移办公室、科研院所技术转移中心；二是在各级政府扶持下，各地设立或将要设立一大批具有服务平台性质，不针对特定服务对象的技术交易、专利开发服务或信息服务组织等；三是民营知识产权运营企业，如七星天（北京）咨询有限责任公司以帮助中国在美国专利市场实现最大价值为目的，立足于中国一流大学，聚焦全球最活跃的美国专利市场，提供专利咨询及专利资本化服务业务；四是产业联盟成立专利运营公司。同时一批海归和海外资本回国设立类似公司，如国资背景的"北高""科学院 IP 投资公司"等。北京知识产权运营管理有限公司、深圳中科院知识产权投资有限公司、中国专利技术开发公司、上海科威国际技术转移中心有限公司等。参见李春成. 非专利实施实体（NPE）六问！ [EB/OL]. [2018-10-09]. https://mp. weixin. qq. com/s/WGEw8qcfR2ZKutOixGB0TA.

❸　张昕竹，张艳华，王宏伟. "专利海盗"对我国竞争与创新的影响与政策启示 [J]. 电子知识产权, 2014 (4)：70-79.

❹　吕磊. 美国对专利海盗的规范措施及我国的借鉴 [J]. 法学杂志, 2014 (5)：132-140；宁立志，宋攀峰. 专利诉权滥用的防范 [J]. 知识产权, 2017 (10)：22-34.

❺　MAHN G. Keeping Trolls Out of Courts and Out of Pocket: Expanding the Inequitable Conduct Doctrine [J]. Loyola University Chicago Law Journal, 2014 (45)：1245.

楚专利权滥用的主体到底是指 NPE，还是 PAE，亦或是 Patent Troll。

在美国，专利诱饵的含义也在不断地发生变化。FTC 继 2003 年提出 NPE 一词后，又在 2011 年出台的一份官方报告中提出了 PAE（Patent Assertion Entities）一词，用于指称那些以通过购买专利并向他人主张专利权为主业的实体，并指出之所以使用 PAE 而不是使用范围更广的 NPE，是因为 NPE 包括大学、研究机构等主要以技术研发和专利技术许可为主业的实体，而 PAE 则不包括这样的实体。❶根据此定义，可以看出，PAE 是 NPE 中的一个类型，其被包含于 NPE 之中。然而，在 2016 年 FTC 发布的最新一项针对 PAE 的研究报告中❷，PAE、NPE 成了并列的概念，各自定义了不同的主体范围，相互之间不再是包含关系。根据该报告附件中对相关词汇的定义，NPE 是指以技术创新和转让为主业的专利权人。PAE 是指以购买专利并主张专利权为商业模式的实体。PAE 通常需要购买专利、向转让人支付转让价款、组织专利持有形式（如以关联公司、子公司等名义持有专利）、雇佣律师、获取收益。❸ 该报告还对 PAE 进行了细分，分为投资组合型 PAE（Portfolio PAEs）和诉讼型 PAE（Litigation PAEs）。投资组合型 PAE 通常将成百上千件专利打包组合后，主要通过谈判而非直接诉讼来达成专利许可协议；诉讼型 PAE 则首先对潜在被许可人提起诉讼，然后在达成许可后撤诉，诉讼型 PAE 在诉讼中使用的专利较少，一般低于十件专利。❹ 投资组合型 PAE 倾向于向产品制造商发送警告函从而寻求达成专利组合的许可，并获得以数百万美元计算的许可费，而不是先起诉制造商。据报告，专利许可证收入中有 80% 以上流向了投资组合型 PAE，而不是诉讼型 PAE。❺ 由于 Patent Troll 这个词本身自带贬损的含义，表达了对专利权滥用行为的憎恶态度，带有强烈的感情色彩，在美国，法院已经开始禁止被告在法庭上使用 Patent Troll 一词。❻

---

❶ Federal Trade Commission. The Evolving IP Marketplace：Aligning Patent Notic And Remedies with Competition. ［EB/OL］. ［2018-09-06］. https://www.ftc.gov/sites/default/files/documents/reports/evolving-ip-marketplace-aligning-patentnotice-and-remedies-competition-report-federal-trade/110307patentreport.pdf.

❷❸❹❺ Federal Trade Commission. AN FTC STUDY：Patent Assertion Entity Activity，October 2016. ［EB/OL］. ［2018-12-09］. https://www.ftc.gov/reports/patent-assertion-entity-activity-ftc-study.

❻ 蒋利玮. Patent troll 应当翻译成什么？［EB/OL］. ［2018-11-05］. https://mp.weixin.qq.com/s/1We9Z6iuCK02zpfEKqy7GA.

根据美国官方文件对 NPE 和 PAE 的定义、使用缘由和历史，以及 Patent Troll 的来源和美国法院对 Patent Troll 的态度可以看出，当下在美国，NPE 与 PAE 是两种商业模式的专利运营主体，由于 PAE 自己不产生专利权，故在行使权利时会被贬损性地称之为 Patent Troll，以表达其对专利权的行使存在滥用或不当之嫌。本书使用专利诱饵来指称那些以购买专利并主张专利权为主要盈利模式的实体，并将各个特定时期的 Patent Troll、NPE 和 PAE 纳入本书专利诱饵的研究范畴。

(三) 专利诱饵诉讼泛滥，中国可能成为新的主战场

在 AIA 出台之前，美国法院受理的专利案件中，专利诱饵诉讼案件比例不断增加，2011 年 AIA 出台之时达到峰值，此后由专利诱饵发动的诉讼案件数量虽然有所下降，但总体上仍处于高位运行态势。2018 年 1 月，美国知名知识产权交易公司 RPX 发布美国非实施主体专利诉讼统计报告，从专利诉讼量、和解金额、专利审查与上诉委员会 (Patent Trial and Appeal Board, PTAB) 审查、诉讼地调整、专利诱饵运营模式变化等方面揭示了专利诱饵专利诉讼的现状。❶

1. 专利诱饵仍占全部专利诉讼案件量的大部分

自 2011 年专利诱饵专利诉讼量达到峰值后，近几年专利诱饵诉讼量有所下滑。2017 年，专利诱饵向约 2000 名被告提起了诉讼，被告人数比 2016 年减少了 27%。与此同时，专利实施主体 (Operating Companies) 在 2017 年向 1540 名被告提起了专利诉讼，是 2003 年以来数量最少的一年 (参见图 1-1)。该报告认为，2011 年以来专利诱饵诉讼数量的下降主要原因有：AIA 在 2012 年引入了授权后审查程序；Alice v. CLS Bank (2014) 和 TC Heartland v. Kraft Foods (2017) 等案件带来的司法变革。当然，这些变化同时也在影响着专利实施主体。

---

❶ A Year of Transition [EB/OL]. [2019-01-10]. http://www.rpxcorp.com/2018/01/02/2017-in-review-a-year-of-transition.

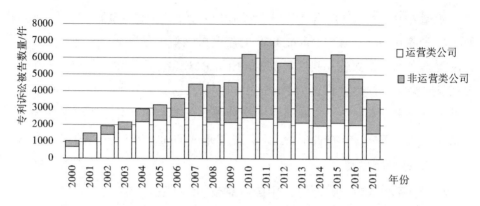

图 1-1　2000~2017 年由专利诱饵和专利实施主体起诉的被告数量❶

2. 和解金额平均值降低

2011 年 AIA 颁布后，专利诱饵诉讼的平均和解金额为 210 万美元，2014 年 Alice 案件后，专利诱饵诉讼的平均和解金额下降到 150 万美元。大多数专利诱饵诉讼的和解金额不足 50 万美元，仅有少数案件的和解金额高达上千万美元（参见图 1-2）。

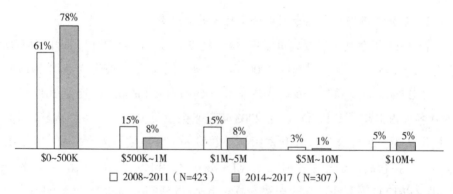

图 1-2　2008~2011 年与 2014~2017 年专利诱饵类诉讼判赔金额和解金额对比❷

和解金额的降低可能是诉讼成本下降的体现。AIA 颁布前，涉及专利有效性和可专利性的诉讼成本十分昂贵。现今，被告可以援引 Alice 案所确定的原则进行不同专利性抗辩，从而较早地结束案件，或者可以在专利申请授权

---

❶❷　该图引用自 RPX 的研究报告，2017 in Review：A Year of Transition ［EB/OL］.［2019-01-10］. http://www.rpxcorp.com/2018/01/02/2017-in-review-a-year-of-transition.

后，由 PTAB 审查专利的有效性。

3. 专利诱饵诉讼全球化扩散

2019 年 1 月 17 日，RPX 发布的最新美国非实施主体专利诉讼统计报告显示，2018 年，全美专利诉讼共增加了 3106 名被告，其中 1532 名被告由专利诱饵增加，1574 名被告由专利实施主体增加。由专利诱饵增加的被告与 2017 年相比，同比下降约 7.2%。❶尽管在美国专利诱饵诉讼有下降趋势，但涉及非实施主体的专利诉讼正成为一件全球性的事情。美国为减少专利诱饵引发的诉讼而进行的专利法改革促使专利诱饵转向全球寻找合适的法院，利用诉讼作为杠杆和手段，进一步将其知识产权资产的价值货币化。根据欧洲知名知识产权案例数据库 Darts-ip 于 2017 年发布的报告，受美国专利法改革的影响，专利诱饵开始把目标转向别的国家。2016 年美国专利诱饵诉讼减少了38%，而全球其他地区的专利诱饵诉讼案件增长了 87%，增长率为此前五年的最高值（参见图 1-3）。❷

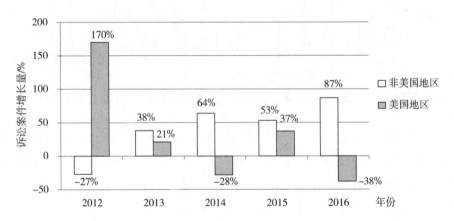

图 1-3 2012~2016 年美国和非美国地区专利诱饵诉讼案件增长量❸

❶ ［EB/OL］. ［2019-01-22］. http://www.rpxcorp.com/intelligence/blog/2018-patent-litigation-and-marketplace-overview/.

❷ The Rise of Non-Practicing Entity（NPE）Cases Outside the United States ［EB/OL］. ［2018-11-06］. https://www.darts-ip.com/the-rise-of-non-practicing-entity-npe-cases-outside-the-united-states/.

❸ 该图引用自 Darts-ip 的研究报告，The Rise of Non-Practicing Entity（NPE）Cases Outside the U-nited. States ［EB/OL］. ［2018-11-06］. https://www.darts-ip.com/the-rise-of-non-practicing-entity-npe-cases-outside-the-united-states/.

2018 年 2 月，Darts-ip 发布欧盟专利诱饵诉讼现状报告（NPE Litigation in the European Union：Facts and Figures）。❶ 该报告概述了欧盟范围内与专利诱饵相关的诉讼和专利执法活动。数据涉及 2007 年 1 月 1 日至 2016 年 12 月 31 日间在欧盟法院或相关专利局处理的诉讼案件或专利申请，主要包括侵权、无效和异议案件。该报告数据显示，近十年，欧盟专利诱饵涉案数量呈上升趋势。2007~2017 年间，专利诱饵诉讼案件量年均增长了约 19%，2015 年、2016 年和 2017 年三年持续增长（参见图 1-4）。

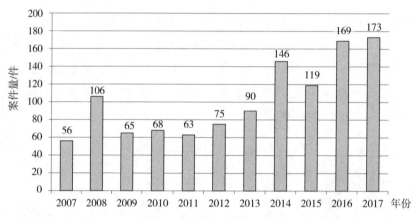

图 1-4 2007~2017 年间，欧盟内部与专利诱饵有关的诉讼案件量❷

该报告还显示，在 2018 年之前的五年间，与通信和信息技术（ICT）相关的案件数量急剧增加；在欧盟最活跃的五大专利诱饵公司总部均位于美国，这五家专利诱饵公司发动的诉讼占欧盟专利诱饵诉讼量的 60%，数百家专利诱饵实体及分支机构均与此五家重要的专利诱饵公司有关联；在过去五年中，欧盟专利诱饵诉讼案件激增可能与美国近年来相关法律修订有关，美国相关法律的修订可能导致对本土专利诱饵诉讼吸引力下降，而欧盟专利诱饵活动日趋频繁，尤其在 ICT 领域增长迅猛。

---

❶ NPE Litigation in the European Union：Facts and Figures ［EB/OL］. ［2019-01-10］. https://www.darts-ip.com/npe-litigation-in-the-european-union-factsand-figures/.

❷ 该图引用自 Darts-ip 的研究报告，NPE Litigation in the European Union：Facts and Figures ［EB/OL］. ［2019-01-10］. https://www.darts-ip.com/npe-litigation-in-the-european-union-factsand-figures/.

表 1-1 反映了每个专利诱饵（母公司和/或其子公司和关联公司）在 2013~2017 年期间在欧盟发起的侵权诉讼总数中各自提出的侵权诉讼所占百分比。排名前十的专利诱饵涉案数量超过欧盟总量的 80%，排名前五的专利诱饵均为美国公司。

表 1-1 欧洲最活跃专利诱饵排行 ❶

等级	非专利实施体	国别	比例
1	高智公司	US	19.18%
2	马拉松专利集团	US	14.29%
3	研究集团	US	10.20%
4	PanOptis 专利管理公司	US	8.98%
5	Vringo 公司	US	8.16%
6	SISVEL 公司	IT	6.53%
7	France Brevets 公司	FR	4.90%
8	IPCom 公司	DE	3.67%
9	Tivo 公司	US	3.27%
10	Xperi 公司	US	2.86%

该报告还显示，在欧盟范围内，专利诱饵更喜欢在德国进行诉讼，2007~2017 年间德国每五起侵权诉讼中就有一起是专利诱饵发起的。之所以选择德国，主要原因在于德国知识产权执法和司法是相互分离的体系，即侵权和无效案件在不同法院独立裁决；德国一审法院对侵权行为的平均审理时间最短，且通常会在无效判决完成前就会颁发侵权禁令，与欧盟其他司法管辖区相比，在德国专利诱饵原告胜诉率相对较高；德国是欧盟最大的技术市场，也是进口产品的主要入口之一。该报告还指出，在欧洲，专利诱饵拥有的专利通常比非专利诱饵专利更容易被无效，这表明专利诱饵可能会使用低质量的专利。

虽然我国目前还未出现大规模的专利诱饵活动，但在不久的将来，我国

---

❶ 该图引用自 Darts-ip 的研究报告，NPE Litigation in the European Union：Facts and Figures［EB/OL］.［2019-01-10］. https://www.darts-ip.com/npe-litigation-in-the-european-union-factsand-figures/.

很有可能成为专利诱饵实施专利主张活动的主要地区。学者易继明认为，我国已经成为世界著名专利诱饵高智公司专利库存的第二大来源国。❶ 在专利诱饵诉讼方面，与美国的专利诱饵案件数量相比，中国的案件数量可以用屈指可数来形容。❷ 但高通知识产权和专利前总监鲁宾逊认为，中国由于庞大的销售和制造市场、易得的禁令、择地诉讼、较高的胜诉率和较短的诉讼周期，对于感兴趣的专利诱饵来说，是理想之地。❸ 虽然我国目前还未出现大规模的专利投机现象，但根据 Darts-ip 的报告，近两年美国专利法改革对专利诱饵诉讼不利，专利诱饵们开始把目标转向别的国家。2016 年美国专利诱饵诉讼减少了38%，而全球其他地区的专利诱饵诉讼案件增长了 87%，增长率为近五年来的最高值。近两年专利诱饵尤其青睐德国和中国的专利市场，因为专利权人在这两个国家容易获得禁令且胜诉率高，而在中国的专利侵权诉讼中，专利权人的胜率甚至更高。❹ 2016 年 11 月，加拿大老牌专利许可公司 WiLAN 旗下子公司 Wireless Future Technologies Inc （无线未来科技公司）在南京市中级人民法院正式起诉日本手机厂商索尼移动（Sony Mobile），这是我国首个专利诱饵主动发起的标准必要专利诉讼。❺ 2017 年 9 月，美国运营型专利诱饵 Longhorn IP 通过其子公司 L2 Mobile Communications LLC 在北京知识产权法院向中国台湾手机厂商 HTC 公司发起专利侵权诉讼，这是我国国内次起专利诱饵标准必要专利诉讼。❻专利诱饵诉讼已经开始试水中国，中国有可能成为专利诱饵的下一个主战场。

---

❶ 易继明. 遏制专利蟑螂——评美国专利新政及其对中国的启示［J］. 法律科学，2014（2）：174-183.

❷ 据网站（www.rpxcorp.com）统计，2015 年，美国大约有 69% 的专利诉讼是由 NPE 发动的。

❸ ROBINSON E. 为什么说中国是 NPE 的理想之地［EB/OL］.［2018-07-08］. Global—IP—Update 微信公众号.

❹ 参见 darts-ip 的报告，The Rise of Non-Practicing Entity（NPE）Cases Outside the United States ［EB/OL］.［2018-11-06］. https://www.darts-ip.com/the-rise-of-non-practicing-entity-npe-cases-outside-the-united-states/.

❺ 微信报道. 国内首个 NPE 标准必要专利诉讼：WiLAN 在南京起诉索尼移动［EB/OL］.［2018-09-16］. http://mp.weixin.qq.com/s/YfFiA5SzuBy2yDxrWj8ffQ.

❻ 微信报道. Longhorn IP 起诉 HTC：国内次起 NPE 标准必要专利诉讼［EB/OL］.［2018-09-16］. https://mp.weixin.qq.com/s/7sFgQ6vpTzN5P-lnYQG8CQ.

（四）滥用还是正当行使权利：识别和规制的困难

专利与垄断有着密不可分的关系，专利权是一种合法的垄断。专利权的垄断性与反限制竞争之间既相生又相克，两者之间存在着本质上的统一和不可避免的冲突，其集中体现就是专利权的不正当行使——滥用专利权。❶ 然而，如何识别专利权的滥用与专利权的正当行使却是十分困难的，即使是在专利法和反垄断法的理论、立法和司法实践都非常发达的美国也对这一问题颇感棘手。就判例而言，美国联邦最高法院在专利滥用理论上走过了由完全否定到全面承认，再到加以适当限制的承认这样一个漫长而多变的演化历程。适当地处理专利权与垄断的关系始终是美国专利法及其司法实践的"主旋律"。❷ 一个颇具代表性的问题——专利诱饵是专利权的滥用还是正当行使专利权。

虽然对专利诱饵的商业模式有诸多批评，但不得不承认，美国专利法中有四项规定可以支持专利诱饵的商业模式。第一，《美国专利法》第261条规定，专利权"应具有个人财产的属性"，这意味着专利权可以由一人或多人拥有并转让给他人。❸ 因此，专利诱饵有权依据专利法从其他公司或个人等第三方处获得专利。第二，《美国专利法》第154条确立了专利权人的核心权利，即排除他人在美国制造、使用、许诺销售或出售专利涉及的产品或者方法的权利。❹ 当专利诱饵获得专利权时，它所寻求的是这种排他性的法定权利。当专利诱饵对其他公司提出专利主张时，其依据的就是此项法定权利。第三，《美国专利法》第271条将专利侵权界定为未经专利权人授权而制造、使用、

---

❶ 徐棣枫，历宁. 专利领域中的反垄断问题研究——试论滥用专利权 [J]. 南京大学学报（哲学·人文·社会科学），1998（4）：145-153.

❷ 张乃根. 美国专利法判例选析 [M]. 北京：中国政法大学出版社，1995：256-257.

❸ 35 U. S. C. § 261 ¶ 1（2012）（Subject to the provisions of this title, patents shall have the attributes of personal property.）；id., ¶ 2（Applications for patent, patents, or any interest therein, shall be assignable in law by an instrument in writing）.

❹ 35 U. S. C. § 154（a）（1）（2012）（Every patent shall contain … a grant to the patentee, his heirs or assigns, of the right to exclude others from making, using, offering for sale, or selling the invention throughout the United States or importing the invention into the United States, … referring to the specification for the particulars thereof）.

许诺销售或出售专利发明的任何行为。❶ 当消费者和其他被指控的侵权人实施其声称的专利技术时，专利诱饵可依据这一规定提出索赔或许可要求。最后，《美国专利法》第281条规定了专利侵权的基本救济方法，即向联邦地方法院提起侵权诉讼。❷ 当专利诱饵将提起诉讼作为其专利主张活动的一部分时，是在联邦法律范围内行使其权利。因此，从行为本身看，专利诱饵的专利主张行为符合美国专利法的规定。

但是，很多研究者认为，专利诱饵虽然享有专利权，但其目的却违背了专利制度所设置的初衷。专利制度的目的是保护技术人员和发明者的创新成果，同时促进技术的进步，造福公众和保护个人发明者。专利法的制定者的意图是让公众不仅从专利技术的披露中受益，而且也从技术发展所带来的好处中受益。❸ 例如，在对一项具有创造性和新颖性的发明进行教导性的描述中获益，或者从可供公众实际使用的产品或发明中受益。❹ 专利法的制定者并不打算像今天这样，让公众从模糊的专利中获得所谓"利益"。当人们发现专利诱饵既没有清楚地披露有用的信息，也没有方便公众获取有用技术，专利诱饵并没有促进科学和有用技艺的产出和使用，专利诱饵专利主张行为应当受到限制。另外，专利诱饵执行权利的目的不在于保护发明产品的权利，因为他们没有制造产品也不准备制造产品，他们的兴趣只在于通过威胁专利技术实施实体的方式获取巨额许可费用。❺ 由于 PAE 对公众获取技术造成了障碍，因此 PAE 不应有权强制执行其专利。❻ 这样就产生了一个矛盾，专利诱饵的

---

❶ 35 U.S.C. § 271 (a) (2012) (Except as otherwise provided in this title, whoever without authority makes, uses, offers to sell, or sells any patented invention, within the United States or imports into the United States any patented invention during the term of the patent therefor, infringes the patent).

❷ 35 U.S.C. § 281 (2012) (A patentee shall have remedy by civil action for infringement of his patent); 28 U.S.C. § 1338 (a) (2012) (The district courts shall have original jurisdiction of any civil action arising under any Act of Congress relating to patents, …). Additionally, a patent holder may file a complaint with the U.S. International Trade Commission to block the importation of infringing articles as an unfair trade practice in violation of Section 337 of the Tariff Act of 1930. See 19 U.S.C. § 1337 (a) (1) (B) (2012).

❸ RAJEC S R W. Tailoring Remedies to Spur Innovations [J]. American University Law Review, 2012 (61): 733-744.

❹ Bilski v. Kappos, 130 S.Ct.3218, 3227-28 (2010).

❺ eBay Inc. v. MercExchange, L.L.C., 547 U.S.388, 400 (2006).

❻ HARKINS C A. Fending Off Paper Patents and Patent Trolls: A Novel "Cold Fusion" Defense Because Changing Times Demand It [J]. Albany Law Journal of Science and Technology, 2007 (17): 407-426.

商业模式不具有正当性，但专利诱饵的专利权和实施主体的专利权同样受到法律保护。这一窘境说明，专利诱饵到底是滥用还是正当行使权利，难以准确确定。

研究者已经认识到，如何能从整体法规制度的高度，不具针对性的界定构成专利权利滥用的要件，以及一旦成立后要给予如何的对待，已成为当前极为迫切而且复杂困难的挑战。❶ 但是，当立法者和行政执法者分别准备对专利诱饵采取行动时，却发现其不但定义困难，且还蕴藏了相当复杂的运营模式❷，难以进行有效的规制。FTC 曾试图对专利诱饵的商业模式进行研究，以期望获得有效规制专利诱饵的方法。但无论专利诱饵采取哪种类型的商业模式，其商业行为本身均有法可依。因此，FTC 在其最新的研究报告中并没有给出具体化的政策建议，只能将实证研究结果提供给公众和政策制定者，为研究专利诱饵行为提供新的线索，期望政策制定者作出更明智的政策决定。❸

三、专利诱饵的富集领域：软件和商业方法专利

软件和商业方法专利对专利诱饵来说是非常有价值的，这些专利具有较宽的保护范围和普遍适用的技术主题，这使得专利诱饵能够针对广泛的潜在侵权者主张其专利。虽然抽象的概念，如数学方程式等，不属于可专利主题的范畴，但一些专利诱饵仍然在寻求保护广泛而模糊的，通过使用计算机执行程序来实现的专利。例如，FTC 的研究表明，PAE 虽然也持有医药、化工类专利，但他们很少依据这些专利来主张权利，而主要精力集中在与信息通信和软件相关的专利上（参见图 1-5）。❹这一现象表明，专利诱饵从专利主张的起点进行了精心的布局，即通过获得宽范围、模糊性的专利，扩大专利主张的对象范围。

---

❶ 孙远钊. 应对专利操控实体（PAEs）的难题与政策规制 [J]. 电子知识产权，2014（06）：36-41.

❷ 孙远钊. 专利诉讼"蟑螂"为患？——美国应对"专利蟑螂"的研究分析与动向 [J]. 法治研究，2014（1）：78-86.

❸❹ Federal Trade Commission. AN FTC STUDY：Patent Assertion Entity Activity，October 2016. [EB/OL].［2018-12-09］. https://www.ftc.gov/reports/patent-assertion-entity-activity-ftc-study.

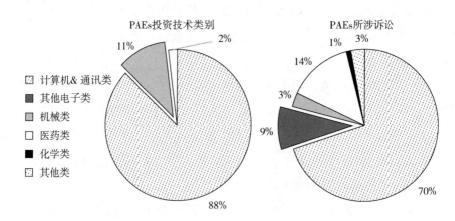

图 1-5　专利诉讼中专利所涉技术类别的占比❶

　　为了更好地理解 PAE 获得的专利技术，FTC 对 PAE 所持有的专利技术的类别进行了实证分析。FTC 的研究结果表明，就 PAE 整体而言，与其持有的全部专利相比，用于诉讼的专利更多的是与计算机有关的专利。具体来说，在由投资组合型 PAE 发起的专利诉讼中，有 88% 的诉讼案件涉及计算机技术，而在由诉讼型 PAE 发起的专利诉讼中，有 70% 的诉讼案件涉及计算机技术。❷ FTC 对于计算机有关的专利做了进一步细分发现，超过 75% 的专利诉讼所涉及的专利为与软件相关的技术。其中，对于诉讼型 PAE 而言，有 73% 的专利诉讼案件涉及软件专利。对于投资组合型 PAE，有 90% 的专利诉讼案件涉及软件专利。❸ 面对 PAE 诉讼的这一特征，关于软件和商业方法的专利适格性近年来一直是美国争议较大的问题。软件和商业方法的专利适格性之争从表面上看是以计算机执行程序实现的抽象概念，或现有商业方法是否能够获得专利保护，其背后反应的是权利扩张与限制的斗争所引发的不确定性。

　　既然与计算机软件相关的专利位于近年来专利诱饵诉讼风暴的核心，那么法院对于涉及由商业方法、抽象概念所组成的，由计算机执行的软件是否

　　❶　该图引自 FTC 的报告，Federal Trade Commission. AN FTC STUDY: Patent Assertion Entity Activity，October 2016.［EB/OL］.［2018-12-09］. https://www.ftc.gov/reports/patent-assertion-entity-activity-ftc-study.

　　❷❸　Federal Trade Commission. AN FTC STUDY: Patent Assertion Entity Activity，October 2016.［EB/OL］.［2018-12-09］. https://www.ftc.gov/reports/patent-assertion-entity-activity-ftc-study.

能够获得专利究竟会采取何种立场，必然会对专利诱饵诉讼风暴是否要持续下去抑或消弭于无形产生深远的影响。❶ 近年来美国联邦法院通过判例收窄了可授予专利主题的范围。这些判例中，最具代表性的是美国联邦最高法院于2014 年作出判决的 Alice 案。美国联邦最高法院通过该案的判决，提高了计算机软件专利适格性标准。在 Alice 案中，法院审查了计算机实现的发明是否符合专利保护主题的问题，并认为仅仅描述用来实现抽象想法的"通用计算机"不符合专利保护的条件。❷ 在该案中，Alice 公司的专利保护的技术主题为：（1）一种金融债务交换方法；（2）一种计算机系统，被配置用于执行债务交换；（3）一种包含程序代码的计算机可读介质，用于执行债务交换。❸ 联邦最高法院认为，Alice 公司的专利试图保护第三方中介方案，属于不可专利的抽象概念。在 Alice 案中，联邦最高法院还认为，抽象概念与计算机的结合不具备可专利性这一判决对专利诱饵起到了很好的约束作用。Alice 案的判决对专利诱饵诉讼产生了巨大影响。PAE 可能会避免依据软件专利主张权利，因为这些专利很可能被认定无效，这会对 PAE 诉讼的总体数量和 PAE 所使用的技术类型产生重大影响。❹ 有学者认为，该案件导致抽象主题专利，即商业方法专利无效，并在 USPTO 中开始了此类专利失效的趋势。❺ 联邦地方法院认为，遵循 Alice 案可以在案件的早期阶段确定主题的适格性，这样无需再走巨大的证据开示或者权利要求解释程序。❻对于被告来说，这有利于降低专利诱饵诉讼成本。可以看出，美国联邦最高法院最新裁决旨在削弱专利诱饵提起诉讼的能力，并且增强保护创新的力度。当然，Alice 案也增加了软件专利和商业方法专利的不确定性，对于软件技术企业，尤其是国际商用机器公司（IBM）、微软公司（Microsoft）等以软件为主业的企业来说，Alice 案无疑会

---

❶　孙远钊. 应对专利操控实体（PAEs）的难题与政策规制 [J]. 电子知识产权，2014（6）：36-41.

❷　Alice v. CLS Bank，134 S.Ct.2347（2014）.

❸　Alice v. CLS Bank，134 S.Ct.2347，2349（2014）.

❹　Federal Trade Commission. AN FTC STUDY：Patent Assertion Entity Activity，October 2016. [EB/OL]. [2018-12-09]. https://www.ftc.gov/reports/patent-assertion-entity-activity-ftc-study.

❺　KIM N. Software and Business Method Inventions After Alice [EB/OL]. [2018-10-16]. https://www.intellectualpropertylawblog.com/archives/software-and-business-method-inventions-after-alice.

❻　王晋刚. 专利疯　创新狂：美国专利大运营 [M]. 北京：知识产权出版社，2017：242.

影响其持有的大量软件专利的有效性。

第三节　专利权不确定性之危害：申请专利如同买彩票加敲竹杠

2015 年《经济学家》期刊刊载了一篇文章，认为专利制度已经濒临崩溃。该文章核心观点为：专利制度应该通过强制所有人展示他们的创新成果来传播知识。但是，专利制度常常失败，因为专利律师是混淆大师（Masters of Obfuscation）。相反，专利制度创造了一种寄生生态，专利制度的目标是阻止创新，或者至少是阻碍创新，除非专利权人能从中分得一杯羹。❶ 这一观点反映了近年来对专利制度的批评。混淆大师制造专利不确定性，产生不可预测的专利权，这反过来又会引起专利诉讼。专利诱饵和防御性专利具有减少创新激励的反常效果。❷ 专利律师作为混淆大师，给了我们一个在专利权保护范围的公示方面不幸失败的制度。换句话说，这是一个边界不明确的财产制度，在这个系统内工作的专利律师们尽最大努力使专利保护范围尽可能不清楚。如果边沁能够复活的话，他可能会指出今天的专利制度，并不是他那个时代所攻击的财产继承制度，是法律行业中的寄生虫赖以生存的源泉。❸ 有学者形象地将申请专利比喻为买彩票，申请人先支付为数不高的申请费，然后期待获得巨额回报。❹ 这是一个充满风险的过程，包含很多不确定性，所投资之开发是否能够获得技术上的成功、是否具有市场价值、能否获得有效的知识产权法律保护，都具有不确定性。专利权的不确定性问题既违背专利法律制度的根本目的，也严重危害了专利制度的有效实施，打击了人们对专利法

❶ Time to Fix Patents [EB/OL]. [2018-04-15]. http://www.economist.com/news/leaders/21660522-ideas-fuel-economy-todays-patent-systems-are-rotten-way-rewardingthem-time-fix.

❷ HYLTON K N. Patent Uncertainty: Toward a Frame Work with Applications [J]. Boston University Law Review, 2016 (96): 1117-1118.

❸ POSTEMA G J. Bentham and the Common Law Tradition [M]. Oxford: Clarendon Press, 1989: 267.

❹ BARNEY J A. A Study of Patent Mortality Rates: Using Statistical Survival Analysis to Rate and Value Patent Assets [J]. Alpla Quarterly Journal, 2002 (30): 317-328; BESSEN J, MEURER M J. Patent Failure: How Judges, Bureaucrats, and Lawyers Put Innovators at Risk [M]. Princeton: Princeton University Press, 2008: 104.

的信心。

一、创新市场的混乱与恐慌：问题专利和专利诱饵的伏击

专利不确定性激励了专利持有者的机会主义行为。这种不确定性可能产生有问题的外部成本：专利持有人享有私人利益，但成本由其他公司和公众承担。[1] 一些专利持有者策略性地利用权利要求用语的不确定性，依据整个权利要求的表面范围，起诉或威胁其他企业，而不论该权利要求的实际有效性或覆盖范围如何。专利一经授权，就会得到法律上的有效性推定，而主张已经授权的专利无效的花费往往是相当昂贵的。有些权利人故意利用无效的高成本，援引保护范围过于宽泛，但极可能被无效的问题专利向他人主张权利。这就使得专利权人可以基于其从未真正发明过的技术，但从权利要求含义看似合理的问题专利任意向潜在的"待宰肥羊"发起狙击。对于技术创新性企业来说，专利诱饵问题已愈发成为了他们的"痛中之痛"。专利诱饵机会主义宣称薄弱的专利以攻击那些实际使用专利技术的公司，希望在专利陷阱中诱捕其他公司。[2] 一些研究人员发现，这种情况在非专利实施主体发动的侵权诉讼中尤为普遍。即使没有这种机会主义，普通专利权人也常常受益于保护范围预先不确定性带来的灵活性，有选择地调整其主张的保护范围，以克服诉讼前和诉讼期间的无效和不侵权障碍。[3]

PAE 自己并不使用技术，也不实施生产行为，更没有向市场投放产品，没有自己的产品客户，在起诉被告侵犯专利权时既不必担心被告反诉，也没有必要担忧声誉，可以放心大胆的向最终用户提出诉讼。因此，众多产品的最终用户也成为 PAE 的捕猎对象。FTC 在其最新研究报告中指出，PAE 拥有的所有专利中，88% 属于计算机、通信技术领域，且超过 75% 的专利与软件相关。[4] 尽管 PAE 持有的大部分专利是 ICT 和软件领域的专利，但他们的攻

---

[1]　SURDEN H. Efficient Uncertainty in Patent Interpretation [J]. Washington and Lee Law Review, 2011 (68): 1737, 1757.

[2]　BESSEN J, MEURER M J. Patent Failure: How Judges, Bureaucrats, and Lawyers Put Innovators at Risk [M]. Princeton: Princeton University Press, 2008: 159.

[3]　Rambus Inc. v. Hynix Semiconductor Inc., 569 F. Supp. 2d 946, 980 (N. D. Cal. 2008).

[4]　Federal Trade Commission. AN FTC STUDY: Patent Assertion Entity Activity, October 2016. [EB/OL]. [2018-12-09]. https://www.ftc.gov/reports/patent-assertion-entity-activity-ftc-study.

击对象不仅包括被指控产品的制造商，而且也包括这些产品的最终用户。超过 17% 的警告函接收者、10% 的诉讼被告和 13% 的被许可人是零售行业的经营者，其中包括经营固定销售点业务的商店或零售商。❶

在 Commil USA，LLC v. Cisco Systems，Inc. 一案❷中，法院发现一些专利主张实体将专利作为追逐金钱的武器，他们的权利主张行为是轻率的。轻率的侵权指控一般通过警告函作出，警告函的发送对象广泛，主张的权利范围模糊，通常会宣称警告函接受者的对抗成本将大于接受和解的成本。有研究表明，由于 PAE 不生产或销售产品，不存在被诉讼所干扰的商业活动，也不会收到被控侵权人依据自己的专利提出的侵权指控，不担心商业信誉受损。PAE 在专利诉讼中比作为制造商的专利权人表现得更具有攻击性。❸

一些 PAE 甚至以欺诈陈诉和欺骗的手段进行专利伏击。例如，MPHJ 公司使用欺诈陈诉和欺骗的方式向上千家小型企业发送警告函。MPHJ 公司欺骗地陈诉其他企业早已支付了数千美元费用以获得专利许可，并在警告函中威胁，对于那些不支付许可费者，会向法院立即提起起诉。而 MPHJ 公司实际上从来没有真的对那些不予回复警告函的人提起过诉讼，其既没有打算，也没有准备好起诉。FTC 对 MPHJ 公司的行为进行了调查，并要求 MPHJ 公司及其律师不得再使用上述欺骗手段。❹以欺诈和欺骗的手段主张权利使得专利伏击更加复杂诡秘，限于信息不对称及成本因素，被伏击者往往在各种不确定的因素中难以作出正确的应对和抉择。

二、低效的专利技术交易，艰难的专利技术转化

技术成果的推广运用是专利制度的基础和核心，如果其中充满了不确定性，则专利制度就难以正常运行，无法实现其所追求的目标。专利权形式上的推定有效与实质上的法律效力的待定性，以及可实施的不确定性，妨碍了

---

❶ Federal Trade Commission. AN FTC STUDY：Patent Assertion Entity Activity，October 2016. ［EB/OL］. ［2018-12-09］. https：//www.ftc.gov/reports/patent-assertion-entity-activity-ftc-study.

❷ Commil USA，LLC v. Cisco Sys.，Inc.，135 S.Ct.1920，1930（2015）.

❸ Federal Trade Commission. AN FTC STUDY：Patent Assertion Entity Activity，October 2016. ［EB/OL］. ［2018-12-09］. https：//www.ftc.gov/reports/patent-assertion-entity-activity-ftc-study.

❹ MPHJ Tech. Invs.，LLC.，159 F. T. C. 1004（2015）.

专利技术许可、转移和实施。❶ 技术实施者面对专利丛林，即使付出高昂的检索和分析成本也难以确保成功穿越"专利灌丛"，并避开专利诱饵。❷ 每项新技术的应用、每个新产品的推出都可能面临诉讼的威胁，令产业新进入者和创新者束手束脚，举步维艰，甚至干脆远离创新。

在获取和维护专利时，PAE 的目标是已经使用专利技术的个人和企业。因此，PAE 活动产生了通常被称为事后专利许可的结果，因为任何专利许可都是在某人开发或销售所涉产品之后发生的。这与事前专利许可形成对比，在事前专利许可中，技术和相关专利权在产品开发和销售之前已经从发明者转移到制造商。因此，在事后专利许可中，PAE 对产品制造商的技术获取和科技成果转化并没有什么帮助。这一事实使人们对 PAE 在促进创新和经济增长方面的作用产生了政策疑问。❸ 而且，事后专利许可发生在制造商已经投入生产资金和时间之后。事后专利许可是非常有利可图的，因为许可谈判的驱动因素是诉讼判决可能带来的损害赔偿，而不是专利技术转化的商业价值。美国知识产权法协会（AIPLA）负责定期调查专利诉讼的费用，其最近发布研究报告称，为专利诱饵诉讼的被告提供代理服务，直到证据开示程序结束时，要花费 30 万~250 万美元，具体取决于争议金额。❹ 这表明诉讼中的证据开示成本，而不是专利的技术价值，可以为诉讼纠纷中的和解价值设定基准。

专利诱饵与被许可者之间达成的许可内容也与正常的许可有所不同。产品制造商之间签订的许可协议往往比较复杂，包括交叉许可、限制使用领域等，付款方式与产品销售或经营业绩挂钩。这种协议本质上属于以专利为基础的技术转化协议，除了许可专利外，还包括围绕专利的技术秘密、培训、后续研发等内容。这种许可协议往往可以在最大程度上促进专利技术成果的转化和应用，以及新技术成果的改进创新。而 PAE 通常只签署极为简单的许

---

❶ GANS J S, HSU D H, STERN S. The Impact of Uncertain Intellectual Property Rights on the Market for Ideas: Evidence from Patent Grant Delays [J]. Management Science, 2008 (5): 54.

❷ JAFFE A B, LERNER J. Innovation and Its Discontents: How Our Broken Patent System Is Endangering Innovation and Progress, and What to Do About It [M]. Princeton: Princeton University Press, 2007: 157.

❸❹ Federal Trade Commission. AN FTC STUDY: Patent Assertion Entity Activity, October 2016. [EB/OL]. [2018-12-09]. https://www.ftc.gov/reports/patent-assertion-entity-activity-ftc-study.

可协议，不包括地域及领域限制，主要为付款条款和简单的行为限制，统称为一次性付款。❶其目的仅在于获取许可利益，对于技术成果转化和进一步创新几乎没有作用。

三、激励效果与社会成本分析：消费者买单

专利制度作为激励创新的法律制度，其设立的宗旨是追求社会共同利益。但专利制度日益突出的问题是，专利权人获取专利的目的并不全是为了保护自己的发明创造，专利已经成为市场主体进行市场竞争的工具。有学者已经注意到，专利主张活动可能会造成与所涉专利技术价值不相称的诉讼和许可费用，从而对创新产品和服务造成不必要的社会成本。❷据估计，美国2011年多达61%的新专利诉讼是由专利诱饵发起的，这些诉讼的潜在成本约290亿美元。❸2013年4月，美国国会研究服务机构（Congressional Research Service，CRS）发布了一份关于专利诱饵的研究报告，该报告引用其他研究人员的统计数据后表示，估计2011年专利诱饵权利主张活动使被告和被许可人支付了290亿美元赔偿金或者许可费，比2005年增加了400%，这些费用大多成为社会负担，其中不到25%流向创新活动。❹在Commil USA，LLC v. Cisco Systems，Inc案中，法院指出，一些公司可能会利用专利作为一把剑来追诉被告的金钱，即使他们的要求是轻率的。轻率的侵权索赔通常是通过侵权警告函提出的，侵权警告函可以非常广泛地发送，无需事先调查，可能会提出模糊的侵权主张，旨在获得更多的许可费用，被告支付这些费用是基于诉讼可能带来的风险，而不是基于专利本身的价值。这种行为可能会对创新征收"有害的税"❺。

---

❶ Federal Trade Commission. AN FTC STUDY：Patent Assertion Entity Activity, October 2016. ［EB/OL］. ［2018-12-09］. https://www.ftc.gov/reports/patent-assertion-entity-activity-ftc-study.

❷ FELDMAN R, LEMLEY M A. Do Patent Licensing Demands Mean Innovation ［J］. Iowa Law Review, 2015（101）：137.

❸ BESSEN J, MEURER M J. The Direct Costs from NPE Disputes ［J］. Cornell Law Review, 2014（99）：387-389.

❹ Brian T Y. An Overview of the "Patent Trolls" Debate（2013）［EB/OL］. ［2018-11-11］. https://digital.library.unt.edu/ark:/67531/metadc462666/m1/1/high_res_d/R42668_2013Apr16.pdf.

❺ Commil USA, LLC v. Cisco Sys., Inc., 135 S.Ct.1920, 1930（2015）.

专利诉讼的固有成本基本上是浪费的，如果被告胜诉，相当多的时间和金钱仍被从有益的经济活动中转移出去，如从研发创新活动中转出。❶ 如果原告胜诉，法院判给专利诱饵巨额损害赔偿金，反过来对公众产生负面影响，因为损害赔偿的费用将导致产品价格上涨。这些赔偿金已经成为科技研发与产品生产的成本，在某种程度上成为创新研发的阻碍，让整个专利制度和政策无法达到原先所预期的目标与成果。❷ 另外，面对专利诱饵诉讼，被告公司必须评估潜在结果的可能性，以及预期的诉讼成本，并决定如何作出最佳反应。例如，在评估专利诱饵的侵权主张的力度时，可能会征求专利律师的意见。被告公司还必须从其角度评估诉讼结果对其业务的潜在影响。例如，除了判给实际侵权损害赔偿金外，还有可能面临三倍惩罚赔偿金的风险，或者可能收到永久禁令。❸基于前述事项的不确定性，被告公司为了留在市场之中，只能选择接受高额的专利许可费。而付出的专利许可费，将部分甚至全部转移到产品中，最终转嫁给消费者。

四、异化：从创新的激励到创新的障碍

曾有专家证人向 FTC 指出，计算机软件专利保护范围所具有的不确定性实际上使得专利权人无法掌握专利权的保护范围，这好比有一颗原子弹悬在半空，随时都可能爆炸，使专利权人的事业一无所有。❹ 现在，公司在作出投资决策时就已经开始考虑到遭遇专利诱饵诉讼的可能性，这些可能性提高了公司将产品推向市场的成本和风险，从而遏制了创新。❺ 专利诱饵诉讼还会对初创企业和小公司产生不成比例的影响，从而阻碍或抑制创业和相关投资。

---

❶ BESSEN J，MEURER M J. The Direct Costs from NPE Disputes [J]. Cornell Law Review，2014（99）：387-440.

❷ 孙远钊. 应对专利操控实体（PAEs）的难题与政策规制 [J]. 电子知识产权，2014（6）：36-41.

❸ Federal Trade Commission. AN FTC STUDY：Patent Assertion Entity Activity，October 2016. [EB/OL]. [2018-12-09]. https://www.ftc.gov/reports/patent-assertion-entity-activity-ftc-study.

❹ Federal Trade Commission. To Promote Innovation：The Proper Balance of Competition and Patent Law and Policy [EB/OL]. [2018-04-20]. https://www.ftc.gov/sites/default/files/documents/reports/promote-innovation-proper-balance-competition-and-patent-law-and-policy/innovationrpt.pdf.

❺ Federal Trade Commission. AN FTC STUDY：Patent Assertion Entity Activity，October 2016. [EB/OL]. [2018-12-09]. https://www.ftc.gov/reports/patent-assertion-entity-activity-ftc-study.

不断增多的诉讼和许可活动迫使技术人才和其他资源远离创新，使公司无法开发新产品和从事研究与开发，这是一种社会浪费，不符合专利制度的基本目标。❶ 当专利持有者机会主义地利用诉讼或威胁诉讼中的不确定性时，这些成本往往会加剧。

研究表明，授权专利保护范围的广泛不确定性会给第三方公司带来巨大的成本，并可能减少创新。由于非专业人士不知道哪种权利要求保护范围的解释最终将被法官在专利侵权诉讼中选出和使用，所以不确定的保护范围产生了专利权的不确定性。❷ 模棱两可的专利保护范围往往为专利持有人提供私人利益，但却将外部成本强加于其他人。❸ 专利保护范围的不确定性会减少特定领域的净创新。❹ 专利权的不确定性可能会增加第三方公司在专利领域竞争的交易成本。当公司无法轻易确定专利的保护范围时，他们无法通过改变自己的行为或进行"周边发明/回避设计"来规避专利侵权法律风险。一般而言，在普遍存在的专利不确定性的背景下，专利权会抑制创新，并会增加专利侵权的风险和成本。❺

专利权不确定的保护范围也会增加企业应对潜在的、无效专利的权利主张成本。专利申请人与专利律师合作，故意模棱两可地提出专利申请，以尽可能多地捕捉专利期限内可能出现的可预见和不可预见的相关创新。模糊的保护范围和抽象的措辞进一步阻碍了创新，也阻碍了其他人寻找专利、回避设计的努力。❻正如美国法院所说的那样，"专利的限制必须为人所知……否则，企业的经营活动和创新可能进入不确定性区域，此时只有冒着侵权风险才能进入，这样做只会使社会整体创新受到阻碍"❼。换句话说，当专利有效

---

❶　COHEN L, GURUN U G, KOMINERS S D. The Growing Problem of Patent Trolling [J]. Science, 2016 (352)：521–522.

❷❸　SURDEN H. Efficient Uncertainty in Patent Interpretation [J]. Washington and Lee Law Review, 2011 (68)：1737–1740.

❹　BESSEN J, MEURER M J. Patent Failure：How Judges, Bureaucrats, and Lawyers Put Innovators at Risk [M]. Princeton：Princeton University Press, 2008：146.

❺　SHAPIRO C. Patent System Reform：Economic Analysis and Critique [J]. Berkeley Technology Law Journal, 2004 (68)：1017–1018.

❻　HYLTON K N. Patent Uncertainty：Toward a Framework with Applications [J]. Boston University Law Review, 2016 (96)：1117, 1134.

❼　Markman v. Westview Instruments, Inc., 517 U. S. 370, 390 (1996).

性及其保护范围存在不确定性时，简单地在一个专利权不确定性的环境中运行该专利也会阻碍创新。例如，美国联邦最高法院曾指出："如果竞争对手不能确定专利的保护范围，他们可能会被阻止从事超出专利合法保护范围之外的行为，或者他们可能会错误地投资于被该项专利所保护的竞争产品。"❶ 正如贝森和穆勒所指出的那样，专利权的总体不确定性可能会给第三方企业的技术创新开发带来巨大的成本，而在专利保护范围确定的环境中，这些成本将更有成效地被重新定向。专利权不确定性带来的风险可能就像一个全行业范围内的发明成本税，所有企业都要承担。这些外部成本的总和可能超过专利发明带来的任何社会效益。❷

小　结

创新性技术成果的产权化是专利制度的基础和核心❸，如果其中充满了不确定性，那么这个系统就难以正常运行，无法实现其所追求的目标。专利侵权现象严重与专利权滥用之风并存；专利灌丛林立，问题专利/垃圾专利泛滥与高质量专利稀缺形成鲜明对照。一方面是大量专利沉睡、专利实施率低，另一方面却是专利阻击和专利诱饵无孔不入，申请专利甚至被戏称为"买彩票加敲竹杠"。❹

正如研究者指出的那样，知识产权保护范围的基本最优性条件需要在静态的排他性垄断成本和鼓励创新的动态利益之间取得平衡。❺ 如果专利权的不确定性打破了这种平衡，对创新产生了负激励效果，则有可能使专利制度从创新的激励异化为创新的障碍。

---

❶　Festo Corp. v. Shoketsu Kinzoku Kogyo Kabushiki Co., 535 U. S. 722, 732-733（2002）.

❷　SURDEN H. Efficient Uncertainty in Patent Interpretation［J］. Washington and Lee Law Review, 2011（68）：1737, 1757.

❸　吴汉东. 科技、经济、法律协调机制中的知识产权法［J］. 法学研究, 2001（6）：128-148.

❹　徐棣枫. 权利的不确定性与专利法制度创新初探［J］. 政治与法律, 2011（10）：123-136.

❺　HARPER J. Laws of Creation：Property Rights in the World of Ideas［J］. Policy, 2013：44-47.

第二章

专利权的不确定性探缘

专利法律制度为发明提供了产权激励，然而作为财产权利的专利权与传统的有形财产相比有一个非常显著的特点——不确定性。专利权的效力、边界、价值等都非常难以明确，有必要从发明自身和专利法律制度两个方面进行深入分析，探寻导致专利权不确定的根本原因，为缓解不确定性问题提供理论支持，并为探索有无新的解决问题的路径和方法提供帮助。

第一节　不确定性的天然基础：发明的无形性及其特点

一、专利保护的对象：发明的无形性

专利法所保护的发明创造是新的技术方案，新的技术方案作为人的创新知识有一个从无到有的过程，其初始存在形态是发明人大脑中的新想法、新的构思，是一种思维活动的结果。柯拉（Kohler）将专利保护的对象发明定义为"是通过技术表现出来的人类的精神创造，是征服自然、利用自然且产生一定效果者"[1]。知识的创造过程是科学家、工程师、艺术家、政治家等各类知识专家进行创造性思维劳动的过程。知识创新的智力思维劳动的本质特

---

[1]　吉藤幸朔. 专利法概论［M］. 宋永林，魏启学，译. 北京：专利文献出版社，1990：65.

征是人脑的自反射活动，这种人脑自反射是人类对于客观世界所能够观察到的现象和所提出的问题进行分析、归纳、综合、逻辑推理与批判等思维劳动过程。❶ 发明创造是发明人调用自己所积累的现有技术的知识、经验和创造力，对所发现的技术问题或要达到的技术目的开展研究，即分析、思考、寻求新的解决方案的创造性思维活动的产物，其中虽会伴有试验等有形的物化的活动和新技术方案实施或实施后所获得的发明物（产品），但这些并非新的技术方案本身，只不过是新的技术方案的某种物质载体而已。

科学技术哲学对技术的研究进一步揭示了发明创造的非物质性和无形性实质，其研究认为，技术与有形的物质的东西有着必然的联系，但技术也具有非物质性。技术是人的创造性思维的对象化和外化，是物质性与非物质性的统一，是两者结合的呈现。技术的起点是人的需要，过程是将人的创造性思维投射于物质对象，通过一定的方式和方法，创造出新的技术物，是精神与物质的相互转化过程。❷ 专利所保护的对象——技术方案是无形的。无形的技术方案需要通过物质载体专利产品、专利文件等体现出来，但法律非常明确地将专利法所保护的技术方案与体现技术方案的物质载体——产品、专利文件等严格区分开来。

尚比（Cotropia）研究了发明创造的抽象性。他指出，发明创造实质上是发明人大脑内思想的体现，发明的典型样本是没有物理存在但有思想的未名之新产品。发明一般是指一个问题的解决方案，定义这个抽象的事物是十分困难的。发明创造不能通过视觉、触觉或者嗅觉去识别和确认。这些信息虽然有其物理表现形式——在纸上用文字描述的发明创造或者其模型，但发明创造的本身——思想却没有固有的物质形式。没有有形的东西供人们像对待有形物那样来界定发明。人们实际上只能看到发明创造的模型或者其化身。

二、专利保护的对象：发明的不确定性和复杂性

早在苏格拉底时代，技术就被视为缺乏具有规约性的内在力量，难以自

---

❶ 夏先良. 知识论：知识产权、知识贸易与经济发展 [M]. 北京：对外经济贸易大学出版社，2000：81-82.

❷ 王治东. 技术的人性本质探究：马克思生存论的视角思路与问题 [M]. 上海：上海人民出版社，2012：149-150.

足、自主、自律。❶ 卢梭曾指出，"所有人类的知识都是不确定的、不准确的和局部的"❷。由于技术创造是人脑的脑力活动，脑力劳动过程既有规律性，又有随意性和不确定性。脑力活动都是在黑暗中摸索着进行，脑力劳动的过程和结果都是不确定的。❸ 有研究进一步指出，不确定性是技术的内在属性。❹并认为技术不确定性广泛存在于技术发明、技术设计、技术制造和技术使用等一切技术形态之中。❺ 科学与技术的研究，总是意味着大量的假设、猜测和预期，其中既有把不确定的因素变为确定因素的预期和努力，也有把确定的因素改造成可以变动的甚至随机的、不确定的因素的实践。科技研发"提出新的问题，新的可能性，从新的角度去看待旧的问题，需要有创造性的想象力"❻，而以想象、直觉为主的非逻辑的创新与发现的方法，最大的特征就是不确定性。❼

技术的不确定性首先体现在支持现代技术的科学基础越来越不确定。从牛顿力学到爱因斯坦的相对论都是追求确定性的科学，但当代科学的发展却不断地体现着不确定性。海森堡的测不准原理揭示了微观世界的不确定性，混沌学则从宏观领域反映了世界的不确定性。普利高津曾撰写了《确定性的终结》这一科普著作，宣扬不确定性。认识对象的复杂性是科学不确定性的最基本来源。❽另外，有研究指出，技术因素本身具有不稳定性和不确定性。在一定条件下，技术要素也发生相互转化。而技术中的经验因素、技能因素

---

❶ 吴国盛. 自然的发现 [J]. 北京大学学报，2008（2）：57-65.

❷ BERTRAND R. Human Knowledge：Its Scope and Limits [M]. New York：Simon and Schuster，1948：507.

❸ 夏先良. 知识论：知识产权、知识贸易与经济发展 [M]. 北京：对外经济贸易大学出版社，2000：84-85.

❹ 吴标兵，许为民. 技术政治学的分析视角 [J]. 中共浙江省委党校学报，2014（1）：76.

❺ 缪成长. 技术使用不确定性的四维审视 [J]. 东北大学学报（社会科学版），2015，17（3）：226-231.

❻ 阿尔伯特·爱因斯坦，可奥波德·英费尔德. 物理学的进化 [M]. 周肇威，译. 上海：上海科学出版社，1962：66.

❼ 胡潇. 社会行为不确定性的认识论解析 [J]. 中国社会科学，2016（11）：80.

❽ 王治东. 技术的人性本质探究：马克思生存论的视角思路与问题 [M]. 上海：上海人民出版社，2012：153.

同样也具有不确定性。❶

技术的不确定性也在于技术的日益复杂性。现代技术范式是复杂的，包含了大量的偶然性和随机性因素。❷ 技术本身的复杂性表现在四个方面：（1）技术本身的结构具有复杂性。❸ 由于技术具有多层次性和多要素性，其由不同的技术要素、以不同的层次和结构构建而成，关系错综复杂。（2）技术本身具有非线性。技术的功能是对人工的物质、能量与信息进行转换，这种转换是非线性的。（3）技术本身的边界具有复杂性。这种复杂性来自混沌与秩序的边缘。❹（4）技术的表达和（传递）理解具有复杂性。新技术要为人所知，需要借助一定的载体向他人显示，包括最初的以模型实物、产品本身等的实物进行表达和后来发展出来的以图纸、文字等符号方式进行表意，人类对新知识的这个编撰过程具有难以言传的困难和复杂性。技术表达的形式多样而复杂，无论是实物形态还是符号形态的表达，都要经过一个由外人无法感知的，将发明人脑海中的意识存在转化为实物形态或符号形态的过程，这个过程经过发明人的理性思考和动手转化，文字归纳提炼和表达。这是一个难以言传的困难而复杂的过程，其中实际上还融入了另一个创新——表达的创新，将发明人自己大脑中无形的意识、意念转化为他人可感知的新知识，而一旦表达完成，他人感知该新技术又有一个反向的过程——读取。当表达和读取完成后，技术内容的传递才完成，技术提供方和技术获取方的这个显示——读取过程极为复杂。

三、发明的书面表达的困难和模糊性：书面表达的不确定性

发明创造是发明人技术创新的成果，以新技术方案的形式由发明人从无到有创造而来。发明的初始状态是意识，发明人不主动积极以某种方式将其发明内容表达出来，让外界知悉其发明，他人是无法感知其存在，也无法传

---

❶ 吴国林. 论技术本身的要素、复杂性与本质 [J]. 河北师范大学学报（哲学社会科学版），2005（4）：91-96.

❷ 王治东. 技术的人性本质探究：马克思生存论的视角思路与问题 [M]. 上海：上海人民出版社，2012：154.

❸❹ 吴国林. 论技术本身的要素、复杂性与本质 [J]. 河北师范大学学报（哲学社会科学版），2005（4）：91-96.

播的。然而发明的表达是非常困难的，其结果又难以清晰确定，具有模糊性。

一方面，发明的表达本身就是一次创新，因为是对一个原先并不存在的技术，新的技术方案的第一次描述。描述的过程中，发明人需借助其选定的表意工具，通过内容整理加工、思维分析、要素识别和提取，综合、抽象、概括、定义后，再谋篇布局、遣词造句，将其新的技术方案表达出来。这样的创作过程并不简单，如何下定义、定概念（内涵和外延），如何抽象概括，如何描写，处处都是挑战，都伴有模糊性和随机性。初次的写入能否表达清楚、准确、充分，既困难也充满了不确定性。

另一方面，法律规定专利申请需要提交书面文件，即发明人需要借助于表意功能的人工语言来记载、表达其发明创造的技术方案，而人工语言既复杂又模糊。人类通过自己发明的表意媒介系统——语言来记录、固定和传递思想，包括自然语言和人工语言。传统时期具备核心表意功能的人工语言可分三类：（1）以图形和图像为符号特征，将空间作为主要结构场，利用形象画面及中性化表形语符传情达意的图符语言；（2）以高度提炼化的数字与代码系统象征指代部分思维内涵的说明性数码语言；（3）高度组织化、抽象化、约定化的视觉联想系统，因为同口语表意全面呼应而又凭借纸帛书籍为显性媒介，被称为字符语言（书面文字系统）。[1]数字和代码是相近而又有别的人工语符形式，是传统人工设计的经典作品，因为数码是不存在于实际图景中的，他们是生活与自然感受的逻辑抽象或情境抽象。数字与代码基本上是系统化的，即组成的数码构成表意语言形态。数码语言之所以流通全世界，核心原因在于其高度抽象后的标准化形式。[2]

随着人类文明日益技术化、专业化的走向，整个人类生存发展对数码语言的依托性明显增强，并且深深地契入人类当代新技术语言系统的中心圈内，成为当代科学化生存与交流方式的重要支柱。[3]自然语言的时空定位限制，数码语言表意领域和层次的局限，以及图符语言制作技术的力不从心，对文明的升级、文化的丰富、科学的发达都有很大影响。于是，能补各家之短的文

---

[1] 汤书昆. 技术传播环境下的表意语言理论 [M]. 合肥: 中国科学技术大学出版社, 1997: 12.

[2] 同上: 16-17.

[3] 同上: 18.

字应需而生。文字系统突破了时空定位限制而达到了异时异地，又继承了口语表意鲜明领域完备的长处，因而成为思想传承和文化发展的支撑轴心，从而拉开了人类文明史上辉煌文字时期的序幕。❶然而文字的缺陷也很明显，文字（包括数码语言及文字的口语系统）完全是人工设计的抽象符号，同人类的自然感知习惯距离很大，无法形象直观（视觉端），同人的本性确又阻隔。❷

其实，人类语言中，许多词语表达的概念都是没有精确边缘的，都是所谓的"模糊概念"。❸原因在于人的大部分知觉过程和思维过程都浸透着模糊性。人类语言描写就其本质来说是模糊的，因为这种描写通常是对复杂情况的概括（Summary，或译为扼要的）描写。❹莱布尼兹很早就认识到自然语言的不精确性，创意地提出了用数学语言代替自然语言，把语言符号化，建立像数学一样严密的通用语言的设想。实践证明，这是做不到的，因为语言的本质特性之一是具有模糊性。❺语言学研究甚至认为，歧义、模糊和隐喻是渗透语言的三个特征，而其中的模糊性是描写性词语的一种普通特性。❻

知识产权制度借助于语言将无形的权利边界"物化"，并通过注册登记制度，将无形的"抽象物"转化为可以观察和核实的"纸上所有权"，以简化权利的管理成本。❼虽然文字记载实现了无形的发明以书面表达所显示，并可以进行传播。但是，语言具有模糊性，在专利申请中，即使通过职业化的专利代理师，使用高度标准化的科学语言，也难以构筑权利"四至"的清晰藩篱。❽发明的无形性、复杂性和表达的模糊性造就了发明的不确定性，对发明而言，不确定性是与生俱来的。

---

❶ 汤书昆. 技术传播环境下的表意语言理论［M］. 合肥：中国科学技术大学出版社，1997：19-20.

❷ 同上：24.

❸ 武铁生. 模糊语言学［M］. 上海：上海外语教育出版社，1999：3.

❹ 同上：337.

❺ 同上：95-96.

❻ 同上：137.

❼ 谢晓尧，吴楚敏. 转换的范式：反思知识产权理论［J］. 知识产权，2016（7）：9.

❽ 谢晓尧. "倾听权利的声音"：知识产权侵权警告的制度机理［J］. 知识产权，2017（12）：30-41.

第二节　不确定性的制度基础：专利法中的不确定性

一、专利的技术方案的书面描述：说明书与不确定性

（一）从实物到专利说明书：书面描述被应用于专利事务

早期的专利没有介绍技术特征与权利要求的说明书，是否授予专利以及专利的内容如何，由王室自由裁量，不过也有申请人为阐明自己技术的内容而提交说明材料。到了 18 世纪中期，司法部门开始要求提交说明书以确定专利的效力。❶ 自 1770 年英国通过司法赋予说明书描述发明的内容，并根据此确定发明新颖性的功能❷以来，说明书就成为专利申请的必要文件。1793 年《美国专利法》第 3 条规定，在申请人就自己是申请专利之发明的真正发明人宣誓后，应提交一份对发明"用完整、清晰而准确的术语"进行的书面描述。如果国务卿认为需要提交模型时则提供发明物的模型。❸ 1711 年内史密斯打桩机专利被认为是第一件带有说明书的注册专利，虽然有很多例证表明 17 世纪早期就出现了，为获得专利开始附加提供模型、加工方案、图纸、论文的情形。然而，这些都只能是说明书的种子而已，现代意义上的说明书制度起始于 1711 年内史密斯打桩机专利。❹ 18 世纪初，专利法中开始要求发明人必须充分地陈述其发明内容并予以公布，以此作为取得专利的"对价"。这样，专利制度就以资产阶级的合同形式反映出来了：发明人向公众公布他研制出来的新产品或新技术，以换取公众在一定时期内承认他对研制成果的专有权。专利说明书的出现，标志着具有现代特点的专利制度最终形成。❺

（二）用说明书来记载和显示发明的存在：为发明的财产化走出关键一步

某物要成为财产，必先向他人显示自己的存在，并让他人感知其具体的

---

❶ 杨利华. 美国专利法历史研究 ［M］. 北京：中国政法大学出版社，2012：143.

❷ 同上：26.

❸ 同上：143.

❹ FISHER M. Fundamentals of Patent Law, Interpretation and Scope of Protection ［M］. London：HART Publishing，200：47.

❺ 郑成思. 知识产权法通论 ［M］. 北京：法律出版社，1986：2

信息以与其他物相区别。对于一般的有形物来说，每个物都有其特定的物理形态和物质特征，其稳定而客观外在的个性的存在，使产权的明晰比较易于进行。为了创设一个对物权，只需要把财产（资源）特定化，并确定某人为财产的管理者即可，对物权的信息确定成本较低。根据发明的本身来确定无体财产是不可能的。❶ 由于发明人完成的发明创造初始状态是存在于发明人大脑中的技术方案，并不能为外界所感知，它需要外化为交易对象或公众可以识别的存在形态。外化一般的方式包括作出模型、口头介绍，或者用文字、图像等记载进行书面披露等，这实际上是一种通过其他媒介借由物质载体固化、显性化发明具体内容的方式。

虽然发明有其物质表现形式，但这仅仅是发明的模型而已。发明缺乏内在的固有的物质属性，缺乏客观实在性，使得观察者只能通过内心来感受和理解发明。然而专利制度的有效运行要求必须定义发明的边界，并使此定义能在所有介入该发明的人中传递。书面披露比较好地完成对发明创造新知识的编撰，使新技术方案以物化形态对内容进行固定，不再以易变的人脑中的无形的（隐性）知识形态存在，也不再以传播困难的模型等实物形态来表达，法律确定了用书面描述（专利说明书，来固定发明的内容）并将发明向公众披露，从而使得专利技术方案被以公众可感知、易传播的文字方式固定下来，并向公众公开。回溯专利制度的历史发现，书面文件制度的引入使现代财产法意义上的专利制度得以确立。

（三）书面描述的不确定性与专利权的不确定性

书面描述是借助文字来完成的，正如前文已经讨论过的，文字作为表意的工具来记载创新性的技术信息，既困难也难以避免模糊。发明的技术信息被说明书记载后，在信息的传递过程中还要经由阅读者的解读，不同的阅读者对同一篇专利文件的解读极有可能存在不同的理解，书面描述的技术方案从起点上被记载到传播到阅读者处被读取，其间充满了不确定性。

说明书承担了向公众公开发明的实质性内容的任务，只有满足充分公开的要求，即所谓本领域普通技术人员阅读了专利说明书后不需要创造性的劳动即

---

❶ 布拉德·谢尔曼，莱昂内尔·本特利. 现代知识产权法的演进：英国的历程（1760—1911）[M]. 金海军，译. 北京：北京大学出版社，2006.

可实施该发明，发明才可能获得专利权。专利法要求说明书应当对发明作出清楚、完整的说明，以所属技术领域的技术人员能够实现为准。然而，充分与否的判断也非易事，实践中如何判断清楚、完整，常引发争议。申请人出于某种考虑，有时还会故意隐藏若干必要技术特征，或只公开一些技术上的抽象概念、设想，而未给出实施的技术手段，或者说明书中的技术手段含糊不清等。说明书的书面描述存在含糊不清、前后矛盾、引发歧义的内容在所难免，这些都会给解读说明书，理解发明的技术方案带来困难和不确定性。

二、专利权利要求书公示效果不足，引发专利权不确定性

（一）专利权的保护范围的依据——权利要求书的引入

早期的专利法并没有要求提供权利要求书，只要求申请人提交一个关于发明的详细说明。为了对发明创造的内容作出清楚、完整的说明，发明人通常要提供大量的信息，包括对现有技术的状况、发明创造的原理、实现发明创造的各种方式以及发明解决的技术问题和优点等进行详细、完整的说明，并提供相应的实施例。一般文字较多、篇幅较长，区别于现有技术的区别特征在表达上也不做有意识的提取和显示，撰写时新的技术方案和现有技术相伴，甚至与现有技术并不做完全的区分。发明人、申请人、专利审查员、法官在阅读说明书后确定其是否具备专利授权条件、专利权的范围何在、是否构成侵权。需要经过通篇阅读，仔细理解说明书，识别出技术特征，区分出现有技术特征与发明所贡献的区别技术特征后，找出发明与现有技术的联系与区别，归纳出要保护的发明创造的技术方案后，划出专利技术与现有技术之间的界线这样一个步骤多、内容杂、难度高、主观强的判断分析过程。通过阅读说明书来分析提炼出专利应该给予保护的范围，既不方便，也需要花费时间，工作量巨大，而且，不同的人极有可能得出不同的结论。在法院作出判决之前，公众很难预料法官会如何确定专利权的保护范围，因而给专利保护带来了很大的法律不确定性，影响了专利制度的正常运转。在英国、德国等国家的专利制度发展过程中，专利申请人自己首先开始在专利文件中写出权利要求书，这是因为许多申请人在实践中感到有必要通过一段专门的文字来表述其专利权的保护范围，以表明申请人希望获得多大的法律保护。美

国率先在其专利法中明确规定专利申请文件和专利文件中应当包括权利要求书，随后逐渐为其他国家所采纳。❶ 专利权利要求书就是定义专利权人财产权利范围的单句，这种财产权利就是专利权人在专利有效期内排除他人在该国制造、使用、销售、许诺销售或者进口该发明创造的权利。就像不动产的契约一样，专利权利要求定义了专利权人排他性权利的边界。❷

（二）权利要求书的撰写和解释——专利技术方案表达方式的多次转化为不确定性发生提供机会

1. 发明创造财产化过程中形态和表达形式的转化❸

专利制度在引入权利要求书后，确立了专利的保护范围以权利要求为准的原则。各国专利法一般都规定专利权的保护范围以权利要求的内容为准。这种专利的权利界定制度是一种人为的制度设计，所提供的权利界定工具介入了人的主观判断因素，界定过程中涉及多次存在形态以及表达形式的转化：首先需要将存在于发明人大脑中的发明（意识形态、信息传递困难）转化为书面形式的专利文件（物质形态、固化信息、便于传递），再由各种主体解释专利文件，确定权利边界（参见图2-1）。

图2-1 专利权界定过程中的形态和表达形式转化示意

在申请专利之前，创新技术方案以构思形态、实践形态或设计文件等一般技术资料形态存在。专利法只承认专利化的技术，对于构思形态、实践形态及非专利文件形态的技术创新成果，专利法不给予保护。可将非专利化形态的技术成果（客体1）与专利化形态的技术成果（客体2）视为两个客体。客体1是现实技术世界中的发明事物，客体2是客体1经过构建、塑造后转化

---

❶ 尹新天. 中国专利法详解 [M]. 北京：知识产权出版社，2011：362-363.

❷ J. M. 穆勒. 专利法 [M] 3 版. 沈超，李华，吴晓辉，等，译. 北京：知识产权出版社，2013：59-60.

❸ 徐棣枫. 专利权的扩张与限制 [M]. 北京：知识产权出版社，2007：40-42.

到专利世界中的事物。用哲学中"此岸"（现实世界）与"彼岸"（意识世界）的概念来类比。技术世界的专利化是两个世界之间的一个飞跃。客体 1 只是客体 2 的模特，很美的模特经过蹩脚的艺术家的转化，有可能成为并不美甚至令人恶心的绘画或雕塑。❶ 理论上讲，转化前后客体的内容应当相互匹配。然而，由于发明的抽象性，缺乏可供客观测定的物质因素，技术和法律都无法提供具有客观物质属性的权利测量界定工具，法律只能作出次优的选择，提供一种人为设计的社会性规则工具，加之转化介入了人为的因素，因此，无法如对实在物那样精确勘定其权利边界，缺乏有形财产那样清晰、稳定的权利边界——确定性欠缺成为专利权界定的特点。

客体 3 作为权利要求解释结果，是通过对客体 2 的解释获得，这又一次发生了转化，即由物质（文字）形式向意识（人的认识）的转化，再次出现不确定性。由于"解释，是一个人赋予他人使用的表达符号以意思的过程。最通常使用的表达符号是单个的或者组合的、口头的或书面的文句"❷。然而，"对一个符号的解释本身又将是一个符号，解释可以无限地继续下去……"❸ 不仅如此，作为表达符号的文字还不同于数学符号，文字具有不精确的特点。"任何一个词汇都不是透明的、一成不变的，词汇仅仅只是一个活动的思维的外壳，根据不同的具体情形而具有不同的内在含义。"❹

将发明人大脑中的以意识形式存在的发明通过文字转化为外界可感知、可传递的专利文件，这是第一次转化，从意识到物质。发明财产化的实现仅有表达还不够，还需要为参与发明财产化运用的人提供专利权的边界信息。权利要求书纸面上表达的只是权利信息，虽然有人将专利权利要求比喻为不动产的契书，但权利要求中的文字、符号等所表达的是构成发明的技术方案的技术特征，没有不动产契书中以方位坐标、测量数字等表达的"四至"那样含义准确，不需要也不允许进行解释就可以毫无异议的得出权利的边界所

---

❶ 洪允湄. 技术创新专利申请策划基础 [M]. 北京：化学工业出版社，2004：22-25.

❷ A. L. 科宾. 科宾论合同 [M]. 王卫国，徐国栋，李浩，等，译. 北京：中国大百科全书出版社，1997：620.

❸ 马克思·本泽，伊丽莎白·瓦尔特. 广义符号学及其在设计中德应用 [M]. 徐恒醇，译. 北京：中国社会科学出版社，1992.

❹ 董涛. 专利权利要求 [M]. 北京：法律出版社，2006：158-159.

在。还需要通过解读权利要求书，将权利要求所限定的专利保护范围提取出来，这是第二次转化。与第一次转化相反，这是一次由物质到意识的过程。发明在财产化的道路上，即将发明申请专利并投入使用的过程，经由意识到物质，再由物质到意识，每一次转化很难绝对做到转化和被转化之间的匹配，存在间隙是必然的，发明的存在或表达形态的多次变化更是放大了精确匹配的难度，最终所获得的权利边界难以清晰和精确。

2. 权利要求的解释：专利保护范围的划定规则及其运用为不确定性提供空间

由于权利要求在具体用来划定保护范围的时候有一个将文字所表达的技术特征进行解释以获得专利所保护的技术方案的范围的过程，即将前述客体 2 中的文字形态到客体 3 中的意识形态的转化，使用不同的解释方式会带来不同的结论，为了限制权利要求解释所带来的不确定性，专利司法实践发展出了多种解释规则。

早期的专利保护范围严格限定为权利要求的文字表达，即周边限定规则。该规则认为专利权的保护范围完全由权利要求的文字内容来确定，只有当被控侵权行为严格地从文字意义上再现了权利要求中所记载的每一个技术特征时，才被认定是落入到该权利要求的保护范围之内。只要存在任何不同，侵权指控就不成立。权利要求的文字一旦经专利局审查确定，其保护范围也就被"固化"，审理侵权纠纷案件的法院在确定专利权保护范围时必须严格遵循授权权利要求书的文字内容，不得越雷池一步。❶ 这种解释方式对权利要求的解释过于狭窄，对专利权人极为不利。因为撰写完美无缺的权利要求书几乎是不可能的，申请人申请专利时一般很难预见日后可能出现的所有侵权形式。一旦专利申请公开，他人在研究了专利文件后，只要稍加改动，从字面上看与权利要求所表达的技术方案有区别，即使实质上使用了专利的技术方案，也不构成侵犯专利权，这无异于鼓励人们剽窃专利，对专利权人是极为不公平的。❷ 考虑到撰写权利要求书的困难，以及文字所限定的技术特征极有可能被替换，难以为专利权人带来足够的保护，可以说这种解释规则所能够提供

---

❶ 尹新天. 中国专利法详解 [M]. 北京：知识产权出版社，2011：558.
❷ 徐棣枫，解亘，李友根. 知识产权法：制度·理论·案例·问题 [M]. 2 版. 北京：科学技术出版社，2011：104.

的保护范围虽很确定，但所提供的保护范围却最小。

与周边限定规则不同，随后发展而来的是中心限定解释规则。中心限定解释规则认为，权利要求的文字所表达的范围仅仅是专利权保护的最小范围，可以以权利要求书记载的技术方案为中心，通过说明书及其附图的内容全面理解发明创造的整体构思，将保护范围扩大到四周的一定范围。❶ 该解释规则要求不能将专利权人的保护范围局限于文字表达所记载的技术方案中，而将文字记载作为一个中心，将本领域技术人员阅读了专利文件后认为也可以用来实现专利所解决的技术问题或专利所获得的技术效果的那些技术方案也包含在专利保护范围之中。中心限定的解释规则为专利权人提供了显然比周边限定解释规则更宽的保护范围，但其将保护边界扩展到文字之外的具体界线落在何处，却难以把握，也存在极其宽泛的主观判断空间。公众难以从权利要求中获知专利保护的确切范围，使得专利保护的权利边界飘忽不定。❷

上述两种学说代表的确定专利权保护范围的模式截然相反，其优劣之处也正好互补。前者有利于确保专利权保护范围的法律确定性，却不利于为专利权人提供灵活有效的法律保护；后者能够确保给专利权人提供灵活有效的法律保护，却不利于公众确切地预知专利权的保护范围。两者存在的缺点都严重妨碍了专利制度的正常运作，使其原来想要发挥的长处黯然失色。❸

为限制这种不确定性，折中解释规则被引入。根据《欧洲专利公约》关于权利要求的解释的议定书的规定，欧洲专利的保护范围不应解释为权利要求书所用措辞严格的字面意义所限定的范围，也不应当将权利要求书仅仅作为一种指标，授予的实际保护范围可以根据熟悉有关技术的人员考虑说明书和附图以后，扩展到专利权人所预期的范围。相反，应该解释为在这两个极端之间确定一个位置，这个位置应当将对专利权人的合理保护和对第三方的适当的确定性结合起来。❹ 有意思的是，这一解释规则是采取否定两端（周边和中心解释规则）的方式，但如何确定具体的保护范围，却仅仅给出了一个

---

❶ 汤宗舜. 专利法解说：修订版 [M]. 北京：知识产权出版社，2002：309.

❷ 徐棣枫，解亘，李友根. 知识产权法：制度·理论·案例·问题 [M]. 2 版. 北京：科学技术出版社，2011：104.

❸ 尹新天. 中国专利法详解 [M]. 北京：知识产权出版社，2011：558.

❹ 国家知识产权局条法司. 最新专利国际条约汇编：下 [M]. 北京：知识产权出版社，2002：33.

指导性的原则，既考虑给专利权人合理的保护，也要考虑给公众适当的确定性。折中的解释确定的保护范围为相同侵权与等同侵权之和。所谓相同侵权，是指被控侵权的技术方案使用了权利要求中的每一个技术特征，即字面上看，被控侵权的技术方案中可以找到与权利要求中记载的技术特征在字面上一一对应的相同的技术特征。被控侵权的技术方案中一个或几个技术特征从字面上看虽然与权利要求中的技术特征不一样，但两者如果没有实质性区别，则构成等同侵权。等同特征是指所记载的技术特征以基本相同的手段，实现基本相同的功能，达到基本相同的效果，并且本领域的普通技术人员无需经过创造性劳动就能够联想到的特征。❶ 可见，折中解释在字面侵权之外，增加了等同侵权，从而在权利要求的字面记载之外，扩张了专利权的保护范围。然而，判断等同侵权仍然具有不确定性，只不过其空间相对于中心限定规则要小很多。

有研究指出，等同原则适用扩展了专利权利要求字面范围所界定的排他权范围。如果在适用等同原则的时候，出于公平的原因完全忽略了专利权利要求的话，那么专利权利要求所提供的这种提前"公示"还能够起多大作用呢？这个不容忽视的矛盾被简要的称为"公平保护与确定性的难题"（Fair Protection-certainty Conundrum）。❷

虽然人们试图通过统一权利要求解释的规则来寻求专利权的确定性，但是，权利要求解释规则从周边限定向中心限定而后又向折中解释的发展过程，本身就是专利的权利边界飘忽不定的一个真实写照。《欧洲专利公约》第69条的释义议定书甚至直接要求在解释权利要求时应当将对专利权人的合理保护，以及对第三方的适当程度的确定性结合起来，也可以说是权利要求解释存在不确定性的又一旁证。而等同原则以及禁止翻悔原则从"弹性排除"到"完全排除"，再回到"两者之间"的曲折和反复，更是让人对专利权的边界拿捏不准。司法实践中政策考量的存在，又给专利权利解释的不确定性添加了些许动荡因素。专利法和法院在公众与专利权人之间合理划定权利边界的

---

❶ 最高人民法院《关于审理专利纠纷案件适用法律问题的若干规定》第17条。

❷ J. M. 穆勒. 专利法［M］. 3版. 沈超，李华，吴晓辉，等，译. 北京：知识产权出版社，2013：330.

努力似乎还在继续之中。❶

权利要求在不同的阶段担负着不同的任务，发明创造完成后准备申请专利时，由申请人自己提出想要获得排他性的保护范围，承担申请人主张权利范围的任务，也就是由申请人为自己的发明划出一条与现有技术的界线；审查程序中，审查员对申请人提交的权利要求书中的划界是否准确、是否符合法律规定，进行审查；一旦通过审查被授权专利，权利要求就成为公众以及侵权纠纷中行政和司法裁判确定保护范围的依据。有研究者甚至用以下公式形象地来表达专利权所实际提供的保护范围的形成：

$$实际保护力度 = 权利要求的形成 \times 权利要求的解释❷$$

可以说，权利要求虽然如同不动产登记中的产权登记证，承担向公众公示专利权的权利边界的重要任务。然而，不难发现，权利要求对专利权利边界的公示效果难以如不动产登记那样明确。

3. 撰写权利要求和解释权利要求中技术特征的选择：为不确定性提供基础

专利申请是由申请人发起的，专利申请文件也是由申请人自己准备的，专利申请人一般会追求获得保护范围比较宽的专利，恰恰专利法赋予了专利申请人为自己的专利权划定保护范围的权利和机会——申请人撰写专利文件，提出权利要求。然而，通过权利要求准确确定专利的保护范围却并非易事，申请人需要通过归纳整理，抽象概括出发明创造的技术方案，通过提取技术特征，以技术特征总和的方式，遣词造句，将发明创造通过自己的语言文字表达出来。然而，何为技术特征，技术特征如何识别和提取，法律却并无规定。目前存在着非常多的争论，而且对于技术特征的界定，也是实践中引发权利人与侵权人矛盾的焦点。美国最高法院在 Warner-Jenkinson 一案判决中重新确立了适用等同原则的"全部技术特征规则"，然而却没有对什么是"技术特征"作出明确定义。我国专利法实施细则中也多处提到"技术特征"，不过也没有给出定义。❸ 有美国学者认为，技术特征很难有好的定义，它的尺寸和抽象程度均较难把握，法院在确定何为技术特征时不免武断，技术特征的确

❶ 徐棣枫. 权利的不确定性与专利法制度创新初探 [J]. 政治与法律，2011（10）：125.

❷ 尹新天. 专利权的保护 [M]. 北京：专利文献出版社，1998：37.

❸ 尹新天. 专利权的保护 [M]. 2 版. 北京：知识产权出版社，2005：435.

定有时会成为一种政策杠杆。❶ 可见，权利要求在形成的起点上就埋下了不确定性。

申请人申请专利时，一开始并没有技术特征这一概念，他们往往只是将其技术方案用语言描述出来。但是审查员在进行审查的时候，常常需要将申请专利的技术方案与在先技术进行比较。为了能够便于进行比较，常常将技术方案按照可以完成单独功能的最小组成单元划分开来，然后对这些最小组成单元进行逐一对比。在司法审判实践中，判定两个技术方案是否相同或者等同的过程中，也是采用这一方法。如果两个技术方案中的全部组成单元有一项或者一项以上的不相同或者不等同，则认定两个整体技术方案不相同，亦不等同。这些组成单元就是美国专利法中权利要求的构成要素，也就是我国专利权利要求中所称的技术特征。❷ 技术特征（技术要素或技术组成单元）是由申请人自己选择，用自己的习惯或出于某种考虑而确定，并用已有的文字甚至自创的概念术语来表达的。其是否准确反映发明人的本来真实意思，审查阶段以及授权后的解读是否能忠实于原本意思，是以发明人的意思为准，还是以发明人选择的文字表达为准，都存在一定的不确定性。

尤其应该注意的是，技术特征的不同划分，必然带来权利范围的不确定性。很多时候，确定专利权利要求中哪一部分构成一项独立的特征（有时也称作要件或要素，Element）并不是那么明显的事。❸ 一般来说，被控侵权者会期望确立尽可能多的特征，从而加重专利权人针对每一项特征来证明存在非实质性区别的负担。与之相反，专利权人通常希望确立尽可能少的特征以减轻其负担。❹ 在张某与烟台市栖霞大易工贸有限公司等侵犯专利权纠纷案❺中，最高人民法院认为：划分权利要求的技术特征时，一般应把能够实现一种相对独立的技术功能的技术单元作为一个技术特征，不宜把实现不同技术

---

❶ 徐卓斌. 美国专利法等同理论研究［M］. 北京：法律出版社，2018：55-56.

❷ 董涛. 专利权利要求［M］. 北京：法律出版社，2006：57.

❸ J. M. 穆勒. 专利法［M］3 版. 沈超，李华，吴晓辉，等，译. 北京：知识产权出版社，2013：331.

❹ 同上：332.

❺ （2012）最高法民申字第 137 号案。参见最高人民法院知识产权审判庭. 最高人民法院知识产权案件年度报告：2008~2015［M］. 北京：中国法制出版社，2017：484-485.

功能的多个技术单元划分为一个技术特征。该案中涉案的权利要求 1 如下："一种用于拳击运动训练的多功能程控拳击训练器，包括五个靶标（测力传感器，指示灯，显示器，语音处理芯片和音乐芯片）及放音部件，一个折叠键盘，一个遥控器和遥控接收器，一个或者几个步进电机和相应的驱动，上述电路由一个单片机控制。"在说明书中记载了"在面板上有按头、胸、腹部位排列的五个靶位，在每个靶位内装有靶标"。被控侵权产品有左头、右头、左臂、右臂、左肋、右肋、腹部、左胯、右胯九个靶标。山东省烟台市中级人民法院一审认定："五个靶标"与"九个靶标"不同，在申请时应当知道靶标数量可变，却限定为五个，现主张等同，不予支持。二审时山东省高级人民法院维持了一审判决。在最高人民法院再审判决中，最高人民法院认为：靶标数量虽然不同，但由于每个靶标在击打时单独发挥作用，因此，不能将五个靶标作为一个技术特征，应当将其分解为头部、腹部等靶标来考虑。被控侵权产品有头部、腹部靶标，其跨部靶标与专利腰部靶标功能效果等同，认定包含五个靶标，认为一审适用法律错误。分析这一系列案件会发现，一二审法院按照权利要求书中的文字表达进行技术特征的划分，读出的权利要求中有"五个靶标"这一技术特征，而最高人民法院进一步根据说明书理解技术方案后将"五个靶标"这一技术特征又根据其功能继续进行分解，分解为头部、腹部等靶标来考虑，被控侵权产品有头部、腹部靶标，其跨部靶标与专利腰部靶标功能效果等同，认定包含五个靶标，认为一审适用法律错误。该案显示，申请人写下的被授权的权利要求中的最小文字单元本身有时不一定就是技术特征，还有可能进一步根据独立的技术功能进行技术单元的分解。

上述案件是将权利要求中的技术特征做进一步分解，而在刘某贵与被申请人台州市丰利塑胶有限公司侵害实用新型专利权纠纷案❶中，却又反其道而行，将技术特征做组合。该案涉及名为可调节的婴儿座椅的专利，其权利要求 1 为："一种可调节的婴幼儿座椅，它包括两根前腿（1）和两根后腿（2），前腿（1）与其所对应的后腿（2）相铰接，且铰接处位于前腿（1）和后腿（2）的顶端，在每根前腿（1）上均套有一个椅体座（3），椅体座（3）可沿前腿（1）上下滑动，在两个椅体座（3）之间固连有横杆（4），椅

---

❶ （2017）最高法民申 3802 号案。

体（20）设置在横杆（4）上，其特征在于，所述横杆（4）的两端分别固连有调节座（5），所述调节座（5）上设有若干卡槽（6）；在椅体（20）的靠背处设有一个能移动的调节拉杆（7），所述调节座（5）上设有若干卡槽（6）；在椅体（20）的靠背处设有一个能移动的调节拉杆（7），调节拉杆（7）上分别设有与上述调节座（5）上的卡槽（6）相卡配的销体（8），所述的调节拉杆（7）呈U型，其两端分别套设有弹簧（9），在弹簧（9）的外围套有孔径小于弹簧（9）直径的套体（10）。"

经比对，权利要求1中记载有"其（调节拉杆）两端分别套设有弹簧，在弹簧的外围套有孔径小于弹簧直径的套体"。被控侵权产品经技术分解，发现"调节拉杆两端分别通过销轴挂设有弹簧，但没有孔径小于弹簧直径的套体"。据此二审法院认为：基于以上区别，并认为被诉侵权产品直接将弹簧两端分别挂设在调节拉杆和椅体上，达到实现椅体调节目的，缺少权利要求记载的"套体"，不落入保护范围。再审中，最高人民法院认为，恰当划分技术特征是侵权比对的基础，技术特征划分应当考虑：（1）结合发明的整体技术方案；（2）考虑能够相对独立地实现一定技术功能；（3）产生相对独立的技术效果的较小技术单元。如果划分技术特征时未恰当考虑该技术特征是否能够相对独立地实现一定技术功能，并产生相对独立的技术效果，导致技术特征划分过细，则在侵权比对时容易因被诉侵权技术方案缺乏该技术特征而错误认定侵权不成立，不适当缩小了保护范围；（反之）过宽，容易忽略某个必要技术特征，错误认定侵权成立，不适当地扩大了保护范围。

该案中权利要求1关于"其（调节拉杆）两端分别套设有弹簧，在弹簧的外围套有孔径小于弹簧直径的套体"其实现的技术功能是当需要调节椅体高度时，对调节拉杆产生回复力，使得销体和卡槽扣紧。"套体"虽是一个部件，但其功能和效果必须依赖于弹簧的配合才能实现，两者相互配合才能在整体技术方案中发挥作用。因此，权利要求1中，"套体"本身无法实现相对独立的功能，不宜作为一个独立的技术特征，应当将"其两端分别套设有弹簧，在弹簧的外围套有孔径小于弹簧直径的套体"作为一个独立的技术特征进行对比，而不是将"套体"作为一个独立技术特征进行对比。而被诉产品是通过在调节拉杆两端设置销轴，并挂设弹簧，实现相应功能，没有孔径小于弹簧直径的套体。两者虽不属于相同技术特征，但利用弹簧拉伸原理调节座椅，还是采用弹簧的压缩原理调节座椅，都是利用了弹簧具有回复力的基本性质，手段基本相同，实现利用其回复力使得销体和卡槽扣紧的功能，且效果基本相同，本领域普通技术人员容易联想到。据此，最高人民法院决定发回重审。

这两个案例，一个是进一步分解权利要求中的技术描述（技术要素/技术单元），另一个是组合权利要求中的技术描述（技术要素/技术单元）。虽然最高人民法院给出了技术功能、技术单元等考虑因素，但问题是，何为独立的技术功能？何为完成独立的技术功能的技术单元？何时可以分解？分解到哪一个层面？其实并无统一的认识和标准，不确定性由此产生。有学者认为，专利权利要求书无法为专利提供准确的保护范围边界，它只是作为一种治理规则，尽力确保资源的有效利用。❶甚至有研究者认为，专利权利要求并非清晰界定保护范围的事前排他规则，而是促进解决争议的事后治理规则。尤其是权利要求术语的理解和解释，以及术语所界定的技术范围，这些难点都增加了权利要求的不确定性。❷

专利权特殊的书面表达和界定形式，在文字的不精确性，以及权利界定对解释的依赖性和权利要求解释的不确定性等因素影响下，必然造成专利权利界定的确定性欠缺。专利权的这种特殊的权利表达和界定制度，埋下了专利权的不确定性的制度基础。❸

（三）申请人自己撰写权利要求，申请行为法律规制缺位，申请人投机取巧，故意追求不确定性

专利申请文件是由申请人自己撰写的，申请人自己或者聘请专利律师、专利代理师撰写申请文件，代理申请程序。一旦专利申请通过专利审批，被授权，根据法律规定，授权专利的保护范围就以授权的权利要求为准。而这个保护范围的依据——权利要求，恰恰就是申请人自己撰写提供的。"个人自己表达专利权利要求，如果能够被授予，则该专利权利要求实际上就是由私

---

❶ MORRIS E M. Res or Rules? Patents and the (Uncertain) Rules of the Game [J]. Michigan Tele-communications and Technology Law Review, 2012 (18): 461-536.

❷ 高莉. 专利权利要求解释规则研究 [M]. 北京：知识产权出版社，2015：34.

❸ 徐棣枫. 权利的不确定性与专利法制度创新初探 [J]. 政治与法律，2011 (10).

人起草的法律，他规定了自己的所有权。"❶ 专利法如此优待申请人，授予申请人为自己的私有财产立法以划定初始边界的权利。

出于利益最大化的考虑，申请人一般不会放弃这样一个有利于自己的机会，会尽可能通过各种方式撰写出保护范围比较大的权利要求，甚至出于某种考虑，或者在投机心理的驱使下，故意通过一些策略性手段、模糊性表达等方式将保护范围主张到其实际发明之外，或故意使他人解读权利要求时难以获得准确的解释。这些策略包括抽象性表达（越位的上位概念）❷、省略必要技术特征❸、功能效果表达（功能性概括)❹、模糊性表达等以获得所谓"强"专利。有研究者甚至直接称专利律师是模糊大师。❺

克里斯蒂娜·博翰楠和赫伯特·霍温坎普研究了摩斯和莱特兄弟的专利后指出❻，专利的自我描述范围完全是一种文字游戏。宽泛起草的权利要求可能声称它覆盖远超专利权人观念的未来技术。申请人总是可以写入一些模板性的文字。例如，"申请人不仅主张本申请书描述的具体构造，还主张以后发展出来的能够实现这一目的的所有其他构造"。摩斯和莱特兄弟的专利都使用了这种技巧。摩斯仅仅发明了一种具体的电报仪器，但他却主张使用"电磁"空中发送字母或信号的整个原理。莱特兄弟对于使用翘曲机翼原理的飞机控制装置取得专利，翘曲机翼是一项通过扭转织物铺盖的机翼来平衡飞机和实现转向的技术。然而，他们的专利却宣称"申请人的发明不限于这一具体构造（翘曲机翼），因为任何如下构造均落入本发明范围：通过该构造可以以相反方向改变飞机侧缘相对于该飞机法向面的角度关系。"❼ 也就是说，虽然莱特兄弟实际开发的技术对改变机翼姿态这一问题采用了一项具体和相对原始的方法，但他们的专利却描述了一项更加抽

---

❶ THOMAS J R. Liberty and Property in The Patent Law [J]. Houston Law Review, 2002 (39)：569.

❷ 徐棣枫. 专利权的扩张与限制 [M]. 北京：知识产权出版社，2007：109-111.

❸ 同上：105-108.

❹ 同上：111-121.

❺ HYLTON K N. Patent Uncertainty：Toward a Framework with Applications [J]. Boston University Law Review, 2016 (96)：1117.

❻ 克里斯蒂娜·博翰楠，赫伯特·霍温坎普. 创造物羁限：促进创新中的自由竞争 [M]. 兰磊，译. 北京：法律出版社，2016：78-80.

❼ 同上：78.

象的功能。后来法院认同了他们的主张，判决根据专利等同原则，莱特兄弟发明的使用灵活机翼的翘曲机翼技术可以阻止在后开发的使用副翼和方向舵的固定机翼。❶

　　还有研究认为，一个专利申请的起草不仅依赖寻求保护的创新，而且依赖于申请人采用的起草风格，并提出了故意好还是故意有缺陷的问题。研究指出，没有起草很好的专利可能是故意的，也可能缺少技巧。有一些情形是申请人故意起草使其不能满足专利惯例的要求。起草风格为了制造烟雾屏障来隐藏实际的发明或者实际缺少的发明，也可能故意很复杂。然而，复杂的起草风格由于创新的本质以及相关技术领域有时可能难以避免。❷ 很少被关注的一个事实是，对专利申请人包括代理人（专利律师）而言，在法律上几乎没有多少责任要求他们申请好的专利。专利申请师和他的代理律师积极地寻求获得超越实际发明的保护范围的专利，为此，他们常常并不仅仅考虑在专利局和法院将给予确认保护的范围，而是远远超过实际发明的范围主张权利。专利代理师被要求积极提出富有扩张性的权利要求，这种观念已深深嵌入专利代理行业的职业习惯之中。实践中如果没有给客户带来最大化的保护范围，将导致玩忽职守的责任追究，保护范围过小构成职业过失❸，而保护范围过宽却无任何责任。可见法律给了专利申请人为自己的发明划定保护范围的权利，如果超越了实际发明的范围主张权利要求，理论上将不符合授权条件，这依赖于审查员在审查过程中能够发现，但这种发现是难以 100% 确保的。由于审查中现有技术的检索、对技术的理解的困难以及审查积案的压力，专利审查是难以充分有效的，无法确保审查结果的准确性。正如学者们指出的，美国专利局放出了太多的坏专利。❹ 一旦这些坏专利被授权了，虽然专利法提供了无效宣告程序来纠正错误授权，但基于专利权的推定有效性，对请求无效的证据要求相对而言要比审查程序中要严格，所谓授权易，无效难。

---

　　❶ 克里斯蒂娜·博翰楠，赫伯特·霍温坎普. 创造物羁限：促进创新中的自由竞争［M］. 兰磊，译. 北京：法律出版社，2016：79.

　　❷ 多米尼克·格莱克，布鲁诺·范·波特斯伯格. 欧洲专利制度经济学——创新与竞争的知识产权政策［M］. 张男，译. 北京：知识产权出版社，2016：141-142.

　　❸ LIIVAK O. Overclaiming Is Crimina［J］. Arizona State Law Journal，2017（49）：1417.

　　❹ LEMLEY M A. Rational Ignorance at the Patent Office［J］. Northwestern University Law Review，2001（95）：1021.

应当引起注意的是，专利法并没有对专利申请人违背诚实信用原则超范围撰写权利要求规定法律责任。对专利申请行为的法律规制的缺失与有权为自己的权利划界的制度设计相结合，既为专利申请人利用这种制度获取不确定的权利提供了机会，也鼓励专利律师们为客户利益最大化而背弃诚实信用，追求"强"保护的专利奉献自己的"模糊大师的职业智慧"。

权利要求作为专利权权利范围的确定依据，与物权特别是不动产相比，其告示效果难以令人满意。有研究甚至指出，与不动产通告相比，专利通告制度是一项令人难堪的失败之举。不动产法之所以没有设置无辜侵入权，是因为财产制度（包括登记规则）能够比较好地就哪些人拥有什么，及其边界何在等信息提供客观通告。人们会本能地认为，尽管存在各种各样的缺陷，专利登记和检索系统显然要比版权制度更加完善，但事实上很难得出这样的结论。即便我们检索到了一项专利，要想知道自己的技术是否侵犯该专利，往往也是一个解释问题，并且我们容忍专利具有的抽象程度越高，问题就越大。事实上，有关权利要求解释的陪审团裁决被撤销的比例居高不下（大约三分之一）。这表明即便双方当事人都在律师协助下仔细地阅读了一项专利，仍然很有可能无法精确知悉它的覆盖范围。❶

三、专利法中的主观性与专利法中的虚拟主体：不确定性的主观来源

（一）专利法中的标准人——本领域普通技术人员的不确定性

根据专利法的规定，创造性是获得发明和实用新型专利的实质性要件之一，目的是为了避免将毫无创意的、平庸的技术方案，甚至于改头换面的现有技术授予专利保护。❷一般而言，只要作出了与已有技术存在差异的技术改进，哪怕只是微不足道的小变化，依据专利法的规定都满足新颖性的要求。如果这类微小的技术改进都还可以获得专利，将难以发挥专利法鼓励人们从事高质量、高水平的技术创造，发明人对社会的技术贡献与所获得的激励将失去平衡。专利法引入了创造性条件，要求获得专利的技术方案不仅满足新

---

❶ 克里斯蒂娜·博翰楠，赫伯特·霍温坎普. 创造物羁限：促进创新中的自由竞争 [M]. 兰磊，译. 北京：法律出版社，2016：148-150.

❷ 刘春茂. 知识产权原理 [M]. 北京：知识产权出版社，2002：387.

颖性要求，还需要具备创造性。在美国专利法中称之为"非显而易见性"，在英国专利法中称之为"创造性进步"。

创造性判断是发明、实用新型专利审查中一个非常重要的问题。与新颖性和实用性相比，创造性问题更为常见，也更为复杂。其复杂性体现在，专利法所定义的创造性判断具有很强的抽象性，而将如此抽象的概念具化到每一个案件的审理中，使其体现出相对客观、统一的判断规则，不仅涉及对法律概念的理解，而且涉及对不同类型、不同领域的案件特点的把握。❶ 法律方法强调创造性是纯技术性的，并且在技术领域内是统一的。现实情况更加复杂。事实上，创造性是高度弹性、内涵丰富的工具。❷

衡量一件发明是否具有创造性，判断标准是看它与现有技术相比是否具有"突出的实质性特点和显著的进步"。❸ 根据《专利审查指南 2010》第四章 2.2 的规定，发明突出的实质性特点，是指对所属技术领域的技术人员来说，发明相对于现有技术是非显而易见的。而该指南第四章 2.4 规定，所属技术领域的技术人员是指一种假设的"人"，假定他知晓申请日或者优先权日之前发明所属技术领域所有的普通技术知识，能够获知该领域中所有的现有技术，并且具有应用该日期之前常规实验手段的能力，但他不具有创造能力。如果所要解决的技术问题能够促使本领域的技术人员在其他技术领域寻找技术手段，他也应具有从其他技术领域中获知该申请日或优先权日之前的相关现有技术、普通技术知识和常规实验手段的能力。《专利审查指南 2010》还进一步指出，设定这样一个概念的目的，在于统一审查标准，尽量避免审查员主观因素的影响。

从《专利审查指南 2010》的规定可以看出，第一，所属技术领域的技术人员，并不是一个真实的人，在客观世界中并不存在这样一个标准的人，也无法在客观世界中找到这样的一个人，他是一个法律上拟制的人。第二，对不同的技术领域来说，普通技术人员有不同的标准。如一个简单的机械零件

---

❶ 国家知识产权局专利复审委员会. 创造性：专利复审委员会案例诠释 [M]. 北京：知识产权出版社，2006：1.

❷ 多米尼克·格莱克，布鲁诺·范·波特斯伯格. 欧洲专利制度经济学——创新与竞争的知识产权政策 [M]. 张南，译. 北京：知识产权出版社，2016：120.

❸ 中国《专利法》第 22 条。

加工领域，普通技术人员可能是一个工匠或技师；对一个高科技领域，普通技术人员可能是一个高级工程师或者教授；对于一般的电路领域来说，则可能是一个工程师或技师。❶ 第三，以所属技术领域的技术人员为出发点的规定，要求对非显而易见性的判断不是以法官、陪审团、专利律师、专利审查员或者涉案专利的署名发明人的主观意见为标准作出的。更确切地说，作出判断的人必须在时间上回溯到发明日，站在所属技术领域的技术人员的角度（及思维），根据当时已有的现有技术对可专利性作出客观的判断。在进行判断的时候，不能以正在审查的专利或者专利申请的权利要求作为蓝图，因为这样可能会导致"事后聪明"，而使得发明人为解决技术问题所提出的解决方案看起来微不足道，这无疑是挑战思维活动的练习。❷ 第四，所属技术领域的技术人员的知识和技能的构成和认定涵盖众多因素。美国专利商标局的《专利审查指南》在综合分析了几个判例后认为，在考虑技术人员的知识和技能时要考虑以下因素：（1）技术问题的类型；（2）现有技术对这些问题的解决方案；（3）创新的速度；（4）技术的复杂性；（5）本领域技术人员的教育程度。在一个具体案件中，并不需要把每一个因素都考虑到，其中一个或者几个因素是决定性的。❸ 所属技术领域的技术人员的界定决定了创造性判断的结果，认为专利有效的辩护方通常会试图将普通技术人员的水平确定的尽量低，使尽可能多的人认为其发明创造是非显而易见的。相反，质疑专利有效性的人通常会要求提高这个水平。❹ 争议的双方站在各自立场所选择性构建起来的普通技术人员显然是不同的，这就不可避免地出现创造性判断主体能力的个体差异，造成创造性审查标准的不统一。❺

为了防止审查员主观判断对审查结论的影响，统一审查标准，降低不确

❶ 陈钰生，李超. 创造性评价的探讨及对电路申请案的应用 [M] //专利法研究：1993. 中国专利局专利法研究所. 北京：专利文献出版社，1993：257.

❷ J. M. 穆勒. 专利法 [M] 3 版. 沈超，李华，吴晓辉，等，译. 北京：知识产权出版社，2013：181.

❸ 石必胜. 专利创造性判断研究 [M]. 北京：知识产权出版社，2012：140-141.

❹ J. M. 穆勒. 专利法 [M] 3 版. 沈超，李华，吴晓辉，等，译. 北京：知识产权出版社，2013：185.

❺ 尚言明，何麟，旺晓风，等. 浅谈创造性判断主体在实际解决技术问题确定中的能力边界 [M] //中华全国专利代理人协会. "专利法"第 22 条和第 23 条的适用——2015 年专利代理学术研讨会优秀论文集. 北京：知识产权出版社，2016：117.

定性，引入本领域普通技术人员这一法律上拟制的标准人。但是，这一标准人的构成因素、知识和能力构成等都隐含着太多的变数，通过创立这一假想人来消除不确定性，似乎并非易事。

(二) 创造性判断中的主观性与专利权的不确定性

创造性判断案例充斥着混乱和主观性，这导致了下级法院的困惑和专利界的迷茫。❶ 创造性判断与新颖性判断相比较，具有强烈的主观性，其原因在于创造性判断实质上是定性分析而非定量分析，判断主体的差异很容易导致判断结论的分歧。而且，专利创造性判断规则比较粗略，审查员之间、审查员与法官之间以及当事人之间在具体规则的适用上往往会有不同认识。❷

世界知识产权组织在其编写的读物中指出，非显而易见性（中国专利法中称为创造性）并不是一个可用天平或测量杆来衡量的实物标准。这要靠一个人的头脑来判断。❸ 创造性的评价是十分复杂和困难的，既涉及众多客观因素，又受到人们主观判断的影响，实践中往往会有不同的认识。为统一判断标准，需要提供一整套的规则，对所涉及的一系列问题进行规定，而法律规定不涉及琐碎事项，也不可能规定的细致入微。为提高创造性判断结论的确定性，各国专利局一般在审查指南中给出审查基准，甚至针对不同类型发明提供了典型例子，以举例说明的方式加以规范。这种在其他领域中极为少见的特殊形式和处理方式也说明了创造性评价的不确定性问题之严重。❹

创造性的概念从提出之日起就带有非常强烈的不确定性，而且这种不确定性甚至常常是一种被人们认为是难以把握的不确定性。在许多年来的专利实践活动中，创造性判断标准中的这种不确定性，一直围绕着专利授权人员和专利确权人员❺，当然也包括参与创新市场活动的所有人。美国专利商标局的《专利审查指南》规定，为了得出《美国专利法》第 103 条关于非显而易

❶ SIRILLA G M. 35 U. S. C. 103: From Hotchkiss To Hand To Rich, The Obvious Patent Law Hall-of-Famers [J]. The John Marshall Law Review, 1999 (3): 437-580.

❷ 石必胜. 专利创造性判断研究 [M]. 北京: 知识产权出版社, 2012: 序二.

❸ 世界知识产权组织. 知识产权纵横 [M]. 张寅虎等, 译. 北京: 世界知识出版社, 1992: 85.

❹ 徐棣枫. 权利的不确定性与专利法制度创新初探 [J]. 政治与法律, 2011 (10): 131.

❺ 王澄. 论创造性 [M] //国家知识产权局专利法研究所. 专利法研究: 2001. 北京: 知识产权出版社, 2001: 200.

见性的正确结论，审查员必须穿着假思的"一般技术水平的人"的鞋，站在发明还不知道或刚好做出来的时间里，考虑到所有实际的信息。然后，审查员必须决定要求专利权的发明"作为一个整体"，在前面所说的时间、对前面所说的人是否是显而易见的。❶ 要想在这样一个复杂的、抽象的主观判断规则之下，准确给出创造性的判定结论，困难重重。

四、面对专利泛滥和策略性申请，力不从心的审查实践：不确定性的现实

发明创造获得专利必须具备专利法规定的条件，各国专利法都规定有授予专利的实质性条件，一般包括新颖性、创造性或非显而易见性和实用性。设置实质性条件的目的就是为寻求专利权的稳定性提供法律保障，只有具备授权条件的专利申请才有可能获得专利权。然而，现实却是，不堪重负的审查制度之下所授权的专利，其确定性难以令人满意。确定专利申请是否符合授权条件，需要通过审查制度来实现的。实行专利审查的目的当然是为了保证授权专利的质量和确定性，理想的专利制度应当能够确保绝大多数被授予的专利权都符合"三性"标准，从而使公众能够信赖国家所授予的专利权。一旦国家授予专利权，公众就没有什么怀疑的余地，必须自觉地尊重该专利权。专利实质审查模式就是以上述理想状态为目标而制定的。然而，现实与理想却存在相当距离。❷

（一）审查的客观依据——现有技术难免遗漏，审查质量令人担忧

新颖性和创造性的审查是以现有技术作为参照，审查的一个前提条件是拥有充分的现有技术文献资料，并能够准确无漏的检索到。从理论上说，这种检索要穷尽所有的相关技术文献，才能授予专利权。然而，现有技术的范围如此广泛，其内容如此浩瀚，而且随着科学技术的迅猛发展，新兴技术领域不断涌现，可以想象要做到这一点何其困难；况且现有技术不仅包括以文献方式记载的技术，还包括以公知公用形式存在的技术，后者通常是审查员无法通过检索方式获得的。另外，虽然专利文件具有固定的格式和分类，收集、检索相对方便一些，但由于专利文献数量巨大，分类也不一定准确，检

---

❶ 张晓都. 专利法实质条件 ［M］. 北京：法律出版社，2002：168.

❷ 徐棣枫. 权利的不确定性与专利法制度创新初探 ［J］. 政治与法律，2011（10）：130.

索也存在遗漏的可能而收集和检索非专利现有技术困难更大。❶ 一些新技术领域更是提出了挑战，即使是 USPTO 在某些新领域也没有建立非专利文献的数据库。美国国家科学学院和 FTC 分别在 2004 年和 2003 年提出了对美国专利制度进行改革的报告，认为 USPTO 批准的专利质量在不断降低，其中部分内容涉及现有技术问题。❷ 可见授权专利的确定性难保，专利质量就成为一个颇为令人担忧的问题，专利制度正面临前所未有的挑战。相对于技术的进步，旧的专利制度落伍了，日益增多、日渐复杂的申请使专利局陷入泥潭……高效地适用专利标准非常困难。❸

（二）专利审查员能力、自由裁量的适用和专利审查机制引导审查员倾向授权、谨慎驳回：授权专利的质量堪忧

专利审查是由专利局的审查员承担具体的审查工作的，审查员虽然具备相应的技术背景，但面对飞速发展和进步的技术，准确理解发明的技术方案，并正确作出是否符合新颖性、创造性、实用性以及其他专利授权的条件判断，对审查员而言并非易事。审查员一般具备某个方面的专业技术背景，并被依据专业而安排在不同的专利审查部门。然而，逐渐增强的学科交叉（如纳米技术、生物技术、信息技术和认知科学的综合）也给专利局的审查带来愈来愈多的难题。多学科交叉技术也给专利管理人员带来新的挑战，如果深刻理解一个专利申请的概念可能需要四种不同科学知识，那么如何专业地对其进行评估呢？❹ 发生误判的概率是相当高的，研究者批评美国专利商标局授权了太多的坏专利❺，就是一个佐证。

---

❶ 徐棣枫. 权利的不确定性与专利法制度创新初探 [J]. 政治与法律，2011（10）：130.

❷ SAMPAT B N. Examing Patent Examination: An Analysis of Examiner and Applicant Generated Prior Art [EB/OL]. [2019-03-12]. http://www.stiy.com/MeasuringInnovation/Sampat.pdf.

❸ 保罗·爱德华·盖勒. 国际专利的乌托邦？[M] //知识产权研究：第十五卷. 北京：中国方正出版社，2004：79.

❹ 欧洲专利局. 未来知识产权制度的愿景 [M]. 郭民生，杜建慧，刘卫红，译. 北京：知识产权出版社，2008：149.

❺ LEMLEY M. Rational Ignorance at the Patent Office [J]. Northweatern University Law Review，2001 (4)：95：1021.

现行法律体系具有原则性、抽象性和概括性较强的特点，我国专利法尤为突出地体现了这些特点。在实践中，将《专利法》及其实施细则的原则性规定运用于审理各样具体案件时会遇到大量的实际问题，并且由于人们思考问题的角度不同，难免对同一法律问题得出的结论有所差异。事实上，在专利复审委员会以往的审查决定中也曾出现过对同一类法律问题存在着不同理解的现象。❶ 当专利审查员面对具体问题要具体适用法律法规时，如当检索到一篇文献要判断它是否是 X 类或 Y 类文件时，当相对于一篇或者多篇对比文件判断某一权利要求是否具有创造性时，审查员实际上都是在《专利法》及其实施细则，审查指南的范围内，基于本领域普通技术人员的知识和能力，按照专利立法目的和公正合理的原则，对相关问题作出自己的判断和处理。因此，专利审批中存在大量的自由裁量。❷ 自由裁量的存在，加剧了授权的随意性，给了审查结论出现不确定性的机会。

此外，在专利审查过程中，审查员若欲驳回专利申请需提出相关的理由，包括新颖性、创造性或实用性等，而这种反驳还需要与申请人进一步沟通，并在其提供的反馈基础上再行评价；反之，审查员若欲授权专利则无须提供太多意见，在申请文件材料基础上顺水推舟即可。专利管理机关在海量申请的压力和职员自身能力的局限下不能完全真正把握现有技术的状况，从而难以客观评价申请文件是否符合法定条件。而授权相较于驳回的易行，以及授权不当责任机制的缺失又使审查员存在授权的偏向。❸ 有研究指出，专利局更容易去授予专利而不是否决专利。因为，驳回专利，审查员需要出具详细的说明解释，这也就导致更长的处理时间。迫于提高生产效率的压力，审查员需要对自己的时间负责，因而他们只在少数情况下驳回申请。在欧洲只有约占 5% 的专利申请被驳回。❹ 在工作效力的压力之下，结合驳回需要更多的工作量和更高的工作要求，以及错误授权并无相应责任的机制下，自然引导审

---

❶　国家知识产权局专利复审委员会. 专利复审委员会案例诠释：现有技术与新颖性序言［M］. 北京：知识产权出版社，2004：1-2.

❷　侯海蕙，俞翰政. 合理规范专利审批中的自由裁量［M］//国家知识产权局条法司. 专利法研究：2004. 北京：知识产权出版社，2005：213-214.

❸　丁宇峰. 专利质量的法律控制研究［M］. 北京：法律出版社，2017：52.

❹　多米尼克·格莱克，布鲁诺·范·波特斯伯格. 欧洲专利制度经济学——创新与竞争的知识产权政策［M］. 张南，译. 北京：知识产权出版社，2016：192.

查员放宽审查标准，尽可能多的授权。同时严格驳回标准，尽可能少的驳回，从而导致不符合授权标准的申请被授予专利权的机会提高，授权专利的不确定性也随之提高。

（三）专利申请泛滥、积案压力：审查难以严格把关

专利申请数量在最近的几十年里大幅增加，以欧洲专利局为例，20 世纪 80 年代初，专利申请数量为20 000件，而在 2005 年已经跃升至192 000件。2000~2005 年，中国国家知识产权局国内专利申请数量增加了一倍，达到每年 10 万件以上。❶ 专利数量 10 倍的增长一直伴随着每件专利平均页数和平均权利要求数量增长的平行演变，后者尽管是在较低的水平上，但在 1980~2005 也增长了一倍。1900 年，每件专利申请的权利要求（页）数是 12 项（16 页），但在如今是 20 项（30 页）。在欧洲专利局，有近 400 万项的权利要求在申请，同时有近 600 万的页数在审查。在过去的 25 年，专利局的工作量已经增长了 20 倍。这种剧烈的变化给欧洲专利局带来了关键的工作量问题，同时给欧洲专利制度带来了重要的质量问题。❷

过去 20 年出现了专利申请数量上和规模上的激增。世界上每一家专利局都无法应对如此大的工作量，因而这样的激增带来了显著的积压问题，且因为资源（审查员）在提高其生产力方面面临的压力，从而出现了内部紧张的情况。对于专利局而言，只能通过减少分配给每件申请的资源，主要是审查员的时间，来应对这种膨胀的工作量，而这样就存在以数量代替质量的危险。❸

专利审查制度设置的初衷是为了保障授权专利的质量，然而，审查员的自身局限、客观条件以及主观判断的自由裁量，加之倾向授权的审查机制，在专利申请量剧增的压力之下，授权专利的质量难以令人满意，审查实践的结果是生成太多的坏专利，专利权的不确定性成为现实。

---

❶ 多米尼克·格莱克，布鲁诺·范·波特斯伯格. 欧洲专利制度经济学——创新与竞争的知识产权政策 [M]. 张南，译. 北京：知识产权出版社，2016：186.

❷ 同上：186-187.

❸ 同上：191-192.

五、已授权专利的推定有效性与权利稳定性的不确定性：公示公信力的不足

专利权是经行政机关审批授权后方才享有的权利，并非自然权利。行政审批机关代表公共利益并依靠其专业能力，依据专利法规定对专利申请的授权条件进行审查，这种审查并不具有充分性，难以确保授权的专利 100% 符合条件，在没有证据证明不符合授权条件的情况下，一般要作出授权决定，与作出驳回申请的决定相比，授权较为容易。世界上没有任何国家的专利局可以担保其授予的专利权都符合专利法规定的条件。为应对发生的错误授权，专利法设置了无效宣告程序，在专利授权公告之后，任何认为授予的专利权不符合专利法规定的人，都可以向专利复审委员会提出宣告该专利权无效的请求。专利一旦公告授权，在没有被宣布无效之前，其权利就被推定有效。

专利权采取登记公示原则，其证明路径类似于不动产物权证明。经专利行政机关审查，符合授予专利权条件的，在专利公报上公示专利权人、权利要求书、说明书等信息。通过这一公示过程，推定所公示的专利权人享有该专利权。授予专利权的本质涉及专利权权属和范围的证明。专利权授予的基本逻辑是：专利审查部门没有发现拒绝授权的理由的，应当授予专利权。这是一个法律上的权利推定，专利权是通过对其权属和效力进行事实推定而表达出来的法定权利。❶ 从本质上来讲，推定既不同于确认，也不同于法律上的拟制。推定只能建立在真实的、具有盖然效力证据的基础之上。它只是一种不完全的间接证明，是一种选择。❷ 因此，推定本身就决定了专利权的法律效力具有不确定性。

进一步分析可以发现，物权的推定与专利权的推定在内容上和关注点上也是有差异的。有形物具有物理形态，有一定的体积和形状，有可为人所占有支配控制的特征。人们对有体物的占有、控制具有外观性。有体物天然地具有可通过占有表征权利的特性，有体物的占有、使用状态或者事实本身就

---

❶　夏淑萍. 专利权效力推定制度的法理基础初探 [J]. 科技促进发展，2018（14）：1-2.

❷　裴苍龄. 论推定 [J]. 政法论坛，1998（4）：53-58，68.

是一种公开手段，而这种公开即产生权利推定的效力。❶ 占有的这种权利推定效力，也即它的权利表征效力，表现为非占有人的不作为义务，财产的对世功能便由此产生。❷ 物权作为有形物上的权利，物的形状和位置等自然状况是客观可见的，推定的重点在于推定物权的归属关系。专利作为无体物，其本身的界限或范围是该权利存在的基础性推定事实，而专利权的归属关系，即专利权人是谁，虽为推定，但并不是专利授权程序的重点关注点。❸ 而专利权的推定内容既涉及专利权的效力，还涉及专利权的权利边界。专利权的权利外观是由公告授权的权利要求书来体现的，与同样采用登记制的不动产相比，不动产登记要包含不动产的自然状况和权利状况两部分。但由于"自然状况为不动产的标记、面积、位置、坐落和界址等情况，这均属于事实问题，不需要进行推定，不是不动产登记的推定力所及"❹。如果说不动产登记只是对现有所有事实的认定或交易行为的确认的话，那么对许多知识产权而言，登记制度具有确认和赋予权利的双重作用。❺ 而专利的登记公示内容中最关键的则是由权利要求书显示的、经过推定的权利边界，与动产的实际占有、不动产的登记公示相比，专利权的权利效力和权利边界的确定性难以与其相提并论。

专利权效力推定的基础事实是经专利行政部门审查没有发现驳回理由。被推定的事实是专利申请符合授予专利权的条件。推定结论是该专利权存在，授予专利权。基础事实和推定事实之间的常态联系体现为经审查，符合授予专利权条件的可能性较大，而具有了较大盖然性。专利授权采取法律推定的证明方法，其主要功能在于降低专利审查员的证明难度。虽然审查员所代表的专利行政授权机构负有专利授权的证明责任，但囿于审查检索范围、行政资源和行政效率等客观原因，或者一定程度上的过失或过错，无法收集或陈述某些必要的授权或不授权的证明证据。专利权效力推定制度，通过证明命

---

❶ 高富平. 物权法原论: 中 [M]. 北京: 中国法制出版社, 2001: 581.

❷ 同上: 557.

❸ 夏淑萍. 专利权有效性推定规则的概念论证及其展开——论专利权的证明方法 [J]. 知识产权, 2018 (8): 46.

❹ 程啸. 不动产登记簿之推定力 [J]. 法学研究, 2010 (3): 114.

❺ 高富平. 物权法原论: 中 [M]. 北京: 中国法制出版社, 2001: 574.

题的改变，使得专利授权行政机构可以通过证明是否发现驳回理由这一相对容易被证明的事实，而推定待被证明的专利授权要件是否满足。❶ 专利申请符合授权条件是一种法律真实，而未必是客观真实。❷ 可见专利权的推定有效性必然导致已授权专利权的效力及其权利边界的不确定性，专利权的权利公示和公信力自然也就不如动产或者不动产登记那样高。专利法为纠正专利审查可能出现的错误授权，特别设置了专利无效宣告程序，从制度上为推翻已授权专利提供了机会和途径。

六、拟制占有下的排他：禁令救济（威胁）放大了专利权的不确定性

（一）"虚拟占有"下的专利权：难以实际占有，排他权的实现具有不确定性

知识具有不可见、取之不尽并且不具有排他性这些特点。与有形财产不同，如果我与另一个人分享我的想法，并不会导致这个想法被分割，也不会导致我失去这个想法。相对应的是，如果我只有一个橄榄球，把这个橄榄球送给我的朋友，将意味着我不再在物理上占有这个橄榄球。但是，如果我发明了一种采用带有凹槽的海绵来制造橄榄球的方法，使得这种橄榄球比现有的橄榄球飞得更高、更远，即便在向我的朋友透露这个想法以后，我仍然是这个想法的拥有者。一旦我将自己的想法透露给另一个人，我将如何继续通过这个想法获利？在这个意义上，知识是不具有排他性的。❸ 有形财产最重要的特征是使用的排他性或者说独占性。即某人占有了一个有形的物质财产后，在同一时间内就排除了其他人的占有和消费。而发明创造等知识产品是一种非排他性、非竞争性产品，具有外部性。知识产品被某人使用的同时并不排除其他人的占有和使用，这种非竞争商品可以同时为多个人使用，而不会在

---

❶ 夏淑萍. 专利权效力推定制度的法理基础初探 [J]. 科技促进发展，2018（14）：1-2.

❷ 夏淑萍. 专利权有效性推定规则的概念论证及其展开——论专利权的证明方法 [J]. 知识产权，2018（8）：46.

❸ J. M. 穆勒. 专利法 [M]. 3版. 沈超，李华，吴晓辉，等，译. 北京：知识产权出版社，2013：6.

使用者之间发生冲突。发明作为"公共产品"❶决定了对发明创造通过私人手段难以进行控制，他人极易搭便车免费使用。

基于发明创造无形性和外部性的特点，人们无法以对有形物实际占有的方式在自己公开使用或披露了发明创造后，排除他人的使用。排他性缺乏，搭便车却很方便，发明创造一经公开即可免费使用，发明创造成为商品并进行市场交易的需求也就不可能存在，无法照搬传统的民事财产法律制度来对发明创造进行产权化的制度安排。专利法通过法律制度创新，找到了解决这一问题的方案：发明人将发明创造申请专利，将发明创造向公众公开，如果满足授予专利的条件，政府向申请人授予专利权，一旦发明创造获得专利权，任何人如为商业目的实施该专利必须经过专利权人的许可，从而由法律向专利权人输送了排他权。专利法一般规定，未经专利权人许可，任何人不得擅自为生产经营目的实施专利。通过给专利的使用者设置义务，专利使用者的行为受到专利权人的控制，如果要使用专利需经专利权人的同意，如果违反该义务，未经许可使用专利，专利权人享有禁止其实施的权利，从而通过法律向专利权人提供了排他权。这样原来并不具有排他性的发明创造，在获得专利权后，披上专利这件外衣，成为了受法律保护的专利权，而专利权享有法律为其提供的排他权。可见专利权人所享有的这种排他权并非自然获得的，而是由法律输送的。在现实世界中，无形的专利的排他性，显然与有形物相比，其实现的难度大，难以100%得到尊重和实现。

专利法在规定专利权人的权利时，没有直接规定权利主体对权利对象（客体）所享有的具体权能，而是将其他人的行为作为权利人的权利控制对象，授予专利权人对他人实施其发明创造的技术方案之行为的控制权。通过向他人利用专利的行为设置条件——经过专利权人的许可，授予专利权人对他人利用其发明创造的行为进行控制的权利——未经许可，不得实施专利，从而使专利权人对自己的专利在法律上实现了"虚拟占有"。通常所称的专利权人拥有的独占或排他权，不过是"虚拟占有"状态的法律表达而已。为使"虚拟占有"得以实现，法律授予了专利权人对他人利用其专利行为进行控制

---

❶ 关于这方面的论述，可参考罗伯特·考特，托马斯·尤伦. 法和经济学［M］. 史进川，董雪兵等，译. 上海：上海三联书店出版社，1996.

的权利——禁止权，正是通过这种禁止性法律规范，"虚拟占有"才从消极状态得以转入积极状态，以便在现实社会中得以真正实现。立法者所追求的理想状态应该是专利权得到普遍尊重，每一个专利实施者都事先得到了专利权人的许可，这样专利权人的权利也就得以实现，因此也就并不需要行使"禁止权"，"禁止权"处于休眠状态。可见，专利权人权利的实现依赖于公众对专利权的尊重。然而这种普遍尊重知识产权的环境不过是理想社会，现实社会中未经许可而实施他人专利的行为难以避免，当出现未经许可擅自以生产经营目的实施他人专利的行为时，专利权人的"禁止权"被激活，专利权人难以对无法占有的专利实现私力救济，必须借助专利法提供的禁止性规范，通过行政或司法救济来排除他人未经许可实施其专利的行为。因此，无法实际占有的专利，其权利实现具有不确定性。❶

（二）"排他"而非"独占"：专利权人并非享有实施自己专利的权利

专利权人享有的排他性权利实质上是一种消极权利，原因有二。一是，专利并不直接地授予为某种行为的积极权利。二是，一项发明专利本身可能被先前的某项专利所涵盖。❷ 将专利视为为专利权人提供了利用其发明获益的机会，是一种较为普遍的误解。事实上，专利只是为专利权人提供了阻止他人利用其专利的权利，专利权是否定性的权利，而不是肯定性的权利。❸ 美国学者穆勒指出，不难发现，专利权并不包括制造、使用、销售、许诺销售或者进口发明创造的积极权利或确认性权利。在某种特定的情况下，以抑制竞争为目的实施一项专利有可能会招致反垄断法责任。❹

穆勒还进一步以牵制性专利为例，说明即使拥有专利也并不一定就拥有实施自己专利的权利，即从属专利由主导专利（基本专利）所牵制。举一个山顶洞人时代的例子，那个时候还没有家具存在，至少根据我们目前所知是

---

❶ 徐棣枫，沈晖，陈瑶. 企业并购中的知识产权风险 [M]. 南京：南京大学出版社，2013：136-138.

❷ 罗伯特·P·墨杰斯，彼特·S·迈乃尔，马克·A·莱姆利，等. 新技术时代的知识产权法 [M]. 齐筠，张清，彭霞，等，译. 北京：中国政法大学出版社，2003：108-109.

❸ BERRY J. Tangible Strategies for Intangible Assets [M]. New York：McGraw-Hill Companies，2005.

❹ J. M. 穆勒. 专利法 [M]. 3版. 沈超，李华，吴晓辉，等，译. 北京：知识产权出版社，2013：14-15.

这样的。假设山顶洞人社会设立了原始的专利制度，并且第一项专利颁发给了发明人 A 设计的椅子。在 A 的专利中，仅仅公开了一种椅子，这种椅子的造型就如现在在教室或者办公室里可见的那样有一个直的靠背和四条腿。继续假设，在发明人 A 的椅子专利的有效期限内，不相关的发明人 B 独立发明了一种摇椅。发明人 B 获得了基于这种摇椅的所谓的"改进型专利"。相对于发明人 A 专利中所公开的椅子，发明人 B 的摇椅具备充分的新颖性和非显而易见性，因此 B 是可以独立获得其专利的。但是，如果发明人 B 要制造或者销售他发明的摇椅，他就会侵犯发明人 A 的专利权，因为发明人 A 的专利范围很宽，涵盖了所有的椅子。发明人 B 基于其具有新颖性和非显而易见性的发明创造获得了专利这个事实，并没有赋予发明人 B 一项确认性权利，使其可以实施该专利。同样地，发明人 B 的专利赋予其一项消极权利以禁止他人制造和销售这种摇椅。因此，尽管发明人 A 的专利范围被很宽泛地解释为涵盖所有椅子（包括摇椅），但是发明人 A 现在也不能生产摇椅。也就是说，如果发明人 A 想要制造和销售摇椅，就必须要从发明人 B 那里获得许可，以避免侵权。❶

（三）诉讼中的权利：禁令救济（禁令威胁）放大了专利权的不确定性❷

物权（所有权）法律规范与专利权法律规范不同，物权的权利并不是通过排他性的规范来规定其权利内容（权能）的，排他性的规范只不过是以权利救济的形式体现的，一般见于请求权之中，其强调的是保护、救济权利；而专利法中的排他性规范既担负着规定专利权的权利本身，又肩负着对专利权提供救济的任务。

一般而言，民法为保护特定利益而设置的权利，并不只是一种静止的权利，而是设定一系列前后相连的权利，前面的权利随着特定的法律事实，特别是侵权行为以及违约行为而转化为后面的权利。这一系列相互关联的权利，根据其逻辑顺序可以分为原权与救济权。❸ 如果我们将民法为保护某一特定利

❶ J. M. 穆勒. 专利法 [M]. 3 版. 沈超，李华，吴晓辉，等，译. 北京：知识产权出版社，2013：15-16.

❷ 徐棣枫. 专利权的扩张与限制 [M]. 北京：知识产权出版社，2007：62-64.

❸ 杨明. 知识产权请求权研究——兼以反不正当竞争为考察对象 [M]. 北京：北京大学出版社，2005：1.

益而设定的一系列相互关联的权利视为一个权利的链条，那么，原权是权利
链条的始端，而救济则是这个权利链条的末端。❶ 但是，这种规律在专利法中
却找不到。如果依主流观点所认同的那样，将《专利法》第11条理解为规定
专利所授予的权利或专利权的效力，那么专利法在构建权利规范体系时，与
传统的民事法律规范构建权利体系不一样，并未在此前先规定"原权"，而直
接将带有救济性质的禁止性规范放到了最前面，或者说将权利与救济合并了。

　　将权利与救济合并了的禁止性规范，使专利权的权利行使具有了鲜明的
特点：一方面，专利权的实现依赖于他人对专利的尊重，这一特点使专利权
具有脆弱性；另一方面，权利人行使专利权又具有攻击性。西方学者甚至直
接将专利权称为诉讼中的权利（Chosen in Action）。对于不尊重专利权的行
为，由于"虚拟占有"，权利人无法依靠私力实现救济，权利人只能通过寻求
公权力的干预——司法或者行政救济来行使禁止权以维护法律赋予其享有的
权利，禁止权实现的一般途径就是诉讼。控制论之父维纳甚至称"一项专利
证书几乎就是一张诉讼传票"❷。诉讼一般是因为相关各方对各自应当承担的
法律责任或某种行为的法律后果的判断存在差异而无法达成一致意见所引发
的，专利对诉讼的依赖说明在制度上和现实世界中，专利权的不确定性与其
他财产权利相比要严重。还值得注意的是，专利侵权诉讼的处理依赖对特殊
的权利表达——权利要求书的解释，而解释的空间进一步加深了不确定性的
程度，加之专利权利的推定有效性，如此多的不确定性因素的存在，互相叠
加，诉讼的结果难以准确预料。

小　结

　　发明创造具有非物质性和无形性的特点，科技进步又使得发明还具有复
杂性，发明的表达又很难清晰确定，具有模糊性。这些特点构成了发明创造

---

❶　王涌. 私权的分析与建构［D］. 北京：中国政法大学，1999.

❷　诺伯特·维纳. 发明：激动人心的创新之路［M］. 赵乐静，译. 上海：上海科学技术出版社，
2002：137.

具有不确定性的天然基础。

虽然专利制度通过制度创新向专利权人输送排他权，让无法占有的发明创造穿上专利的外衣，变身为专利，获得了排除他人未经专利权人许可擅自实施其专利的权利，从而实现了财产化。然而受限于发明创造天然的不确定性，专利制度为适应发明的无形性特点参照财产权利对其进行了独具特色的财产化制度设计：说明书公开发明显示占有发明并彰显自己的存在、权利要求书公示保护范围、权利要求书的解释确定排他权的边界、专利审查批准和公告、专利权的推定有效、虚拟占有等一系列复杂的规则都伴生有不确定性，必然难以获得如有形物那般确定的权利效力和边界。因此，不确定性是专利制度的内在属性。

第三章

美国专利制度改革和近期司法实践

专利诱饵通常被比作神话中的巨魔，潜伏在并非其所建造的桥梁下，要求任何想通过该桥的人支付费用。专利诱饵自己不产生专利技术，而是通过向他人购买获得专利权，他们等到专利产品被制造、专利技术被使用后，才指控专利产品制造者或者销售者侵权，并要求为并非他们创造出来的专利技术支付费用。因而，有评价认为专利诱饵的商业模式是对创新的阻碍。❶ 一方面，由于美国专利法不要求专利权人必须自己实施或者许可给他人实施其享有专利权的技术，且专利权人即使没有证明其真正遭受了损失，也可以依据专利法获得侵权赔偿和禁令救济；另一方面，美国存在大量被推定有效，而实际是模糊的、无效的专利❷，在 20 世纪后期，专利诱饵诉讼案件呈爆发式增长，美国国会和联邦法院在面对专利诱饵诉讼肆虐以及对实体经济威胁的问题时意识到，当时的专利法对专利诱饵诉讼和反竞争效果的规制显得力不从心，国会和联邦法院需要作出更大的努力对当时的美国专利法进行改革，以有效规制专利诱饵带来的负面影响。

---

❶ Federal Trade Commission. AN FTC STUDY：Patent Assertion Entity Activity ［EB/OL］.［2018-12-09］. https://www.ftc.gov/reports/patent-assertion-entity-activity-ftc-study.

❷ MAHN G. Keeping Trolls Out of Courts and Out of Pocket：Expanding the Inequitable Conduct Doctrine ［J］. Loyola University Chicago Law Journal，2014（45）：1257.

第一节　应对专利诱饵，美国国会专利制度改革：AIA

一、立法背景：专利质量堪忧、专利丛林密布、专利诱饵诉讼泛滥

美国现行的专利法于 1952 年制定。为了强化专利保护，鼓励技术创新和投资，美国于 1952 对专利制度进行了 19 世纪之后的最大修订，形成 1952 年的专利法，并作为美国法典第 35 篇。1952 年专利法最为重要的变化，就是在新颖性的基础上增加了非显而易见性的专利授权标准，确立了新颖性、创造性和实用性的现代专利授权标准以及其他一系列重要内容，奠定了美国现行专利法律制度的基本构架。同时，美国法院在专利司法实践中推行了一系列"亲专利"的政策，如扩大专利的授予范围、降低专利审查标准、将永久禁令作为一般规则适用、巨额的专利侵权赔偿，这些政策都强化了对专利权的保护，并对专利诱饵的产生和壮大起到了巨大的促进作用。但至 20 世纪末和 21 世纪初，美国专利制度已经暴露出诸多阻碍创新发展的缺陷，除了"先发明申请制"程序复杂且难以与国际接轨外，大量低质量专利被授权以及专利诱饵的肆虐等问题急需进行规制，这些问题促使美国国会着手修改美国专利法。

（一）专利审查效率和授权专利质量堪忧

随着高新技术的发展，专利申请量迅猛增长，申请专利的技术日趋复杂，USPTO 专利审查资源出现严重短缺，导致专利申请大量积压。❶ 低效的专利审查程序延缓了高新技术的产业化进程。❷ 同时，美国专利保护的主题范围日趋扩大，加重了 USPTO 审查负担，审查难度也进一步加大，并伴随专利质量降低、问题专利的增加。问题专利是指不当授权的专利，包括不符合专利法规定的授予条件，以及虽然可以授予专利权，但权利要求保护范围过宽的专利。FTC 在 2003 年 10 月发布的"促进创新"的报告中认为，问题专利会阻碍创新或者提高创新的成本；低质量的专利和问题专利使得专利诱饵诉讼案

---

❶ 朱雪忠，漆苏. 美国专利改革法案内容及其影响评析 [J]. 知识产权，2011（9）：79-89.

❷ HESS G. Patent Reform Effort Revived: Legislation Could Help the Patent Office Reduce a Massive Backlog of Applications [J]. Chemical and Engineering News, 89 (8): 27-30.

件量迅速增长；众多中小型的创新型企业每年需要投入大量的人力和物力应对专利诱饵诉讼，不但增加了企业的运营成本，而且还使得技术研发处于进退两难的境地；甚至一些中小企业由于自身资源有限，不具有应对专利诱饵诉讼的经验和实力，最终导致生产经营无法维系。❶

（二）专利丛林密布

专利丛林是指在某一技术领域的专利过多，并且为不同的专利权人拥有，形成了相互重叠而细密的专利网。例如，在电脑硬件和软件产业，一个产品上可能会同时存在着成百上千件专利。当不同的主体持有多种专利，虽然每一种专利在技术上和法律上都是相互独立的，但他们之间相互交叉、重叠，又都覆盖在同一产品上，一个公司必须披荆斩棘穿过这些成百上千的专利才能真正在产品上商业化自己的新技术。❷ 一个渴望正当推出产品的公司如果不能获得多重许可，就无法合法地实施其商业计划，而要想获得这种多重的许可又相当困难，这种局面阻碍了专利的商业化。❸ 专利丛林的出现，阻碍了专利技术的商业开发和应用，使得当时美国专利制度与技术发展、自由竞争之间的矛盾日益凸出。随着越来越多的专利被授权，公司倾向于申请更多的专利，希望通过交叉许可获得想要的专利使用权，或者在谈判时拥有足够的资本。然而，专利丛林中密布的专利有多少是真正创新的果实，有多少是毫无价值甚至虚假的创新，或者是创新道路上的障碍，已引起人们的关注。问题专利和专利丛林不仅反映出授权专利质量问题，更会影响技术创新、产业化实现和自由竞争的市场秩序，因此有必要改革现行专利制度。❹

---

❶ Federal Trade Commission. To Promote Innovation：The Proper Balance of Competition and Patent Law and Policy［EB/OL］.［2018-04-20］. https://www.ftc.gov/sites/default/files/documents/reports/promote-innovation-proper-balance-competition-and-patent-law-and-policy/innovationrpt.pdf.

❷ SHAPIRO C. Navigating the Patent Thicket：Cross Licenses，Patent Pools，and Standard-Setting［J］. Innovation Policy and the Economy，2001（1）：119-120.

❸ CHISUM D S. Reforming Patent Law Reform［J］. The John Marshall Review of Intellectual Property Law，2005（4）：339.

❹ Federal Trade Commission. To Promote Innovation：The Proper Balance of Competition and Patent Law and Policy［EB/OL］.［2018-04-20］. https://www.ftc.gov/sites/default/files/documents/reports/promote-innovation-proper-balance-competition-and-patent-law-and-policy/innovationrpt.pdf.

（三）专利诱饵诉讼量猛增

在 20 世纪 80 年代，专利诉讼随着专利授予数量的增加而不断增加，20 世纪 90 年代专利诉讼数量激增。❶ 其中，专利诱饵诉讼占了较大比重。基于低质量专利和问题专利，专利诱饵利用被控侵权人对于专利诉讼费用及结果的不确定性的担忧，向被控侵权人收取高额的案件和解费用，这种做法甚至成为一个新型的产业。多数企业为了避免支付高昂的诉讼费用，通常选择妥协，向专利诱饵支付和解费用以免于受到滋扰。然而，这样的妥协将鼓励更多的专利诱饵诉讼。专利诱饵诉讼使得美国专利系统开始偏离了创新，技术进步和经济增长也因此受到了影响。例如，专利诱饵利用共同被告诉讼规则，往往仅在诉状中诉称侵犯了同一件专利，就在一个案件中同时列入大量相互之间没有联系的、分布于不同地域的被告，并选在一个对专利权人友好的法院提起诉讼。利用这种诉讼策略，对一些相同的问题，如专利权的有效性、权利要求保护范围的解释等，专利诱饵在一个案件中一次性解决，无需在多个案件中分别进行诉讼活动，从而降低了专利诱饵的诉讼成本。同时，由于一个案件中存在大量位于不同地域的被告，诉讼案件将不容易从专利诱饵所选择的友好法院移送至其他更适合管辖的法院。

（四）无效途径单一，成本高，大量无效专利被推定有效

按照美国传统的专利理念，专利局为专利授予机构。专利权一旦授予之后，在法律上属于推定有效，只有法院可以在侵权诉讼中宣告专利权无效。美国专利上诉与抵触委员会（BPAB）并不承担宣告专利权无效的职责。然而在实际的操作中，法院专利诉讼案件耗时耗力，宣告专利无效的成本也很高。另外，按照很多国家的专利制度，专利权人应当按照年度缴纳维持费用，一旦不缴纳维持费用，相关的专利权就会在当年失效。而根据美国专利局的维持费用交纳规则，专利权人应当在授权之后的三年半、七年半和十一年半缴纳维持费。只要在相关的时间点交纳了专利维持费，专利就会处于有效的状态。这样，一方面是宣告无效的司法成本太高，另一方面是专利维持费的缴纳方式特

---

❶ 亚当·杰夫，乔希·勒纳. 创新及其不满：专利体系对创新与进步的危害及其对策 [M]. 罗建平，兰花，译. 北京：中国人民大学出版社，2007：12.

殊，从而造成了很多应当被宣告无效的专利处于"推定有效"的状态。❶

二、立法进程：历经多次搁浅，多方博弈，达成妥协

2005 年 6 月，以拉马尔为首的众多议员向众议院正式提出《专利法改革法案》。该法案希望能实现三个突出的目标：（1）提高专利质量；（2）减少失控的专利诉讼；（3）将美国专利法和世界其他国家统一。❷2007 年 6 月，美国专利改革法案在众议院通过，该法案对专利法进行了三处重大修改：先申请制取代先发明制；USPTO 设置专利授权后再审程序；修改损害赔偿金计算依据。但该法案遭参议院否决。❸2009 年在 2007 法案修改的基础上，美国参众两院再次启动专利法改革程序，提出美国 2009 专利改革法案。该法案进一步剔除了一些备受争议的部分。例如，不再要求申请人在提交申请前进行在先技术检索，不再要求申请人善意实施专利，不再授予 USPTO 程序性和实质性规则的制定权力等。经过修改和协调，2009 年专利改革法案最终于 2011 年经参众两院表决通过并形成 AIA。同年 9 月 16 日，由当时的美国总统奥巴马签署了对美国专利法进行全面修订的 AIA 使之正式成为法律，AIA 中涉及的法案条款自该案获准通过后按照各自设定的生效日期逐次生效。至 2015 年，AIA 中涉及的法案条款已全部生效。❹

三、主要内容：以提升专利质量、应对专利诱饵滥诉为中心

AIA 中的改革主要涉及六个方面。❺ 其中，为应对低质量专利和问题专利

---

❶　李明德. 美国知识产权法［M］. 2 版. 北京：法律出版社，2014：83.

❷　HARVEY D. Reinventing the U. S. Patent System：A Discussion of Patent Reform through an Analysis of the Proposed Patent Reform Act of 2005［J］. Texas Tech Law Review，2005（38）：1137.

❸　朱雪忠，漆苏. 美国专利改革法案内容及其影响评析［J］. 知识产权，2011（9）：79-89.

❹　LEAHY-SMITH AMERICA INVENTS ACT，PUBLIC LAW. 2011（16）：112.

❺　六方面的改革内容为："一、将先发明制改为先申请制、取消现有技术的地域限制、调整宽限期的适用范围、调整最佳实施方式的公开要求、取消在国外完成的发明作为现有技术的限制、调整关于先用权的规定；二、取消双方再审程序，设立授权后重审程序和双方重审程序；三、修改专利申请授权程序，调整发明人宣誓或声明的有关要求、允许发明人的受让人提交专利申请，以及允许第三方在专利审查期间提交现有技术等；四、美国商标与专利局被给予一定的费用自主权，并设立卫星局；五、对国家有重要意义的专利及小型实体的收费进行适当减免，用'专利审判及上诉委员会'取代原来的'专利上诉及冲突委员会'；六、在司法改革方面对合并审理进行限制等。"

以及由此引发的专利诱饵诉讼，AIA 提供了一系列新的、更经济的措施。

（一）优化审查标准，提升专利质量

1. 确立"发明人先申请"制度，取消现有技术的地域限制

美国确立"发明人先申请"制度的主要目的是与国际接轨。采用"发明人先申请"制度，有关现有技术的关键日期就由此前的发明完成日变为专利申请提交日。作为建立"发明人先申请"制度的配套措施和主要内容，AIA 对现有技术的范围作了重大调整，从而强化了专利审查授权标准。根据修改前的《美国专利法》第 102 条有关新颖性的规定，影响专利申请新颖性的现有技术包括美国范围内的他人知晓或使用，以及世界范围内的专利或公开出版物，也即美国范围以外的他人知晓或使用不影响美国专利申请的新颖性。❶ AIA 确立"发明人先申请"制度后，相应的新颖性判断统一以专利有效申请日为审查基准日，取消现有技术的地域限制，即现有技术包括世界范围内以专利、公开出版物、公开使用、公开销售或是以其他方式为公众所知晓的技术。❷ 现有技术范围的扩大提高了专利审查授权标准。

2. 完善授权前的异议程序

根据《美国联邦法规汇编》第 37 编第 1.56 条的规定，申请人在申请文件中应当披露与发明相关的现有技术，以帮助审查员确定该项专利申请发明是否应当获得专利权。根据该条规定，专利在本质上会影响到公共利益。❸ 与专利申请和审查相关的每一个人，包括发明人、代理人等在与 USPTO 打交道时都承担公正和诚信的义务，其中包括向 USPTO 披露自己所知的与专利获得要件实质相关的所有信息。同时，按照 USPTO 的审查规则，如果公众成员掌握与该专利申请相关的信息，尤其是与该专利申请相关的现有技术信息，可以提交给 USPTO。这样，竞争者或者熟悉该技术领域的任何人，可以通过提供已有专利信息和出版物信息等方式，防止 USPTO 不当的专利授权。但是，按照 AIA 生效前的规定，公众也可以提供上述信息，但不能阐述相关现有技

---

❶ 参见修改前的《美国专利法》35 U.S.C. § 102 (a) (e) (g).

❷ American Invents Act (H.R1249), in the amended section 3. First Inventor to File, § 102.

❸ 37 C.F.R § 1.56.

术信息与专利申请所涉技术的关系。❶ 其结果是降低了专利审查员对于相关信息的有效利用，挫伤了公众的积极性。而且，USPTO 对提交现有技术的时间和数量有非常严格的限制，第三方对于每项专利申请最多只能向 USPTO 提交 10 件现有技术文献，且必须在专利申请公开两个月内或者批准通知发布之前提交现有技术文献。第三方如果错过了上述期限，则无法参与到授权前的异议程序。

AIA 则改进了第三方提供现有技术信息的方式，允许任何人在提供现有技术信息时，对相关信息进行解释和说明。❷ 可以对提交的材料及其与权利要求的相关性作出对比说明，而且不限制提交材料的数量。❸ 同时，AIA 大大放宽了第三方提交现有技术的时间期限，第三方可以在专利申请公开六个月内或者第一次审查意见通知书发布之前提交现有技术信息。通过改革，提升了社会公众在专利审查过程中的参与度，USPTO 可以进一步借助外部力量提升专利审查质量。

(二) 改革专利授权后的复审程序，为第三方挑战专利有效性提供便利

在 AIA 实施之前，在美国通常有三种程序挑战专利有效性：一是向专利上诉及抵触委员会 (BPAI) 提交单方再审 (Ex Parte Reexamination，EPR) 请求；二是向 BPAI 提交双方再审 (Inter Partes Reexamination) 请求；三是直接向美国的联邦地方法院提交专利有效性相关的民事诉讼请求。单方再审程序在实践中的运行效果并不能令人满意。启动单方再审程序所依据的现有技术只限于是专利和公开出版物，公开使用或公开销售等行为不能作为提出再审的依据。同时，在单方再审程序中，第三方申请人仅能对专利权人第一次的意见陈述进行反驳，在后续的程序中无法进一步表达自己的意见。另外，对单方再审程序的无效决定，只有专利权人享有上诉权，第三方申请人没有提出上诉的权利。双方再审程序设置于 1999 年的《美国发明人保护法》❹，但启动该程序的现有技术文件仍然限于专利和公开出版物。且在双方再审程序中，从

---

❶　37 C. F. R § 1. 99.

❷　American Invents Act, House Report, 112th Congress, 1st Session, at 48-49.

❸　AIA, Sec. 8 (35 U. S. C. § 122 (e)).

❹　参见修改前的《美国专利法》35 U. S. C. § 311-18。

USPTO 作出再审决定到上诉至 BPAI，需要历经两轮行政裁决。在实践中，无效请求人在美国使用 BPAI 的行政再审程序挑战专利权有效性的频率非常有限，每年仅约一两百件。❶

有研究人员对 BPAI 的行政再审程序适用率低的原因做了分析，主要为：耗时长，单方再审的审理周期约为两年，双方再审的审理周期约为三年，这与联邦地方法院的审理时间相比都毫无优势可言；对证据和理由的限制较多，BPAI 接受的证据仅限于在先专利和公开出版物，理由只包括专利不具备新颖性和非显而易见性（参见图 3-1）。❷ 因此，AIA 改革之前的无效再审程序耗时较长，无法高效、快速地解决专利有效性问题。

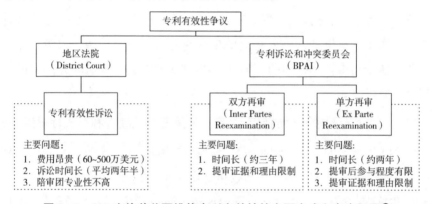

图 3-1　AIA 实施前美国挑战专利有效性的主要方式和存在问题❸

相比之下，在 AIA 实施之前，无效请求人更愿意选择司法途径挑战专利权有效性。然而，司法途径挑战专利权有效性也存在缺陷：诉讼成本高，一件美国专利诉讼的律师费、专家证人费、证据开示调查费用、诉讼费等加起来可高达 60 万~500 万美元；专业程度不高，美国法院专利诉讼中使用陪审团判定发明是否具有实用性、新颖性，是否是最优实施方案等事实问题，引起争议的专利通常技术性、专业性较强，由普通公众而非专业技术人员组成

❶ 数据来源于 PTAB 官方网站．[2019-02-20]．http://uspto.gov/sites/default/files/ip/boards/bpai/stats/process.

❷ 宋蓓蓓，吕利强．美国专利无效制度改革进展与思考 [J]．电子知识产权，2017（6）：52-63.

❸ 该图引用自宋蓓蓓，吕利强．美国专利无效制度改革进展与思考 [J]．电子知识产权，2017（6）：52-63.

的陪审团专业程度往往不高，结果难以令人信服。❶

为了向社会公众提供便捷、高效、低廉的挑战专利权有效性的途径，积极应对专利诱饵泛滥、提升专利质量，AIA 对专利无效程序进行了改革，其中，对于单方再审程序，规定 USPTO 局长可自行决定启动，不需要其他人同意。同时，AIA 取消了双方再审程序。另外为挑战专利权有效性提供了三种新的专利授权后复审程序，包括授权后复审程序（Post-grant Review，PGR）、双方复审程序（Inter Partes Review，IPR）和涵盖商业方法的专利审查程序（Covered Business Method，CBM）。

1. AIA 新设置的无效程序：PTAB 专利确权程序

（1）PGR。

在专利授权后的九个月内，除专利权人以外的任何第三方如果要挑战授权专利的有效性，可以向 USPTO 请求启动 PGR，并可基于任何理由，包括《美国专利法》第 101 条、第 102 条、第 103 条和第 112 条规定的事由，挑战已授权专利的有效性，质疑授权专利中的一项或多项权利要求的有效性。挑战有效性所依据的现有技术包括但不限于专利或者公开出版物。授权后复审程序保证第三方在专利授权初期，就可以对专利的有效性进行挑战。AIA 为授权后复审程序设定了较高的立案标准。只有请求人提供的证据表明，至少有一项权利要求很有可能不应被授权时，专利局才可以启动此项程序。❷

（2）IPR。

IPR 取代了改革前的双方再审程序。在专利授权九个月之后，任何第三方如果要挑战授权专利的有效性，可以向 USPTO 请求启动。在 IPR 中，请求人只能以现有专利或者公开出版物为依据，对授权专利的新颖性和非显而易见性提出质疑，即仅能质疑是否符合《美国专利法》第 102 条或者第 103 条规定的专利授权条件。❸ IPR 只能在专利授权九个月之后提出，并且在提出请求之前没有就该专利权的有效性提起民事诉讼。此外，如果申请人是基于专利侵权诉讼请求启动 IPR 的，那么申请人必须在收到专利侵权指控文件之日

---

❶ 宋蓓蓓，吕利强. 美国专利无效制度改革进展与思考 [J]. 电子知识产权，2017（6）：52-63.

❷ 35 U. S. C. § 324.

❸ 35 U. S. C. § 311（b）.

起的一年内提出 IPR 请求。在 PGR 中，质疑专利无效的请求理由较全面，但启动时间有限制，要求尽早启动。而 IPR 只能质疑新颖性和非显而易见性，但启动时间是在授权九个月之后，因此 PGR 与 IPR 是互补的。两者之间不像并列或者竞争程序，更像是在时间顺序上衔接的程序。❶

（3）CBM。

美国允许授予商业方法专利，但 USPTO 缺乏足够的、精通商业方法专利相关知识和审查经验的审查人员，且商业方法纳入专利授权范围的时间较短，也没有足够的现有技术帮助审查员进行判断，审查程序缺乏有效控制，导致大量问题专利出现，并由此引发一系列恶意专利诉讼，引发人们对商业方法专利提出质疑。❷ 针对上述问题，AIA 提出 CBM，其仅针对含有商业方法的专利。对于涵盖商业方法的专利，任何人在任何时间可以基于《美国专利法》第 101 条、第 102 条、第 103 条和第 112 条规定的事由提起，只要申请人或他所代表的当事人曾经被控或者曾经指控商业方法专利侵权，均可提出授权后的审查申请，即 CBM 的提请理由与 PGR 一样，但启动时间不受九个月的限制。

这里需要注意一个问题，Reexamination 与 Review 看似一词之差，实际上代表着程序的定位差异。Reexamination 是一种实质审查程序，而 Review 则意味该程序更接近准司法的复审程序。❸ 为了应对上述由 AIA 新设的 PTAB 专利确权程序，AIA 还将 BPAB 改造为 PTAB。该委员会对上诉、复审以及 AIA 新规定的这些程序具有决定权。

2. AIA 改革之后的确权程序优势及效果

2012 年 9 月起，之前的双方再审程序废止，EPR 仍然有效。同日起，具有相当程度"诉讼性质"的 PGR 和 IPR 正式生效。❹ 相较于改革之前的 BPAI 的行政再审程序，AIA 通过精良的制度设计，确保 PTAB 专利确权程序能够实现高效、便捷、低廉的改革目的。EPR、PGR、IPR 及原双方再审程序中的各项条件和要求可以参见表 3-1。

---

❶ 崔国斌. 专利法原理与案例 [M]. 北京：北京大学出版社，2016：449.
❷ 朱雪忠，漆苏. 美国专利改革法案内容及其影响评析 [J]. 知识产权，2011（9）：79-89.
❸ 崔国斌. 专利法原理与案例 [M]. 北京：北京大学出版社，2016：451.
❹ [2018-05-06]. http://www.ipr.gov.cn/zhuanti/aia.html.

表 3-1 EPR、PGR、IPR 及双方再审程序比较❶

	双方再审	EPR	PGR	IPR
提速时间	任何时间	任何时间	专利授权或再颁 9 个月内	专利授权或再颁 9 个月后或 PGR 程序已结束
提诉人	专利权人之外的利害关系人，需表明利害关系，不可匿名提出	任何人（含专利权人）无需表明利害关系，可匿名提出	专利权人之外的利害关系人，需表明利害关系，不可匿名提出	专利权人之外的利害关系人，需表明利害关系，不可匿名提出
无效理由	新颖性和非显而易见性问题	新颖性和非显而易见性问题	专利无效的任何理由	新颖性和非显而易见性问题
证据类型	在先专利和公开出版物	在先专利和公开出版物	可以无效权利要求的任何证据	在先专利和公开出版物
立案标准	实质性新问题（最低）	实质性新问题（最低）	有可能至少无效一个权利要求（最高）	在至少一个权利要求的争论中请求人有合理可能性占据优势（中等）
适用专利	2012 年 9 月 16 日前提出请求（目前已无法提出）	任何有效专利	2013 年 3 月 16 日之后申请的专利	任何有效专利（2012 年 9 月 16 日后提诉）
审理时长	约三年	约两年	立案后一年内	立案后一年内
禁止反悔原则	有	无	有	有
主要官费	提诉费 8 800 美元	提诉费约 2 000 美元	提诉费 12 000 美元（20 权利要求以内）立案后程序费用 18 000 美元（15 权利要求以内）	提诉费 9 000 美元（20 权利要求以内）立案后程序费用 14 000 美元（15 权利要求以内）

通过对比 EPR、PGR、IPR 及双方再审程序，可以发现 PTAB 专利确权程序基本可以实现当初的立法目的。第一，PTAB 专利确权程序耗时短、效率高。提高专利行政确权的效率是专利法改革的重要目标之一，AIA 为此规定，PTAB 审理案件最长不能超过 12 个月。❷而法院的专利诉讼案件很难在一年之内审理完毕，通常需要 2~3 年时间。第二，PTAB 专利确权程序成本较低。根据 2015 年美国 AIPLA 的统计报告，通过 PTAB 程序审理的中等规模无效案件的费用约为 27.5 万美元，上诉费用约为 35 万美元。而一件中等规模的专利诉讼案件，费用约为 310 万美元。❸第三，专业性强。PTAB 由专业行政法官组成的复审小组进行专利有效性审查，相较于法院的陪审团而言，其更熟

---

❶ 该图引用自宋蓓蓓，吕利强. 美国专利无效制度改革进展与思考 [J]. 电子知识产权，2017（6）：52-63.

❷ 35 U. S. C. § 316（a）（11）（2012）.

❸ SWAIN P. The Cost-Effectiveness of PTAB Proceedings [EB/OL]. [2018-05-06]. http://www.ipr.gov.cn/zhuanti/aia.html.

悉技术。同时，对于专利无效中的技术问题，法院可以从复审程序获得极有价值的指导。AIA实施后，越来越多的请求人倾向于使用PTAB确权程序对专利有效性提出挑战。据研究机构统计，2013年PTAB受理的专利无效申请案件数量迅猛增长至近1500件，超过原双方再审程序多年来的总和；2017年PTAB总共受理了1787件专利无效审查申请，其中，IPR申请1711件，CBM申请34件，PGR申请42件（参见图3-2）。❶

图3-2 2012~2017年PTAB受理的专利无效申请案件量❷

从请求主体来看，大公司成为运用新制度的主要主体，甲骨文公司、康宁公司、丰田汽车公司、苹果公司、索尼公司、三星集团、戴尔股份有限公司、谷歌公司、微软股份有限公司、孟山都公司等国际知名企业利用最多，PTAB确权程序已经逐渐成为各大公司面对专利威胁或拟定知识产权策略时积极运用的手段之一。与之相对，被挑战专利不少是由知名的非专利实施实体，如高智公司、VirnetX等持有。❸这也反映出新制度有利于"待宰肥羊"积极应对专利诱饵。

---

❶ 参见RPX的研究报告，2017 in Review：A Year of Transition ［EB/OL］. ［2018-08-09］. http：// www.rpxcorp.com/2018/01/02/2017-in-review-a-year-of-transition/.

❷ 该图引用自RPX的研究报告，2017 in Review：A Year of Transition ［EB/OL］. ［2018-08-09］. http：//www.rpxcorp.com/2018/01/02/2017-in-review-a-year-of-transition/.

❸ 参见我国台湾地区科技政策研究与资讯中心科技产业资讯室. 美国专利救济制度改革复审救济程序效益显现 ［EB/OL］. ［2019-02-13］. http：//cdnet.stpi.narl.org.tw/techroom/pclass/2014/pclass_14_A185.htm.

出于高效率和专业性的考虑，联邦地方法院对 PTAB 专利确权程序也给予了充分的尊重和谦让。AIA 实施之后，在同时涉及 PTAB 专利确权和法院侵权诉讼的案件中，联邦地方法院倾向于中止诉讼案件的审理，以等待 PTAB 专利确权的结果。通常而言，美国法院对于停止诉讼采取保守的态度，在一般诉讼案件中停止诉讼的门槛很高，但在专利争议案件中，法院却出乎意料地愿意停止诉讼程序。❶ 2014 年 1 月以前，美国联邦地方法院受理的 119 件诉讼案件中止审理请求中，有 60% 获得法院准许。❷ 从 2015 年 9 月 1 日开始的一年中，在 298 件诉讼案件中止诉讼请求中，联邦地方法院批准了 220 件，约占全部请求量的 74%。❸ 还有学者分析，在涉及商业方法的案件中，请求中止诉讼的获准率更高，达到 90.48%。❹ 中止诉讼对于专利实施主体应对专利诱饵极为有利。例如，由经验丰富的专利审查员审查专利有效性，可以减少侵权诉讼中可争论的因素，提高司法效率。如果专利被 PTAB 的审查员认定为无效，则可以由法院直接驳回专利诱饵的起诉。❺ 另外，USPTO 和联邦地方法院专利确权 "双轨" 之间虽然存在一定的差异，但由于确定了恰当的诉讼中止规则、禁止反言原则，并且两者均可上诉到联邦巡回上诉法院，从而有效避免了循环诉讼、关联侵权诉讼久拖不决等问题。❻

经过对无效程序和受理机关的改革，使得 PTAB 确权程序费用低廉，而且对于专利有效性的审查是由 USPTO 中兼具技术和法律经验的专家来完成，相对于专利侵权诉讼中由陪审团来审查专利有效性，更加具有科学性和合理性。另外，在 USPTO 挑战专利有效性更容易达到 "明确且令人信服" 的证据

---

❶ 张怀印. 美国专利确权双轨制间的冲突与协调述评 [EB/OL]. [2019-02-13]. http://www.worldip.cn/index.php?m=content&c=index&a=show&catid=66&id=251.

❷ ARCAMONA R, CAVANAUGH D. Stays to Litigation Pending IPR and CBM Review: Statistics, Trends, and Key Issues [N]. Intellectual Property Today, 2014-03-09.

❸ 张怀印. 美国专利确权双轨制间的冲突与协调述评 [EB/OL]. [2019-02-13]. http://www.worldip.cn/index.php?m=content&c=index&a=show&catid=66&id=251.

❹ 参见我国台湾地区科技政策研究与资讯中心科技产业资讯室. 美国专利救济制度改革复审救济程序效益显现 [EB/OL]. [2019-02-13]. http://cdnet.stpi.narl.org.tw/techroom/pclass/2014/pclass_14_A185.htm.

❺ FRONTZ M R. Staying Litigation Pending Inter Parties Review and the Effects on Patent Litigation [J]. Federal Circuit Bar Journal, 2015 (24): 469, 472-473.

❻ 张怀印. 美国专利确权双轨制的分殊与协调 [J]. 电子知识产权, 2018 (5): 33-39.

标准。因此，PTAB 确权程序为专利侵权诉讼案件中的被控侵权人提供了高效挑战专利有效性的途径，为正面挑战那些表面上享有专利权，但实质上并不符合授权条件的低质量专利和问题专利提供了新的、更经济的程序。

（三）专利侵权诉讼中的改革：对专利案件合并审理进行合理的限制

AIA 对专利侵权诉讼最大的改变是专利侵权案中多方合并的规则。在 AIA 之前，原告只需声称多个被告在同一个地区销售的被控侵权产品侵犯了同一件专利，原告就可以同时在一个案件中起诉多个被告，即便多个被告之间没有其他任何关联。这样的规定为专利诱饵滥用专利权提供了便利。在一个侵权诉讼案中把多个经常是竞争对手的被告合并，可以使原告方不用花费很多就能在一个案件中起诉多个被告，否则的话，原告要在不同的地区单独地分别起诉每一个被告。另外，专利诱饵往往将很多不相关的厂商一并列为被告，增加了司法审理的负担。❶ AIA 提高了对专利侵权案件中多个被告合并审理的门槛条件。合并审理的前提条件是多个被告的侵权活动源于共同的交易，即提供、进口、制造、使用或销售同一产品，并且基于共同的事实问题。多个被告如果仅仅侵犯了同一个专利而不满足上述前提的，不得合并审理。AIA 这一规定主要是针对专利诱饵在一个专利诉讼案中起诉多个被告而减少诉讼数量和诉讼费用的做法，能有效遏制专利诱饵的诉讼行为。

AIA 是近 60 年来美国颁布的变革最大的专利改革法案，内容涉及美国专利制度实体、程序、行政和司法等诸多方面。总体来讲，AIA 的目的除了与世界上大多数国家的专利制度接轨外，还在于提高专利授权的质量，促进技术创新。AIA 为了实现这些目的而采取的各项具体措施，对规制专利诱饵专利权滥用和反竞争效果均会起到一定的作用。

第二节　通过判例法应对不确定性

美国国会对专利法进行了重大改革，在其推出 AIA 之时，美国联邦法院

---

❶ MCDONOUGH J F. Myth of the Patent Troll：An Alternative View of the Function of Patent Dealers in an Idea Economy [J]. Emory Law Journal, 2006 (56)：189-229.

作为美国权力体系的重要组成部分，借助具体的判例表达了其对专利权不确定性的关注以及积极应对专利诱饵的姿态。

一、书面描述规则的发展

（一）有关书面描述规则的争论

1793 年的美国专利法即已明确规定，申请人必须提供发明的书面描述。至 1952 年美国进行专利法修订时，有关书面描述规则的规定被设置在现行《美国专利法》第 112 条第 1 款。根据该条规定，说明书应当包括发明以及制造和使用该发明的方式和方法的书面描述，书面描述应当完整、清楚、简洁和确切，以使本领域普通技术人员，或者最密切相关人员，能够制造和使用该发明，并且应该阐明发明人所预期的实施其发明的最佳实施例。[1] 该条为专利申请人设定了一项重要的义务，即要求专利申请人在说明书中对发明及其可实施性进行书面描述，充分披露其发明创造。该条是判断专利申请是否可以授权、授权后专利是否有效的重要法律依据之一。授权的专利，如果被法院认定为不符合书面描述要求，则会被认定为专利权无效。之所以这样规定，是因为根据契约理论，专利权是发明人与社会公众之间依据专利法而成立的一个合同，发明人通过专利说明书向社会公众充分披露其发明创造，而作为此种披露的对价，联邦政府代表社会公众赋予发明人一定期限的排他性权利。按照这种理论，美国专利法要求发明人除了在权利要求书中明确界定其权利范围外，还必须在专利说明书中充分披露有关的发明创造，让本领域的技术人员无需经过创造性劳动就能够利用和实施有关的发明。[2]

《美国专利法》第 112 条第 1 款规定的书面描述规则看似简单明了，但对是否存在单独的发明描述要求，在 Ariad v. Lilly 案之前，美国联邦巡回上诉法院内部存在严重分歧。联邦巡回上诉法院的一些法官，主张发明书面描述与

---

[1]　35 U. S. C. A. § 112. The specification shall contain a written description of the invention, and of the manner and process of making and using it, in such full, clear, concise, and exact terms as to enable any person skilled in the art to which it pertains, or with which it is most nearly connected, to make and use the same, and shall set forth the best mode contemplated by the inventor or joint inventor of carrying out the invention.

[2]　李明德. 美国知识产权法 [M]. 2 版. 北京：法律出版社，2014：67.

可实施性不可分，并且认为，可据以实施的书面描述就必然是充足的书面描述。❶ 有学者将此观点命名为"为实施的书面描述"理论。❷ 在"为实施的书面描述"理论下，书面描述的充足性取决于可实施性，在这一点上与欧洲相类似。评估书面描述要求的检验方式是发明者在提交申请时是否占有发明❸，但对发明的书面描述并不能起到表示发明人在提交申请时已经占有发明的作用，可实施性才是证明占有发明的最好方式。联邦巡回上诉法院的其他法官则认为，书面说明要求须单独评价，其独立于可实施性要求。❹ 有研究者将此观点命名为"独立书面描述"或"实施外书面描述"理论。❺ 独立的发明书面描述理论除要求描述发明用途及如何制造和使用发明外，还要求发明者说明该发明为何物。但对于某些新发展的技术及新科学，这也许是不可能的，因为在这些领域，新发现仅在于"它可以做什么"方面进行构思、制造以及教授，而不是"它是什么"。❻

鉴于对书面描述要求理解的巨大分歧，以及对该问题日益增加的关注度，联邦巡回上诉法院认为有必要对与单独的发明书面描述要求有关的问题进行澄清。Ariad 制药公司诉 Lilly 制药公司案为联邦巡回上诉法院澄清这一问题提供了机会。

(二) Ariad v. Lilly 案

1. 基本案情❼

2002 年 6 月 25 日，Ariad 制药公司向马萨诸塞州联邦地方法院提起诉讼，称 Lilly 制药公司治疗骨质疏松症的药物易维特（Evista）和治疗脓毒症的药物奇格瑞（Xigris）侵犯其专利（专利号 6410516，以下简称"516 号专利"）。该专利保护的是一种降低 NF-eB 活性来调控细胞对外部刺激反应的

---

❶ University of Rochester v. G. D. Searle & Co., Inc., 375 F 3d 1303, at 1307 (Fed.Cir.2004).

❷ SHI Q. Patent System Meets New Sciences: Is the Law Responsive to Changing Technologies and Industries [J]. NYU Annual Survey of American Law, 2005 (61): 326.

❸ Koito Mfg. Co., Ltd. v. Turn-key-tech, Llc, 381 F 3d 1142, 1155 (Fed.Cir.2004).

❹ University Of Rochester v. G. D. Searle & Co., Inc., 358 F 3d 916 (Fed.Cir.2004).

❺❻ SHI Q. Patent System Meets New Sciences: Is the Law Responsive to Changing Technologies and Industries [J]. NYU Annual Survey of American Law, 2005 (61): 326.

❼ Ariad Pharmaceuticals, Inc. v. Eli Lilly And Co., 598 F. 3d 1336 (Fed.Cir.2010).

方法。2006 年 4 月，联邦地方法院判定 Lilly 制药公司侵权。Lilly 制药公司遂向联邦巡回上诉法院提起上诉。2009 年 4 月，上诉法院部分维持、部分撤销一审判决，认定 516 号专利因不符合《美国专利法》第 112 条第 1 款所要求的充分的书面描述要求而无效。Ariad 制药公司申请联邦巡回上诉法院再审本案，质疑该法院此前对《美国专利法》第 112 条第 1 款的解释，即是否存在独立于可实施性要求的单独的发明书面描述要求。联邦巡回上诉法院于 2009 年 8 月批准了 Ariad 公司的再审请求，并归纳出两个问题要求双方当事人予以阐明：❶ 其一，《美国专利法》第 112 条第 1 款是否规定了独立于可实施性的发明书面描述要求？其二，如果规定了独立的发明书面描述要求，则该要求的范围和目的是什么？这两个问题实际上也就是联邦巡回上诉法院想借该案阐明的核心问题。

对于上述问题，Ariad 制药公司认可《美国专利法》第 112 条第 1 款规定的书面描述存在两个方面：一是，对发明本身的描述，即说明书要描述（确定）专利涉及的发明是什么；二是，对制造和使用该发明的方式和方法的描述，即说明书要能够教导本领域技术人员如何制造和使用发明。但 Ariad 制药公司认为，该条规定不存在单独的对发明的书面描述要求，说明书是否满足前述两个方面的描述要求，是以本领域技术人员能够制造和使用所述发明为标准，只要权利要求的文字与说明书逐字相符，则就满足对发明的书面描述要求。对发明的书面描述要求的存在，不是因为将其作为独立的法定要求，而只是用于确认发明必须符合可实施性要求。同时，Ariad 制药公司还认为，对发明本身的书面描述要求，仅适用于优先权情形下，即根据《美国专利法》第 119 条、第 120 条的优先权和抵触申请规定，在审查期间修改权利要求的情形，因为先申请文本中的权利要求构成后申请的书面描述。

Lilly 制药公司同样认可书面描述存在两个方面，即对发明本身的描述以及对制造和使用该发明的方式和方法的描述。但 Lilly 制药公司主张，《美国专利法》第 112 条第 1 款存在独立于可实施性的对发明本身的书面描述要求，要求说明书客观地展示出申请人已经实际作出的或者已经实际"占有"的作为专利申请客体的发明创造，以确保发明人实际发明了其所主张的技术方案。

---

❶ Ariad Pharmaceuticals, Inc. v. Eli Lilly And Co., 598 F. 3d 1342 (Fed.Cir.2010).

同时无论是否涉及优先权，对发明的书面描述要求都应当适用。《美国专利法》第112条第1款并没有规定在修改前和修改后的权利要求间适用不同的标准，对修改前的权利要求适用单独的发明书面描述要求，可以防止发明人的权利主张超过其作出的发明创造，从而通过给予已实际作出的发明创造以专利保护来促进新技术领域的发明创新。

2. 美国联邦巡回上诉法院的观点

该案中，美国联邦巡回上诉法院首先声明单独的书面描述要求是美国专利法的基本规则。美国联邦巡回上诉法认为，1793年美国专利法已经明确规定，申请人必须提供发明的书面描述，1836年美国专利法增加了权利要求条件以后，最高法院开始运用独立于可实施性的发明书面描述要求。例如，在Schriber-Schroth Co. v. Cleveland Trust Co. 案中，法院尽管没有清楚表明发明的描述要求独立于可实施性，但法院实践完全体现了这一原则。❶ 联邦巡回上诉法院认为，国会制定1952年美国专利法时，没有试图改变对发明的书面描述要求。联邦巡回上诉法院还从制定法的构词规则出发，否定了将可实施性作为第112条第1款的唯一描述要求。❷ 因此，联邦巡回上诉法院认为不论是专利法还是司法判例，都可推定该法第112条规定了两个相互独立的书面描述要求，一个是对发明的书面描述要求，另一个是对制造和使用发明的方式和方法的书面描述要求，而对发明的书面描述要求独立于对可实施性的描述要求。对描述发明的单独要求是美国专利法的基本规则，所有专利都必须对发明本身进行描述，这是获取专利对价的一部分。申请人只有对发明进行了

---

❶ Schriber-Schroth Co. v. Cleveland Trust Co., 305 U. S. 47, 59 S.Ct.8, 83L. Ed. 34 (1938), under the 1870 Act. 在该案中，法院根据当时有效的《美国专利法》第112条第1款，认定涉及带有"极度刚性网"的内燃机活塞的专利并未充分描述修改后的权利要求，该权利要求记载了弹性网。虽然原有的说明书教示了弹性网的使用，但仅描述了涉及极度刚性网的发明，并未描述修改后权利要求所主张的弹性网。权利要求不能由此获得支持。

❷ 美国联邦巡回上诉法院认为，如果国会有意将可实施性作为《美国专利法》第112条第1款的唯一描述要求，则国会可以将制定法撰写为"说明书应该包括发明的书面描述，以完整、清楚、简洁和确切的术语教示本领域技术人员能够制造和使用该发明"，或者"说明书应该包括制造和使用发明的方式和方法的书面描述，以完整、清楚、简洁和确切的术语教示本领域技术人员能够制造和使用该发明"，而不是现行《美国专利法》所规定的"说明书应该包括书面描述发明，以及制造和使用该发明的方式和方法，以完整、清楚、简洁和确切的术语对本领域技术人员以教导"。参见 Ariad Pharmaceuticals, Inc. v. Eli Lilly And Co., 598 F. 3d 1336 (Fed.Cir.2010). pp. 1344.

描述，且在符合其他授权条件下才能获得专利权；没有满足对发明的书面描述要求的专利，将被判决为无效专利。虽然说明书也必须描述如何制造和使用发明，即描述其可实施性，但这是发明人应当承担的不同的任务。通过对发明本身的描述 USPTO 才能有效地审查专利申请；法院才能理解专利技术，判断其是否符合专利法的授权条件，并对权利要求进行解释；公众才能理解并改进该发明，回避专利权人排他性权利所保护的范围。书面描述要求的衡量标准则是发明人在申请日是否已经占有其所主张的发明。

由于该案涉及的是未经修改的权利要求，故联邦巡回上诉法院对发明描述要求的适用范围做了进一步澄清。联邦巡回上诉法院认为，此前的司法实践中，虽然《美国专利法》第 112 条第 1 款对书面描述的要求多用于涉及优先权的案例，但法律并未表述"说明书应该包括发明的书面描述以判断优先权"。因此，联邦巡回上诉法院在该案判决中明确表示，专利法和司法判例都没有将书面描述要求限定于优先权案件或者区分原始的和修改后的权利要求，独立的书面描述存在且适用于所有权利要求。无论是原始权利要求还是修改后的权利要求，均具有相同的书面描述要求。

3. 对发明书面描述功能的再认识：占有

美国联邦巡回上诉法院在该案中解释书面描述要求的理论基础是占有理论。财产所有权的一个重要概念就是占有，尽管占有发明比起占有有形物来说要抽象，但占有理论同样适用于专利。对于专利法中的占有，最好的证明是发明者实际创造出发明，或者至少能够提供明确的描述使其他人能够实现该发明。[1] 专利授权的范围只限于专利权人在申请时已经完整、清楚、简洁、精确地作出了描述的范围。[2] 法院在以往的判例中没有对书面描述原则的占有理论进行阐述。在该案中，Lilly 制药公司主张，通过书面描述，说明书必须客观展示出欲被保护的发明创造已经由发明人实际作出或者已经被发明人实际占有。[3] 美国联邦巡回上诉法院借助该案详细阐明了占有理论。联邦巡回上

---

[1]　HOLBRROK T R. Possession in Patent Law [J]. SMU Law Review, 2006 (59): 122-176.

[2]　NEMEC D R, ZELENOCK E J. Rethinking the Role of the Written Description Requirement in Claim Construction: Whatever Happened to Possession is Nine-Tenths of the Law? [J]. Minnesota Journal of Law, Science & Technology, 2007 (2): 357-408.

[3]　Ariad Pharmaceuticals, Inc. v. Eli Lilly And Co., 598 F. 3d 1336 (Fed.Cir.2010). at 1349.

诉法院认为，申请公开充分的判断标准依赖于是否合理地向本领域技术人员传达，从申请日起发明人实际占有了所主张的保护客体；书面描述的特点是公开，"在公开中表明占有"是更完整、更明确的表达。因此，说明书本身必须展示对发明的占有，脱离说明书的实际占有或者付诸实践是不够的。❶

"为实施的书面描述"理论之所以认为对发明本身的书面描述服务于可实施性，是认为对发明的书面描述并不能起到表示发明人在提交申请时已经占有发明的作用，可实施性才是证明占有发明的最好方式。对发明的书面描述在确认占有中的作用与可实施性的作用，两者之间没有孰轻孰重之分，两者需要互相配合，才能真正表明发明人在申请之日已经占有了所欲保护的技术方案，缺一不可。对发明的书面描述要求并非服务于可实施性，而是两个要求都共同服务于确认发明人在申请日已经占有所欲保护的发明。在某些技术领域，对发明的书面描述与教导本领域技术人员制造和使用发明区别并不大，但在另外一些技术领域，如化学或者类似化学的技术领域，发明并不总是这样，说明书即使满足可实施性，发明本身有可能没有被描述。例如，丙基或者丁基化合物可能通过与已公开的甲基化合物类似的方法制造，但是，缺少发明人发明丙基或者丁基化合物的陈述，该化合物没有被描述，则不能被授予专利权。❷作为获得排他性权利的对价，发明人既要披露制造和使用发明的方法是什么，还需要披露发明是什么，两者缺一不可，否则其披露义务就不完整。发明人如果只披露了制造和使用发明的方法，而没有披露发明本身是什么，此时，在社会公众不知道发明本身为何物的情况下，很难制造和使用发明，也不能确定发明人是否已经实际作出了该项发明从而占有该发明。因此，公众并未从发明人的公开内容中获得任何利益，即发明人没有为获得排他性权利支付对价。

书面描述的客体也就是专利保护的对象应是发明人已掌握的结果，而不是对该结果的希望或计划。美国联邦巡回上诉法院认为，专利法上的书面描述和能够实现这两个方面的要求互相关联，却相对独立。我国有研究者认为，在操作层面上，书面描述和能够实现实际上有一定的分工，分别起到不同的

❶ Ariad Pharmaceuticals, Inc. v. Eli Lilly And Co., 598 F. 3d 1336 (Fed.Cir.2010). at 1351-1353.
❷ In re DiLeone, 58 C. C. P. A. 925, 436 F. 2d 1404, 1405 n. 1 (1971).

作用。书面描述要求与能够实现要求有关联甚至重叠，但侧重点稍有不同。通常情况下，如果技术方案的公开达到熟练技术人员能够实现的程度，申请人也自然完成了书面描述的要求。但在一些极端情况下，存在这样的可能性：申请人并没有完成该发明方案，而是单纯基于理论假设而提出权利要求，熟练技术人员基于说明书公开的内容也并不相信发明人实际完成该发明；但是，如果该熟练技术人员愿意，却可能能够实现该方案。即，技术方案能够实现，但是却未满足书面描述的要求。❶ 该案除了在表面上明确书面描述和可实施性两个独立权利要求之外，在理论上也明确了占有理论与书面描述的关系❷，从财产理论的角度揭示了占有理论，从而丰富了专利法学说。

美国联邦巡回上诉法院之所以要求借助该案来阐明独立的书面描述原则，还有另外一个原因，即为了适应新兴技术的发展，需要对书面描述原则做更丰富的解释。机械和物理时代的技术相对直观，对于这些技术进行说明也相对容易。但随着科学技术，特别是化学、生物以及信息和软件技术的发展，申请专利的技术变得越来越复杂，越来越抽象，可视化程度越来越低，对于这些领域的技术的说明书也较之当初对机械、物理领域的描述更为复杂和抽象。因此，对于新兴技术领域专利申请人如何表明其实际占有了发明也日益受到关注。美国联邦巡回上诉法院在该案中也认识到，判断专利是否符合书面描述要求会随着实际情况的变化而发生变化，占有通过描述发明来表明，描述的详细程度取决于技术方案的性质和权利要求保护范围的大小，同时还取决于相关技术的复杂性和可预测性。对于概括性权利要求，联邦巡回上诉法院提出了一些衡量公开充分性的要素，包括"特定领域的现有技术、享有技术的程度和内容、科学和技术的成熟度以及问题的可预见性"。❸ 描述发明的功能，而没有描述发明是什么，该描述是不充分的。书面描述要求将成为审查功能性权利要求或者结果导向性权利要求的有力工具，成为维护美国专利制度统一且阻止专利保护范围过于宽泛的重要手段。❹ 独立书面描述要求在于确保排他性权利的范围正如权利要求所述，不超出专利说明书所插述的发

---

❶ 崔国斌. 专利法原理与案例 [M]. 北京：北京大学出版社，2016：351-352.
❷ 吕炳斌. 单独的"书面描述"要求理论探析 [J]. 电子知识产权，2010（10）：41-43.
❸ Ariad Pharmaceuticals，Inc. v. Eli Lilly And Co.，598 F. 3d 1336（Fed.Cir.2010）.
❹ 甘绍宁. 美国专利诉讼要案解析 [M]. 北京：知识产权出版社，2013：27.

明人对该技术领域贡献范围。联邦巡回上诉法院在该案中反复强调的虽然是书面描述要求独立于可实施性，其背后的原因则是，强调重新认识发明书面描述要求的功能。

美国联邦巡回上诉法院在该案中明确提出单独的书面描述要求是美国专利法的基本规则，这一要求的明确无疑对专利申请、专利审查以及专利诉讼都提出了更高标准，实际上是在提高专利获取门槛，提高专利质量，从而有利于应对专利诱饵借助问题专利或者低质量专利发动专利诉讼。当然，这也将增加专利申请人的负担，也会使法院对专利效力的审判变得更为复杂。❶

二、不确定性的另一种补救：eBay 案后的禁令救济标准

《美国专利法》第 283 条规定了专利权人在专利侵权案件中可以获得禁令救济。依照该条规定，对专利侵权纠纷案件有管辖权的法院可以根据衡平原则，以法院认为合理的条件颁发禁令，以防止专利的任何权利受到侵害。❷ 其中，所述衡平原则来源于英美法系的衡平法，是法官以判例形式形成的调整商品经济下财产关系的基本原则，并非美国专利法所特有。衡平原则产生的理由是"法越严时无辜者伤害也就越大"，通常指普通法过严，约束一人也就有害于他人，如无衡平法来调节，则不公道，所以衡平法代表公平。法院在案件判决时，如果在法律原则和公平原则之间产生分歧，那么应该优先体现公平原则。因此，衡平法的形式更加灵活，在司法审判中更加注重实际情况，而不固守僵化。按照美国法院长期司法实践形成的衡平原则，当权利人请求法院颁发禁令时，法院应当根据四要素判断法（Four-factor Test）确定是否应当给权利以禁令救济。❸ 衡平原则体现了各方利益的权衡，尤其将公共利益纳入考量范围。

---

❶ 吕炳斌. 专利披露制度研究——以 TRIPS 协定为视角［M］. 北京：法律出版社，2016：174.

❷ 35 U. S. C. 283 Injunction. The several courts having jurisdiction of cases under this title may grant injunctions in accordance with the principles of equity to prevent the violation of any right secured by patent, on such terms as the court deems reasonable.

❸ "四项要素" 是：（1）权利人遭受了无可弥补的损害；（2）法律规定的其他救济措施，如损害赔偿，尚无法弥补权利人所受到的损失；（3）在权衡权利人与侵权人的处境的基础上，认为进一步提供衡平法意义上的救济措施是适当的；（4）公众利益不会因颁发禁令而受到损害。参见 Chemical Engineering Corp. v. Marlo, Inc., 754 F. 2d 331（Fed.Cir.1984）.

　　然而，美国联邦地方法院的专利司法实践似乎偏离了衡平原则。从 19 世纪开始，美国联邦地方法院在大量的专利案件中，一旦发现侵权成立即颁布永久禁令来对抗专利侵权，尤其是美国联邦巡回上诉法院在司法判例中形成了所谓"一般规则"（General Rule）。根据该规则，法院在认定涉案专利权有效且专利侵权行为成立的情况下，一般只要专利权人请求颁发禁令，法院就会颁发禁令，即所谓"自动禁令"，只有在需要保护公共利益等极少数特殊情况下才可以拒绝颁发禁令。美国法院很长时间以来对侵犯专利权的纠纷案件一直采取比较有利于专利权人的做法。❶ 21 世纪初，随着美国专利法改革的推进，美国联邦最高法院认识到，"一般规则"虽然有助于法院实现同案同判，提高了当事人的可预见性，但这一原则严重偏离了传统意义上的衡平原则，应当予以纠正。2006 年，美国联邦最高法院借助 eBay Inc. v. MercExchange, LLC. 案重申：是否给予禁令救济应当由联邦地方法院根据衡平原则，使用四要素判断法来确定，联邦巡回上诉法院职责在于确保联邦地方法院在确定是否给专利权人以禁令救济时正确地适用衡平原则。❷

　　该案中，专利权人 MercExchange 公司是专利非实施主体，其曾试图与 eBay 公司协商订立专利实施许可合同，但没有获得成功。MercExchange 公司遂向联邦地方法院提起诉讼，控告 eBay 公司侵犯其一件涉及网络在线销售方法的专利权，并要求法院给予禁令救济。联邦地方法院认定专利侵权行为成立，并判定 eBay 公司给予货币赔偿，但拒绝颁发永久禁令。联邦地方法院拒绝给予禁令救济的理由是，专利权人 MercExchange 公司自己没有实施涉案专利技术，在这种情况下即使不颁发禁令也不会给 MercExchange 公司造成无可挽回的损害。MercExchange 公司不服该联邦地方法院的判决，上诉至美国联邦巡回上诉法院。联邦巡回上诉法院维持了侵权行为成立的结论，但认为禁令的颁发应该适用专利侵权诉讼的一般规则，即一旦认定侵权行为成立就可以颁发禁令，只有在维护公共利益等极少数特殊情况下才可以拒绝发布禁令。eBay 公司不服联邦巡回上诉法院的判决，上诉到美国联邦最高法院。美国联邦最高法院既不同意联邦地方法院的观点，也不同意联邦巡回上诉法院的观

❶　尹新天. 中国专利法详解 [M]. 北京：知识产权出版社，2011：662.
❷　eBay Inc. v. MercExchange, LLC., 126 S.Ct.1837 (2006), at 1841.

点。对于地方法院的判决，美国联邦最高法院认为，地方法院虽然使用了四要素判断法，但其根据专利权人没有实施其专利以及具有将专利技术许可给被告实施的意愿，从而得出即使不颁发禁令也不会导致对原告产生难以弥补的损害的结论过于片面。这样的结论对一些案件并不能适用，否则也会影响其他类型权利人的合法权利。例如，大学科研人员或者个人发明者通常更愿意选择将其专利技术许可给他人实施，而不是煞费苦心地筹措资金来自己实施专利技术。对于这些专利权人来说，他们也许可以满足衡平原则的要求，但如果按照联邦地方法院的前述结论，就会不合理地排除这些专利权人获得禁令救济的机会，这与国会在专利法中所设立的衡平原则是不相符的。❶

对于联邦巡回上诉法院的观点，联邦最高法院认为，联邦巡回上诉法院偏离了传统的颁发禁令的四要素判断法，因为该法院建立了一种单单适用于专利侵权诉讼的"一般规则"，即只要认定专利权有效，且专利侵权行为成立就可以颁发永久禁令，只有在"不常见的情况下""例外的情况下"或者"罕见的情况下"才可以拒绝颁发永久禁令。与联邦地方法院判决所采取的简单"一刀切"立场一样，联邦巡回上诉法院判决所采取的也是简单的"一刀切"立场。该立场不恰当地扩大了颁发永久禁令的范围。因此，美国联邦最高法院最后判定将该案发回重审，并指出是否颁发禁令属于法院的自由裁量范围，而这一裁量权的行使必须符合美国司法传统上的衡平原则，在判断是否给予禁令救济时，审理侵犯专利权纠纷案件与审理其他案件应当适用同样的标准，不存在例外。❷

虽然，美国联邦最高法院没有在 eBay 案的判决中详细阐述应当在专利侵权案件中如何具体适用四要素判断法，但该案因处于特定的历史背景而对美国专利制度的改革具有重要意义。美国专利制度改革面对的问题主要集中于专利数量大、专利质量低、专利诉讼失控的问题，尤其是专利非实施主体利用问题专利发动大量诉讼，从而引起人们的关注。而对于专利非实施主体是可否获得禁令救济，这是争议的焦点之一。美国联邦最高法院在作出该案的判决时，正值美国专利制度改革的重要时期。面对改革中出现的各种问题，

❶ eBay Inc. v. MercExchange, LLC., 126 S.Ct.1837（2006），at 1840.
❷ 尹新天. 中国专利法详解 [M]. 北京：知识产权出版社，2011：663.

联邦最高法院不可能置身事外，需要对有关问题作出回应。正如肯尼迪法官在该案判决后附的评述意见那样，在许多情况下，权利人行使其专利权的方式以及权利人在经济社会中发挥的作用与过去的情况相比均产生了较大变化。如今，许多公司并非自己实施专利技术，而主要是利用专利来获取专利许可费，这在美国已经形成了一个产业。对这些公司而言，对侵犯专利权行为较为普遍地颁发永久禁令和违反禁令带来的潜在严厉惩罚被当做向有意获得许可的公司索取过度许可费的讨价还价的工具。当有关专利技术仅仅涉及所要生产制造的产品的一小部分时，颁发永久禁令的威胁只会被用作在许可谈判中谋求获得优势地位的工具。在这样的情况下，给予赔偿救济已足以弥补侵权行为带来的损失，颁发永久禁令不一定有利于维护公众的利益。❶

美国联邦最高法院的判决作出后，美国法院对专利诱饵获得禁令开始持谨慎态度，专利诱饵权利人较难获得禁令。地方法院似乎是在致力于对当事人关系和经营性质的细致分析。当决定是否颁布永久禁令时，法院会明确考虑更多的事实因素：（1）存在或缺乏直接竞争；（2）专利权人是否是一个没有实施专利的实体；（3）专利技术在侵权设备中的成分和相对贡献。❷

该案中，专利权人 MercExchange 公司就是专利非实施主体，正好为联邦最高法院提供变革当前司法实践的机会。美国联邦最高法院之所以要强调衡平原则，是因为法官们认识到，当时的经济和技术环境已经发生了很大的变化，下级法院的判决都过于僵化，无法适应专利制度面临的挑战。而专利法规定授予禁令的衡平原则，非常有利于法院适应快速发展的技术和法律环境。❸美国联邦最高法院通过司法案例重申颁布永久禁令应当遵循衡平原则，使下级法院能够适应专利权不确定性带来的新问题，对专利诱饵诉讼作出必要的政策调整。当然，也有研究者认为，eBay 案的判决结果为是否适用禁令救济带来了不确定性。该案判决否定了自动禁令，但对于什么情况给予或者不给予禁令并没有给出一个明确的答案，需要综合权衡，权衡结果自然使是否能够获得禁令本身存在有一定的不确定性。❹ 不同法院把握的尺度可能有一

❶　尹新天. 中国专利法详解 [M]. 北京：知识产权出版社，2011：663.

❷　郭羽佼，闫文军. eBay 案与美国专利制度改革 [J]. 科技与法律，2012（4）：36.

❸　eBay Inc. v. MercExchange, LLC., 126 S.Ct.1837（2006）. at 1842.

❹　崔国斌. 专利法原理与案例 [M]. 北京：北京大学出版社，2016：824.

定差异，这是美国联邦最高法院要求下级法院个案裁量的必然结果。另外，该案判决在规定颁布永久禁令的严格条件时，也隐含着通过司法程序可颁布专利强制许可使用令，即在未满足四项判断要素时不予颁发永久禁令，而被控侵权者可以继续使用专利，只要支付一定的损害赔偿金即可。❶ 由于美国没有强制许可制度，该案判决表明，通过司法途径仍可能获得类似强制许可的专利实施，这对规制标准必要专利，尤其是专利诱饵掌握的标准必要专利会产生重大影响。

三、律师费转移支付：遏制轻率的诉讼

《美国专利法》第285条规定，在例外情况下，联邦法院可判令专利诉讼中败诉方承担对方的合理律师费用，但对于什么是例外情况，美国专利法本身并没有作出更加细致的规定。《美国联邦民事诉讼规则》在第11条规定，如果诉讼为轻率的（Frivolous），则被告可以请求法院判定提起诉讼的一方承担被诉方的律师费。法院在适用此条时的判断标准为客观的合理性（an Objective Standard of Reasonableness），而并不需要起诉方具有恶意（Bad Faith）。为了能够依据《美国专利法》第285条获得律师费转移支付，胜诉方必须通过清晰且令人信服的证据证明个案的特殊性。但美国的判例法尚未给出统一的例外情况认定标准，不能为联邦地方法院提供一个清晰的指导方针❷，尽管被告人越来越渴望通过律师费转移来收回成本并且防止原告在未来滥用诉讼地位，但在美国现行专利法之下，诉讼当事人很难满足律师费转移的例外情况标准。有报道称，2011年近3000件专利诉讼案件中，法院仅支持了21件案件由败诉的原告承担被告律师费。❸ 美国新近的专利法改革措施之一是改变诉讼律师费用的承担规则。联邦议员齐奥和查茨曾于2012年和2013年单独或联合提出了《保护高技术创新者免遭恶意诉讼法案》（*Saving High-Tech*

---

❶ 张乃根，等. 美国专利法：判例与分析 [M]. 上海：上海交通大学出版社，2010：218.

❷ CHEN E H. Making Abusers Pay: Deterring Patent Litigation by Shifting Attorneys' Fees [J]. Berkley Technology Law Journal, 2013 (28): 351, 362.

❸ RADER R R, CHIEN C V, HRICIK D. Make Patent Trolls Pay in Court [EB/OL]. (2013-06-03). [2018-04-20]. http://www.nytimes.com/2013/06/05/opinion/make-patent-trolls-pay-in-court. html?_r=0.

Innovators from Egregious Legal Disputes Act, 以下简称 "SHIELD 法案"), ❶ 试图通过立法改变美国专利法中的律师费承担制度而遏制专利诱饵。❷ 该法案提出了一种融合美国规则与英国规则的制度, 要求除原始发明人或已对专利涉及的产品的生产或销售作出实质性投入的主体、大学或附属大学的科技成果转化组织之外, 当事人需要提交一份足够支付诉讼费用（包括律师费）的保证金。然而, 由于该法案提出的规制手段过于单一且缺乏针对性, 最终遭到国会否决。❸ 自此, 立法层面的努力遭遇重大挫折。而在判例法层面, 美国联邦法院系统近年来的多个判例, 则进一步明确《美国专利法》第 285 条的适用条件, 尝试让轻率发动专利侵权诉讼的原告在败诉时承担胜诉方律师费用, 以引导专利权人慎重提起专利侵权诉讼。

（一）美国联邦最高法院的判例：给予联邦地方法院更大的认定例外情况的权限

2014 年 4 月 29 日, 美国联邦最高法院就败诉方承担另一方律师费的问题公布了两个判决, 一个是 Octane 案, 另一个是 Highmark 案。

在 Octane 案❹中, 被控侵权人 Octane Fitness 赢得了该专利侵权诉讼, 其进一步援引《美国专利法》第 285 条之规定请求法院判定专利权人 Icon Health & Fitness 承担已方在诉讼中的律师费用。联邦地方法院根据美国联邦巡回上述法院的 Brooks 案判例, 驳回了 Octane Fitness 的请求, 其理由是 Octane Fitness 无法证明专利权人 Icon Health & Fitness 的起诉在客观上毫无依据并且在主观上具有恶意。❺ 双方当事人分别就不构成侵权的判决以及拒绝判赔律师费提起上诉。联邦巡回上诉法院维持了一审判决, 该案随后上诉至美国联邦最高法院。美国联邦巡回上诉法院在 Brooks 案中认为, ❻ 只有以下两种情形属于《美国专利法》第 285 条规定的 "例外情形"：存在某种重大不当行

---

❶ Saving High-Tech Innovators from Egregious Legal Disputes Act of 2012, HR 6245 (112th Congress); Saving High-Tech Innovators from Egregious Legal Disputes Act of 2013, HR 845 (113th Congress).

❷ 徐棣枫, 郏志勇. 美国专利案件中的律师费承担规则及其发展 [J]. 知识产权, 2014 (10): 108-112.

❸ 易继明. 美国创新法案评析 [J]. 环球法律评论, 2014 (4): 146-166.

❹❺ Octane Fitness v. Icon Health & Fitness, 572 U. S. (2014).

❻ Brooks Furniture Mfg., Inc. v. Dutailier Int'l, Inc., 393 F. 3d 1378 (2005).

为（Material Inappropriate Conduct）；在具有主观恶意（Subjective Bad Faith）并且没有客观依据（Objectively Baseless）的情况下提起诉讼；而且美国联邦巡回上诉法院要求主张构成例外情况的一方需提出"清楚且令人信服的证据"（Clear and Convincing Evidence）。美国联邦最高法院认为，联邦巡回上诉法院在 Brooks 案中是在专利法条文本身所固有的灵活性之上添加了一个僵硬的约束，所提出的标准过于严格，这将使得第 285 条在很大程度上变得多余，❶另外，美国联邦最高法院认为联邦巡回上诉法院对于例外情况的"清楚且令人确信"的证据要求于法无据，联邦最高法院以往解释类似的关于判赔律师费的法律规定时，也没有提出如此高的举证责任要求。因此，联邦最高法院不能认为 Brooks 案的例外情况认定标准是正当的。最高法院撤销了联邦巡回上诉法院判决，将该案发回重审。

在 Highmark 案❷中，地方法院认为，专利权人 Allcare Health Management System, Inc. 在诉讼中存在"无理缠讼"与"欺诈"行为。特别是，该公司将此诉讼作为其更为庞大的计划的一部分，即以信息调查为名，确定那些潜在可能侵犯其专利的公司，然后以诉讼相威胁，迫使这些公司向其支付专利许可费，从而支持被控侵权人 Highmark Inc. 要求 Allcare Health Management System, Inc. 根据《美国专利法》第 285 条承担律师费的请求。但地方法院的判决遭到联邦巡回上诉法院的否决，该案随后也上诉至美国联邦最高法院。美国联邦最高法院认为联邦地方法院判定个案是否构成例外情况是行使自由裁量权的体现，联邦地方法院可以行使自由裁量权以决定其所裁判的案件是否属于第 285 条规定的例外情形，因而联邦巡回上诉法院针对是否构成例外情况的上诉进行审查应以判断下级法院是否滥用裁量为标准，而不需对个案是否构成例外情况重新进行审查，即如若地方法院没有滥用裁量，上诉法院应尊重地方法院的判决。

从上述两个判例可以看出，美国联邦最高法院否决了联邦巡回上诉法院此前过于严格的判例，赋予了联邦地方法院在专利案件中的高度自由裁量，提高了专利权人在诉讼中承担另一方律师费的可能。而且由于上诉审查仅限

---

❶ Octanl Fitness v. Icon Neeeolth & Fitness, 572 V. S. (2014).

❷ Highmark Inc. v. Allcare Health Management System, Inc., 572 U. S. (2014).

于是否滥用自由裁量，因此一审联邦地方法院的判决得到最终实施的可能性加大，将有利于遏制专利诱饵的诉讼活动。不过，两个判决并没有明确使用专利诱饵或者非实施主体这些词语，而且判决也没有更进一步明确法院应当在涉及专利诱饵的案件中判定败诉方承担另一方的律师费用，因而其实际效果还有待进一步检验。[1]

（二）对美国联邦最高法院判例的进一步发展：Gust 案[2]

在 Gust 案中，专利持有人 Alphacap Ventures 公司是一个位于加州的专利诱饵。2015 年 1 月 23 日，Alphacap Ventures 公司依据涉及以计算机软件执行的金融商业方法专利在得克萨斯州东部地区联邦法院提起了十起专利侵权诉讼案件。至 2015 年 6 月 23 日，除了 Gust 公司外，Alphacap Ventures 公司已与其他案件的被告达成和解，其他案件的被告均选择支付一定数额的专利使用费，但这些和解协议所涉及的专利使用费没有一项超过五万美元。Gust 公司认为，其没有侵犯 Alphacap Ventures 公司的专利，且 Alphacap Ventures 公司所主张的专利无效。Gust 公司还提出将侵权案件转移到纽约南部联邦地方法院。另外，Gust 公司还于 2015 年 8 月 6 日在纽约南部地方联邦法院对 Alphacap Ventures 公司提起诉讼，要求认定其不侵犯 Alphacap Ventures 公司的专利以及认定 Alphacap Ventures 公司的专利无效，并进一步指控 Alphacap Ventures 公司滥用诉讼程序。2016 年 3 月 2 日，得克萨斯州东部地区联邦法院的案件被转移至纽约南区联邦法院。纽约南区联邦法院将两案合并为一案，Gust 公司遂依据《美国专利法》第 285 条之规定，要求 Alphacap Ventures 公司、Alphacap Ventures 公司的首席执行官以及为 Alphacap Ventures 公司提供代理服务的律师事务所承担其为该案支付的律师费。2016 年 12 月 8 日，纽约南区联邦法院作出判决，支持了 Gust 公司的请求。在该案判决中，负责该案的法官阐述了其认定该案属于《美国专利法》第 285 条所规定的例外情况的理由。

首先，Alphacap Ventures 公司的诉讼行为是轻率的，客观上是不合理的。法官认为，Alphacap Ventures 公司主张的是涉及以计算机软件执行的金融商业

---

[1] 徐棣枫，郗志勇. 美国专利案件中的律师费承担规则及其发展 [J]. 知识产权，2014（10）：108-112.

[2] Gust, Inc. v. Alphacap Ventures, LLC, 226 F. Supp. 3d 232 (S. D. N. Y. 2016).

方法专利，该专利针对的是一个不符合可专利性要求的抽象概念，是一系列用于存储和组织投资数据的步骤，这些数据都可以在没有计算机的情况下由人类执行。就此类以计算机软件执行的金融商业方法专利的效力，此前的 Alice 案已经给出了明确的认定，不具有可专利性。依据 Alice 案，Alphacap Ventures 公司应当明确知晓其所依据的专利是无效的，没有人能对 Alphacap Ventures 专利侵权诉讼的胜诉具有合理的期待。但 Alphacap Ventures 公司在知晓 Alice 案的情况下仍然提起诉讼，因而是轻率的，客观上是不合理的。

其次，Alphacap Ventures 公司的诉讼动机是不正当的。在这场诉讼中，Alphacap Ventures 公司的动机并不是就一项有效的专利获得合理的赔偿，而仅仅是使用一种令人讨厌的方式向 Gust 公司榨取骚扰费。Alphacap Ventures 公司认为，Gust 公司宁愿支付一笔不合理的、最低限度的专利许可费，也不愿在遥远的地方处理专利侵权案件，并承担案件所需的昂贵费用。Alphacap Ventures 公司与其他九名被告的和解协议相对来说微不足道，这证实了它令人讨厌的动机。在对其他九名被告提起诉讼后的六个月内，就与其他九名被告达成了和解协议，和解金额与合理的专利使用费之间没有任何关系。而且，Alphacap Ventures 公司选择在与本案当事方或争议事实无关的得克萨斯州东部地区法院提起诉讼的行为，是策略性的不当诉讼行为。

最后，支持 Gust 公司要求赔偿律师费的请求将有助于阻止滥讼行为。该案中没有证据表明，Alphacap Ventures 公司在起诉之前进行了任何合理的诉讼前调查。在短时间内提出十件相似诉讼，表明 Alphacap Ventures 公司发动毫无根据的诉讼并非孤立案例，而是一种掠夺性策略行为的一部分，其目的是从被告在面临琐碎专利诉讼时无力或不愿意进行诉讼中获取经济利益。因此，在该案中，赔偿 Gasts 公司律师费将阻止 Alphacap Ventures 公司今后对其他公司发动不正当的专利诉讼。

应当说，Gust 案是对前述美国联邦最高法院两个判例的进一步发展。在 Gust 案中，专利持有人 Alphacap Ventures 公司为专利诱饵，法官具体结合 Alphacap Ventures 公司的行为模式详细分析该案属于例外情况的原因，给出了明确而清晰的认定例外情况的思路和标准，使得被控侵权人更容易依据《美国专利法》第 285 条的规定，要求专利诱饵赔偿其律师费。无论是美国政府还是国会议员，在有关遏制专利诱饵的方案中都涉及改革律师费的承担方式，或称律师费的转移支付机制（Fee-shifting Mechanisms）的改革。这从一个侧面说明了律师费的承担在遏制专利滥诉行为中具有重要的作用。❶ 而 Gust 案的判决，也将从律师费转移支付角度遏制专利诱饵泛滥。

该案另外一个值得关注的问题是，法院没有支持要求 Alphacap Ventures 公司首席执行官赔偿律师费，但判令 Alphacap Ventures 公司的律师事务所就律师费承担连带责任。法院认为，如果某个个人的行为有助于认定该案件属于例外情况，则可根据《美国专利法》第285条要求该个人承担律师费。❷ 例如，当公司高级管理人员积极参与恶意诉讼时，根据第285条，公司高级管理人员可能要承担个人责任。❸ 但在该案中，没有足够的证据证明 Alphacap Ventures 公司的首席执行官在该案中指挥了诉讼程序。相反，Gust 公司认为是 Alphacap Ventures 的律师坚持进行轻率的诉讼，尽管首席执行官本人希望迅速解决得克萨斯州东部地区法院的诉讼。关于败诉方律师承担胜诉方律师费的问题，在美国是有法可寻的。根据《美国法典》第28章第1927条，任何律师或其他获准在美国法院代理案件的人，如果在任何情况下不合理地和烦扰地使诉讼程序增加，法院可以要求其承担因这种行为而产生的额外成本、花费和律师费。❹ 当然，第1927条只适用于律师或获授权在法庭执业的律师。❺ 根据第1927条给予律师费，只有在发现构成或类似于恶意的行为时，才是适当的。❻ 要构成恶意，律师的行为必须完全没有法律依据，以至于必须得出结论，认为这些行为一定是为了某种不正当的目的，如拖延。该案中，法官认为，作为经验丰富的专利律师，Alphacap Ventures 公司的律师应当非常清楚 Alice 案以及该案对 Alphacap Ventures 公司专利的效力影响。Alphacap Ventures 公司的律师已经意识到公司的专利无法抵挡基于《美国专利法》第101条提出的有效性挑战，但他们仍然发动了专利侵权诉讼，因而 Alphacap Ventures 公司的律师具有恶意。最后，法院判决 Alphacap Ventures 公司及其律师事务

❶　徐棣枫，郏志勇. 美国专利案件中的律师费承担规则及其发展 [J]. 知识产权，2014（10）：108-112.

❷　Machinery Corp. of Am. v. Gullfiber AB, 774F. 2d 467, 475 (Fed.Cir.1985).

❸　Hughes v. Novi Am. Inc., 724 F. 2d 122, 126 (Fed.Cir.1984).

❹　28 U. S. C. § 1927.

❺　Enmon v. Prospect Capital Corp., 675 F. 3d 138, 144 (2d Cir. 2012).

❻　Zurich Am. Ins. Co. v. Team Tankers A. S., 811 F. 3d 584, 591 (2d Cir. 2016).

所共同赔偿 Gust 公司492 420美元的律师费用和15 923美元的其他费用，总计508 343美元。

让专利诱饵的律师共同承担被控侵权人的律师费用的决定，为未来的专利诱饵诉讼创造了一个有趣的情况。Gust 公司的代理律师事后表示，法院的这项裁决具有重要意义，因为它认定如果专利诱饵的律师恶意追究案件，则其应为对方律师费承担连带责任，这将在很大程度上阻止律师代表专利诱饵通过毫无意义的专利诉讼实现敲诈合法企业的目的。❶ 该案的判决发出的明确讯息将可能阻止其他律师与专利诱饵在今后的合作。如果专利诱饵诉讼的代理律师因为提出一项轻率、恶意的专利诉讼而需要承担被控侵权人的律师费，则他们很可能会被劝阻在专利侵权诉讼中代表专利诱饵。这一决定如果得到遵守，将来可能会使专利诱饵更谨慎地提起诉讼，以便获得代理律师的支持。❷

（三）律师费转移支付对规范专利诱饵的现实意义

美国新近司法实践表明，联邦法院正在尝试通过为胜诉的被告提供律师费转移支付的措施来规范专利诱饵专利权行使，保证权利的平衡，实现当事双方力量对等。首先，律师费转移支付的措施可以迫使专利诱饵谨慎行使诉权。引入律师费转移支付的规则，会促使专利诱饵在启动诉讼攻势前，仔细分析评估专利有效性、权利主张行为的合理性以及胜诉可能性，而避免轻率发起诉讼。其次，可以鼓励并不侵权的被告积极应诉，防止成为专利诱饵的"肥羊"。如果律师费不转移支付，在高昂的律师费和相对较低的和解金，以及复杂而耗时的应诉与简单和迅速的和解之间，还有禁令的风险与许可的可能之间，风险偏好将使得被告选择放弃诉讼，寻求与原告和解。相反，采用律师费转移支付，并配合 eBay 案之后的禁令发放条件，诉讼风险的评估要素发生了变化，被告可能会改变原来的做法，从放弃诉讼改为积极应诉。❸ 最后，利用专利诉讼进行"敲诈"的成本和风险将提高，这将平衡专利权人与

❶ 李棣森. 专利侵权诉讼，谁为律师费买单？[EB/OL]. [2018-10-12]. https://mp.weixin.qq.com/s/2p1uvQlBbAfeazgswjecnQ.

❷ DOUGLAS N. Non-Practicing Entities & Patent Reform [J]. Pace Law Review, 2018 (38)：608, 622.

❸ 徐棣枫, 郄志勇. 美国专利案件中的律师费承担规则及其发展 [J]. 知识产权, 2014 (10)：108-112.

公众对专利制度的运用。专利法不仅激励和保护专利的产出，还激励和保护专利的实施。有效保护和鼓励实施，是专利法的两大支柱和核心。专利制度的有效运行，要求不但鼓励技术创新的产出，还鼓励技术创新的实施。如果任由专利诱饵轻率地提起诉讼，动辄挥舞诉讼大棒，经营者可能因考虑回避专利侵权诉讼风险而失去使用新技术的兴趣，专利法的天平似乎向专利权人倾斜，但却可能使市场主体实施新技术的热情退却。而引入律师费转移支付规制，将使得天平倾斜的一端得到补充，在专利的创造产出与专利的实施运用之间构建平衡，为创新活动特别是为创新成果——专利的实施提供合理的空间和公平竞争的市场环境，发挥专利法对创新活动的全过程应有的激励和保护作用。❶

第三节　降低确定性的争论与无效程序证据标准的变化：国会、联邦法院及 USPTO 之间的互动

专利制度的有效运行依赖于两个渠道，审查授权体系和权利执行体系。容易授权和容易执行使得低质量专利和问题专利大行其道，引起美国社会广泛关注。❷ 为了解决低质量专利和问题专利带来的问题，AIA 从审查授权和权利执行两个方面入手来实现专利法改革的目标，一方面通过强化专利审查来提升专利质量，另一方面通过提供便捷高效的授权后无效程序来排除那些本不应被授予专利权的低质量专利和问题专利。这也带来了一系列争议，强化专利审查可能会增加审查成本，无效程序又与专利权的有效性推定有密切的关系，而专利权的推定有效与权利确定性存在正向关系。

一、推定效力可以被挑战

专利权是一种法定权利，而非自然权利，推定有效性是这种权利的鲜明

---

❶ 徐棣枫，郗志勇. 美国专利案件中的律师费承担规则及其发展 [J]. 知识产权，2014（10）：108-112.

❷ 陈武. 问题专利与专利权的重构——美国 "2007 专利改革" 的路径评述 [J] //知识产权法政策学论丛：2009 年卷. 北京：中国社会科学出版社，2009.

特征。❶《美国专利法》第 282 条通过无效抗辩的规则确立了专利有效推定原则，并规定专利效力的挑战者必须克服这一有效推定才能在无效抗辩中获胜。❷《美国专利法》第 282 条规定："专利权应为推定有效。专利证书中每一项权利要求（不论其形式上是独立的或非独立的）都应推定为有效，不受其他权项效力的影响。非独立的权项，即使附属于无效的权项仍应推定为有效。挑战专利无效或者其中有的权项无效，应由主张的一方当事人负举证责任。"这种推定有两层含义，一是，除非被有权机关依照法定的程序撤销或宣布无效，否则其权利就将受到法律的保护，专利技术的使用者应尊重该权利或者由法院强制他这样做；二是，这种推定有效的权利受公众和相关行政机关的质疑有合理性，制度上应该为这种质疑提供程序保障，而后者则为第三方挑战专利及司法机构或准司法机关的介入提供了条件。❸ 专利授权后被推定有效，如果出现不当授权的证据，任何人可以挑战该专利的效力，主张该专利无效。因此，美国专利法既包括推定的陈述，也包括质疑有效性的一方的说服责任的设置。❹ 第 282 条规定的重要目的在于为被控侵权人提供抗辩，被控侵权人可以声称该专利无效，也就是说，被控侵权人可以试图证明该专利根本就不应该颁发。专利权作为推定有效的财产权，这是专利权相对其他知识产权更为突出的特点。商标权虽然也存在被撤销的可能，但商标不存在专利法意义上的世界新颖性标准和检索。版权是自动产生的权利，不存在推定有效的问题。而有形财产更不存在这样的问题，有形财产只要存在一天，就永远不会被认为没有存在过。❺ 与物权不同，专利权有效性推定的重点在于，界定专利权的效力范围，即权利内容。推定权利要求书记载

---

❶ 徐棣枫. 权利的不确定性与专利维权周期——专利法第 4 次修改草案相关方案的探讨 [J]. 南京大学学报（哲学·人文科学·社会科学），2013（5）.

❷ 35 U. S. C. A. § 282. "A patent shall be presumed valid" and "the burden of establishing invalidity of a patent or any claim thereof shall rest on the party asserting such invalidity."

❸ 陈武. 问题专利与专利权的重构——美国"2007 专利改革"的路径评述 [M] //知识产权法政策学论丛：2009 年卷. 北京：中国社会科学出版社，2009.

❹ 夏淑萍. 专利权有效性推定规则的概念论证及其展开——论专利权的证明方法 [J]. 知识产权，2018（8）：41-47.

❺ 韩晓春. 专利权是推定有效的财产权 [EB/OL]. [2018-06-17]. https://wenku.baidu.com/view/4a8e800f854769eae009581b6bd97f192279bf30.html.

的范围为行使专利权所划定的技术边界范围。实践中，体现推定效力的重点内容在于权利要求保护的技术方案的边界范围。❶ 例如，被告可能会争辩说，声称的发明在当时是显而易见的，因此缺乏可申请专利的条件之一。在提出无效抗辩时，被指控的侵权人必须遵守《美国专利法》第 282 条的规定，即被告要想推翻这一推定，就必须以明确和令人信服的证据说服法官专利是无效的。

专利权被推定有效的理论正当性在于审查时专利审查员具有专门的技术背景知识，如果审查员已决定一个发明值得保护，法官不应该怀疑专家。然而现实则是专利审查部门的专家虽有专门技术上的优势，却面临资金不足和外部信息不充分的劣势。审查部门面临着人员、资金、信息等制约，难免出现错误。且对创造性的判断亦是一个非常难以十分精确把握的主观判断过程。因此，并不是所有现有的专利都是有效的，并不是所有的专利都应该被当作是有效的。❷ 对专利有效性的推定仅仅是一种逻辑推理，即所授予的专利是有效的。作为对已证实事实的推论，有效性推定并不能最终证明推定事实的真实性或根据推定事实得出的任何有效法律结论的真实性。与任何其他推定一样，可以通过补充相关证据来反驳有效推定的内容。❸

二、美国新一轮专利法改革中的呼声：降低专利推定效力

鉴于现有技术和非显而易见性问题在某种程度上具有内在主观性，故专利局在审查过程中对授权标准采用的实际是"优势证据"。而美国专利法改革之前，质疑已授权专利的任何人都必须用"清晰和令人信服的证据"证明专利无效。这两个偏向专利权人的有利标准，使得在有效性争论中的法律赛场偏向支持专利权，也让受到问题专利威胁的一方处境更为不利。❹ 因而，根据

---

❶ 韩晓春. 专利权是推定有效的财产权［EB/OL］.［2018-06-17］. https://wenku.baidu.com/view/4a8e800f854769eae009581b6bd97f192279bf30.html.

❷ SARNOFF J D. Bilcare, KSR, Presumptions of Validity, Preliminary Relief, and Obviousness in Patent Law［J］. Cardozo Arts & Entertainment Law Journal, 2008（25）：995-996.

❸ RICE P R. The Evidence Project：Proposed Revisions to the Federal Rules of Evidence with Supporting Commentary［J］. Federal Rules Decisions, 1997（171）：428.

❹ 亚当·杰夫，乔希·勒纳. 创新及其不满：专利体系对创新与进步的危害及对策［M］. 罗建平，兰花，译. 北京：中国人民大学出版社，2007：176-178.

专利授予和法律规定的有效性推定，应作何种推定，并应给予何种推定效力的力度，一直是近年来争议的问题。为了提高专利质量，解决问题专利的负面影响，早在 2003 年，美国 FTC 在其一份报告中就建议"颁布立法，规定对专利有效性的质疑应以优势证据为依据"。❶ 在此后美国启动新一轮的专利法修改过程中，呼吁弱化专利有效性推定的呼声日益高涨。例如，莱姆利教授认为，只有少数专利才有价值而且会得到关注，不值得去改革审查体系增加花费，其有效性推定应当加以改革。❷ 专利有效性的假定过于容易，它植根于一个削足适履的专利体制，而每一件专利申请都被给予同样严重不足的审查，其结果就是一个达不到预期目的的体系：专利被错误授权但被照常执行。❸ 有研究者指出，"我们的目标不是全面提高专利商标局的审查质量，取而代之的是改变专利有效性的推定，以更准确反映专利实践的现实"❹。放弃专利权的强假定有利于其工作开展，这样可以从根本上减少专利申请人及问题专利持有人的策略性行为，使审查资源更加集中。❺

美国专利法实践中，将有效性推定规则与司法确权程序中的专利权效力证明标准紧密关联。尽管 1952 年美国专利法规定可以挑战有效性，且挑战者负有证明义务，但没有明文规定适用什么证明标准。理论上有证明标准较高的清晰且令人信服的证据标准（Clear and Convicing Evidence）和证明标准较低的优势证据（Preponderance of the Evidence）标准。不同程度的证明标准对应不同的要求挑战者说服法庭的确定性程度或者难度。清晰而有说服力的证据是"美国民事诉讼中最高的举证责任"，为在法庭上被质疑的专利的有效性

---

❶ Federal Trade Commission. To Promote Innovation：The Proper Balance of Competition and Patent Law and Policy ［EB/OL］. ［2018-04-20］. https://www.ftc.gov/sites/default/files/documents/reports/promote-innovation-proper-balance-competition-and-patent-law-and-policy/innovationrpt.pdf.

❷ LEMLEY M. Rational Ignorance at the Patent Office ［J］. Northweatern University Law Review, 2001 (4)：95.

❸ LICHTMAN D, LEMLEY M A. Rethinking Patent Law's Presumption of Validity ［J］. Stanford Law Review, 2007 (60)：45.

❹ 同上：61-63.

❺ 陈武. 问题专利与专利权的重构——拟议中的"美国专利改革法案"思想评述 ［J］. 环球法律评论, 2009 (4)：53-60.

提供了一个推定。❶ 对于侵权诉讼中无效抗辩到底适用什么证明标准，一直存在争议。如有人认为，在无效抗辩中应适用优势证据证明标准以降低专利有效的推定性。❷ 有学者认为，清晰和令人信服的证据原则排除了那些大量值得再次检验的专利。结果，目前法院忠实地执行授权过宽和不应授权的专利，而深谙此道的申请者会持续申请那些不应得到保护的专利，并建议改变有效性推定以重构专利权。❸ 建议对现行法规及其相关判例法进行修正或重新进行司法解释，将证明标准降低到优势证据。❹

三、国会和联邦法院谨慎的态度：坚持较高的推定效力

美国专利法改革过程中，确实存在一种倾向或者思潮，为解决专利诱饵和问题专利以及不确定性带来的困扰，主张通过专利改革以降低专利权的推定效力，集中体现在无效抗辩中，改变"明确且令人信服"的证明标准，改采"优势证据"证明标准。时至今日，根据美国专利法改革结果以及美国最新的司法实践，实际上并没有改变或者弱化专利的推定有效性。

（一）AIA 就有效推定没有做任何改变：国会保持谨慎态度

美国国会在是否应适用优势证据证明标准以降低专利权有效的推定性问题上保持了谨慎态度，国会正式通过并生效的 AIA 并没有修订《美国专利法》第 282 条，即没有改变专利权的推定效力，第三方挑战专利有效性时仍需要提交清晰且确信的证据。美国国会没有改变推定效力的原因在于，"专利权效力争议解决机制有司法和行政等多种渠道，有效性推定规则涉及法院和专利审查机关在证明专利权效力方面的责任分配问题，同时与复审等其他专利权效力争议解决机制有紧密联系。改革推定有效性规则，不仅仅是改变了法院

---

❶ FLIBBERT M J, QUELER M D. Distinctions Between IPRs and District Court Patent Litigation [EB/OL]. [2018-12-11]. http://www.finnegan.com/resources/articles/articlesdetail.aspx? news = 64c22ef3-9abe-4637-a445-c75c56892eb1.

❷ LICHTMAN D, LEMLEY M A. Rethinking Patent Law's Presumption of Validity [J]. Stanford Law Review, 2007 (60)：61-63.

❸ 陈武. 问题专利与专利权的重构——拟议中的"美国专利改革法案"思想评述 [J]. 环球法律评论, 2009 (4)：53-60.

❹ ALSUP W. Memo to Congress：A District Judge's Proposal for Patent Reform [J]. Berkeley Technology Law Journal, 2009 (24)：1655.

无效抗辩中诉讼参与方的具体行为影响到专利效力争议参与方的动机，这将会对整体的专利权效力争议解决机制，有牵一发而动全身的系统性的影响"❶。事实上，尽管不断受到来自联邦政府内部和外部的批评，国会仍然保留了联邦巡回上诉法院对《美国专利法》第282条的解释。

（二）美国联邦法院系统一直秉持明确且令人信服的证明标准

作为1952年专利法的主要起草者之一，联邦巡回上诉法院法官在American Hoist案中阐述到，《美国专利法》第282条之所以规定"专利应推定为有效"，其性质是普通法上的推定，该推定基于这样一个假设，即作为政府部门的USPTO在专利授权阶段已经很好地完成了其专利审查工作。❷《美国专利法》第282条创设专利有效的推定，并将证明无效的证明负担交予挑战者，这种负担是不变的，永远不会改变，且挑战者需要通过明确的证据（Clear Evidence）说服法院专利是无效的。❸自American Hoist案以来近30年的时间，联邦巡回上诉法院在相关案件中对《美国专利法》第282条的理解和解释从未发生过改变。❹美国联邦最高法院的观点与联邦巡回上诉法院的前述观点一直保持一致。在具有权威性的RCA案中，最高法院卡多佐法官追溯了近一个世纪的判例法，包括最高法院和其他法院的判例法，经过全体法官一致同意后在该案判决书中写道："专利权推定有效，除非有明确而有说服力的证据，否则这一推定不得推翻。"❺在Neder案中，美国联邦最高法院认为，被控侵权人如果要挑战专利有效性，其将承担沉重的说服负担。如果其证据不具有排除合理怀疑的优势，其挑战将失败。换言之，普通法上的推定反映了一种普遍的理解，即主要证据太"可疑"，则不能认定专利无效。因此，当国会于1952年颁布《美国专利法》第282条时，专利有效性的推定早已成为普通法的一项固有规定。根据其确定的含义，提出无效抗辩的被控侵权人负

❶ 夏淑萍. 专利权有效性推定规则的概念论证及其展开——论专利权的证明方法 [J]. 知识产权，2018（8）：41-47.

❷❸ American Hoist & Derrick Co. v. Sowa &Sons, Inc., 725 F. 2d 1350, 1359 (C. A. Fed. 1984).

❹ Greenwood v. Hattori Seiko Co., 900F. 2d 238, 240-241 (C. A. Fed. 1990); Ultra-Tex Surfaces, Inc. v. Hill Bros. Chemical Co., 204 F. 3d 1360, 1367 (C. A. Fed. 2000); ALZA Corp. v. AndrxPharmaceuticals, LLC, 603 F. 3d 935, 940 (C. A. Fed. 2010).

❺ Radio Corporation of America v. Radio Engineering Laboratories, 293 U. S. 1, 55 S. Ct. 928, 79 L. Ed. 163.

有"说服的沉重负担"，需要用明确和令人信服的证据证明辩护。也就是说，这一推定不仅包括分配举证责任，而且还包括较高的证明责任。在普通法术语有其普通法含义的一般规则下，不能仅仅因为第 282 条没有明文规定，就认为国会打算放弃该推定中较高的证明标准。除非法规另有规定，否则联邦最高法院必须假定国会打算纳入"较高的证明标准"。● 即使在美国进行新一轮专利法改革，许多学者提出改革专利推定效力制度的档口，最高法院依然通过判例法明确了自己支持较高的证明标准的观点。典型案例即为 Microsoft Corp. v. i4i 案。

Microsoft Corp. v. i4i 案早在国会通过 AIA 之前的 2009 年就已经由联邦地方法院审理，2010 年由联邦巡回上诉法院判决，2011 年上诉至美国联邦最高法院。因此，该案审理时间恰逢国会审议 AIA 的关键时期。对于要求改革有效推定的呼吁，美国联邦法院系统不可能置身事外，美国联邦法院系统必须通过该案表明其观点。在该案中，从联邦地方法院、联邦巡回上诉法院，到联邦最高法院，无一例外的认为，专利效力的挑战者应当适用证明力度较高的明确且令人信服的证明标准来说服法院专利是无效的。

在 Microsoft Corp. v. i4i 案●中，被控侵权人 Microsoft 公司认为，专利权人 i4i 公司主张的专利技术在该专利提交申请之前已经被公开使用在一款名称为 S4 的软件中，因而该专利不符合《美国专利法》第 102 （b） 条的规定，不具有新颖性，该专利应当被法庭认定为无效。Microsoft 公司和 i4i 公司均认可，在提交专利申请一年多之前，i4i 公司已在美国公开销售 S4 软件。但是，就 S4 软件是否使用了涉案专利所保护的技术，双方向陪审团提出了相反的观点，i4i 公司主张其销售的 S4 软件中并没有使用涉案专利保护的技术。围绕 Microsoft 公司为证明涉案专利无效而应承担的证据证明标准，双方进行了激烈的辩论。Microsoft 公司主张，其提起无效的证据是涉案专利在审查阶段审查员没有审查过的证据，应当适用优势证据证明标准。Microsoft 公司反对采纳 1952 年美国专利法颁布前有关判例法中所反映的较高的证明标准，即反对适用明确和令人信服的证明标准以证明涉案专利无效，并认为 1952 年美国专

● Neder v. United States，527 U. S. 1，23，119 S.Ct.1827，144 L. Ed. 2d 35 （1999）.

● Microsoft Corp. v. i4i，131 S.Ct.2238，2247 （2011）.

利法颁布前有关判例只在两种有限的情况下适用了清晰而令人信服的证明标准，而不是作为一般原则适用于每一个涉及专利无效抗辩的案件中。Microsoft 公司还进一步分析到，较高的证明标准会不适当地将"坏"专利从无效性的挑战中隔离出来，从而抑制创新；过往较高的专利无效率已经证明 USPTO 授予太多不值得给予专利保护的"发明"；USPTO 的专利审查资源和程序不够充足和完善，专利审查中作为专家的审查员的决定是否值得尊重是一个值得怀疑的问题。Microsoft 公司还坚持认为，较高的证明标准实质上使陪审团放弃了他们在侵权诉讼中审查专利无效性方面的作用。i4i 公司则认为，高标准的无效证明标准适当地限制了非专业的陪审团推翻 USPTO 专家经过深思熟虑的授权决定判决的可能性；i4i 公司还援引美国联邦最高法院在 Bonito❶ 案中的观点，高标准的无效证明标准是专利制度的一个重要组成部分，符合发明者向公众披露他们的创新成果以换取专利保护的动机，反映了国会关于对专利权人信赖利益的适当干涉程度的判断。

美国联邦最高法院在回顾联邦巡回上诉法院和联邦最高法院相关判例的基础上认为，清晰而令人信服的证明标准并不如 Microsoft 公司所说的那样仅仅适用于有限的情况，无论用于无效抗辩的现有技术在专利审查过程中是否经过专利局审查，清晰且令人信服的证明标准适用于所有对专利无效的挑战。因此，该案进一步明确并巩固了专利无效的较高证明责任。要求通过降低证明标准以改革专利有效推定制度的呼声一度很高，但从最终的立法和判例法来看，国会和联邦法院对于降低有效推定持谨慎态度，尚无意愿改变《美国专利法》第 282 条设定的有效推定制度以及赋予挑战者较高证明责任的负担。

美国国会和联邦法院这种做法自有其道理。效力推定与权利不确定性有密切的关系，降低推定效力有可能进一步增加专利权的不确定性。有学者已经认识到，沿着推定有效这条线索，如果做进一步推理，则专利权的推定有效意味着权利的不确定性，因为专利权被认定为全部无效或部分无效的概率很大。❷推定效力的强度应反映出假定的专利有效事实是否属实的可能性，因

---

❶ Bonito Boats, Inc. v. Thunder Craft Boats, Inc., 489 U. S. 141, 150 - 151, 109 S. Ct. 971, 103 L. Ed. 2d 118 (1989).

❷ 陈武. 问题专利与专利权的重构——美国"2007 专利改革"的路径评述 [M] //李扬. 知识产权法政策学论丛：2009 年卷. 北京：中国社会科学出版社，2009.

为已证明该专利是被授予的事实是真实的。如果授予的专利通常是无效专利，那么依赖这一推定会导致持有无效专利的错误。❶

可能有人疑虑，美国国会和联邦法院坚持较高的推定效力是否与其应对问题专利和专利诱饵的初衷相悖。坚持较高的专利推定效力，虽然强化了专利的确定性，但同时也降低了通过无效程序挑战专利效力的可能性，不利于应对专利诱饵使用问题专利主张权利的行为。实际上，专利制度是一个复杂的系统，需要多个环节的协调和配合。如前所述，为了向社会公众提供便捷、高效、低廉的挑战专利权有效性的途径，积极应对专利诱饵泛滥，提升专利质量，AIA 已经对专利无效程序进行了改革。在此基础上如果继续从无效程序证据证明标准角度降低推定效力，有可能使得专利法中的审查制度失去意义，并损害发明人申请专利的热情。有研究人员认为，AIA 中逐步实施的各项无效宣告程序将改变 1952 年美国专利法所确定的推定效力❷，这种直接向 USPTO 挑战专利权有效性的方式将降低专利有效推定效力。❸ 另外，还有研究者认为，便捷的无效程序极有可能被滥用，一旦这一程序被竞争者利用，权利人再针对 USPTO 的决定向法院提出诉讼，无疑会导致时间和费用的增加，很可能给权利人带来重大损失，不利于发明的许可和实施。❹ 因此，从专利制度整体协调的角度出发，美国国会和联邦法院坚持较高的推定效力并无不妥。另外，除了 AIA 提供的新的无效程序外，USPTO 面对美国国会和联邦法院坚持较高推定效力的态度，从无效程序中权利要求解释规则的角度出发，来配合 AIA 提供的新的无效程序，以限制权利人利用问题专利扩张权利。

四、USPTO 权利要求解释规则的统一，提升确定性：无效程序由 BRI 标准转向 Philips 规则

专利权界定过程涉及多次存在形态以及表达形式的转化："首先需要将存

---

❶ SARNOFF J D. Bilcare, KSR, Presumptions of Validity, Preliminary Relief, and Obviousness in Patent Law [J]. Cardozo Arts & Entertainment Law Journal, 2008 (25): 995.

❷ MAHN G. Keeping Trolls Out of Courts and Out of Pocket: Expanding the Inequitable Conduct Doctrine [J]. Loyola University Chicago Law Journal, 2014 (45): 1245.

❸ 陈武. 问题专利与专利权的重构——美国 "2007 专利改革" 的路径评述 [M] //李扬. 知识产权法政策学论丛: 2009 年卷. 北京: 中国社会科学出版社, 2009.

❹ 程永顺, 林俐. 美国 50 年来最大规模的专利体制变革 [N]. 中国知识产权报, 2007-11-09 (6).

在于发明人大脑中的发明转化为书面形式的专利文件，再由各种主体解释专利文件，确定权利边界。权利要求的解释者可能利用文字的不确定性以及不同的解释规则，对权利要求进行扩张性解释，以实现对专利权的扩张。"❶ 因此，权利要求解释规则成为专利权扩张与限制的有力工具。权利要求解释规则的演变表面上反映了司法实践对专利权人保护的力度，其背后是专利权扩张与限制的较量。宽松的解释规则将支持专利权保护范围的扩张，而限制性的解释规则将导致专利权范围的缩小。在美国，近年来备受关注的主要是权利要求解释中的美国最宽合理解释标准（Broodest Reasonable Interprefation，以下简称"BRI 标准"）和 Philips 规则。之前的美国专利法实践中，在专利审查授权程序及无效程序中，USPTO 适用 BRI 标准来解释权利要求，而在专利侵权诉讼程序，联邦法院则适用 Philips 规则确定专利权保护范围。也即USPTO 和联邦法院适用不同的解释方法来确定专利权的保护范围，使得 BRI 标准充当了权利要求扩张的工具。为此，USPTO 对复审程序中沿用近百年的BRI 标准作出变革。2018 年 10 月，USPTO 发布了关于 PTAB 采用的权利要求解释标准的最终规则（Claim Construction Final Rule），对 IPR、PGR 和 CBM中采用的权利要求解释方法进行修改，使之与美国联邦法院和 ITC 的权利要求解释标准一致，即 PTAB 会将对无效程序中权利要求的解释适用 Phillips 标准，以代替原来的 BRI 标准。❷ 这项最后规则于 2018 年 11 月 13 日正式生效。

（一）BRI 标准和 Phillips 规则的适用历史

BRI 标准是在美国联邦法院判例法中形成的，广泛适用于美国专利申请审查与 PGR 当中。美国《专利审查指南》（Manual of Patent Examining Procedure，MPEP）第 2111 节对该规则给予了集中说明，专利审查员在专利审查过程中，应对权利要求的术语尽可能地作出宽泛的解释，但这种宽泛的解释应根据说明书作出，且不能超出本领域技术人员能够预测到的范围。有学者将 BRI 标准的适用情况简述如下：对于专利权利要求中的术语，如果专利说

---

❶ 徐棣枫. 专利的扩张与限制 [M]. 北京：知识产权出版社，2007：40-42.

❷ Patent and Trademark Office. Changes to the Claim Construction Standard for Interpreting Claims in Trial Proceedings Before the Patent Trial and Appeal Board [EB/OL]. [2018-12-11]. https://www.federalregister.gov/documents/2018/10/11/2018-22006.

明书有特别定义，则采用特别定义；如果说明书无特别定义，但在所属技术领域有普通、惯常之义，则采用普通、惯常之义；如果说明书中既无特别定义，所属技术领域亦无普通、惯常之义，则作"最宽解释"。❶ 1932 年，美国海关和专利上诉法院在 In re Horton 案中首次肯定 BRI 标准作为专利申请审查中的权利要求解释标准。❷ 1981 年，BRI 标准成为再颁程序（Reissue）中的权利要求解释标准。❸ 1984 年，美国联邦巡回上诉法院将 BRI 标准作为再审程序（Reexamination）中的权利要求解释标准。❹ 到 2015 年，美国联邦最高法院在 Cuozzo 案中确认 IPR 适用 BRI 标准。❺

Philips 规则以专利侵权诉讼案件为基础发展而来，是美国联邦法院确定专利权保护范围时适用的权利要求解释规则。该解释规则要求"应朝着维持专利权有效方向从通常和习惯含义（Ordinary and Customary）解释权利要求；说明书及附图应当用于解释权利要求，但不得不当限制权利要求的保护范围；内部证据优先于外部证据"❻。我国《专利法》第 59 条第 1 款和最高人民法院 2009 年颁布的《关于审理侵犯专利权纠纷案件应用法律若干问题的解释》规定了专利侵权案件权利要求解释规则，规则内容与 Philips 规则基本一致。❼

尽管 BRI 标准与长期的专利审查惯例相一致，但 USPTO 在 AIA 颁布之后的复审程序中使用不同于联邦法院和 ITC 使用的权利要求解释标准的事实意味着，在这些不同的解释场合下解释相同或类似的权利要求所获的结果可能与复审程序中的解释结果不同。❽ 专利审查员在理解权利要求的过程中，首先要将权利要求理解的尽可能宽泛，然后再基于合理性原则从大范围中进行合

---

❶ 刘庆辉. 专利权利要求的"最宽合理解释"：美国法的经验及借鉴意义 [J]. 中国专利与商标，2017（1）：36.

❷ In re Horton, 58 F. 2d 682.

❸ In re Reuter, 651 F. 2d 751.

❹ In re Yamamoto, 740 F. 2d 1569.

❺ In re Cuozzo Speed Technologies, LLC, 793 F. 3d 1268（Fed.Cir.2015）.

❻ Phillips v. AWH Corp. 415 F. 3d 1303（Fed.Cir.2005）.

❼ 闫文军，白静文. 美国专利审查中的"最宽合理解释"[J]. 知识产权，2014（7）：84-91.

❽ Patent and Trademark Office. Changes to the Claim Construction Standard for Interpreting Claims in Trial Proceedings Before the Patent Trial and Appeal Board [EB/OL]. [2018-12-11]. https://www.federalregister.gov/documents/2018/10/11/2018-22006.

理的限缩或排除。❶ 美国联邦巡回上诉法院曾指出，"适用 BRI 标准进行权利要求解释的范围总是要大于或至少不会小于按 Philips 规则解释的范围"❷。也就是说，一项专利权通过专利无效程序审查 USPTO 认为具有新颖性、创造性，但当进入联邦法院诉讼程序中有可能会被法院依 Philips 规则判定为无效。BRI 标准为权利人提供了一个探寻专利权利边界的"宽松"氛围，意图使权利人不断澄清权利要求范围，与现有技术划清边界。有研究已经认识到，这为权利人扩张专利权提供了充分的空间，权利人可以利用这个机会扩大自己的权利边界获得"垄断"，这不仅会"吞噬"公共技术领地（BRI 标准充当了权利要求扩张之工具），也增加了权利的不确定性。❸

（二）因应 AIA 的变革：寻求专利权确定性

2011 年的 AIA 改革了美国专利授权后的复审程序，设置了 IPR、PGR 和 CBM。AIA 改革专利无效程序的主要目的在于应对现实中专利持有量不断攀升、专利纠纷争议增多、专利诉讼案件激增的状况，大量专利诉讼案件让联邦法院不堪重负，AIA 意图使专利无效程序这一"准司法"程序成为寻求专利权利确定性经济有效的替代性选择（Quick and Cost Effective Alternatives）。❹但 AIA 颁布后，USPTO 在新的复审程序中仍然沿用 BRI 标准。其结果是，考虑到联邦法院与 USPTO 适用不同的权利要求解释规则会导致权利要求范围认定不一致，进而不认同 USPTO 裁决结果，上诉至联邦法院的情况时有发生。据 USPTO 统计，经过专利无效行政程序审理的案件有 86.8% 又因相同的事由诉至联邦法院，这与美国国会的初衷相违背。❺ AIA 旨在建立一个更有效率和更精简的专利制度，以提高专利质量，并限制不必要和适得其反的诉讼成本。USPTO 经过研究认识到，无效程序中适用的 BRI 标准权利要求解释规则可能

---

❶ 郭丽娜，崔哲勇. 专利授权确权程序中理解权利要求的基本方法——兼评（2016）京行终 5347 号判决书 [EB/OL]. [2018-08-20]. https://mp.weixin.qq.com/s/Yc5QGARxzLJXN-FF3ESAlA.

❷ Inc. v. Pragmatus AV, LLC, 582 F. App'x 864, 869 (Fed.Cir.2014).

❸❹ 闫宇晨，徐棣枫. 美国最宽合理解释适用的变化及其启示 [J]. 学习与实践，2018（9）：68-74.

❺ VISHNUBHAKAT S, RAI A K, KESAN J P. Strategic Decision Making in Dual PTAB and District Court Proceedings [J]. Berkeley Technology Law Journal, 2016 (31)：59-60.

是实现这一目标的障碍。❶ BRI 标准作为专利授权程序的权利要求解释规则有利于探寻权利要求范围、勘定权利要求边界，但其宽泛而不够精确的规则设计无法满足专利无效程序寻求权利确定性的迫切需要。❷ 故 USPTO 于 2018 年 5 月 9 日提议，改变以往在上述程序中进行权利要求解释时适用 BRI 标准的做法，转而与联邦法院适用相同的权利要求解释规则——Philips 规则。USPTO 认识到，不同权利要求解释程序和主体采用同样的解释标准可以提高一致性和可预见性。❸ 此外，在 AIA 颁布之后的复审程序使用与联邦法院和 ITC 诉讼程序相同的权利要求解释标准，也解决了这样一种担忧，即在复审程序中使用一种可以说更广泛的标准可能会导致潜在的不公平。USPTO 颁布最终规则的目标就是实施平衡的方法，在专利制度中提供更大的可预测性和确定性。❹ USPTO 还认识到，不同权利要求解释程序和主体采用同样的解释标准还有助于提高整个司法效率。一项研究发现，在复审程序中，有 86.8% 的专利也是联邦法院的诉讼案件涉及的专利。❺ 在复审程序与联邦法院诉讼程序中，专利重叠的比例如此之高，因此有必要在授权后的复审程序中使用与联邦法院和 ITC 相同的权利要求解释规则。

专利无效程序作为划清私权与社会公共利益界限的有效手段之一，在把控专利质量中起着举足轻重的作用，而无效程序权利要求解释方法的选用对权利范围的界定影响极大。不当的权利要求解释可能使权利范围过宽或过窄，从而打破权利人与公众之间的利益平衡。专利保护范围不应取决于是由法院还是由 USPTO 解释的偶然性，至少就客观规则而言应如此。倘若权利要求解

---

❶ Patent and Trademark Office. Changes to the Claim Construction Standard for Interpreting Claims in Trial Proceedings Before the Patent Trial and Appeal Board [EB/OL]. [2019-02-22]. https://www.federal-register.gov/documents/2018/10/11/2018-22006.

❷ 闫宇晨，徐棣枫. 美国最宽合理解释适用的变化及其启示 [J]. 学习与实践，2018 (9)：68-74.

❸ Automated Packaging Sys., Inc. v. Free Flow Packaging Int'l, Inc., No. 18-cv-00356, 2018 WL 3659014, at *3 (N. D. Cal. Aug. 2, 2018)

❹ Patent and Trademark Office. Changes to the Claim Construction Standard for Interpreting Claims in Trial Proceedings Before the Patent Trial and Appeal Board [EB/OL]. [2019-02-22]. https://www.federalregister.gov/documents/2018/10/11/2018-22006.

❺ VISHNUBHAKAT S, RAI A K, KESAN J P. Strategic Decision Making in Dual PTAB and District Court Proceedings [J]. Berkeley Technology Law Journal, 2016 (31)：45.

释进一步导致权利范围的不确定，后果将更为糟糕。❶ BRI 标准作为专利授权审查的规则，其宽泛而不精确的权利要求解释方式，并不利于专利无效程序中权利确定性的寻求，更无益于问题专利的解决。❷ 因此，美国专利复审程序中权利要求解释规则的最新变革将尽量减少各主体解释权利要求之间的差异，使专利保护范围具有更大的统一性和可预见性，从而提高专利制度的完整性和专利的确定性。

第四节　规制不正当行为、专利权滥用、垄断，遏制专利诱饵

专利权是对垄断和进入自由开放市场的一般规则的例外，其本质受到公共利益的影响。❸ 美国专利法当中，不正当行为原则和专利权滥用原则均是在专利制度发展过程中形成的，用于平衡专利保护与公众利益的基本原则，并成为美国专利司法实践中主要的专利侵权抗辩事由之一。❹ 不正当行为原则和专利权滥用原则均起源于美国衡平法体系中"手脚干净"这一基本原则，其含义是指主张权利的权利人本人不能有不正当行使其权利的行为，一个"手脚不干净"的权利人不能指望法院为维护公平正义而为其提供诸如禁令或者损害赔偿之类的法律救济。这一原则对敦促权利人自觉依法行使权利，构建诚信社会具有十分突出的作用。不正当行为原则的基本含义是，专利权人在申请专利过程中因"手脚不干净"而获得专利权的，其专利权可不被强制执行。专利权滥用原则的基本含义是，专利权人在行使专利权的过程中"手脚不干净"时，其权利可不被强制执行。不正当行为原则主要用于规制专利申请过程中的不诚信行为，专利权滥用原则则主要规制专利权行使过程中的不诚信行为。

❶　高莉. 专利权利要求解释规则研究 [M]. 北京：知识产权出版社，2015：51.

❷　闫宇晨，徐棣枫. 美国最宽合理解释适用的变化及其启示 [J]. 学习与实践，2018 (9)：68-74.

❸　Precision Instrument Mfg. Co. v. Automotive Maintenance Machinery Co., 324 U. S. 816, 65 S. Ct. 998, 89 L. Ed. 1381 65 U. S. P. Q. 133 (1945).

❹　崔航. 不正当行为原则的发展历程与启示 [J]. 中国发明与专利，2018 (1)：36.

一、专利法中的不正当行为原则

不正当行为原则是美国专利法中重要的侵权抗辩事由，起源于普通法上的欺诈。早在 20 世纪初，美国最高法院就拒绝保护通过欺诈而获得的专利权。该原则的基本内容是：对于任何专利申请人而言，在专利审查期间，若其故意误导或欺骗专利审查员，未向 USPTO 披露重要信息，或向 USPTO 提交了严重失实的信息，其行为构成不正当行为，将导致其专利不可执行。❶ 美国不正当行为原则所规制的行为是指发生在专利申请过程中的欺诈行为，我国有学者最初将其称为专利申请过程中的欺骗行为。❷ 不正当行为原则是诚实信用原则在专利法领域的具体适用。

(一) 不正当行为原则的发展

1. 早期：美国专利法规定通过欺诈获得的专利权应当无效，但美国法院拒绝将欺诈获取专利权作为专利侵权抗辩的理由

美国在专利制度建立初期已经意识到以欺诈获得的专利权不应受到保护。例如，1790 年《美国专利法案》第五章曾规定，如果专利权是基于不正当或者是以错误的意见通过，且对不当或者错误意见的指控是充分的，则法院可以废除这些专利。❸ 然而，在最初的专利侵权诉讼案件中，美国法院认为，专利权是美国政府和专利权人之间签订的一项法律文件，如果专利权人在专利申请过程中有欺骗行为的话，遭受损失的应当是美国政府，因此只有美国政府才可以对专利权人提起诉讼，宣告专利无效。例如，在 1869 年的 Rubber 案中，法院拒绝审查相关的欺诈证据，并作出 "在这个案件中调查的门是由法律的手关闭的" 论断。❹ 在 1888 年的 Bell Telephone 案中，法院认为，对于欺诈获得的专利，只有政府提起的诉讼才能撤销专利。❺ 一直到 1929 年的

---

❶ 刘珍兰. 美国专利法不正当行为原则的最新发展 [J]. 武汉大学学报（哲学社会科学版），2011（5）：108.

❷ 程永顺，罗李华. 专利侵权判定：中美法条与案例比较研究 [M]. 北京：知识产权出版社出版，1998：319.

❸ 崔航. 不正当行为原则的发展历程与启示 [J]. 中国发明与专利，2018（1）：38.

❹ Rubber Company v. Goodyear. 76 U. S.（9 Wall.）798（1869）.

❺ United States v. Bell Telephone Co. 128 U. S. 315（1888）.

Vortex Manufacturing 案，法院仍然认为，侵权诉讼案件的被告以专利权人欺骗专利局为由请求不予保护专利权，不符合普通法上欺诈的要求，在该案中是否故意误导，以及专利局是否被误导都不是法院能决定的，被告不能提出专利申请时涉嫌欺诈的问题。❶ 因此，在早期，美国法院认为在专利侵权案件中无法将普通法上的欺诈作为侵权抗辩理由使用。

2. 20世纪三四十年代："不洁之手"原则的引入和不正当行为原则的建立

"不洁之手"原则是衡平法中的重要原则之一，早在8世纪英国普通法中就已出现。"不洁之手"原则要求，原告要想获得衡平赔偿，其不但需要有合理的诉讼理由，还必须以清白之手走进法院。若其先前的行为违反了良心、善意或其他公平原则，那么，法院的大门将对其关闭，法院将拒绝干涉他的利益、权利，或给予任何救济。"不洁之手"原则主要功能在于平衡当事人之间的利益，该原则被广泛应用于涉及欺诈的民事案件，尤其是虚假广告类案件。从20世纪初期开始，美国法院在涉及以欺诈获得专利权的专利侵权案件中逐渐开始把注意力转移到专利权人与公众利益之间的平衡问题上。20世纪三四十年代，美国联邦最高法院在3个专利侵权案件中适用"不洁之手"原则，以平衡利权人与公众之间的利益。

在1933年的Keystone案❷中，美国法院依据不洁之手原则阐述了以欺诈获得专利权的专利权人无法获得衡平赔偿的观点。该案中，专利权人反对适用"不洁之手"原则，认为在专利侵权当中引入"不洁之手"原则是不当扩张，只有在与案件事实直接相关的情况下才可以援用"不洁之手"原则。法院没有支持专利权人的主张，并认为"不洁之手"原则不是为了惩罚无关的罪过，而是为了促进公平正义，衡平法院并未对诉讼人的品质进行检验，他们也不因专利权人的不正当行为而关闭救济途径，只有当这种诉讼之前的不正当行为在某种程度上影响了当事人的公平关系时，才适用"不洁之手"规则。Keystone案首次引入"不洁之手"原则，认为以欺诈获得专利权的原告无法获得衡平赔偿。法官的判决思路回避了被欺诈对象是专利局这一事实，而是从最基础的公平角度入手，认为以欺诈行为骗取专利会造成双方地位的

---

❶ Vortex Mfg. Co. v. Ply-Rite Contracting Co., 33 F. (2d) 310 (D.Md.1929).

❷ Keystone Driller Co. v. General Excavator Co. 54 S.Ct.146 (1933).

不公平，而"不洁之手"实际上是对双方公平性的要求。❶

1944 年，法院在 Hazel-Atlas 案❷中直接推翻 1888 年 Bell Telephone 案中法院所持的，只有美国政府才可以以欺诈获得专利权为由提出专利不具有强制执行效力的观点。在 Hazel-Atlas 案中，美国联邦最高法院支持了被告以专利权人在专利申请程序中有不正当行为，从而不得主张专利权的抗辩，并认为为了保护公众，避免欺诈获得的专利获得不当的利益，该专利必须被撤销。紧接着，在 1945 年的 Precision Instrument 案❸中，美国联邦最高法院认为，"不洁之手"原则在专利法领域更具有保护公众利益的意义，因为专利权会导致深远的社会和经济后果，专利权人从社会获得利益的前提是这种垄断性的权利并没有从欺诈或其他不公平行为当中产生。在 Precision Instrument 案中，拉森从另外一家公司获知力矩扳手的想法并申请了专利，此后还抢走了该公司的客户。针对拉森的不诚实行为，法院进一步延伸"不洁之手"原则的含义，指出"不洁之手"原则要求当事人在没有欺诈或者欺骗的情况下采取公平的行动。同时，法院认为，授予专利权的目的是为了促进科学技术和有用技艺的进步，其涉及公共利益的保护，专利侵权案件必须考察专利权人是否通过欺诈或者不正当行为获得专利权，以衡量公共利益和专利权人的私人利益。该案中，虽然"不洁之手"原则仍作为论证依据出现，但该案所确立的规则显然已经超越了原被告双方利益的范畴，从而在权衡公众利益与专利保护的基础上认为先前的欺诈行为会导致专利不可执行，可谓在真正意义上确立了不正当行为原则。❹

联邦巡回上诉法院在后来的判例中不断发展这一理论。2000 年，美国联邦巡回上诉法院在 Toshiba 案❺中对专利申请的不正当行为进行了进一步诠释，该案判决指出，专利申请人在 USPTO 申请专利的过程中负有直接、善良和诚实的义务。违背该义务者，包括虚假陈述重要事实、未披露重要事实或者提供错误的重要信息，并有欺骗意图的，构成不正当行为。

---

❶　崔航. 不正当行为原则的发展历程与启示 [J]. 中国发明与专利，2018（1）：38.

❷❸　Hazel-Atlas Glass Co. v. Hartford-Empire Co.，322 U. S. 238（1944）.

❹　崔航. 不正当行为原则的发展历程与启示 [J]. 中国发明与专利，2018（1）：39.

❺　Li Second Family Ltd. Partnership v. Toshiba Corp. 231 F. 3d 1373（Fed.Cir.2000）.

3. 不正当行为抗辩的滥用及美国专利法改革

专利申请过程中的不正当行为的后果非常严重，即使不正当行为只涉及部分权利要求，也可能造成整个专利都将不可执行。在专利诉讼中，很多被告都会指控专利权人在专利申请过程中有不正当行为。在法庭上，被告可以指责专利权人在申请过程中欺骗 USPTO 以获得专利，在陪审团面前，把专利权人描述成一个不诚实的人。❶ 如果被告指控专利权人有不正当行为，被告可以扩大取证的范围，被告可以要求专利权人提供专利申请过程中的相关文件。由于这些原因，很多被告在没有太多事实的基础上会指控专利权人在申请专利过程中有不正当行为，这使得不正当行为的抗辩呈现被滥用之势。实际上，只有很少的案件中能最终被定性存在不正当行为。这种指控和后续的证据调查也会为专利权人和法庭带来巨大的负担，导致专利侵权诉讼程序拖沓，进展缓慢。面对不正当行为侵权抗辩在诉讼中的泛滥，联邦巡回上诉法院曾非常后悔的表示，"在几乎每一件专利案件中都有主张不正当行为的恶习，已经完全沦为一场瘟疫"❷。这将导致昂贵诉讼费用的支出和司法资源的浪费。尽管美国试图通过修改相关法律来改变这种现象，但被诉侵权人仍热衷于以不正当行为作为抗辩理由。❸

面对不正当行为原则的滥用，美国学者提出了许多改革建议。麦克建议采用费用转移，当被诉侵权人主张不正当行为但没有被法院认定时，应支付律师费给专利权人，通过增加不正当行为抗辩的预期费用减少无根据的不正当行为主张。❹ 马门主张，可采用影响范围单一或较小的不正当行为法律后果，即不正当行为成立的，只有那些直接受不正当行为影响的权利要求不可被强制执行，而不能涉及整个专利。对于那些不受不正当行为影响的权利要求，仍可执行。❺

---

❶ 陈维国. 美国专利诉讼规则、判例与实务 [M]. 北京：知识产权出版社，2014：170.

❷ 参见 Burlington Indus., Inc. v. Dayco Corp., 849 F. 2d 1418, 1422（Fed. C ir. 1988）.

❸ MAMMEN C E. Controlling the "PLAGUE"：Reforming the Doctrine of Inequitable Conduct [J].
Berkeley Technology Law Journal, 2009（24）：1329–1397.

❹ MACK K. Reforming Inequitable Conduct to Improve Patent Quality：Cleansing Unclean Hands [J].
Berkeley Technology Law Journal, 2006（1）：21.

❺ MAMMEN C E. Controlling the "PLAGUE"：Reforming the Doctrine of Inequitable Conduct [J].
Berkeley Technology Law Journal, 2009（24）：1329–1397.

美国联邦巡回上诉法院也一直在寻找机会纠正不正当行为的滥用。在 2011 年的 Therasense 案❶中，联邦巡回上诉法院提高了构成不正当行为的认定标准，以期限制不正当行为原则的滥用。在该案中，联邦巡回上诉法院认为，在 USPTO 面前保持诚信固然重要，但如果构成不正当行为的认定标准过低，会附带地导致很多问题，如增加诉讼复杂性和费用、降低和解的可能性、给法院和 USPTO 带来额外的负担、延迟 USPTO 审案、影响专利质量等。因此，联邦巡回上诉法院在该案中提高了不正当行为的认定标准，以把不正当行为这个被过度使用以至于损害了公众利益的原则，导向有利于公众利益的方向。由于联邦巡回上诉法院在 Therasense 案中提高了不正当行为的认定标准，在该案之后，仅依据没有向 USPTO 提交现有技术而认定申请人在专利申请过程中存在不正当行为，变得比以前困难，从而在一定程度上遏制了不正当行为原则的滥用。❷

为了消除不正当行为原则的滥用，美国国会也作出了巨大努力。AIA 中设置了补充审查程序，以便给予专利权人更多的机会去完善专利。补充审查程序自 2012 年 9 月 16 日起正式实施。根据该程序，专利权人可在获得专利权后主动提交现有技术信息，要求 USPTO 进行补充审查，以考虑、重新考虑或者纠正被认为有关专利性的新问题。而且专利权人可在专利有效期内随时提出一个或多个补充审查请求。补充审查程序使专利权人在专利授权后有机会完善披露义务。专利权人在补充审查程序中可提交与该专利密切相关，但在之前审查过程中未加以考虑或未得到充分考虑或是内容有误的信息，以纠正之前审查过程中的错误或疏忽，以免在后期可能存在的侵权诉讼中被认为存在欺诈或者隐瞒重要信息的不正当行为。如果该信息在补充审查阶段被参考、重新考虑并以此为依据修正专利申请审查的结果，它将不能成为欺诈或不正当行为抗辩的依据。补充审查程序可以帮助专利权人解决专利授予后发现的潜在的不正当行为问题。❸ 也就是说，从申请到授权及到授权后，专利权人都有机会再完善其专利权，即专利权人可以在对手提出不正当行为抗辩前避免

---

❶ Therasense, Inc. v. Becton, Dickinson and company, 649 F. 3d 1276（Fed.Cir.2011）.

❷ 陈维国. 美国专利诉讼规则、判例与实务 [M]. 北京：知识产权出版社，2014：171.

❸ 苏毅. 从 Therasensev. Becton, Dickinson and Co. 案看美国专利法不正当行为判断标准的变化 [J]. 网络法律评论，2015（2）：313-323.

此问题。此外，法案中还删除了过去诸多条款中存在的"欺诈意图"的规定❶，即缩小了被认定为具有欺诈意图的情形。随着不正当行为认定标准的提高，可以预见在专利侵权诉讼中不正当行为抗辩的滥用将会有所降低。

（二）专利法中不正当行为原则的适用

1. 不正当行为的主体及其范围

美国《联邦法规汇编》第 37 编第 1.56 条（a）款规定，每一个参与专利申请提交以及专利审查的人均对 USPTO 负有诚实与善意义务，包括向 USPTO 披露其所有已知的、与可专利性相关的重要信息的义务，若上述人员因意图欺骗 USPTO 而违反上述义务，则其行为将会被认定为不正当行为。❷ 负责审批专利的专利局本身不是一个研究机构，它没有条件进行独立的实验去验证专利申请人所提供的信息是不是都是准确无误的。在很多尖端领域里，专利审查员对发明和现有技术的了解也不如专利申请人透彻。另外，专利申请人究竟有没有在专利申请日前一年出售专利产品或者公开与发明有关的信息，这一类的情况通常只有专利申请人自己知道，专利审查员是很难了解到这类情况的。所以在很多情况下，专利审查员都必须依赖专利申请人提供的信息，来判断专利申请是不是符合专利法有关新颖性和创造性的规定。所以，美国联邦法律规定专利申请人和他的专利律师、专利代理人在申请专利过程中必须如实地把他所知道的和发明或者现有技术有关的情况通知审查员。如果在专利申请过程中专利申请人或者他的专利律师有不诚实行为，可能会导致专利不能够用来指控侵权人。《联邦法规汇编》第 37 编第 1.56 条（a）款虽然基本涵盖了所有相关人员，但并不意味着所有相关人员都需要提供详尽且真实的申请资料，实践中，主要是发明人（专利申请人）以及代理人。

2. 不正当行为的构成要件

美国联邦巡回上诉法院在 C. R. Bard, Inc. v. M3 Systems, Inc. 案中确立了在取得专利过程中的欺诈要件：（1）对于专利性有实质关系的事实给予虚假表述或者有意遗漏；（2）故意欺骗专利审查员；（3）审查员在授予专利时要合法地依赖被虚假表述或有意遗漏的事实；（4）要是没有虚假表述或者有

---

❶ 朱雪忠，漆苏. 美国专利改革法案内容及其影响评析［J］. 知识产权，2011（9）：79-89.
❷ 37 C. F. R § 1.56.

意遗漏则不会授予专利权。● 对欺诈认定的本身就可以使专利不具有实施效力。前述要件实际涉及的核心问题为：哪些行为属于不正当行为？如何判断不正当行为中涉及的信息是否为重要信息？如何认定申请人具有欺诈的意图？因此，使用不正当行为进行抗辩的被控侵权人必须证明三点：专利权人存在不正当行为；不正当行为隐瞒或者作假的信息为重要信息；专利权人具备欺诈意图，欲通过欺诈获得专利权。不同案件中的不正当行为有不同的具体表现形式，而信息重要性和欺诈意图的认定又交织在一起，因此对于前述三个问题，在美国司法实践中也一直存在争议。

3. 不正当行为的类型：纷繁复杂

欺骗和误导 USPTO 的方式有很多种，最经常出现的情况有以下四种。

（1）申请人对 USPTO 隐瞒有关的现有技术文献或信息。

在审查专利申请的过程中，专利审查员通过专利文献检索找出和发明相关的现有技术，并且把发明与现有技术相比较，决定发明是不是具有专利法所规定的新颖性和创造性。如果申请人知道某一项现有技术文献与发明相关，就必须以书面的形式通知专利审查员。在实践中，如果隐瞒以下文献或者信息，也被美国法院认定为不正当行为：第一，竞争对手先前的专利申请以及在发明者专利申请日前两个月内的产品许诺销售；● 第二，描述在先技术的笔记。●

（2）申请人向 USPTO 提交虚假的发明日期。

由于美国在 2011 年专利法改革之前采用的是先发明制，在审查员根据一项现有技术驳回专利申请的时候，如果申请人完成发明的时间是在这项现有技术的公开日之前，申请人可以向 USPTO 提交一份声明书，声明申请人完成发明的日期，并且根据这个声明书要求审查员撤销依据该现有技术作出的驳回审查意见。如果申请人向 USPTO 提交虚假的发明日期声明书，假称实际于现有技术公开日之后才作出的发明于现有技术公开日之前即已作出，从而骗取获得专利权。

● C. R. Bard, Inc. v. M3 Systems, Inc. 157 F. 3d 1340（Fed.Cir.1998）.

● GFI, Inc. v. Franklin Corp. 265 F. 3d 1268（Fed.Cir.2001）.

● Monsanto Co. v. Bayer Bioscience N. V. 514 F. 3d 1229（Fed.Cir.2008）.

（3）申请人向 USPTO 提交虚假的实验数据或者隐瞒真实的测试结果。

在审查员根据一项表面上与发明非常近似的现有技术文献驳回专利申请的时候，申请人可以向审查员提交一份含有比较数据的声明书，来证明他的发明有意想不到的性能，并且以此为理由要求审查员撤销不授权的审查意见。此时，申请人如果为了说明其发明有意想不到的性能而提交虚假实验数据，则可被认定为不正当行为。另外，省略部分测试结果❶，提交虚假的可专利性所依赖的实验详细信息，比如配药量等均可被认定为不正当行为。❷

（4）向 USPTO 提交失实的或者包含虚假陈述的文件。

美国联邦巡回上诉法院认为，明确的失实陈述的严重性要远远高于具有误导性的疏漏。❸ 在向 USPTO 提交下述文件时，若申请人因存在欺诈意图而进行了失实陈述，则其行为将被认定为不正当行为：第一，发明者誓言。在美国，递交专利申请文件的时候，发明人必须要在一份经过公证的声明书上签字，即发明者誓言，声明自己是这项技术的第一发明人，并且不知道有任何法定的禁止申请专利的行为，如在专利申请日一年以前公开使用发明的行为。通常这类的信息只有申请人自己知道，除非是申请人自己说出来，否则专利局很难了解到。第二，有关专利优于在先技术的声明，或就《美国专利法》第 112 条规定的驳回所作出的声明。❹ 第三，要求尽快批准专利申请的支持性文件。❺ 第四，支持小规模申请人身份要求的文件。❻ 第五，任何以过去式时态描述的似乎已实际发生了，但实际上仅是预测性并具有误导性的实例或者信息。❼

4. 重要性和欺诈意图的判断标准：从互相平衡到互相独立

存在前述行为并不必然构成不正当行为，法院还要判断前述行为涉及的信息与获得专利权之间是否存在重要关系，专利申请人是否存在欺诈 USPTO

---

❶ Cargill, Inc. v. Canbra Foods, Ltd. 476 F. 3d 1359 (Fed.Cir.2007).

❷ Aventis Pharma S. A. v. Amphastar Pharmaceuticals, Inc. 525 F. 3d 1334 (Fed.Cir.2008).

❸ Purdue Pharma L. P. v. Endo Pharmaceuticals Inc., 438 F. 3d 1123, (Fed.Cir.2006).

❹ Pharmacia Core. v. Par Pharmaceutical, Inc., 417 F. 3d 1369 (Fed.Cir.2005).

❺ General Elec-tro Music Core v. Samick Music Corp., 19 F. 3d 1405 (Fed.Cir.1994).

❻ Ulead Sys., Inc. v. Lex Computer & Mgt. Corp., 351 F. 3d 1139 (Fed.Cir.2003).

❼ Novo Nordisk Pharmaceuticals, Inc. v. Bio-Technology General Corp., 424 F. 3d 1347 (Fed. Cir. 2005).

的主观意图。早期，联邦巡回上诉法院在判断是否构成不正当行为时，会综合考虑专利权人的主观意图和该行为对获得专利权的重要性程度。这两个因素就像一个秤的滑竿一样，如果一个因素偏重，另外一个可以偏轻。❶ 例如，如果某行为对获得专利权有非常重要的影响，假设没有该行为，USPTO 就不会批准该专利，那么，对主观意图的要求相应可以降低，如过失或疏忽大意即可以满足认定不正当行为的主观意图。如果主观意图非常明显，如专利申请人故意欺骗 USPTO，则对重要性程度的要求可以相应降低。❷ 这种具有变动性的方法看似是一种中立与平衡，但实际上是在加剧个案的不确定性。两者相互平衡的结果使重要性的判断开始夹杂主观因素，同时，主观因素的标准夹杂重要性，其结果可能导致主观与重要性两个标准都变得易变而模糊。而为了应对不正当行为原则的滥用，这一平衡理论在新近的 Therasense 案中被推翻。在 Therasense 案❸中，联邦巡回上诉法院对主观意图和重要性的认定给出了新的标准。

（1）主观意图："知道而故意"标准。

在 Therasense 案中，联邦巡回上诉法院认为，被告如果主张专利权人在专利申请过程中有不正当行为，必须证明专利权人有欺骗 USPTO 的故意。过失或疏忽大意不能满足故意这个因素。例如，如果专利权人仅仅是应该知道现有文献的重要性，但并没有分析现有文献，因而并不实际知道其重要性，而没有向 USPTO 提交该现有文献，并不构成故意欺骗 USPTO。只有在专利权人知道现有文献对专利性有重要影响，并作出有意识的决定，不向 USPTO 提交，才会构成故意欺骗 USPTO。因此，联邦巡回上诉法院在该案判决中确立了"知道而故意"（Knowing and Deliberate）的标准，该标准与"应当知道"这样的标准相比，对主观意图具有更严格的要求。另外，被控侵权方对不正当行为负有举证义务。被控侵权方所举证据必须满足明确和有说服力的标准。只有被控侵权方达到这一标准之后，原告专利权人才有义务举证证明自己没有故意。即使专利权人对自己没有向 USPTO 提交重要文献的行为不能提供符合诚信要求的解释，也不能推断出专利权人有故意欺骗 USPTO 的行为。

---

❶❷　陈维国. 美国专利诉讼规则、判例与实务［M］. 北京：知识产权出版社，2014：170.

❸　Therasense, Inc. v. Becton, Dickinson and Co., 649 F. 3d 1276 (Fed.Cir.2011).

（2）重要性：多标准共存。

联邦巡回上诉法院在 Therasense 案中首先否定了《联邦法规汇编》规定的初步证据标准。《联邦法规汇编》第 37 编第 1.56 条规定，如果某篇文献或信息满足以下要求，它对判断专利性就有重要意义：文献或信息本身或与其他文献或信息相结合，可以构成专利无效的初步证据；文献或信息本身不符合申请人的立场，该立场是指申请人在答复 USPTO 就该专利申请作出的不符合授权条件的审查意见时所持立场。❶

有学者将前述规定称为初步证据标准。❷ 联邦巡回上诉法院认为，《联邦法规汇编》对重要性的要求过低。遵循这一要求，会导致申请人继续向 USPTO 提交大量的文献，以及被告在专利诉讼中频繁主张专利权人具有不正当行为。

联邦巡回上诉法院重新审核了"重要性"（Materiality）因素，采用了"如果没有"原则，即专利申请人没有提交对比文献，如果 USPTO 在审查专利的时候知道该文献，USPTO 就不会批准该专利，这样的文献才构成所谓的"如果没有"文献。也就是说，专利申请人"如果没有"隐藏该对比文献，USPTO 不会批准该专利。❸ 法院在判断对比文献的重要性的时候，要考虑如果 USPTO 当时有这篇文献会不会批准专利。法院要站在 USPTO 的角度给专利的权利要求最大范围的合理解释（Broadest Reasonable Construction）。联邦巡回上诉法院还指出"如果没有"原则有一种例外情况，即如果原专利权人有肯定的异乎寻常的行为（Affirmative Egregious Misconduct），如向 USPTO 提交明显是错误的宣誓证言，这样的行为即使不构成"如果没有"的重要性的标准，也可以认为对判断专利性是重要的。申请人花费精力去编造假的证言，然后提交给 USPTO，这本身也说明申请人认为该宣誓证言对判断专利性是重要的。

在 Therasense 案❹中，联邦地方法院根据 Abot 公司没有披露其在美国 4545382 号专利的欧洲同族专利审查过程中所提交的意见书这一事实，认定

---

❶ 37 C.F.R §1.56 (b).

❷ 崔航. 不正当行为原则的发展历程与启示 [J]. 中国发明与专利, 2018 (1)：40.

❸ 陈维国. 美国专利诉讼规则、判例与实务 [M]. 北京：知识产权出版社, 2014：171.

❹ Therasense, Inc. v. Becton, Dickinson and Co., 649 F.3d 1276 (Fed.Cir.2011).

Abot 公司有欺骗的故意，在美国 5820551 号专利申请过程中存在不正当行为，因为 Abot 公司没有就"为什么没有向 USPTO 提交自己在欧洲专利局提交的意见书"这一事实作出合理的解释。联邦巡回上诉法院认为，联邦地方法院适用的是《联邦法规汇编》规定的初步证据标准，而不是"如果没有"重要性标准，因此联邦巡回上诉法院推翻联邦地方法院对"重要性"的认定。联邦巡回上诉法院认定，专利权人不需要提供任何合理的解释，除非另一方提出明确和有说服力的证据，证明专利权人有欺骗的故意。

　　美国法院在重要信息的判断标准方面经历了早期无标准阶段、"如果没有"标准、理性审查员标准、初步证据标准等。❶ 其中，根据"如果没有"标准，只有当 USPTO 知道这些信息就不会授予专利之时，该信息才会被视为重要信息。❷ 根据"如果没有"标准所确立的不正当行为证明标准较高，认定不正当行为成立非常困难。在不正当行为原则创立的初期，美国联邦法院在没有明确标准的情况下，普遍倾向于严格控制，于是形成了"如果没有"标准。"如果没有"标准主要涉及专利申请人隐瞒重要信息，对于专利申请人提供虚假材料尚无规制效力。于是，法院在 Corning Glass 案中创设一个新的标准。该案中当事人向 USPTO 提供了虚假的材料以论证他所申请的技术不同于先前技术，但如果按照"如果没有"标准，此时可能会通过审查。但出于公平考虑，法院开始适用"相关且重要"标准。❸ 在 Therasense 案中，联邦巡回上诉法院又重新适用了"如果没有"标准，同时，确定在周密计划、预谋欺诈时，不适用该标准。❹ 虽然有学者认为，最新的 Therasense 案显示美国法院将重要性的判断标准重新定位于"如果没有"标准。❺ 但笔者认为，该案仅是法院认为在该具体案件中适用"如果没有"标准比适用其他判断标准更合理，即仅仅是相关判断标准的个案适用，不代表法院放弃了其他标准。

　　（3）两种因素的关系：从互相平衡到互相独立。

　　联邦巡回上诉法院在 Therasense 案中还改变了原来的"故意"和"重要

---

❶　崔航. 不正当行为原则的发展历程与启示［J］. 中国发明与专利，2018（1）：40.

❷　Marks v. Polaroid Corp. 129 F. Supp. 243（1955）.

❸　Corning Glass Works v. Anchor Hocking Glass Corp. 253 F. Supp. 461-470（1966）.

❹　苏毅. 从 Therasense v. Becton，Dickinson and Co. 案看美国专利法不正当行为判断标准的变化［J］. 网络法律评论，2015（2）：313-323.

❺　崔航. 不正当行为原则的发展历程与启示［J］. 中国发明与专利，2018（1）：40.

性"两个因素可以互相弥补的理论。联邦巡回上诉法院明确指出，主观意图和重要性是相互独立的两个因素。❶ 法院不能从"重要性"中推断出"主观意图"，也不能因为"重要性"很高，而放松对"主观意图"的要求。由于很少会有直接的证据证明故意欺骗，"故意"的主观意图可以从非直接（Indirect）的和外围（Circumstantial）证据推断出来。但是，要满足明确和有说服力（Clear and Convincing）的证明标准，从非直接证据作推断的时候，故意欺骗 USPTO 的结论必须是最合理的推断。如果可能有多种推断，这种情况下，法院就不能认定申请人有故意欺骗的行为。

（4）为专利权人降低了不确定性。

由于 Therasense 案提高了认定不正当行为的标准，在该案之后，根据没有向 USPTO 提交现有文献而认定申请人在专利申请过程中有不诚信行为，变得比以前困难。例如，在联邦巡回上诉法院最近审理的 1st Media 案❷中，专利权人 1st Media 公司诉被告 Electronic Arts 公司侵犯其美国专利号 5464946（以下简称"946 专利"）。专利权人在申请 946 专利的时候，没有把一些对比文献提交给 USPTO。其中一篇文献（Bush）是在国际申请（PCT）的补充审查报告里被引用、标记为"Y"的对比文献。"Y"标记表明该篇对比文献如果和其他对比文献结合，会对专利申请的可专利性构成威胁。专利权人在专利申请过程中没有提交 PCT 的补充审查报告，也没有提交 Bush 文献。在946 专利批准授权之后，欧洲专利局最终根据 Bush 文献拒绝了 946 专利的欧洲同族专利申请。专利权人还没有提交另外两篇在相关的专利申请中被引用的对比文献。在联邦地方法院的一审中，专利权人和他的专利申请律师出庭表示，没有提交这些文献很有可能是出于疏忽，并没有有意识地决定隐藏这些文献。联邦地方法院认为专利权人的解释不具备合理性，最终认定专利权人在专利申请过程中有不正当行为。联邦巡回上诉法院推翻了联邦地方法院的判决。联邦巡回上诉法院在该案中重申，专利权人只有故意欺骗 USPTO 才可能构成不正当行为。专利权人在被告用明确和有说服力的证据证明申请人有欺骗 USPTO 的故意之前，没有义务提供诚实可信的理由来解释自己为什么

---

❶ Therasense, Inc. v. Becton, Dickinson and Co., 649 F. 3d 1276 (Fed.Cir.2011).

❷ 1st Media, LLC. v. Electronic Arts, Inc., 694 F. 3d 1367 (Fed. Gir. 2012).

没有提交对比文献。联邦巡回上诉法院还认为,专利权人知道对比文献的存在,知道它的重要性,均不足以证明有欺骗 USPTO 的故意。对于专利权人粗心大意、不留心、记录时间的系统不完善等举证,可能可以证明专利权人具有疏忽或疏忽大意,但都不足以证明专利权人有故意隐瞒对比文献的意图。❶

Therasense 案提高了对欺骗意图的认定标准,从而提高了认定的门槛,减少了在诉讼中因不正当行为认定标准带来的不确定性,从而减轻了申请人的负担,提高了诉讼效率,节约了社会资源。❷

(三) 专利法中不正当行为的法律后果

不正当行为的成立可以导致很严重的后果。法院可以拒绝为专利权人提供救济,专利权人要求侵权人承担侵权责任的主张不会被支持,即不正当行为会导致专利权的不可执行。美国专利法并不允许在之后对不正当行为进行弥补,专利的救济权也不可能得到恢复。因此,即便法院没有明确宣布专利无效,按照"无救济,则无权利"的西方法谚,该专利权在实际上已经相当于无效了。❸ 不正当行为实际上赋予专利侵权诉讼中的被告以抗辩权,以对抗通过欺骗或者误导而不正当地获取专利的专利权人所提出的专利侵权诉讼主张。❹ 不正当行为不仅会使得涉案专利的全部权利要求都不具有可执行力❺,而且在特定情形下,还可能会导致其他相关专利亦不具有可执行力;❻ 更有甚者,不正当行为还可能会使该专利权人专利资产中的主要部分均不可执行,尤其是专利权人的专利资产中有较多专利是涉案专利的同族专利或续展专利。❼ 另外,为了鼓励发明人申请专利,并且向其他人授予专利许可,美国法院在宣告专利无效以后,一般不要求专利权人退还被许可人已经支付的专利

---

❶ 1st Media, LLC. v. Electronic Arts, Inc., 694 F. 3d 1367 (Fed. Gir. 2012).

❷ 苏毅. 从 Therasense v. Becton, Dickinson and Co. 案看美国专利法不正当行为判断标准的变化 [J]. 网络法律评论, 2015 (2): 313-323.

❸ 海冰. 美国专利法中的不正当行为问题 [J]. 电子知识产权, 2009 (4): 79.

❹ 徐棣枫. 不正当行为抗辩制度之移植可行性及设计构想 ——基于《专利法》第四次修改中的 "诚实信用原则" [J]. 东方法学, 2018 (6): 30-38.

❺ Star Scientific, Inc. v. R. J. Reynolds Tobacco Co., 537 F. 3d 1357, 1365 (Fed.Cir.2008).

❻ Consol. Aluminum Corp. v. Foseco Int'l Ltd., 910 F. 2d 804, 809 (Fed.Cir.1990).

❼ LEMLEY M A. MOORE K A. Ending Abuse of Patent Continuations [J]. Boston University Law Review, 2004 (84): 63, 65.

许可费。但是，在专利申请人欺骗专利局情况严重的时候，法院可以要求专利权人退赔专利许可使用费。由此可见，不正当行为原则比因缺乏新颖性或创造性而被宣告无效的后果要严重，因为后者仅对受到质疑的特定的权利要求产生影响。❶

不正当行为之所以会导致这么多后果，其目的是为了惩罚具有"不洁之手"的专利权人，警告其他专利申请人，在专利申请过程中必须要诚实。否则，USPTO 就很难正常运转，经过 USPTO 审批的专利的有效性就得不到保障，公众的利益就会受到损害。❷

（四）不正当行为抗辩对专利诱饵的规制

从不正当行为的发展可以看出，不正当行为原则主要规制专利获取中的不诚信行为。有学者认为，虽然专利法进行了改革，但当今法律无法与技术变革保持一致的时代，需要法院适用衡平法来处理面对的纠纷，不正当行为原则为法院提供了较大的自由裁量权以评判每个个体行为的本质，而不是将法院紧紧地限制于专利法的技术细节。❸ 因而有学者提出，使用不正当行为原则规制 PAE 的行为，以保护公共利益。例如，马恩认为，PAE 的行为违反了美国宪法所确立的设立专利制度的目的，如果允许 PAE 从专利制度中获得利益，则损害了公共利益。PAE 对公共利益和专利制度的损害远远大于其有可能为小发明人提供的利益。因此，需要使用不正当行为原则来限制 PAE 诉讼带来的负面影响，并试图使用不正当行为原则来修正专利制度以防止 PAE 损害创新，并保护社会公众。❹ 应当说，这些学者为解决 PAE 专利权滥用提供了有益的建议。虽然不正当行为原则要求专利申请人在专利申请过程中负有诚信义务，但据此可以毫无疑问地推导出，专利权人在行使专利权的过程中，对公众也负有诚实信用义务，不但在专利申请过程中要"双手干净"，在整个专利有效期内，行使和使用专利权时，也要依然保持"双手干净"。❺

---

❶ Amazon. com, Inc. v. Barnesandnoble. com, Inc., 239 F. 3d 1343, 1351 (Fed.Cir.2001).

❷ 程永顺，罗李华. 专利侵权判定：中美法条与案例比较研究 [M]. 北京：知识产权出版社，1998：319.

❸❹❺ MAHN G. Keeping Trolls Out of Courts and Out of Pocket：Expanding the Inequitable Conduct Doctrine [J]. Loyola University Chicago Law Journal, 2014 (45)：1245.

二、专利权滥用行为的规制及规制模式：从容忍到规制、从一元到二元

专利权滥用是权利滥用的一种类型，禁止权利滥用原则是可以追溯至罗马法的古老民法原则。专利权滥用是相对于专利权正当行使而言，它是指专利权人在行使其权利时超出法律规定的范围或者正当的界限，导致该权利的不正当利用，损害他人利益和社会利益的情形。❶ 为了防止专利权滥用，专利权的行使就要受到一定的限制。对于专利权的滥用问题，美国通过判例法发展出专利权滥用原则，作为专利案件中被告对抗专利权人的一种抗辩理由。根据专利权滥用原则，如果权利人行使权利违反公共利益，就不能要求法院保护其权利，从而达到平衡专利权人与社会公共利益的目的。

（一）美国专利权滥用原则的起源及其发展

为了激励创新、增进社会福利，美国专利制度运行的最初阶段，人们较为注重对专利权人权利的保护，法律和实践中也更为强调尊重专利权，容忍这种合法"垄断"。然而，随着专利实践活动与技术进步以及经济活动模式间的互动式的发展，专利权人逐渐开始追求最大化利用专利制度，专利权滥用现象逐渐出现并引起关注。

专利权滥用理论起源于美国，是由判例法创立的原则。如果专利权人以不适当的方式行使其专利，则丧失对其专利的保护。专利权滥用作为一项原则产生于衡平法，衡平法的基本原则就是原告须清清白白地行使他的专利权。滥用专利权从广义上说属于一种不公正、不清白的行为。美国最早的案件其实并不是反托拉斯案件，然而专利权滥用这一理论却一直与美国反垄断法有密切联系。从历史的角度看，专利权滥用原则的产生最早可以追溯到 19 世纪末 20 世纪初期的判例。从美国国会和法院对该问题的态度看，该理论的发展大致可分为四个阶段。

1. 1917 年之前：专利权的绝对垄断

美国第一部专利法制定于 1790 年，而美国第一部反垄断法律，即 Sherman 法制定于 1890 年，比美国专利法的制定晚了整整 100 年。因此，在

---

❶ 王先林. 知识产权滥用及其法律规制 [J]. 法学，2004（3）：105-110.

1890 年之前，美国尚无以垄断来规制专利权的概念。美国《独立宣言》的起草人、美国国家体制的创建人杰佛逊一向以提倡自由，反对任何形式的垄断而著称，但他认为技术和艺术上的创新应当是一个例外，可以享受一定的垄断权。❶ Sherman 法颁布之后的最初一段时间中，美国也没有重视专利法与反垄断法之间的关系，认为专利权是反垄断法的一个例外，因为专利法的目的就是提供一种垄断权。❷ 即使专利权人形成专利联营协议（Patent Pool），赤裸裸地进行价格限定，法院也没有依据反垄断法对其进行控制。由于专利权被认为是合法的垄断，当被告以专利权人的行为违反联邦反托拉斯法进行抗辩时，法院一般不予支持。很多法院在专利侵权诉讼中根本不承认被告以专利权人滥用其专利权作为抗辩。

《保护贸易和商业不受非法限制与垄断之害法》（以下简称《谢尔曼法》）和《克莱顿反托拉斯法》（以下简称《克莱顿法》）颁布之后，专利侵权诉讼中被告开始抱怨专利权人实施的行为恰恰是反垄断法所禁止的垄断市场、固定价格以及捆绑行为，从而让人产生了专利权人始终在用专利法作为逃避反垄断法责任之手段的忧虑。在这个时期的判决中，法院得出专利权范围是相当广泛的结论。授予一项专利同时也就排除了其他人利用这项发明进行制造、使用和销售的机会。作为这些权利的必然后果，专利权人可以选择在市场上完全保留该项发明专利。早期观点认为，法院推定专利权人有保留发明的权利，这就应该包括其指定其他人可以在哪些方面使用其发明的次要权利。❸ 尽管专利法本身提供了很少的救济，但权利人也许可以通过对被告提起违约之诉而得到更好的赔偿。但是，最高法院早期案例似乎阻断了在有效合同案件和有效专利案件中提起反垄断抗辩的可能性。这种观点在 Henry v. A. B. Dick 案中得以显现，这是一个包含了捆绑行为的案件。该案的逻辑暗

❶ 尹新天. 美国对其专利政策的重新审视——简评美国联邦贸易委员会 2003 年 10 月报告 [M] //国家知识产权局条法司. 专利法研究: 2004. 北京: 知识产权出版社, 2006.

❷ Federal Trade Commission. To Promote Innovation: The Proper Balance of Competition and Patent Law and Policy [EB/OL]. [2018-04-18]. https://www.ftc.gov/sites/default/files/documents/reports/promote-innovation-proper-balance-competition-and-patent-law-and-policy/innovationrpt.pdf.

❸ Henry v. A. B. Dick, 224 U. S. at 28 (1912).

示了对专利权人违反反垄断法所提起的积极抗辩将归于失败。❶

2. 1917 年电影专利公司案至 20 世纪 50 年代：专利权滥用受到严格规制

美国专利权滥用原则最初是从几个关于专利搭售的判例发展而来。美国联邦最高法院在 1917 年的电影专利公司案中已经认识到专利权滥用抗辩。❷美国联邦最高法院在该案中首次承认"专利权滥用"可以作为侵害专利权诉讼案件中的抗辩理由，而且首次判定当原告的行为构成"专利权滥用"时，专利权人不得控告被告侵害其专利权。❸

Motion Picture Patents 案❹是在人们对于日益增多的强制使用专利行为的担忧与日俱增时出现在最高法院的。该案涉及 707934 号美国专利的权利要求 7，该专利是对电影放映机的改进。原告授权被许可人使用该专利技术在全美制造和销售放映机，原告在许可协议中规定被授权人所销售的每一件放映机都只能使用 12192 号专利中的特定的胶片，而这种胶片要由被授权人向授权人租借。上诉法院发现专利持有人的行为构成了捆绑行为并触犯了《克莱顿法》。上诉法院依据反垄断规则，认定在专利侵权案件中这种约束不应该被执行。然而，与上诉法院不同，最高法院却拒绝以反垄断法为依据，认为正确分析的关键应该是专利法，即专利权人行使其权利是否超出了权利范围。法院从专利法的角度来分析该案件，认为专利权人的权利取决于发明本身，在专利侵权案件中法院拒绝支持获得超出专利范围的权利之企图。这个逻辑批判了早先那种专利持有人对发明在市场中的控制权利包含了对发明任何内容的使用之限制的次要权利的观点。并非所有的限制条款都是可接受的，那些超越了专利发明本身、与专利法所授予的权利不相符合的限制条款在专利侵权案件中将不能被执行。美国联邦最高法院认为，每个专利的排他权利必须受其自身权利要求的限制，专利权人通过附加注意事项的方式，将权利扩展到对机器工作所需材料的限制是不合理的。这种限制无效，因为这样的胶片

---

❶ FELDMAN R C. The Insufficiency of Antitrust Analysis for Patent Misuse [J]. Hastings Law Review, 2003 (55)：399-449.

❷ DRATLER J. 知识产权许可：上 [M]. 王春燕等，译. 北京：清华大学出版社，2003：472.

❸ 王先林. 知识产权与反垄断法：知识产权滥用的反垄断问题研究 [M]. 北京：法律出版社，2001：107.

❹ Motion Picture Patent Company v. Universal Film Manufacturing Company etal. 243U. S. 502（1917）.

很明显不属于该案专利权的范围。❶ 电影专利公司案的判决建立了被称为专利权滥用的原则，并形成了法院可以用来对专利法和反垄断法进行折中分析的基本框架，尽管这个框架还需要联邦最高法院花时间去具体细化。❷

到 20 世纪 40 年代中期，联邦最高法院已经描绘出了专利权滥用的基本轮廓。在 1942 年的 Morton Salt 案❸中，涉案专利技术涉及 G. S. Suppiger 公司生产的一种拥有专利权的盐片沉淀机器。专利权人的业务是出租其盐片沉淀机器，但却要求租赁者只能从专利权人处购买机器所使用的沉淀罐装食品的盐片剂。一审法院认为 G. S. Suppiger 公司的行为是一种非法搭售行为，抑制了非专利产品盐片剂的市场竞争，属于专利滥用行为，因此驳回了其诉讼请求。尽管联邦第七巡回上诉法院推翻了一审法院的判决，但联邦最高法院还是支持了一审法院，认为 G. S. Suppiger 公司意在将其专利权保护的范围扩大至相关的非专利产品上，既不符合专利法意在促进科技进步的公共政策，也违背了反垄断法所要维护的竞争市场之自由精神，构成权利滥用。从联邦最高法院的观点可以看出，专利权滥用的逻辑必须从专利政策中导出，专利持有人企图不适当地扩大被授权专利的时间和范围的行为无须违反反垄断法就构成了专利权滥用。当专利权人有滥用行为时，法院将拒绝执行专利权，至少在专利权人放弃滥用行为并且消除损害后果之前是如此的。❹

3. 20 世纪 50~70 年代：对专利权滥用的管制，制定法有所松动，但判例法依然严格

20 世纪 50~70 年代，由于当时对专利权滥用施加了过于严格的控制，动辄认为专利权人滥用专利独占权，引起美国国会的注意，并着手对专利权滥用采取放松管制的政策。1952 年美国国会制定的专利法从某种程度上对当时不断被扩大使用的"滥用专利权"理论进行了限制，并强化了专利权。根据该法第 271 条中 (d) 款的规定："专利权人在其他情况下有对受侵害或同谋

---

❶ 罗伯特·P·墨杰斯，彼特·S·迈乃尔，马克·A·莱姆利，等. 新技术时代的知识产权法 [M]. 齐筠，张清，彭霞，等，译. 北京：中国政法大学出版社，2003：235-239.

❷ 徐棣枫. 专利权的扩张与限制 [M]. 北京：知识产权出版社，2007：254.

❸ Morton Salt Co. v. G. S. Suppiger Co., 314 U. S. 488 (1942).

❹ ELDMAN R C. The Insufficiency of Antitrust Analysis for Patent Misuse [J]. Hastings Law Review, 2003 (55)：421-431. 转引自徐棣枫. 专利权的扩张与限制 [M]. 北京：知识产权出版社，2007：256.

侵害请求补救的权利，不能因有下列一项或一项以上的行为而被剥夺这种请求补救的权利，或者被认为有滥用或不法扩大其专利权的行为：（1）从某种行为中获得收入，而该行为如由他人不经其同意而实施，将构成对专利权的同谋侵害；（2）签发许可证授权他人实施某些行为，而该行为如由他人不经其同意而实施则将构成对其专利权的共同侵害；（3）企图实施其专利权以对抗侵害或同谋侵害。"❶ 1972 年美国司法部曾宣布 9 种限制性许可贸易行为是自身违法行为，这就是后来被称为"九不准"（Nine No-Nos）的规则，用于强化对专利权滥用行为的控制。但是，由于"九不准"规则对专利许可贸易带来了很大限制，其中大多数后来都被认为过于严厉而被取消。❷ 因此，至 20 世纪 70 年代，美国政府也开始调整过于严格的专利权滥用管制政策。尽管如此，从总体上看，在 50~70 年代，美国仍然是反垄断法占主导地位、专利权人相对处于不利地位的局面。

4. 1988 年《专利权滥用修正法》以后，制定法与判例法相纠缠下的专利权滥用规制呈现出模糊与混乱

长期以来美国国会对专利权滥用原则一直不满意，部分议员认为这对专利权人过分严格，因此试图利用立法的方式予以修改。❸ 在美国参议院于 1987 年所提出的《知识产权反托拉斯保护法》（*The Intellectual Property Antitrust Protection Act*），要求进一步放宽对专利权人的反垄断管制，专利权滥用原则在适用上受到相当大的限制。但众议院则不同意该法案。经两院达成妥协后，1988 年国会通过了《专利权滥用修正法》。与将反垄断规则作为所有专利权滥用行为的判断标准不同，《专利权滥用修正法》规定反垄断规则仅与搭售行为有关。国会认为不可仅因某项产品是享有专利的产品，便直接推定该产品在市场上就一定具有市场支配力，因此国会只改变了专利权滥用中与搭售行为有关的部分内容，对《美国专利法》第 271 条（d）款增加了第（4）（5）两项，即补充规定以下行为不构成滥用专利权："（4）拒绝订立许

---

❶ 迈可尔·N·米勒. 国外专利诉讼 [M]. 孟庆法，译. 成都：成都科技大学出版社，1987：214-215.

❷ 尹新天. 专利权的保护 [M]. 2 版. 北京：知识产权出版社. 2005：545.

❸ 王先林. 知识产权与反垄断法：知识产权滥用的反垄断问题研究 [M]. 北京：法律出版社，2001：108.

可合同或者拒绝转让专利权。（5）以订立另一项专利权的许可合同，或者购买另外的单独产品，作为订立专利许可合同或者购买专利产品的条件，除非是专利权人在相应的市场对后一专利权或者后一产品拥有市场支配力。"❶

可以说，专利权滥用修正法从制定法上澄清专利权滥用原则与反托拉斯法之间的关系，即有关搭售行为的专利权滥用涉及反托拉斯审查，而专利权人的权利滥用行为无须触犯反垄断法即可构成专利权滥用。

然而，联邦巡回上诉法院在此后的有关判例中并没有完全遵循专利权滥用修正法，仅对搭售行为进行反垄断审查。在一些判例中，联邦巡回上诉法院坚持对所有专利权滥用行为都进行反垄断审查。例如，在 1992 年的 Mallinckrodt 案❷中，联邦巡回上诉法院通过要求对与搭售行为无关的专利权滥用案件进行反垄断分析而改变了法律规则。依据该案观点，法院不仅要求具有市场支配力，而且还对所有的专利权滥用案件增加了此项要求。而在新近的 Princo 案中，联邦巡回上诉法院在考虑专利权人的行为是否为专利权滥用时，又认为判断是否构成专利权滥用与反垄断无关，即便构成反垄断，那也是反垄断法的问题，而不是专利法领域的问题。❸

在 Princo 案❹中，为了解决同一技术问题，飞利浦公司和索尼公司各自开发出来自己的技术方案。飞利浦公司就自己的技术方案获得后来被称为 Raaymakers 的专利，索尼公司就自己的技术方案获得后来被称为 Lagadec 的专利。经协商，飞利浦公司和索尼公司决定在产品中实际使用 Raaymakers 专利技术，并将 Raaymakers 专利纳入到相关产品标准中。此后，飞利浦公司和索尼公司还将包括 Raaymakers 专利和 Lagadec 专利在内的相关专利打包后对外许可，具体许可业务由飞利浦公司运营。该案被告 Princo 公司主张，飞利浦公司把一些非核心的专利和作为核心的标准专利打包在一起许可，属于专利权滥用，并投诉至国际贸易委员会。国际贸易委员会认定 Princo 公司侵权，但同时也同意了 Princo 公司的关于飞利浦公司专利权滥用的主张。此案后来上诉至联邦巡回上诉法院，联邦巡回上诉法院认为 Princo 案的争议焦点是，专利权人

---

❶ 徐棣枫. 专利权的扩张与限制［M］. 北京：知识产权出版社，2007：259-260.

❷ Mallinckrodt，Inc. v. Medipart，Inc.，976 F. 2d 700，708~709（Fed.Cir.1992）.

❸❹ Princo Corp. v. International Trade Commission，616 F. 3d 1318（Fed. Cir. 2010）.

飞利浦公司一方面许可自己的专利（Raaymakers 专利），另一方面跟持有与专利技术相竞争的索尼公司签订合同，要求该索尼公司不去许可该竞争技术（Lagadec 专利），是否构成专利权滥用。联邦巡回上诉法院认为，联邦最高法院在先前的判例中建立了一个专利权滥用的基本原则，即专利权人在实施专利权的时候不能获得专利权以外的垄断权利。最常见的一种专利权滥用行为是把被许可人购买非专利产品作为专利许可的条件，另外一种滥用行为是要求被许可人在专利过期之后继续支付许可费。这种在物理上或时间上扩大专利权利的范围，都可能构成专利权滥用。但该案的事实和联邦最高法院的先前判例完全不同。即使专利权人飞利浦公司与索尼公司订有不去许可该竞争技术（Lagadec 专利）的合同，也不构成对 Raaymakers 专利的滥用。联邦巡回上诉法院认为，这种合同没有在任何方面扩大 Raaymakers 专利的专利权人的权利。专利权人没有利用自己的专利去扩大自己的垄断权利，因此，不构成专利权滥用。这种行为虽然可能违反反垄断法，但那是反垄断法的问题，不能被认定是对专利权的滥用。因此，在 Princo 案中，联邦巡回上诉法院在判断是否构成专利权滥用时并没有将反垄断检测作为构成专利权滥用的标准。

（二）当代美国专利权滥用行为的法律规制模式：二元规制

从历史进程来看，专利权滥用原则几乎与美国反托拉斯法同时产生于 19 世纪末 20 世纪初，可以说，专利权滥用与反托拉斯法的发展历史相互缠绕，许多原则和学说也相互交叉。适当地处理专利权与垄断的关系始终是美国专利法及其司法实践的"主旋律"。❶ 如前所述，美国制定法对专利权滥用进行规制的立法采二元结构，即专利法和反托拉斯法共同加以规制。1952 年《美国专利法》第 271 条首次从反面对专利权滥用进行限制，1988 年《专利权滥用修正案》针对搭售行为是否构成专利权滥用增设了反托拉斯法审查，而其他滥用行为只适用专利法规则。20 世纪 80 年代，美国司法部反托拉斯署的观点发生了戏剧性变化，其既承认许可协议具有促进竞争的价值，同时也同意美国法院对这些许可采取比较宽松的态度，反托拉斯署抛弃了作为"九不准"基础的严格方法，这在 1988 年颁布的《国际交易反托拉斯指南》中有所反

---

❶ 张乃根. 美国专利法判例选析［M］. 北京：中国政法大学出版社，1995：256-257.

映，在 1995 年颁布的《关于知识产权许可合同的反托拉斯指南》中有了进一步体现。后者反复强调，知识产权许可贸易中的大部分限制性条款还是有利于竞争的，应当在合理性规则下进行具体分析。❶

从美国判例法来看，美国联邦法院对专利权滥用进行规制的立法也采二元结构，但对于何种情况下需要适用反垄断检测的问题，美国联邦法院并没有完全遵守制定法的规定。最初，被告以专利权滥用进行抗辩并不需要证明专利权人已违反了反托拉斯法。后来，最高法院意识到，虽然某些特定的扩大范围的支付条款可能会将时间延长和将范围延伸至专利保护范围之外，但是，如果是合理的、对双方有利的商业安排，则并不导致专利权滥用。在 1988 年《专利权滥用修正法》之前，美国联邦最高法院对图谋在适当范围之外扩张其专利垄断权的行为加以谴责，而没有采用现在被认为是反托拉斯案件中运用的适当方法，即市场分类或者经济分析。《专利权滥用修正法》开始严格限制将滥用原则适用于专利，仅针对滥用的一种形式即搭售，要求法院依照反托拉斯传统进行市场分析。但是，自 20 世纪 80 年代末开始，美国联邦巡回上诉法院的判例既与先前的判决不同，也未遵循 1988 年《专利权滥用修正法》，而是对搭售行为之外的专利权滥用行为也适用反托拉斯法，对专利权滥用的构成增加了"反竞争效果"的条件，要求法院应使用反托拉斯法的目的/动机规则测试来决定某个具体行为是否构成专利权滥用。而在新近的 Princo 案中，联邦巡回上诉法院又放弃了反垄断检测。

根据前述美国专利权滥用行为的发展过程，有学者提出，美国实际发展出两种应对专利权权滥用的模式，一是采用反垄断法原则，其理论依据是专利权滥用的关注对象是反竞争行为；二是将专利权滥用界定为力图就专利权保护范围以外的某种商品取得市场优势，其理论基础来源于专利法政策。❷ 因此呈现出一种二元规制模式。

（三）二元制的相关争论：专利权滥用的限制是基于专利法政策还是基于反垄断法政策

实际上，在美国对于专利权滥用与反垄断法的关系上有两种观点。一种

❶ DRATLER J. 知识产权许可：上 [M]. 王春燕等，译. 北京：清华大学出版社，2003.

❷ 克里斯蒂娜·博翰楠，赫伯特·霍温坎普. 创造无羁限：促进创新中的自由与竞争 [M]. 兰磊，译. 北京：法律出版社，2016：297.

观点认为，专利权与反垄断法密不可分，必须以限制竞争效果审查专利权滥用。另一种观点认为，专利权滥用与专利反垄断行为没有必然联系，无需通过反垄断分析专利权滥用。

支持采用反垄断政策规制专利权滥用行为的人认为，专利权人不当扩大了其权利范围的行为方式多种多样，如限制他人使用、转许可其专利，或者拒绝许可，收取过高的许可费，限制使用范围等。专利法赋予了专利权人的权利，就有权在许可协议中设定广泛的限制条件，因而专利权滥用原则的适用范围则被限制适用在很小的范围内。❶联邦巡回上诉法院认识到专利权滥用原则的使用范围有限后，强调在某些不合法的商业行为，甚至是具有反竞争效果的商业行为，被控侵权人无法适用专利权滥用原则进行抗辩。❷ 一些法院和学者甚至质疑专利权滥用原则存在的必要，他们认为，由于按照目前的解释，反垄断法可以适用于每一种可能严重损害竞争的做法，因此很难为同样旨在防止反竞争做法的专利权滥用理论确定单独的作用。❸ 美国联邦法院波斯纳法官甚至认为，在反垄断法之外，再也找不到专利权滥用行为的可靠依据。❹

支持采用知识产权政策规制专利权滥用行为的人认为，滥用原则起源于知识产权政策而非反垄断政策，它有自己的保护价值。滥用原则绝对不是反垄断法的重新表述，其正当关切的对象是削弱知识产权政策的行为❺，包括限制竞争、限制创新以及不合理地封锁本来已经合法进入共有领域的信息和技术。❻ 反垄断法的设计只是针对特定类型的损害，不能表达专利法的全部内容，适用反垄断法对专利权利滥用进行审查必然会忽略专利法的重要内容，专利权滥用的审查只应依据专利法，而不能依据反垄断法规则。❼ 美国哥伦比亚特区上诉巡回法院法官道格拉斯·金斯伯格曾撰文称，PAEs 诉讼虽然给很

---

❶ USM Corp. v. SPS Techs., Inc., 694 F. 2d 505, 510 (7th Cir. 1982).

❷ C. R. Bard, Inc. v. M3 Sys., Inc., 157 F. 3d 1340, 1373 (Fed.Cir.1998).

❸ USM Corp. v. SPS Techs., Inc., 694 F. 2d 505, (7th Cir. 1982), at 511.

❹ USM Corp. v. SPS Techs., Inc., 694 F. 2d 505, (7th Cir. 1982).

❺ 克里斯蒂娜·博翰楠，赫伯特·霍温坎普. 创造无羁限：促进创新中的自由与竞争 [M]. 兰磊，译. 北京：法律出版社，2016：304.

❻ 同上：10.

❼ ELDMAN R C. The Insufficiency of Antitrust Analysis for Patent Misuse [J]. Hastings Law Review, 2003 (55)：421-431. 转引自徐棣枫. 专利权的扩张与限制 [M]. 北京：知识产权出版社，2007：399.

多公司带来了严重的困扰，但 PAEs 仍旧是诉讼问题，而非反垄断问题。❶

专利权滥用原则起源于美国联邦最高法院处理的一系列案件。在这些案件中，法院确实强调了专利法政策。在 1917 年的 Motion 案中，美国联邦最高法院认为，专利权人的搭售非专利产品的限制之所是无效的，是因为专利权人的行为实际上是试图在专利有效期限届满后继续延续其垄断权。同时，如果认定专利权人的搭售行为有效，则专利权人实际上会利用合法的专利权在非专利产品的制造和使用上设定一种垄断权，而这种在非专利产品上设定的垄断权超出了专利法的授权范围。❷ 在 1931 年的 Carbice 案中，最高法院认为，非专利产品的搭售行为超出了专利权人依据专利法可享有的垄断权的范围。❸ 在 1942 年的 Morton Salt 案中，专利权滥用行为之所以不能被强制执行，是因为专利权人不合法地使用了其专利权，以获得一种未经专利局授权的排他性权利或垄断权，而且这种行为违反了公共政策。❹ 在这些案件中，美国最高法院建立起专利权滥用原则，专利权人可以行使其权利，但不得谋求专利保护范围之外的垄断权。那些使用专利权试图在非专利产品市场上获得竞争保护的专利权人，是通过合同将其专利垄断权扩张至法律并未给予垄断或者贸易限制的领域。❺

联邦巡回上诉法院将搭售中的原则同时适用于那些延长收费期的专利许可中，权利保护期限届满后要求被许可人支付许可费的行为，实际是通过合同延长了专利法规定的专利有效期。在 1964 年的 Brulotte 案中，联邦巡回上诉法院认为，专利权使得专利权人具有收取许可费的优势，其收取的许可费，就如同享有垄断优势所收取的许可费。但是，当使用这种优势将收费期限延长至专利有效期届满后，就如同搭售一样，是将专利的垄断范围扩展至法律

❶　道格拉斯·金斯伯格. NPEs、PAEs 与反垄断问题 [J]. 竞争政策研究，2015（2）：21-22.

❷　Motion Picture Patents Co. v. Universal Film Manufacturing Co., 243 U. S. 502, 37 S. Ct. 416, 61 L. Ed. 871（1917），at 509.

❸　Carbice Corp. of America v. American Patents Development Corp., 283 U. S. 27, 51 S. Ct. 334, 75 L. Ed. 819（1931），at 334.

❹　Morton Salt Co. v. G. S. Suppiger Co., 314 U. S. 488, 62 S. Ct. 402, 86 L. Ed. 363（1942），at 402.

❺　Transparent - Wrap Mach. Corp. v. Stokes & Smith Co., 329 U. S. 637, 643, 67 S. Ct. 610, 91 L. Ed. 563（1947），at 644.

授权范围之外的行为。❶

　　美国联邦最高法院在 Zenith 案中总结到，专利权人不得利用其垄断优势来控制或者限制被许可人的行为，专利权人授权被许可人使用其专利时，不能将专利垄断权之外的其他产品的购买、使用或销售设置为使用其专利权的前提条件。❷ 其核心重点在于，专利权人是否非法地扩大了专利权的物理和时间范围，并造成反竞争的效果。❸ 当专利权人在许可或者销售中设置限制条件，将其权利扩张至专利权保护范围之外时，被控侵权人可以援用专利权滥用原则以对抗专利权人的主张。❹

　　支持采用专利法政策的人认为，在这些案件中之所以可以看见反竞争效果检测的影子，是因为尽管法院通常认为专利权滥用关涉通过知识产权许可和其他安排取得专利权保护范围之外的权利，但该法则缺乏一套用于评判哪些行为应当受谴责，以及根据什么理由谴责的统一标准，因为反垄断法提供了可供法官评判复杂竞争效果的设计精良的规则。❺ 也许正是因为如此，有关滥用的判例法大多以反垄断法作为判断标准。另外，反竞争效果测试，也是在某种程度上为了协调专利法与反垄断法之间的关系。❻ 而违反反垄断法的行为，并不因为其涉及专利产品或者依据专利方法获得的产品，就认为是专利权滥用行为。❼ 即使专利权人实施的某一行为具有反竞争法的效果，但并未意味着就属于滥用专利权的行为，除非专利权人以超出专利权授权范围的方式限制了专利权技术的利用。❽ 如今人们通常更倾向于把专利视为一类财产而非垄断。在某些方面这是一项值得肯定的发展，因为专利很少会带来显著的市场力量。其表现更类似于单纯的财产权，即只拥有"基于边界"的排斥力，

---

❶　Brulotte v. Thys Co., 379 U. S. 29, 85 S.Ct.176, 13 L. Ed. 2d 99（1964）, at 33.

❷　Zenith, 395 U. S. at 136, 89 S.Ct.1562.

❸　Windsurfing Int'l, Inc. v. AMF, Inc., 782 F. 2d 995, 1001（Fed.Cir.1986）.

❹　Monsanto Co. v. McFarling, 363 F. 3d 1336, 1341（Fed.Cir.2004）.

❺　克里斯蒂娜・博翰楠，赫伯特・霍温坎普. 创造无羁限：促进创新中的自由与竞争［M］. 兰磊, 译. 北京：法律出版社, 2016：289-291.

❻　同上：303.

❼　Kolene Corp. v. Motor City Metal Treating, Inc., 440 F. 2d 77, 84-85（6th Cir. 1971）.

❽　Princo Corp. v. International Trade Commission, 616 F. 3d 1318（Fed.Cir.2010）, at 1329.

而非"基于市场"的排斥力。❶

　　笔者认为，上述两种观点都有失偏颇，从一个极端转向了另一个极端。但采用单一的规制模式，无论是依据反垄断政策，还是专利法政策，都未必能有效规制专利权滥用。滥用知识产权的行为并不当然构成反垄断，是否构成反垄断，需要依据反垄断法的规定进行认定，而不仅仅因为是滥用知识产权的行为，就认定构成垄断。专利法与反垄断法有明确的分工和区别，专利法的目的在于促进技术进步、鼓励技术创新，而反垄断法的目的是维护良好的市场竞争秩序。专利法应当制止阻碍技术进步和创新的专利权滥用，反垄断法则应制止破坏市场竞争秩序的非法垄断。❷ 虽然专利法也关注反竞争的限制行为，但其关切对象应该更加广泛。专利法赋予专利权人控制专利本身，即控制专利产品会形成垄断，但并没有赋予它超过专利控制范围控制其他利益的权利。因此，通过专利法对一般性专利权滥用行为进行调整，同时用反垄断法对构成限制竞争的滥用专利权行为进行规制，这种二元结构更具科学性和合理性。

(四) 专利诱饵反垄断规制模式之实践

　　使用专利法政策规制专利诱饵权利滥用，是近年来美国采取的重要模式之一。如前所述，为了提升专利质量，应对专利诱饵诉讼泛滥问题，美国国会经过多年努力，最终通过 AIA 以对美国专利制度进行重大改革，力图从立法层面调整规制专利诱饵的专利法政策，以适应新的需求。作为美国权力体系的重要组成部分，美国联邦法院则在涉及专利诱饵的案件中，就专利主题适格性、专利有效性、禁令颁发标准、律师费转移支付等具体的专利法问题，阐述和表明了其观点，通过判例法修正规制专利诱饵的专利法政策。USPTO就无效程序中证据标准、权利要求解释规则以及涉及软件专利的审查标准发布新的审查规则，在专利审查和授权业务中调整专利法政策，以提升专利确定性，积极应对专利诱饵。可以看出，由于专利法政策涉及面广、调整灵活，

　　❶ 克里斯蒂娜·博翰楠，赫伯特·霍温坎普. 创造无羁限：促进创新中的自由与竞争 [M]. 兰磊，译. 北京：法律出版社，2016：前言8.
　　❷ 许春明，单晓光. "专利权滥用抗辩"原则——由ITC飞利浦光盘案引出 [J]. 知识产权，2006（3）：33-38.

在近年来的专利立法、司法和审查实践中得到充分的运用并获得一定成效，其在规制专利诱饵中扮演的重要角色已无需多言。

1. 反垄断法规制专利诱饵存在的困境

虽然滥用专利池、交叉许可以及利用庞大的壳公司和控股公司网络来主张专利权一直是反垄断法的前沿❶，但与专利法政策规制专利诱饵的活跃度相比，反垄断政策表现的则相对保守。例如，反垄断法的适用主要体现在对专利聚合的规制上，专利诱饵通过专利聚合积累数量庞大的专利，然后在专利交易、专利许可等方面呈现出反竞争效果。另外，关于专利诱饵的反垄断分析，仍在传统的反垄断法框架下进行，反垄断并未设置专属于 PAE 的新型排除或者限制竞争的行为。❷ 而在传统反垄断法律框架下，由于 PAE 的内涵与外延存在一定的模糊性，较难将其纳入严格的反垄断认定标准中进行法律分析。虽然反垄断法可以谴责专利主张实体的权利主张行为，但专利主张实体的某些活动仍然被排除在反垄断法之外。反垄断法可以禁止有可能构成反竞争的专利收购行为，但这些法律并没有普遍禁止财产的让与。❸ 适用反垄断法的主要障碍是相关市场的认定，在适用反垄断法时，需要确定一个受到专利诱饵专利积累不利影响的特定相关市场。但专利聚合者通过专利集中主张权利时并不要求在任何特定市场中增加集中度，因此很难具体确定受不利影响的特定相关市场。❹ 相关市场的认定困境使得反垄断法在限制专利聚合者和敲诈勒索诉讼方面表现出迟钝或低效。❺

2. 反垄断法规制专利诱饵的新思路：IV 案❻

尽管反垄断规制专利诱饵显现出一定的困境，但2015 年美国马里兰联邦地方法院审理的 Intellectual Ventures I LLC v. Capital One Fin. Corp 一案（以下简称"IV 案"），由于其涉及全球最大的专利诱饵而备受关注。IV 公司经常声称，其收入被转嫁给发明者以鼓励更多的创新，由专利诱饵组织实施专利

❶ ROBERTSON J R, BREED L M. United States v. Widget Co., Newco, and PatentAggregator Plus LLC: A Hypothetical Closing Argument [J]. Antitrust Law Journal, 2014 (79): 527, 532.

❷ 胡向宏，韩伟. 专利主张实体 (PAE) 的反垄断应对 [J]. 电子知识产权, 2015 (12): 33-39.

❸❹❺ POPOFSKY M S, LAUFERT M D. Antitrust Attacks on Patent Assertion Entities [J]. Antitrust Law Journal, 2014 (79): 445.

❻ Intellectual Ventures I LLC v. Capital One Fin. Corp, 99 F. Supp. 3d 610 (D.Md.2015).

创造了显著的效率，抵消了任何潜在的反竞争效应。❶ 有研究人员认为，该案为今后针对庞大专利聚合者以反垄断为由进行专利侵权抗辩奠定了基础。❷

2014 年 1 月，IV 公司向马里兰联邦地方法院提起针对 Capital 银行（Capital One Fin. Corp）的专利侵权诉讼，指控 Capital 银行侵犯了其涉及移动银行和安全技术的四项专利。Capital 银行则提出反诉，指控 IV 公司通过专利聚合以获取市场垄断权，因而违反了谢尔曼法。在 IV 案❸中，Capital 银行向法院阐述了 IV 公司的发展历史、运营模式、专利组合以及诉讼策略，并主张 IV 公司的市场垄断地位来源于其积累的 3500 项专利，这些聚合的专利创建了一个从事商业银行业务必不可少的专利组合，其中包括了具有标准重要性的专利。Capital 银行认为，IV 公司的垄断行为造成了特定的损害，因为对于 Capital 银行来说，要么支付 IV 公司"赎金"性质的许可费，要么离开银行业。Capital 银行还提出，IV 公司将各种专利组合分散和隐藏在不同的壳体公司中。IV 公司则认为，Capital 银行没有证据证明 3500 项专利组合的存在，所谓的壳体公司是拥有不同专利组合的独立法律实体。IV 公司基于以下三点意见认为其行为不构成垄断：（1）Capital 银行没有明确定义一个合理的相关市场；（2）Capital 银行亦没有充分证明 IV 公司在该市场具有垄断地位；（3）IV 公司没有实施任何非法行为。马里兰联邦地方法院基于反垄断构成要件对 IV 公司的专利聚合行为进行了反垄断分析。

关于相关市场，Capital 银行将相关市场定义为 IV 公司涉诉专利组合的许可市场。Capital 银行认为，涉诉专利组合的专利许可没有替代品，因为 IV 公司已经将原始专利权人驱除出相关市场，IV 公司通过精心策划的专利聚合、专利隐瞒和诉讼活动，排除了 Capital 银行获得涉诉专利组合许可的替代用品。马里兰联邦地方法院认为，Capital 银行除了向 IV 公司支付许可费外，别无选择，因为 Capital 银行已经使用的在线服务在没有涉诉专利技术的情况下无法运行。Capital 银行面临的现实是，IV 公司涉诉专利组合是一个独特的市场，

❶❷ ROBERTSON J R, BREED L M. United States v. Widget Co., Newco, and PatentAggregator Plus LLC: A Hypothetical Closing Argument [J]. Antitrust Law Journal, 2014 (79): 527, 532.

❸ Intellectual Ventures I LLC v. Capital One Fin. Corp, 99 F. Supp. 3d 610 (D.Md.2015).

Capital 银行只能从 IV 公司获取专利许可，否则将面临没完没了的、毫无价值的诉讼。Capital 银行不能从任何其他专利权人那里获得可替代的专利技术的许可，也不能重新配置他们的商业方法和在线服务产品，以避免 IV 公司的侵权指控。无法回避的专利组合构成了它自己的反垄断市场。因此，IV 公司创造了一个单一的专利许可来源，从而消除了专利权人之间的所有竞争，否则他们就会为了专利许可机会而相互竞争。

关于 IV 公司是否具有市场垄断地位，根据反垄断法，市场垄断地位是指控制价格或排除竞争的能力，该案中应当分析在某一特定市场或技术领域获得数千项专利，是否大大提高了聚合者获得比以前专利所有人单独持有专利权时所能得到的更高价格的能力。Capital 公司认为，IV 公司已经从 Verizon 通信公司获得 3.5 亿美元专利许可费，从 Intuit 公司获得 1.2 亿美元专利许可费，从 Cisco 公司获得 2 亿~4 亿美元专利许可费。但获得的这些许可费与被许可专利的实际价值没有任何商业或经济关系，实质是 IV 公司通过专利聚合和相关的反竞争行为而收取的专利组合垄断费用。基于积累的专利数量，其寻求许可的做法以及其他反竞争行为，IV 公司在使整个美国商业银行业的业务流程得以实现的技术市场上拥有垄断地位。马里兰联邦地方法院认为，IV 公司拥有 100% 的相关市场份额，其他主体市场持有的专利许可证不能阻止 IV 公司在其专利组合方面的许可活动。对于这些专利组合，没有任何供应方或需求方可以对其许可价格进行限制，没有任何竞争对手有能力扩大产出，以挑战 IV 公司的高价格，因而拥有垄断地位。法官还特别指出，IV 公司的专利聚合行为带来的影响是累积性的，随着其收购的专利数量的提升，最终可能达到垄断地位。

关于非法垄断行为，不仅要证明 IV 公司在相关市场上拥有垄断地位，而且还必须非法使用这种垄断地位。Capital 银行称，IV 公司有意收购一个涵盖了 3500 项专利的庞大专利组合，通过获得大量专利来控制市场，故意形成市场垄断地位。IV 公司在获得 3500 项专利之前，其没有任何市场份额，而且这些产品已经到位并为银行业所用。IV 公司反驳了这一指控，认为专利获得是合法的。但马里兰联邦地方法院认为，即使是合法获得的专利，其也不能被用作获取反垄断法所禁止的目标的杠杆。由于包含专利技术的产品在 IV 公司获得专利之前已经在银行业使用，可以认定 IV 公司至少故意获得其垄断地位，满足了谢尔曼法的有关构成垄断的要求。

作为一种商业模式，专利诱饵通过专利收购，以惊人的速度在特定领域将大量薄弱的专利聚集、组合起来，对特定技术进行锁定，在不向世界贡献产品的情况下囤积和维护专利权，垄断和支配技术，排挤创新者，并向毫无戒心的目标索取高额的许可费。反垄断法应当规制这种反竞争的商业模式。美国联邦法院在传统上并没有发现专利组合构成了谢尔曼法案下的相关市场，IV 案则为定义相关市场提出新的指导方法，这将是未来可能会对专利诱饵提起大量反托拉斯诉讼的一个因素。❶

小　结

专利诱饵可以促进专利和创新市场的效率，让专利权人可以出售其无法维护或生产的专利或专利组合，使得专利权人可回收部分先前的研发成本，而能继续进行研发。❷ 然而，由于专利诱饵在行使专利权时往往会采用令人厌恶的攻击性权利主张方式，使得专利诱饵容易与专利权滥用相联系。在专利诱饵专利诉讼案件发生量最大的美国，关于专利诱饵在促进创新和经济发展中到底扮演什么样的角色，对其应当采取何种政策，一直是近年来美国立法、行政和司法机构关注的话题。本章基于美国近期专利制度的改革介绍了美国应对专利权滥用的立法和司法措施，尤其是美国国会和法院试图通过立法和司法判例来制定强有力的应对专利诱饵的立法和司法政策。美国在经过多年的激烈争论后于 2011 年通过专利改革法案，从提高专利质量，提供高效快捷、成本低廉的无效程序以及通过专利案件司法管辖、律师费转移支付等方面，力图降低基于低质量专利和问题专利所引起的专利诱饵诉讼妨碍创新的负面影响。美国联邦法院在新近的判例中重申衡平原则的重要性，力图从专利权人与社会公众利益的平衡角度，限制专利诱饵专利权滥用行为。

---

❶　YOUNG E. A Bridge over the Patent Trolls：Using Antitrust Laws to Rein in Patent Aggregators ［J］. Hastings Law Journal，2016（68）：223.

❷　李明星，刘晓楠，罗鍪，等. 创新视阈下专利许可公司商业模式解构研究 ［J］. 科技进步与对策，2014（23）：116-120.

中国目前还未出现大规模的专利投机现象，但根据 Darts-ip 的报告，美国的专利诱饵已经开始把目标转向别的国家，近两年专利诱饵尤其青睐德国和中国的专利市场，因为专利权人在这两个国家容易获得禁令且胜诉率高，尤其在中国，专利权人的胜率甚至更高。❶ 另外，中国庞大的专利申请量和较低的转化率也为外国专利诱饵收购专利提供了巨大的市场。中国有可能成为专利诱饵专利诉讼的下一个主战场。我们应该了解和学习美国专利立法和专利行政、司法实践为处理专利诱饵的挑战所进行的有益尝试，进而为中国应对专利诱饵进行立法完善和指导相关实践提供有益的借鉴。

---

❶ The Rise of Non-Practicing Entity (NPE) Cases Outside the United States [EB/OL]. [2019-02-12]. https://www.darts-ip.com/the-rise-of-non-practicing-entity-npe-cases-outside-the-united-states/.

第四章

财产法路径下确定性的寻求：
专利法中的占有

专利权是基于知识的产权化所形成的特殊财产权，非物质化、不确定性是专利权最为显著的特征。虽然大陆法系物权法上的占有制度难以简单适用于专利权的保护，但渊源于罗马法财产权体系的占有理论仍可以看作是对专利权的确定性寻求的理论逻辑进路。回溯财产权变迁发展的历程，引入交叉学科的相关理论再次证成"占有"对专利适用的正当基础，通过占有理论审视专利权的形式要素（书面描述）和实质要素（可实施性），以进一步寻求专利占有制度构建的可行性。占有理论可以对作为专利权核心的"权利要求解释"的原则与方法加以阐明，通过提升专利权的权利确定性以在一定程度上规制专利诱饵。

第一节　被忽视的占有理论：
无法实际占有的专利如何借占有理论加以阐释

一、罗马法中的"占有"

各国民事法律制度均围绕权利进行体系构建而彰显法典化的形式理性，其渊源于罗马人以物权、债权二分所创制的权利客体范畴。以罗马法的物权制度为例，强调的是"物"的客观实在性，即便是地上权、用益权等抽象性权利，无一不是联结于房屋、土地等实体不动产上的财产权。在古罗马时期，"诸如电、光等物质尚不能为世人所感知，至少当时的科技发展水平并不能使人们知道这些物质可以作为交易的对象和民事权利的客体"❶。将"物"的范围局限于客观实在的物，是受当时科技水平和社会生产力的局限，罗马法只构建了一个物质世界的财产权制度体系，而没有形成一个保护精神世界的财产权制度体系，特别是基于智力劳动所创造的知识性产品，几无立法渊源可以借鉴参考。但从社会财富的角度来看，制度的价值在于分配财富，而知识的价值则直接构成财富。❷ 虽然古罗马法没有留下保护知识产品等精神权利的现成财产权制度，但我们仍旧可以遵循古罗马人留下的私法原理，特别是其留下的先占（Occupatio）理论分析知识的产权化的权利体系和制度设计。

在罗马法中，先占是对于所有权之原始取得的制度设计，属于万民法权利取得方式之范畴。有学者认为，通过先占获得无主物的所有权，可类比通过占有获得创造性知识产品之财产权。❸ 先占理论的核心要义在于先占行为并非法律行为，而是事实行为❹，即基于先占而取得所有权并不以任何意思表示为要件，而专利所保护的发明本身的创造行为亦属于事实行为，不以意思表示为前提要件，故先占与专利权之间有着先天性契合。但问题在于，专利所保护的发明并非自然界中客观存在之物，最初被发明人创造出来时是无形的存在于发明人大脑之中的意识。发明人除非对其秘而不宣，以秘密的方式保有之，一旦公开其内容，则无法对这种没有物质形体的发明进行占有以排除他人的使用。长期以来，人类社会也一直未将发明财产化。

二、占有适用的困境

从罗马法的财产权构造来看，将财产作出有形和无形的类型划分，并非基于财产权的本体属性，而是财产权所指向的客体的区别，客体是法律关系共同指向的对象，也是体现法律利益的标的。专利权可以被涵括在广义的财产权范畴之内，财产的通俗概念是把财产看作物，物包括有形物

---

❶　彼得罗·彭梵得. 罗马法教科书 [M]. 黄风，译. 北京：中国政法大学出版社，1992：185.
❷　吴汉东：财产的非物质化革命与革命的非物质财产化 [J]. 中国社会科学，2003（4）：122-133.
❸　VERSTEEG R. The Roman Law Roots of Copyright [J]. Maryland Law Review, 2000（59）：534.
❹　周枏. 罗马法原论 [M]. 北京：商务印书馆，1994：339.

（Tangible）也包括无形物（Intangible），这些物都以财产权利的形式存在。❶另一种理解财产的方式是复杂概念，即把财产理解为是由人与其他实体间所形成的特定法律关系。❷将财产看作特定法律关系，虽然可能会某种程度上突破大陆法系的立法构造，但能更加如实地折射出财产的本源。因为财产本就是把人反映到外部世界所形成的投射，约翰·洛克将其比喻为无主物与人之劳动的混合，并因此将其转化为财产。❸财产权彰显了人格之抽象的观念，属于"抽象权利"的第一阶段，在这一阶段，黑格尔认为："财产是人格的体现，某物因归属于某人的内在表象和意志并不足以使某物成为某人的财产；为实现这种目的，占有便必不可少，因为占有使个人的意志获得了体现并得到了他人的认可。"❹同时，我们需要关注财产权研究的起点是排他性，因为排他性是所有权法律构造中的核心要素，意味着能够基于财产权利以排除他人，不过排他性都是有限制而非绝对的。排他性不完全等同于独占，因为现实中往往几个人对同一财产都有法律上的权益，所有人也存在不行权的可能性，因此独占的利益并不当然归属于某人，比如说合伙、合租、地役权等。尽管如此，不同权益持有人的共同行为或是各自的单独行为，都可以对不特定的第三方予以排除。❺财产权也是一种规范结构，使得与物有关的法律预期成为可能，而这种规范结构时常伴随着信赖的心理状态。涉及具体的权利时，财产权利的拥有可以对行为预期提供基础❻，以回应对法秩序价值的追求。

从对财产权的抽象解读、对排他性的反向证成以及对法秩序价值的考量中，可以试图将所有权的权利构造予以细分，并吸收罗马法中"获得物占有权法"的渊源和要义。以事实状态为前提的占有概念可以为专利权的绝对性保护提供一个现实路径，但首先需要解决的问题是如何在大陆法系框架下讨论对无体物占有的可行性。

---

❶ 吴汉东. 法哲学家对知识产权法的哲学解读 [J]. 法商研究，2003（5）：77-85.

❷ 斯蒂芬·芒泽. 财产理论 [M]. 彭诚信，译. 北京：北京大学出版社，2006：14.

❸ LOCKE J. Second Treatises of Government, in Two Treatises of Government [M]. Cambridge：Cambridge University Press，1967：28-36.

❹ HEGEL G W F. Elements of the Philosophy of Right：1821 [M]. Oxford：Clarendon Press，1965.

❺ 黑格尔. 法哲学原理 [M]. 范扬，张企泰，译. 北京：商务印书馆，1961.

❻ BENTHAM J. The Theory of Legislation [M]. London：Routledge & Kegan Paul，1931：76-82.

　　在罗马法中，占有被界定为所有权的初级阶段，占有规则不但确认了法律主体对物实质性支配的外在客观事实，也规制了外在客观事实的种种具化的法律状态。罗马法理论也认为占有包括主观与客观的双重要件，即客观上对物的支配与主观上将物据为己有的意图。从法哲学角度看，主观要件似乎更被注重，特别是康德将意志和占有作为财产理论的核心，并在其批判性的哲学思想中强调人们是基于平等的道德行为和意愿以占有无主物，继而通过占有贯彻人们的意图，完成财产的私有化过程。黑格尔也认为作为实际目的，个人有权将其意志彰显在某物之中，从而实现对某物的支配，因为物的本身并不具有任何目的性，而是从人的意志中体现其功用的，某人对某物据为己有的权利是具有绝对性的。❶ 后来，有学者甚至认为，财产权只是主观意图和语言文字惯例之间必然的相互作用。❷

　　到了近现代，有学者提出，即使专利等知识性权利的客体不能成为占有的标的，但专利权作为权利本身却可以成为准占有的标的。❸ 准占有是日本等国家规定的一项权利占有制度，即当事人无需对物完全占有，而只需在事实上行使财产权，即可以参照适用占有制度，但需遵循意思主义的私法原则。❹ 专利权作为一种财产权，是否能够融入传统的财产权框架中适用准占有制度，还需从准占有的效力对其进一步分析。首先，占有权利推定制度与专利权的保护并无实质性联系。从立法意图上来看，权利推定制度主要在于保护本体性权利以维护社会秩序和交易安全。当权利人主张自己的权利时，可以通过占有标的物推定其享有权利，以在简单的社会交往体系中建立其信任和法律的紧密一致。❺ 但从专利权的分析来看，无论是对专利权中技术方案所包含的信息的事实占有，还是对专利权本身的行使，在互联网技术高度发达的今天对任何人来说都不是难事，如果将对于专利的特定行为推定成对专利权本身

❶　HEGEL G W F. The Philosophy of Right：1821 ［M］. Oxford：Clarendon Press，1965.

❷　斯蒂芬·芒泽. 财产理论 ［M］. 彭诚信，译. 北京：北京大学出版社，2006：67. 该结论得出的前提包括：（1）财产权利的可理解性（Intelligibility）和其正当性（Justifiability）不完全相同；（2）某些社会惯例或是法律的约束，可以被整合到人们的语言文字的表述之中；（3）财产权的原始取得不必然涉及社会惯例或法律，但财产制度必然可以规制财产权。

❸　王泽鉴. 民法物权：二 ［M］. 北京：中国政法大学出版社，2001：385.

❹　《日本民法典》第204条。

❺　LUHMANN N. Trust and Power ［M］. Chichester：John Wiley & Sons Limited，1979：10-13.

的享有，必然会产生公信力的泛化，最终引致市场的乱象。其次，善意取得制度于专利权的交易习惯无现实意义。所谓"善意取得"，即受让人在取得财产时的主观状态为善意，即没有"明知或因重大过失而不知财产为他人所有"。❶ 然而，专利权的取得是以登记和公开为前提，这种登记在法律上便有了社会公信力。当专利权流转时，通过简便的查询与核对，便可以知悉专利权的权利状态，公众对专利权的权属状态不存在"明知"或"因重大过失而不知"的情形❷，故而善意取得制度难以适用于专利权。再次，专利权的交易频繁程度不及传统意义的"物"，如果对专利采取善意取得制度加以规制，显然会造成立法资源的冗余和浪费；最后，占有保护请求权的适用与专利法中确立的专利排他性相冲突。由于占有保护请求权的目的在于保护本权，如果允许专利的"准占有人"仅仅基于占有的事实状态而主张占有保护请求权，专利法所提供的专利权的排他性将荡然无存。如果现实中允许多个所谓的专利"准占有人"同时行使占有保护请求权，将导致专利实务层面的混乱。

占有制度如果适用于专利制度，善意取得、占有保护请求权等占有制度适用于专利权会引致公信力的泛化和市场秩序的紊乱。虽然占有制度对专利权的适用存在诸多障碍，但从我国专利法立法体例来看，专利申请权与专利权经常并列出现，可见专利权利的本体与其权利主张具有高度的一致性与盖然性，专利权也更符合罗马法上"拟诉弃权"的特征。❸ 在现实中，专利权人的利益主张也往往是在请求与争讼中得以实现，这是与专利产生在社会发展、信息交汇、利益杂糅的社会背景下密切相关的。用财产权理论去审视专利制度，如果简单套用已然技术门槛化的"静态财产权"，占有制度对专利权的适用难以实现。专利权是财产性的权利，属于"动态财产权"。❹ 回溯财产

---

❶ 一般认为，善意取得制度渊源于日耳曼法上的"以手护手原则"，具体可参见叶金强. 公信力的法律构造 [M]. 北京：北京大学出版社. 2004：83.

❷ 刘家瑞. 论知识产权与占有制度 [J]. 法学，2003 (10)：56-63.

❸ 即采用确认或模拟确认之诉而取得所有权，又称"法庭让与"，在罗马法中主要适用于无体物（如继承权、地役权等）的转让。可参见周枏. 罗马法原论 [M]. 北京：商务印书馆，1994：5-8.

❹ 关于动态财产权与静态财产权的类型划分，参见马俊驹，梅夏英. 财产权制度的历史评析和现实思考 [J]. 中国社会科学，1999 (1)：90-105；冯晓青. 论知识产权的若干限制 [J]. 中国人民大学学报，2004 (1)：87-94；刘剑文，王桦宇. 公共财产权的概念及其法治逻辑 [J]. 中国社会科学，2014 (8)：129-146.

权本身的演进和变迁历史，吸纳其他学科的理论成果，对专利权这一知识的产权化制度进行理论分析，将有助于开阔研究视野，探寻古老的占有理论和制度与崭新的专利制度的关系，并从中得到启发。

三、财产权变迁发展的回溯

在法教义学的观念下，财产权的落脚点在于"对物性"（In Rem）特征，这一特征无需法律概念的抽象就可以被每个人所自然感知。财产权是人们与自然界万物所形成的朴素而特定的联系，是基于自然主义而形成的"对抗性""排他性"之权利。在英美法系，"物债二分"的基本原理没有大陆法系如此显著的地位，但在诸多判例中一直彰显着"财产性权利"不同于"合同性权利"的法理。❶ 财产权是"对物"的权利，能够排除掉不特定人的干预和侵扰；"占有"是源于财产本身之物理可控的自然权能，是符合自然主义的基本法律预设的，也可以在自然资源充沛、生活物质匮乏的历史时期最大限度激发人们对物的创造与开发。财产权制度从其出现伊始，就面临着理论与现实、法典与习惯之间的巨大差异，特别是因为在权利推定与实际享有之间存在现实性的多元状态。法学家更关注财产权制度的体系化定位，经济学家则更多论证制度的实际社会功效。经济分析往往引致法律文化的觉醒，而法律制度的构建则成为经济领域运行的重要推动力。在英美法系国家中，提出仿效大陆法系进行"物债二分"的最强有力的声音来自于亚当·斯密，亚当·斯密清晰地觉察到财产权的"对物性"，并从生产关系改进的角度提出对"物"的概括性财产拟制。❷ 亚当·斯密从经济学思维摆脱了传统法律体系化的桎梏，其本人又生逢现代文明肇始前段的历史时期，故而他前瞻性地以知识产权为例，认为"即使不具备物理形态，但个人对其所著的文字作品和其所发明的机器设备也享有财产权，并在权利有效期内可以排除其他人的复制"❸。沿着亚当·斯密的逻辑进路，现代社会中的财产权之核心要素，并非权利客

---

❶ MERRILL T W, SMITH H E. The Property/Contract Interface [J]. Columbia Law Review, 2001 (101)：773.

❷ 亚当·斯密指出，农奴不能享有土地上的财产权，封建主又不实际占有土地，故而都不愿意致力于土地生产的改良，农业生产因此而停滞不前，故需要重新将"物"上之权利做精致化设计。

❸ SMITH A. Lectures on Jurisprudence [M]. Oxford：Oxford University Press, 1978：43-47.

体的有形化与否，而在于权利范围是否及于不特定的一般人。在亚当·斯密之后，边沁则直接阐明财产权之"对物性"本质实际上是一种禁令，通过禁令保护权利人的劳动所得并激发整个社会的劳动创造。❶ 波斯纳则从法经济学视角概括了财产权的最主要特征之一就是排他性，即财产权被特定主体享有的同时，必然排除其他主体对其享有。❷ 科恩则对政府公权力与私人权利之关系展开了功能分析，认为财产权的创设是保护私人权利对抗外界（包括政府公权力在内）干预的一种武器。❸ 罗斯科·庞德秉持怀疑论的立场，强调法律的结果比法律的起因更加重要，提出对某物之占有的要求并非只基于使用某物的愿望，而是要求政治社会承认并通过法律认可其权利的实现。❹ 约翰·洛克认为任何权利都是和生活便利相辅相成的❺，对财产作出了"狭义财产"（Possessions、Estates）和"广义财产"（Property）的类型划分，而且广义的财产不仅包括个人所拥有的物质财产，也包括了具有强烈人身属性的无形财产，即与人之自由、身心和生命紧密结合的劳动和行为规范。在洛克的财产权体系中，包括了精神和物质两方面的内容以及有形和无形的两种样态。❻ 以上可以看到，在中世纪后期到前工业时代的历史阶段，诸多经济学家、法学家在遵循自然常识认知"财产权"时，均是秉持"对物性"原则的，这一时期从中世纪后期起至 20 世纪初，基本上历经了西方资本主义发端至第二次工业革命伊始的整个历史时期。在这一漫长且不断进步的历史时期，包括法学家在内的西方学者们在认知和解读"财产权"时，都遵循"对物性"的自然认知又最终落脚于对财产权人的绝对性保护，即"对物性"为形式外观，而"绝对保护"则为实质要件，因为只有绝对保护，方能促进每一位社会成员激发主观能动性以带动社会财富的整体增长。同时，西方学者也适时地察觉到"对物性"的局限，并考虑到物质化财产与非物质化财产的相似和不同，在遵

❶ BENTHAM J. Idea of a Complete Law [M]. London：The Athlone Press, 1970：51-55.
❷ 理查德·A·波斯纳. 法律的经济分析 [M]. 蒋兆康, 译. 北京：中国大百科全书出版社, 1997：42.
❸ COHEN M R. Property and Sovereignty [J]. Cornell Law Review, 1927 (13)：8-30.
❹ 罗斯科·庞德. 通过法律的社会控制 [M]. 沈宗灵, 译. 北京：商务印书馆, 2017：67.
❺ 约翰·洛克. 政府论 [M]. 赵伯英, 译. 西安：陕西人民出版社, 2006：158.
❻ 梅雪芹. 关于约翰·洛克"财产"概念的一点看法 [J]. 世界历史, 1994 (6)：118-120.

循罗马法传统财产权的框架下，提出了"似物性"（Thing Likeness）概念。❶可见，"对物性"已然不是财产权最终形成的必要条件，如何实现对财产的"绝对保护"而体现权利本位，才是财产权的真正核心要件。而"占有"作为对财产实现支配的先决条件，无疑是任何法系财产权框架下最为重要的一项权能。因此，我们试图再次探讨占有对诸如专利等无形财产的适用，寻求提升专利确定性的可能方案，以实现对专利的绝对性的保护。

四、占有对专利适用的理论基础

"似物性"概念是根据抽象物的具体内容，以"物"的观念拟制的主观之物。抽象物与有体物的联系有两点："一是抽象物并不具备有形性，但通过表达而获得其有形性；二是抽象物通过对相关有体物的控制而具有财产意义。"❷"似物性"概念的提出，为无形财产在财产权制度中的定位留下了空间。梳理专利权的诸项权能，不难看出其功能目的与占有的功能目的具有较高的契合性：一是保护功能，占有制度的初衷是为了确认对于物为事实性支配，占有一旦存在，即应受保护，以维护社会秩序。❸专利权中制造、使用、进口、销售等权能的概括性安排也旨在强调"任何人不得轻易干扰专利权权属状态的排他性保护原则"。二是持续功能，占有中的时效取得和权利推定制度安排了权利人可以依据占有的状态持续享有收益，专利权的价值实现本就需要特定的时间和空间因素，虽然时效取得制度难以适用于专利权，但权利推定制度为专利权的价值实现提供了时间和空间条件达致的可能性。三是公示功能，占有制度是确认本体权利的制度，具有公示功能。是指本体权利通常经由占有予以确证，即如无反证，则占有者享有本体权利。专利权的社会作用要想发挥，需要向社会公众传递明确的信息，因为一般的社会公众是难以判断衡量研发能力、知识资本等发明创造的内在品质的，专利权则成为了一个便捷的信号发送机制。❹故而，从功能角度探析，专利权人的权利实现与

---

❶ DRAHOS P. A Philosophy of Intellectual Property [M]. New York：Routledge, 2016：16–22.

❷ 吴汉东，等. 知识产权基本问题研究：总论 [M]. 2 版. 北京：中国人民大学出版社，2009：84.

❸ 王泽鉴. 民法物权·占有 [M]. 台北：三民书局，1959：33.

❹ LONG C. Patent Signals [J]. University of Chicago Law Review, 2002（69）：625.

其对发明创造的实际占有密不可分。❶

不过，无形财产如何在财产权制度中进行体系化安排存在逻辑困境。❷ 从财产法的渊源来看，基于经验主义的英美法系和源于逻辑体系的大陆法系存在着显著差异。❸ 专利无疑是一项全球化的法律制度，专利的多边条约、跨国互译、标准化构建无不体现出其全球化的属性。❹ 但无论在哪个国家的财产权法律制度构造下，确证一项无物理实体的财产占有都是非常困难的。从对占有的适用困境来看，能够准确描述某项专利创意的人不一定就当然占有某项专利。举例来说，在某些科幻小说中，隐形传送的思想已经在相当长的一段时间内深入人心。然而，简单地说，"隐形传送"并不意味着那些科幻小说作者拥有一个隐形传送装置，而"占有"的关键要素恰恰在于那些科幻小说是否能创造出一个隐形传送装置，使隐形传送装置成为具有物理实体的有形财产。因此，对于"占有"最有力的确证是发明人能够在物理上创建，并制造出具有物理实体的发明装置，或者至少能够提供一个足够清晰的描述，能够教导同领域的一般技术人员依据描述制造出具有物理实体的发明装置。换句话说，证明占有的最好方法是提供一个有效的披露，使某项发明得以顺利地"创建、制造"，即具有可实施性，这项发明就应该受到法律的保护。❺

总的来说，专利并不能像有形的财产一样的运行，专利权虽然确实在促

---

❶ HOLBROOK T R. Equivalency and Patent Law's Possession Paradox [J]. Harvard Journal of Law and Technology, 2009 (23): 23.

❷ 马俊驹，梅夏英. 我国未来民法典中设置财产权总则编的理由和基本构想 [J]. 中国法学, 2004 (4): 25-36; 马俊驹，梅夏英. 无形财产的理论和立法问题 [J]. 中国法学, 2001 (2): 102-111; 沈新艺，李政辉. 论无形财产的法律定位——以财产法变迁为背景 [J]. 石油大学学报, 2002 (3): 76-82.

❸ 冉昊. 比较法视野下的英美财产法基本构造 [J]. 法学, 2005 (11): 107-112.

❹ 将专利置入某一法系的框架内进行讨论必有局限，所以后文的讨论基于以下三个前提：一是基于财产（property）之本身探讨其权利属性，只要不出现理论障碍，不过多关注公法和私法、普通法与衡平法的类型区分（以"占有"为例，大陆法系刑法中的"占有"与民法中的"占有"对应词均为"possession"，英美法系中普通法与衡平法都认可"占有"是对"权利"的承认、界定与取舍。可参见勒内·达维德. 当代主要法律体系 [M]. 漆竹生，译. 上海：上海译文出版社，1984）；二是对类推方法的适用，既然专利是全球性的制度且存在诸多多边条约，那么就不再过多拘泥于大陆法系体系化的法学方法论；三是对交叉学科的引入，专利法律制度的发展始终伴随着科学技术的发展，对于专利法律制度的考量也必然离不开其他学科理论的引入。

❺ 任自力. 创意保护的法律路径 [J]. 法学研究, 2009 (4): 95-96.

进创新和经济增长方面发挥了一定作用，但与有形财产的作用相比则是有限的，专利权的价值实现具有高度的偶然性。❶ 现实中的专利权的客体是思想，只能通过书面描述确立固定的范围，也可以说是通过书面描述被"有形化"。❷ 从权利属性看，有体物与无体物都属于物权范畴，其在权利特征、基本原则、范围效力上都有共性，特别是专利权的排他性、独占性、可支配性等均与物权具有高度的相似性，其关键在于解决非物质性的权利客体的"占有"问题。对于专利权的占有，实际上是对物权规范的类推适用。在我国的司法实践中认为专利权与物权的权利属性相似，且都是通过登记实现其公示公信目的，故而可以类推适用物权法规范的判例已经出现❸，但类推适用物权法规范，需要满足很多前提条件，并具备极高的相似程度。❹

为证明发明者在提出专利申请时所实际占有的无体物的内容和范围，可通过可实施性发挥这一重要作用。考虑到可实施性与信息披露相关，可以确证占有，其深刻描述了根植于专利法之中的并不显而易见的潜在性规范，这一规范在解释占有范式的基础上可以清晰解构目前"可实施性"规则的运用，而不仅仅是教导性功能。❺ 只要不违背民事（财产）法律制度的基本原则，将对于财产权的占有制度适用于专利，并确认专利的"可实施性"在证明占有中所起到的至关重要作用，将会为专利权的确定性问题的解决提供可以考虑的优化路径。

考虑到可实施性披露在确证对专利的占有中的作用，可以深刻地认识到要求发明人将自己的发明向社会公众披露的必要性。尽管传统的财产权制度

---

❶ BESSEN J，MEURER M J. Patent Failure：How Judges，Bureaucrats，and Lawyers Put Innovators at Risk ［M］. Princeton：Princeton University Press，2008：30-31. 文献中通过对医药化学产业与计算机信息产业的对比研究，分析出两个产业对于专利的价值实现（诉讼成本与专利提供的收益之比）不同而对专利权的表达范围的不同。如何实现专利的价值系运行论问题，本研究首先注重在本体论中解决如何对专利实现"占有"。

❷ 孙宪忠. 中国物权法总论 ［M］. 2 版. 北京：法律出版社，2009：205.

❸ 蔡涛. 放弃专利申请权的发明人可以重新成为专利共有人 ［N］. 人民法院报，2011-10-20 (7).

❹ 从逻辑学角度，类推的可靠程度是建立在两件事物相同属性之间相似度的基础之上的，相似度越高，类推的可能性就越大。

❺ 教导性功能一般指教导该领域的普通技术人员实施发明，可参见和育东，方慧聪. 专利创造性客观化问题研究 ［J］. 知识产权，2007 (3)：76-81；梁志文. 论专利制度的基本功能 ［J］. 吉首大学学报（社会科学版），2012 (3)：94-103。

和专利制度并不完全融洽，但以"可实施性"为要件构建对发明的占有无疑是具有理论可行性的。对于"可实施性"的内涵与外延，还可以引入经济学中的激励理论和信息传递理论，结合私法中的"理性人"标准加以诠释。

（一）激励理论与占有

"人是其自利的理性最大化者"❶，这是人类行为模式最为现实的反映，也是激励理论的发端，从组织行为学角度看，激励理论可以被视作"研究如何启发、指引、维持人们的行为并最终达致某种目标的理论"❷。西方学者已然关注到激励理论与专利法律制度的契合，有学者认为专利法应当最大限度地激励对创新的投入❸，也有学者在对专利诱饵进行批判的基础上从哲学的物理主义立场强调了发明创造与激励之间的紧密相关性❹，还有学者认为对具有市场竞争力且利润前景可观的发明创造提供激励，可以助推全社会的生产力发展和信息传播❺，更有学者敏锐地关注到激励理论与专利权的权利独占性关系，并认为，激励理论适用于专利法律制度的前提是发明人可以通过被授予独占性权利以排除他人使用高新技术发明来弥补其用于专利研发的沉没成本❻。当然，为了实现激励理论所追求的目标，发明人和公众都必须知道独占性权利所排除的范围。独占性权利通常应该与发明人实际发明或占有的内容相称，否则发明会收到不合理的意外收益。激励理论的价值目标是启发、指引、维持人们的行为，其逻辑前提是人的理性。在专利法领域，可以将私法中的"理性人"标准❼引入，理性人标准中的主体建构、场景重构、透过认知图式的解释论过程，可以为专利的占有形成理论闭环。如前所述，某领域的普通技术人员作为法律拟制的标准，为专利领域内理性人的主体建构提供

---

❶ 理查德·A·波斯纳. 法律的经济分析 [M]. 蒋兆康，译. 北京：中国大百科全书出版社，1997：176.

❷ 杰拉尔德·格林伯格，罗伯特·A·巴伦. 组织行为学 [M]. 7版. 范庭卫，译. 南京：江苏教育出版社，2005：145.

❸ CORYELL M W. Patent Law as an Incentive to Innovate Not Donate：The Role of the U. S. Patent Sys-temin Regulating Ownership of Human Tissue [J]. The Journal of Corporation Law，2001（36）：449.

❹ COTROPIA C A. Physicalism and Patent Theory [J]. Vanderbilt Law Review，2016（69）：1543.

❺ HEALD P J. A Transaction Costs Theory of Patent Law [J]. Ohio State Law Journal，2005（66）：473.

❻ HOLBROOK T R. Possession in Patent Law [J]. SMU Law Review，2006（59）：123.

❼ 关于"理性人"标准的认识论基础及内部结构，参见叶金强. 私法中理性人标准之构建 [J]. 法学研究，2015（1）：101–114.

了基础。场景重构的实现需要依据激励理论，综合考虑社会层面的影响效果，即衡平各方主体的利益诉求，以达成一个合适的场景，即权利边界清晰且竞争有序的专利市场。而如何形成边界清晰的独占性权利，专利的可实施性起到了关键作用。可实施性的作用在于可以向本领域的合作者传达信息，以确定专利的"占有"人独占性权利所排除的范围。如果专利权的不确定性过大，且第三方无法事先评估专利权人所享有的权利边界❶，各方可能会在重复的侵权行为中浪费过多资源，既不是"理性人"所应为、可为，也与激励理论的目标相违背。

第三方作为专利领域的"理性人"进入激励理论构建的场景之中，可以有效地针对专利权所排除的范围进行回避设计。回避设计，可以在实务中视作占有的衍生物，其并不取决于专利权本身的任何教导性功能，而是以专利权的保护为基础，使第三方明确知道发明人对专利权的占有范围，并试图在未占有的范围内毋庸置疑地进行后续的创新，这样可以激励第三方为社会带来持续性的创新增量。创新的驱动力来自于对专利权之占有范围的确定，而不仅仅是从专利的教导功能来感知专利。

由上可以得出两个结论：一是公共领域需要清晰地了解专利权所排除的范围以激励对专利的回避设计；二是披露发明者的权利为竞争者提供了可行的指引以避免侵犯发明者所占有的权利。不过，明确排除范围以给予绝对保护，需要专利权人的配合以帮助第三方准确地认知排除范围。排除范围的明确能够使专利权像物权、债权一样具有清晰的请求权范围。

（二）信息传递理论与占有

发明者的创新能力是赢得可持续竞争优势的重要因素，也是外界评估其价值的重要标准。❷ 发明者和外界之间的信息不对称是客观存在的，这也是信息传递理论的背景基础。❸信息传递理论是外部利益相关者评估价值的重要标准，有学者通过激励和信息传递两个维度检视专利法律制度，并认为专利的

---

❶　LONG C. Information Costs in Patent and Copyright [J]. Virginia Law Review, 2004 (90): 465.

❷　JAMES S D, LEIBLEIN M J, LU S H. How firms capture value from their innovations [J]. Journal of Management, 2013 (5): 1123-1155.

❸　郑莹，陈传明，任华亮. 专利活动和市场价值——基于信号理论的解释 [J]. 科学学与科学技术管理，2016 (3): 68-78.

信息传递过程能折射出专利的本身价值;❶ 也有学者关注到专利权人在和其竞争者的博弈中，信息传递是否对称是最为重要的因素;❷ 还有学者认为由于发明的无形性而使得信息传递成本高昂，专利法律制度应当以某种强制力来构建信息传递规则。❸ 对于专利领域的"理性人"来说，透过认知图式来判断专利所包含的信息并得出结论是最为关键的环节，认知活动的进行是通过人脑对信息的选择、整合和理解而实现的。❹ 因此，在形成认知的环节中，专利的"可实施性"作用显得更加突出。因为可实施的专利可以有效被公众感知也可以评估实施专利所带来的经济成本，故可实施性满足信息传递有效的两个基本条件：可见和成本,❺ 以让专利领域内的"理性人"做出清晰的认识和有利的选择。从财产权的角度分析，不动产的交易对象是可耗竭的商品，而专利背后的发明（技术方案）本身是非竞争性、取之不尽、用之不竭且内容和边界缺乏确定性的信息。❻ 要形成对专利的占有以形成绝对性保护，那么清晰可见和成本可估则是必不可少的前提要件。信息传递理论关注竞争、创新的可持续性，但更关注专利的可实施性条件。或者说，专利的可实施性能够被清楚的认知，并在客观的知识社会中形成较为统一的认知图景，则可以认为是被占有了。专利实际上可以被看作是在申请时对公众市场（不仅是本领域的技术人员）发出的一个信号，公众市场想知道的是发明者是否已经占有了某种有价值的创造，专利领域内的"理性人"可以清楚地对专利权的保护范围形成认知，且专利一经登记就具有公示公信效力。同时，认知图景也是具有动态性的,❼ 正好契合发明创造的可持续性要求，因此，确证专利的占有，是具有理论自洽性和现实可行性的。

---

❶ LONG C. Information Costs in Patent and Copyright [J]. Virginia Law Review, 2004 (90): 465.

❷ GOLDEN J M. "Patent Trolls" and Patent Remedies [J]. Texas law review, 2007 (85): 2111.

❸ COTROPIA C A. Patent Claim Interpretation and Informatiom Costs [J]. Lewis & Clark Law Review, 2005 (9): 57.

❹ 齐界. 认识的主体性结构——认知图式及其对认知过程的制约性 [J]. 财税纵横, 1992 (2): 49-53.

❺ CONNELLY B L, CERTO S T, IRELAND R D, et al. Signaling theory: A review and assessment [J]. Journal of Management, 2001 (1): 37.

❻ LESSIG L. The Law of the Horse: What Cyber law Might Teach [J]. Harvard Law Review, 1999 (113): 526.

❼ 叶金强. 私法中理性人标准之构建 [J]. 法学研究, 2015 (1): 101-114.

第二节　借占有之壳寻求专利权的确定性

在现有的专利法律制度下，探讨对无形的专利权之占有的研究，并不多见。即使是在收益预盼和侵权索赔等较为成熟的法律构造下，理论界和实务界也尚未意识到占有中心主义对专利法的重要影响。如果不局限于大陆法系"对物性"的桎梏之中，专利权作为一种财产权而享有绝对性的保护是具有法理依据的，并能在社会利益分配、经济成本负担的综合考量上得到支撑性的解释。财产权中最为核心的基础权能占有能否融洽地适用于专利权，这需要在现有专利法律中分析专利的可实施性对专利之占有的证明作用，还要回归到专利法律制度已然成型的书面描述规则之下，并从专利的公示公信效力中寻找他们与专利占有的内在关联性和可借鉴性。

一、占有理论下书面描述规则与可实施性的关系

发明创造要成为可交易的商品，获得法律上的财产性权利，必须先要彰显自己的存在，让公众知道。专利法为此设计了书面描述规则，以说明书作为公开发明创造的工具，要求申请人用说明书记载和披露发明创造的实质性内容，通过书面描述充分公开要求获得专利保护的技术方案。伴随着科学技术的日新月异，围绕着专利的书面描述规则产生了越来越多的新问题，书面描述规则如何才算充分公开，又如何才具备可实施性，这些疑问的最终指向为书面描述规则与可实施性之间的关系。从美国联邦巡回上诉法院的判例来考证，美国的法官们通常认为书面描述与可实施性是密不可分的，并将可实施性认为是书面描述的最终目的。❶ 但这一先验性的立场于 2010 年被著名的 Ariad v. Lilly 案❷所推翻，联邦巡回上诉法院的最终裁定表明："支持书面说明要求独立于，并且区别于可实施性要求"。分析联邦巡回上诉法院的立场，我

---

❶　SHI Q. Patent System Meets New Sciences: Is the Law Responsive to Changing Technologies and Industries [J]. NYU Annual Survey of American Law, 2005 (61): 330—335.

❷　Ariad Pharmaceuticals. Inc. v. Eli Lilly And Co., 598 F. 3d 1336 (Fed.Cir.2010).

们可以重新审视书面表述要求的功能，即书面描述必须向社会公众展示出发明人已然实际占有的发明创造，且占有是详细、准确并可以被预见的。可预见是一个严格的标准，专利所依据的发明必须与现有技术纳入相同的技术标准予以评判：如果一项发明在专利申请者的发明之时已经被发明人物理性地实际创造，或者被清晰地书面描述，即发明技术通过物理呈现或书面披露的方式，可以使本领域的一般技术人员依据书面描述就能够加以实施，这样的书面描述才是足够充分的。反之，如果书面描述仅介绍了某项发明的功能，而没有描述发明是什么，则该书面描述是不充分的。若力求书面描述的充分，则要使得权利保护范围与权利要求尽可能的对应匹配，不超出发明人对该技术领域的贡献范围。预期是占有规则的核心，而书面描述的可实施性则是起决定作用的必要条件。从财产权视角审视看，证明对专利的占有以获得绝对性保护，书面描述规则与可实施性所发挥的作用是互为前提、互为补充的。

如果发明人没有对发明本身提供充分的书面描述，则社会公众将难以预见发明的本体性存在，且难以制造出书面描述的物理实体，社会公众也不能从专利中获得任何实质性利益，这也可以说明，发明人并没有为获得保护而在等价补偿机制中支付相应对价。从财产权的角度看，专利本身不是清晰的权利，既无事实基础也无规范可循，所以发明人也没有真正地占有该发明。因此，公众并未从发明人的公开内容中获得任何利益，即发明人没有为获得排他性权利支付相应对价。如果要真正表明发明人在申请之日已经占有了所欲保护的技术方案，则要求发明人既要披露制造和使用发明的方法是什么，还需要披露发明的本体是什么。清楚、完整地描述实现发明目的的技术方案，使本领域的技术人员阅读了说明书就可以再现发明，并获得说明书所宣称的技术效果，这既是发明人占有了该专利技术的确证，也是专利申请人必须履行之义务，并可以确定专利权的绝对保护范围不超出发明人对专利申请所涉技术的贡献，占有制度本身的价值在专利法中就得以彰显。

占有发明的技术方案需要通过以下行为，并满足相应条件得以证成：（1）创生发明创造后，通过撰写专利申请文件，用说明书的书面描述来固定并显示发明的技术方案；（2）提出专利申请、通过审查，满足授权条件后公告授权。充分公开要求的书面描述是第一步，是占有发明的形式要件，说明书清楚、完整的记载了实现发明目的的技术方案，本领域的普通技术人员阅读了说明书后无需创造性劳动，即可实施该专利，则是第二步。可实施性是占有发明的实质性要件，也是测试判断是否满足充分公开的一般方法和标准。

二、专利占有的公信力

专利属于知识产权，如果从对表征方式的需要程度判定，有学者认为专利权可以与物权、人格权等被归为绝对权的范畴，而绝对权的义务人为不特定的一般人❶，故专利的主体、客体及内容更需要为一般社会公众所知悉，权利客体的公开性也是专利最为重要的法律特征之一。❷ 专利法律制度本身就具有节省社会信息成本的功能，使得发明人、使用人和社会公众都可以节约信息成本。❸ 专利被社会公众所知悉的方式包括由专利行政管理部门设置权利登记簿，通过登记来表征权利；定期出版专利公报、发放专利证书；专利权人也可以在自己的专利产品或其包装上标注专利号和专利标记，向社会公众宣示其专利权的存在。❹ 与相对权相比，绝对权的直接支配性使其流转的明确性和便捷性大大增加。但相较于物权、人格权等绝对权，专利的权利彰显方式似乎不太能够满足其权利本身的需要，只能说专利作为无形物是获取对有形物控制的途径。有学者认为，一个专利（无形物）可以与无数个专利产品（有形物）联系在一起，法律对作为无形物专利的承认，为权利人控制诸多有形物的专利产品提供了有效的途径。❺ 一个无形的专利可以制造出无数个专利产品，法律对于专利权作出绝对权的预设安排可以有效地激励发明者将无形的专利转化为有形的专利产品。但是，占有的对象是专利权而不是专利产品，绝对权的两大表征方式，登记与占有对于专利权的直接适用存在一定障碍。其原因主要在于即使法律上的有形交付与处分并无必然联系❻，但如何实现专利权的占有以进行确权和更加便捷的移转交付，是对于专利权作为无形财产

---

❶　叶金强. 公信力的法律构造 [M]. 北京：北京大学出版社，2004：4.

❷　王晖. 试论公示公信原则与知识产权保护 [J]. 知识产权，2001 (5)：19-22.

❸　叶金强. 公信力的法律构造 [M]. 北京：北京大学出版社，2004：29.

❹　《专利法》第 15 条、第 39 条、第 40 条。

❺　DRAHOS P. A Philosophy of Intellectual Property [M]. New York：Routledge，2016：16-22. 转引自吴汉东. 财产的非物质化革命与革命的非物质财产法 [J]. 中国社会科学，2003 (4)：122-133.

❻　不通过法律途径"处分"并未实际占有的无形产品的现象是可以存在的，具体可参见吴汉东，胡开忠. 无形财产权制度研究 [M]. 北京：法律出版社，2005：44.

的最大课题。

（一） 可被预期的占有

占有是物权法中的一个核心概念，我们经常把物品的所有权归于最初占有物品者。❶ 但皮耶森诉波斯案❷表明，决定所有权归属的标准可能有所不同，简而言之，猎人是在追逐猎物的状态下占有了猎物，还是最终杀死猎物的猎人占有了猎物？类似的疑问也来自于人类学家霍贝尔的观点，即如果捕鱼区域的权利人占有该区域，并享有在该区域捕鱼的排他性权利，则其也享有将捕鱼的临时性权利授予客人的自由。不过，如果捕鱼权人行使其权利的话，则捕鱼权人就负有防止其客人受伤害的注意义务。如果客人在捕鱼时受了伤，客人就有向捕鱼权人请求损害赔偿的权利，但对客人的注意义务要告示到何种程度，捕鱼人却难以把握。❸ 从猎人和捕鱼人的困惑中，我们可以意识到，在民事权利体系中，尽管请求权非常重要，但并不必然是财产权最为重要的要件，实际上，排他权和转让权通常才是财产性权利中最为核心的要件。❹ 而基于财产权利的排他和转让都需要以权利人行为的明确为前提。行为的明确性有时可能转化为能够产生预期的财产权利，即使不能产生永续存在并能完全自由流通的财产权利，一旦财产权利需要转变为有形财产，则至少可以依据占有为载体和通道实现财产权利的价值。这样的载体能够被保障，人们对目的的追求才不会显得盲目。稳定的财产权存在以及预期禀性的结合，财产权利可以对有形物品持续性地发挥价值提供可以预期的基础，行为、稳定和预期之间无疑可以联结成一套认识系统。❺

所以，专利是要具有可被预期性的，以评估专利权的边界范围及其所产生的经济效益。所谓预期，即"开发一个已知的技术可能性的特别机会"。有学者认为，依据预期赋予专利权更广的权利边界和排除范围，可以有效降低

❶ ROSE C M. Possession as the Origin of Property ［J］. The University of Chicago Law Review，1985（52）：73-74.

❷ Cai. 175 （N. Y. Sup. Ct. 1805）.

❸ HOEBEL E A. Fundamental Legal Concepts as Applied in the Study of Primitive Law ［J］. The Yale Law Journal，1942 （51）：952.

❹ 斯蒂芬·芒泽. 财产理论 ［M］. 彭诚信，译. 北京：北京大学出版社，2006：22.

❺ HUME D. A Treatise of Human Nature ［M］. Oxford：Clarendon Press，1960：18-21.

发明竞争中的预期损耗；❶也有学者认为，可被预期是知识产权理论与财产权理论相契合的一个重要因素；❷还有学者认为，可被预期为专利法中社会与个人间的效益转化提供了一个解释框架。❸在具有可实施性的前提下，可被预期性可以为专利权边界范围的确定提供较为清晰的路径，从而证明专利占有的重要作用，广泛的专利权应该在被发明的过程中提前授予，并允许发明者参与后期研发的合作，以避免资源的浪费。可被预期可以增强专利持有者对后续创造的实际支配地位，虽然有争议，但出于公益性的考虑，相较于物权、债权中的孳息收入和可得利益，赋予发明者期待性权利更符合社会公众的期许。如果某项专利被认为是一种重要的"保守的专利"，那么该项专利的权利边界也必须是明确的，通过描述专利权的边界范围，再次证明占有可以起到这种作用。然而，如果要强调专利权的可被预期，则需要赋予专利权更广泛的权利外延以支持专利权人对其技术的后续改进，那么专利权的边界范围应当作广义解释，且应包涵预知的权利甚至是等同的权利。早在20世纪90年代，北京市高级人民法院在审理汉字输入技术专利侵权纠纷案❹中，就从可实施性角度运用了等同原则以明确专利权的边界范围。可见，可被预期是对专利实现占有之内涵与外延的勾勒，对于专利权作为财产权的权利范围形成了一定的可知边界，而可实施性将为第三方知悉专利权的权利边界（可以被预期的权利边界）提供了可能。

（二）公众对现有技术的占有

现有技术可以视作社会公众所占有的技术，公众占有技术有两种形式：一是第三方通过生产产品或披露产品的技术方案将技术公之于众，即可以通过占有将现有技术形成的产品予以实施；二是提供可实施的方法使得技术在其初期阶段就能使社会公众知悉，并可予以实施，即在依据现有技术的产品还没有形成前就实现了"先占"。考察美国的现行专利法律制度可以发现，美

---

❶　KITCH E W. The nature and function of the patent system [J]. Journal of Law and Economics, 1977 (2)：265-290.

❷　LEMLEY M A. The Economics of Improvement in Intellectual Property Law [J]. Texas Law Review, 1997 (75)：1045-1046.

❸　CHOI B H. A Prospect Theory of Privacy [J]. Idaho Law Review, 2015 (51)：623.

❹　北京市高级人民法院民事判决书，(1994) 高经知终字第30号。

国的专利法律制度对于现有技术的规则，其落脚点并非在于该技术是否在实践中已经广泛使用，而在于该技术能否在公共领域被投入生产，即具有广泛、切实的可实施性。这表明，要证明公众先于专利权人占有了现有技术，可实施性是最为核心的要件。

如果没有充分披露专利的可实施性，申请人可能在已经创造了一个设备的情况下仍然无法获得排他性的权利，如果社会公众在申请人的发明日期之前占有所声称的发明，则申请人将被拒绝获取专利的排他性权利。《美国专利法》第 102 条第（a）款规定，如果某发明在提出相关申请之前在美国是"已知的、或被他人使用的、或在国内外已经获取专利、或者已经被公开发表的"❶，则该发明不能被授予专利。类似地，《美国专利法》第 102 条第（b）款规定如果在美国公开使用、发表、销售的专利超过一个年度❷，则禁止被授予专利权。"使用"或"已知"，即某人已然在物理上构造出发明的实体物，且能使任何第三方明确地知晓。从社会学的角度看，任何劳动所创造出的权利必应还有足够好的部分以飨社会共享才是有效的；❸从伦理学角度看，占有最为基本的前提假设在于"人性对外在之物所持有的心态"。❹ 回归到专利法的基本原理，以可实施性为前提的对无形物的占有，可以对有形物的创造提供现实路径，因为对无形物的权利取得，"使用"扮演着重要的角色，即使对无形物的占有具有一定的特殊性，但只要不触及占有的"不相容"因素❺，则可以认为对无形物的占有也是具有公信力的。

（三）以可实施性为前提的占有：对困惑的回应

前文所述，猎人是否能对猎物占有，在于其是否具备将猎物排他性地转化为商品的客观条件，即猎物可以被转化为商品的可实施性；捕鱼权人是否实现了其对捕鱼区域的占有，在于社会公众是否明确知晓了其独占性的权利

---

❶ 35 U. S. C. § 102（a）（2012）.

❷ 35 U. S. C. § 102（b）（2012）.

❸ 赫伯特·斯宾塞. 社会静力学［M］. 张雄武，译. 北京：商务印书馆，1996：10-13.

❹ 刘云生. 占有制度的法哲学、法史学考察［J］. 汕头大学学报（人文社会科学版），2004（4）：49-55.

❺ 当代意大利学者对《罗马法》的研究考证，概括出占有的不相容因素有三点：不被容忍、不可持续和隐秘性。具体可参见鲁道夫·萨科，拉法埃莱·卡泰丽娜. 论占有［M］. 贾婉婷，译. 北京：中国政法大学出版社，2014：28-33.

范围，即捕鱼的权利具有了公信力。在专利法领域，《美国专利法》第102条列举了排除情形，而这些排除情形作为事实行为，具有可实施性（尽管这种可实施性不是来源于发明人的申请，而是来源于第三方向社会公众的披露）的书面描述，在最终权属尚未确定的前提下，相较于捕猎行为，可以视作猎人并未实际排他性地占有猎物，发明人也没有实现对技术的占有。

专利权的取得本身就是一个持续动态的历时性结构，是潜藏在社会系统不断再造过程中的规则和资源❶，占有制度可以作为这一过程中实现资源分配之恰切的制度性安排。《美国专利法》第102条所列举的排除情形，都可以视作公众对现有技术的占有。例如，印刷出版物和在国内外获准的专利是在该法第102条第（a）款所明确规定的；第102条第（f）款规定了发明人不能从实质上窃取他人发明成果，否则将被认为是"盗窃"❷，第102条第（b）款规定当现有技术证明公众获取充分披露并能占有该发明之时，任何印刷品出版物、已发行的专利、已公布的专利将被排除专利权的授予；第102条第（b）款所述的内容再次强调了专利的历时性过程也均暗含公示公信的要求，这与捕鱼权的排他权利也相类似，如果不能排他且具有公信力，则不能实现对权利的占有。占有的制度功能对于发明创造的保护是有着必要作用的，且专利占有人的排他性独占也是符合公平法则的。❸ 能较为清晰地界定占有的范围，占有人对专利权的利用将不会使任何人蒙受损失，专利权放在财产权的一般规则之下也不会与其他权利产生体系冲突。

三、占有、书面描述与可实施性的内在关联

专利权作为一种知识产权，被认为是社会主体之间互相承认，彼此赋予

---

❶　周怡. 社会结构：从"形构"到"解构"——结构功能主义、结构主义和后结构主义理论之走向［J］. 社会学研究，2000（3）：61.

❷　虽然"盗窃"侵犯的客体是公私财物的所有权，但其实际侵犯的对象则是被他人所控制和占有的公私财物，这也与事实行为的本质认定相吻合。

❸　关于"占有"的正义性，参见梅因. 古代法［M］. 沈景一，译. 北京：商务印书馆，1996：75-84；罗伯特·诺奇克. 无政府、国家与乌托邦［M］. 姚大志，译. 北京：中国社会科学出版社，2008：15-21.

并加以建构的产物。❶ 专利权不是天然形成的，是在社会主体彼此进行权利互赋的过程中形成的，这样的权利形成过程具有"相互性"。一项发明不仅具有可实施性，更要是"现成的"创造活动，才具有社会意义上的"相互性"。即为了使一项发明能够被交易，它必须可以在商业上被正式要约，并且该发明必须是"现成的"。要证明对专利的"占有"需要考虑两个因素，时效性和清晰性。《美国专利法》第 102 条的最后一款规定："需顾及先于他人构想而晚于付诸实施的情形"，前瞻性地表明可实施性在构建专利的"占有"体系中的重要作用。美国联邦巡回法院也明确表示，即使不存在具体化的有形物理实体，占有也需要被清晰地证明。《美国专利法》第 102 条的最后一款也统一地规定了当持有相同设备装置的专利申请人同时申请时，谁将享有优先权，同时也考虑到 USPTO 的专利授予行政程序的限制性、唯一性干预，以表明专利是可以不依赖于现有技术就具备了切实的"可实施性"。与其相反，如果第三方利用现有技术可以毫无限制、毫无隐瞒的制造设备，那么发明人将不能形成可以被授予专利权的发明。❷

可实施性无疑对于排除性适用起着很重要的作用，因为可实施性可以摆脱传统财产权"对物性"的依赖，而为专利作为财产权获得绝对性的保护提供基础：第一，可实施性保护人类自利的理性，能够在"人性本恶"的假设前提下调控并激励发明创造；第二，可实施性可以较为有据地评估专利所带来的经济效益（包括边际成本和竞争性损耗），从而为专利权的权利边界范围提供最为公允的标尺；第三，专利作为劳动创造所形成的财产权，要想获得绝对性的保护，必然要对社会公众（不仅是本领域的技术人员）有明确的公示公信，以宣示其权利的归属和范围，可实施性标准的清晰界定也将使社会公众对其有明确的了解；第四，一项专利如果不具备可实施性，授予其专利权的理性基础也就不存在，因为公众并没有获得可以实际实施的技术方案，授予其排他性的权利对公众而言是不公平的，因为公众并未从中获得任何有价值的东西。

---

❶ 邓志红，余翔. 再论知识产权的性质——一种权利结构的视角［J］. 知识产权，2018（2）：3-12.

❷ 35 U. S. C. § 102（g）（2012）

四、专利占有制度构建的可能性

专利占有制度的构建是具有理论可行性的。首先，专利权和物权都是独立的财产，均具有绝对性和排他性，物权的基本原则可部分适用于专利权，包括绝对性和公示公信原则。❶ 如果原则上可以契合，那么包括占有的物权法规则也应有适用于专利权的余地；其次，如前所述，英美法中一般把无形财产称为"诉讼中的物权"（Chosen in Action），无形财产的权利实现需要通过诉讼才能显现出来❷，沿袭了罗马法中的"拟诉弃权"的内涵，即使专利权具有诸多不确定性，但最终的诉讼判决是具有确定性的，专利权的占有与否会有最终的司法认定；最后，占有的排他性，两大法系都持认可态度❸，专利权也是具有排他性的，占有可以作为专利权的"外衣"，实现对专利权之权利范围的确认。通过前文对占有、书面描述和可实施性的内在关联的分析，可以从人性假设、权属确认和公信宣示三个方面阐释构建专利占有制度的正当性基础。具体到立法技术层面，其关键还在于强调事实行为的明确性，因为占有是通过一个明确的行为或声明来确立的，这有助于确保对财产权利之主张的预期社会公信力。占有这一行为在本质上是一种被适当的公众所认同并理解的信息交互方式，特别是，我们可以从占有的衍生概念，结合专利之现有技术的新颖性、显而易见性、实用性等，获取一些有益的理论进路。在教义学的理论框架中，创造出占有在专利法中的统一规则，使得法律简明又易于理解和施行。

占有的概念嵌入技术领域，可以引导全世界所有从事创新的发明者们更清晰地明确这些发明的可专利性。在实践中，财产权的理论框架可以协调关于专利有效性的不同学说，从方法论层面消解技术创造与法律规制之间的缝隙和障碍。尽管从目的论上看，对专利的占有在有些功能上只具有暂时性，

---

❶ 韩晓春. 谈物权基本原则对专利权的类推适用［M］//国家知识产权局专利法研究所. 专利法研究：1998. 北京：专利文献出版社，1998：36.

❷ 郑成思. 财产权、物权与知识产权［M］//中国专利局专利法研究所. 专利法研究：1997. 北京：专利文献出版社，1997：214.

❸ 弗雷德里克·波洛克. 普通法上的占有［M］. 于子亮，译. 北京：中国政法大学出版社，2013：24.

但只要行为具有明确性且涉及有形物，则必然存在某种永恒目的。因为，稳定的占有和使用对于实现某些永恒的目的是必要的。❶

要实现对专利这一无形财产稳定的占有，则要实现完全排他性的实际控制和向社会公众宣示占有的明确意图。一方面，需要明确占有的对象是排他性的专利权而不是专利，因为财产权的权利客体是人们可以支配和利用的资源，专利权的权利客体是更具有实用性、稀缺性的资源。资源都是有限的，并且都需要人们进行生产劳动而取得。专利的生产劳动过程，对于生产者的智力投入、知识储备和记忆存储提出了更高的要求。❷ 专利权的绝对保护需要通过占有体现出对社会公众的宣示。上文对可实施性与占有的分析可以推导出简化专利法律法规体系的某种途径，占有的对象设定为权利客体，也能使专利权在财产权的体系中寻找到恰切的定位。另一方面，在实际操作领域的关键问题是公众/发明人对专利占有的证明，即传递一个明确意图的占有信号，无论是基于物理形态的实体物，还是在特定日期对可实施性的描述。从对美国专利法的比较法考察来看，重新梳理该法第 102 条的逻辑结构，通过对第三方行为以及公众领域知识进行区分，如果发明者对其所拥有的非公开技术未及时申请专利，那么发明者也将得不到专利的授予。占有规则的引入最可行的路径是强调专利的可实施性，并区分专利权人和第三方的行为，这是由财产权的客观性所决定的，因为专利的客观性可以理解为经书面描述后客观化的知识体系❸，具有可感知性与可复制性。在客观知识的领域中，专利权是可以被社会有效利用的、具有经济利益的创新资源，专利的可实施性是其成为权利客体的关键要素。同时可实施性的双重标准，既要考量书面描述的权利范围，又要评估专利可以被投入实施的可能性。

❶ KNOWLES D. Hegel on Property and Personality [J]. The Philosophical Quarterly, 1983（33）: 45-62.

❷ 袁志刚. 论知识的生产与消费 [J]. 经济研究, 1999（6）: 59-65.

❸ 客观化的知识世界，被看作独立于物质世界和意识经验世界的第三种类型化世界，具体可参见曲三强. 窃书就是偷——论中国传统文化与知识产权 [M] 北京: 知识产权出版社, 2005: 31-35.

第三节　以占有为标准解释权利要求：原则与方法

由于专利的无形特征，法律提供了特殊的权利界定工具——权利要求书。专利权在被赋予后，专利权人所享有的绝对性权利范围是由权利要求书中的内容来确定的，而不是根据有形的专利产品或是生产专利产品的方法来确定的。从占有的事实性考量❶，权利要求书描绘了发明人对专利事实层面的支配力，权利要求书可以作为专利权的外观。

一、以占有为标准解释权利要求的必要性

权利要求通过书面描述对发明创造的保护范围进行表达，然而，书面描述所用的文字和词汇并不具有确定性，作为信息传递的工具，文字和词汇显然缺乏足够的精确性。特别是由于文字和词汇的语义多重性，使得专利的权利要求表达几乎无法实现完全固定的含义。权利要求书作为专利权范围的书面载体，应尽可能精确表达发明创造要保护的真实边界，但将发明的真实思想转化为文字和词汇的过程中，必然会因为文字本身的不精确性而给专利申请的投机者留下空间。因为字典的编撰频率肯定没有专利的申请频率高，所以投机空间最为普遍的表现形式就是，利用文字描述将本不属于自己的发明创造据为己有。人们似乎认识到了这个问题，故专利法并不禁止发明人为自己的发明创造编撰新的词汇，但这也会引致新的问题：新词汇和旧词汇之间会形成重叠混同。基于权利表达范围难以精确界定的问题，引入了权利要求解释，并试图通过统一解释规则来获得较为一致的解释结论，从而寻求专利保护范围的确定性。因为权利要求的内涵本就是由发明人想要表达的思想决定的，只有思想被社会公众所清晰了解，才能够真正确定专利权受绝对保护的边界范围。从民法原理审视，发明创造是事实行为，权利要求则是法律行为，好的发明创造得到有效的保护离不开权利要求书，而用最为简洁的文字

---

❶　从比较法考察，占有具有事实和规范二重性，具体可参见车浩. 占有概念的二重性：事实与规范 [J]. 中外法学，2014（5）：1180-1229.

来表达要求被赋予保护的专利，并达到理想的效果并不是件容易的事情。❶ 权利要求书的撰写者往往难以找到恰切的文字和词汇准确记载其要求保护的范围，而对于未来因技术发展使得第三方有可能对其权利要求的非实质性修改难以预见。权利要求的不确定性之困境往往随着时间的推移逐渐凸显，特别是在专利侵权诉讼中，专利代理师或是专利律师往往会深刻地感受到权利要求书的空泛无力，而对专利的侵权行为无可奈何，更无从谈起对专利权予以"绝对保护"。

发明创造变成专利，类似于哲学家所说的，是"通过精神的中介而变成的物"。❷ 如前所述，在发明创造转化为权利要求并被他人读取出专利的保护范围经历了两次复杂的转换过程。从理论上讲，权利要求的范围和发明创造本身的技术方案应该是清晰且匹配的。然而在实践中，语义清晰、范围确定的专利权利要求是几乎不存在的，这既有语言和词汇本身的局限，也有在权利要求撰写过程中的偏离和异化，毕竟，权利要求的撰写过程不仅历经了原本分离的物质世界与精神世界的两次转化，还融入了撰写者写入和读取者读出的不同主观因素。

从传统财产权体系分析，任何权利客体都应当是确定的。然而专利权的权利客体的确定性恰恰是最难以获得的，对权利要求的不同解释必然会影响专利权的保护范围。确定专利保护的合理范围是专利制度研究者长期以来的奋斗目标。❸ 一旦权利要求的意思能够确定，权利绝对保护的范围就可以明确获知，围绕专利权的侵权和效力认定问题也就不难解决了。真正的难点在于法院裁判专利纠纷的过程中，对于权利要求书中的专业术语如何认定，在法律没有设定明确的权利要求解释规则和方法的情形下，不同的权利要求解释规则和方法在司法实践中有了发展空间，常见的解释原则主要包括全面覆盖原则和等同原则，不同的解释原则指向不同的权利客体范围，在解释原则的采用上也往往是专利争讼的焦点，专利权人一般主张对权利客体范围作出扩张性解释，而专利诉讼的被告则会主张对权利客体范围作出限缩性解释。解

❶ 国家知识产权局条法司. 新专利法详解 [M] 北京：知识产权出版社，2001：308.

❷ 黑格尔. 法哲学原理 [M]. 范扬，张企泰，译. 北京：商务印书馆，1982：254-255.

❸ BURK D L, LEMLEY M A. Policy Levers in Patent Law [J]. Virginia Law Review, 2003（89）：1575，1595-1599.

释原则的流变是对专利权不确定性的现实反映，运用占有规则，可以将不确定性予以减少，明确专利权的"排他范围"，也可以对发明创造的事实行为予以确认，具有积极的社会意义，有助于法院在专利权的扩张与限缩之间实现衡平，公平合理地界定专利权的权利客体范围，以建构专利权作为"绝对性"权利的正当性基础。

二、解释权利要求的原则——以占有为视角

对于专利权本身的不确定性，有人认为，发明人负有使社会公众明确获知专利权的权利边界的义务，任何对专利的书面描述的模糊都应作对发明人（权利要求书起草人）不利的解释，从社会公益的角度鼓励不特定的第三方从权利的不确定性中获取利益；也有人认为，很多专利仿造行为只要没有完全复制就可以不被认定为侵权，专利法律制度也就将失去其应有的意义，专利仿造者可以肆无忌惮地对专利进行非实质性的变化和替代。❶

专利法律制度承载着两方面的社会预期目标：一是让发明人能够寻求绝对性的权利保护，二是让竞争者根据书面描述的文字准确识别专利权人的绝对性权利的保护范围。事实上，两方面之间始终存在着弹性与博弈，两种预期目标都很难在现实中得以绝对实现。因为主观上存在难测的意图、臆断性陈述以及不可避免的记忆衰减，在客观上也难以做到语言的准确、描述的精确和竞争的有序。故而解释权利要求的实质就是尽可能保障专利权权利范围确定性，正视文字与词汇表达的局限，以合理的解释限缩专利市场中的无序张力，衡平专利权人与社会公众之间的利益，划清专利权人占有的界限以明确绝对保护的合理范围，同时也能够保证社会公众在专利权人占有范围之外自由的适用技术。下文拟从占有规则重新审视权利要求解释的传统原则。

（一）全面覆盖原则

专利权往往要通过诉讼获得保护，解释权利要求的全面覆盖原则是在司法审判中被广泛运用的原则。全面覆盖原则是指被控侵权产品的技术特征包含了专利权利要求中记载的全部技术特征，即被控的基于专利侵权而形成的

---

❶　KAHRL R C. Patent Claim Construction ［M］. New York：Aspen Publishers, 2006：15-25.

产品或使用的方法包含了专利权利要求所描述的全部技术特征，则被控侵权产品或方法落入专利权的保护范围，专利侵权成立。需要特别注意的是，即使是被控侵权产品或方法在权利要求书的技术特征之外还增加了新的技术特征，依然构成专利侵权。人类创新是一个累积的过程，全面覆盖原则正视发明创造是基于已有技术的探究过程。从占有规则来看，专利权利要求中的技术特征所构成的技术方案可以视作被专利权人所占有，但需要满足两个条件：一是，这些技术特征所构成的技术方案具备可实施性，能够制造出产品或被应用。可实施性要求限制专利范围使发明人的财产权利不偏离发明人真正占有的发明，发明人需要提供一个满足充分公开的书面描述，以使本领域普通技术人员不需要创造性的劳动，依据书面描述即可实施该专利。二是，这些技术特征所构成的技术方案具有了公示公信效力，专利领域的"理性人"有条件知晓这些技术特征所构成的技术方案的实际要义，通过阅读该专利权利要求书后，就可以清晰地认知专利权人所获得的保护范围，即使没有体现专利技术的专利产品或模型，专利权人所占有的专利权之边界也是可以清晰划定的。虽然在司法实践中，法院并没有明确强调占有规则的适用❶，但占有规则对全面覆盖原则的适用可以提供更合理的解释，所需要比对的技术特征必须是专利权人形成占有的技术特征，如果被控侵权产品所采用的技术特征与专利权人所占有的技术特征相同，则应当认定为专利侵权。即使被控的侵权产品增加了新的技术特征，但其客观上已侵犯了专利权人已经占有的全部技术特征，这种全部技术特征所构成的技术方案的构思是由专利权人最先想到且公之于众的，正如猎人最先获取的猎物、捕鱼人最先为自己的捕鱼区域设置的范围，已被先占。

基于专利本身的非物质特征，其权利范围较之于传统的财产权更具有张力。占有不仅可以扮演专利新颖性的审查者角色，也对评估权利要求范围非常重要。一项专利的覆盖面不能超过发明者意识中主观构思形成的客观占有范围，发明者从专利中所获得的利益应当与其创新的范围相匹配。换言之，

---

❶ 最高人民法院（2018）最高法民再63号，该案中一、二审法院认为侵权方法全面覆盖涉案专利，再审法院认定被诉的侵权方法中的步骤实施顺序未落入涉案专利权的保护范围，故而不构成侵权。对于"不同的步骤实施顺序"是否构成侵权，如果用占有规则加以解释，则可以更具有合理性。

专利权人不应通过扩大其专利权的范围，在自己占有的技术之外获取更多的利益。

（二）等同原则

由于撰写权利要求无法完美，无法面面俱到，文字描述也难以完全包含各种具体技术手段，常常会给竞争者留下可乘之机，对权利要求中的某个或某几个技术特征进行显而易见的非实质性改变或替换。针对这种情况，英美法系的"法官造法"创设了等同侵权规则加以应对。在专利侵权案件中，被控侵权产品的全部技术特征虽然在字面上与专利权利要求的技术特征不完全相同，但所替换了的技术特征以基本相同的手段、实现基本相同的功能、产生基本相同的效果，仍然构成侵权。在我国，对于等同原则的适用也有相应的司法解释。❶

占有规则也可以很好地解释"等同侵权"规则及其判断标准，因为专利权人不仅占有了权利要求文字描述的技术特征所构成的技术方案，对于那些虽然在文字表达上与权利要求中的技术特征不同，但无论在技术手段或技术功能上，还是产生的技术效果上都基本相同且可以被本领域技术人员显而易见想到，就可以视作是被发明人所占有的技术特征。正如大法官约瑟夫·斯托里所言："仅是貌似不同，或微小改进，并不能勾销初始发明人的权利。"❷如果认定这种稍加改动就不构成专利侵权，将导致专利权极易被绕过，而使专利法无法为专利权人提供有效保护。而如果以占有为视角来看，也缩小了占有所表征的权利范围。

需要注意的是，等同原则在权利要求的文字限定的排他范围之外扩展了专利权的保护范围，在为专利权人提供更为宽大的保护范围的同时也带来了不确定性问题，占有规则的引入可以帮助缓解这一问题，通过严格执行司法实践中形成的"三基本相同加显而易见"的规则，将等同特征严格限制于专利权人实际占有之中，从而防止借等同原则扩张专利权。随着科技的发展，专利权利要求中的技术特征很容易被实质上相同的技术手段替代，达到同样

---

❶　《最高人民法院关于审理专利纠纷案件适用法律问题的若干规定》（法释〔2001〕21号）第17条。

❷　张乃根. 美国专利法判例选析［M］. 北京：中国政法大学出版社，1995：204-205.

的效果。❶ 专利的占有规则可以限定权利要求范围，提供较具确定性的权利边界，方便竞争者做回避设计，也可有利于减少再创新的成本。占有规则对等同原则的适用提出了更高的要求以实现对专利更合理的保护。

对于等同原则的适用，有法院主张，如果是用相对劣质的技术手段对专利权的技术方案进行了等同性的替代，则不能认定替代技术落入了专利权的保护范围❷，这也契合了专利权中的占有规则，因为专利权人并未以占有的方式宣誓对劣质技术特征的权利主张，没有占有即没有权利。而且，劣质的技术手段予以替换所获得的技术效果没有专利的好，并未给使用者带来如专利一样的技术效果和技术优势，反而衬托了专利的价值。等同原则对于那些利用文字不确定性而规避专利权所形成的技术方案也给予保护，并以此形成一套正确的专利的"安全价值"功能体系。这种保护即使是轻微的且难以评估附加价值的，但等同原则仍旧可以有效地增加专利的整体价值并对真正意义上的创新予以激励，且激励创新的系统性价值显然大大超出增加的不确定性成本，如果引入占有规则和方法加以解释，可将其所带来的不确定性限制在合理的、可接受的范围之内。

三、以占有为标准解释权利要求的方法

（一）以可实施性为前提

专利在本质上是一种知识治理机制，是对人类创造活动中的行为进行的制度安排。❸ 可实施性原则可以限制权利范围超出其实际占有范围外的扩张。一项声明如果不具备可实施性自然也是无效的，可实施性也能独立地限制专利声明的范围。专利权人被赋权的范围与其向公众披露的范围应当是相匹配的，这种范围的限制对难以预测的技术领域显得尤为重要。举例来说，如果专利权人发明了甲状腺癌的治愈方法，但其不应当声称其掌握了所有癌症的治愈方法，专利权人只可以声明能使同一领域普通技术人员客观认知到对发

---

❶ 李青武. 我国《专利法》中专利权保护范围的不确定性及其对策——兼论等同原则在我国专利保护中的适用 [J]. 安徽教育学院学报, 2001 (9)：59-60.

❷ 江苏省高级人民法院 (2015) 苏知民终字第 12341 号。

❸ 王晽. 开放式创新下的占有制度：基于知识产权的探讨 [J]. 科研管理, 2010 (1)：153-159.

明的占有。反之，如果允许专利权的权利要求超出发明的占有范围，超出"可实施性"的专利权利范围会导致糟糕的效果，专利权人获得的保护范围扩张到了其并未占有的也无法向公众提供的技术中，这显然是荒谬的。将可实施性明确为对专利占有的前提，也为发明人、竞争者和社会公众提供了在利益博弈背景下的衡平标准。

从专利的本身意义来看，对可实施性原则的运用实际体现了"教导"功能：专利申请人已掌握了该项发明的信息，而这些信息往往是不被公众所知悉的，并可以使本领域内的一般技术人员顺利实施。可实施性也是"以公开换垄断"之专利契约论的法律范式之基础，即使是在西方封建特权时期，可实施性也被当做专利权之授予的对价❶，且对价的核心在于充分披露专利的可实施性。不过，不同国家对于专利的可实施性充分披露表达要求有不同的规范要求，在《美国专利法》中表达为"可制作和使用"，在中国《专利法》中表达为"能够实现"。❷ 与美国不同的是，中国《专利法》明确了可实施性的判断标准就是"能够制造和使用""能够产生积极效果"。❸ 如果能够以可实施性为前提充分诠释对专利权的占有，还可以从广义财产权视角为专利权等知识产权在我国民法体系中找寻恰切的立法定位提供可能的分析路径。❹

（二）以公示公信为准绳

占有行为可以视为向不特定的第三方发出的通知，以缩减专利归属的不确定性。专利占有的核心理论解释了为什么世界各国的专利法律制度中都有充分公开的义务，特别是对可实施标准的书面描述规则。在所有的专利法理论中，占有可以带来公示公信效力以排除第三方的干预。这一理论也被美国联邦法院在其判决中予以采信，联邦法院认为，专利权的公示公信可以确定其排他性权利的范围。❺

从理论角度考量，专利的公示公信与其"教导"功能关联并不大，相反，

---

❶　杨红军. 知识产权制度变迁中契约观念的演进及其启示 [J]. 法商研究，2007（2）：83-90.

❷　吕炳斌. 专利契约论的二元范式 [J]. 南京大学法律评论，2012（2）：212-222.

❸　徐棣枫. 专利权的扩张与限制 [M]. 北京：知识产权出版社，2007：233.

❹　尚需要解决的命题还包括：一是"契约"的社会属性与市场属性之间的关系；二是专利权之公权属性与私权属性的平衡与调整；三是两大法系对财产权的不同价值考量。

❺　Phillips v. AWH Corp.，415 F. 3d 1303，1319（Fed. Cir. 2005）.

公示公信提供了一个专利权人确权的"围栏"。如果专利的公示性低，将诱使专利权人通过诉讼获得利益，专利诉讼大潮缘起于低水平的专利公示性而非专利诱饵本身。❶ 虽然法院认为公示公信效力和"教导"功能在法益价值上等同，但实际上却存在诸多细微的差别。"教导"功能向公众披露新颖的信息，而公示公信则对披露信息的新颖性无任何要求。公示公信更多地被认作是排他性权利的程度和范围，即在专利权人提出申请时，其实际占有的技术范围，并在空间和时间的维度予以明确。较之于对新知识的获取，竞争者更关注对专利权"排他性"范围的准确评估以保障在技术竞争领域的安全运营。公示公信是否具有效力则可以依据可实施性予以准确地界定。

围绕专利的披露和可实施性标准，可以更加合理地解释对专利权的占有，并以占有的公示公信为准绳解释权利要求。因为公信制度本身就是建立一套信息传递机制，使权利信息加以表征，无论是通过占有还是登记的方式，其目的在于可以使第三人安心、合理地信赖权利表征方式，不会因可能出现的权属错误而犹豫，从而增加时间成本和信息检索成本。❷ 是否可以让人"不再犹豫"，可以作为以公示公信准绳为解释专利权利要求的标准。在某种程度上，社会公众更加关注的是专利的信息披露，即信息披露是否足够的充分，是否可以使社会公众也能够感知到占有，可以运用民法中的公平原则加以调整。❸ 在专利领域适用公平原则，也对竞争对手和侵权者的理性判断能力提出了更高的要求，竞争对手必须有一定的能力来评估专利权的保护范围。发明者实施发明创造既是一个权利的收集过程，又是权利的一个证明过程，专利实际形成的社会功效可以被合理评估，搜寻成本也能被限定在合理的范围之内。

（三）以独占排他为目标

回归到财产权角度审视，财产的范围如果延伸至所有可能被利用的有形和无形资源，对于财产的占有和对有形物的所有必须相统一的观念已然被淡

---

❶ BESSEN J，MEURER M J. Patent Failure：How Judges，Bureaucrats，and Lawyers Put Innovators at Risk [M]. Princeton：Princeton University Press，2008：46-48.

❷ 叶金强. 公信力的法律构造 [M]. 北京：北京大学出版社，2004：35.

❸ 张平. 专利联营之反垄断规制分析 [J]. 现代法学，2007（3）：97-104.

化。例如，上述案例中，捕猎动物或致命伤害动物的猎人就占有了该猎物，即使其他人后来发现了被困住或受伤的猎物，也不能改变该猎物的原初占有状态。虽然猎人原本对猎物并没有实际的所有权，但法律推定猎人对猎物拥有初始性、创建性的财产性权利，这是一种为了实现公平而创制的法律安排。类似的推定情形还包括土地上发现了石油、天然气和矿石等资源，土地所有者也被推定为资源的所有权人。考虑到资源本身的衰竭性，如果资源流失，资源就不再归属于所有者。❶ 所有者可能从未实际占有该资源，但可以认为所有者在保有土地财产的同时推定占有该资源。

由于现代科技水平的日新月异，在知识领域，专利权人、竞争者和社会公众究竟谁真正占有了专利会存在争议。传统意义上财产权的排他性需要被重新解构，从社会公众的视角看，如果社会公众对某项技术的使用是非公开的，那么这种使用将不会越线，也不会使其价值贬损。判定是否对专利权实现了占有，关键在于能否推定发明者对专利拥有初始性、创建性的财产性权利。专利审查中也需要更积极地搜寻关于权利要求意思的信息，并拒绝模糊的、抽象的权利要求，使专利权的权利要求范围更类似于土地的边界。我们需要激励发明人通过及时的、合适的方式，提供足够的有关专利的信息，使专利权的信息满足占有的基本需要。在给专利权人提供足够的激励的同时，也为社会带来专利权的足够的确定性和对专利进行交易的必要而稳定的信息。传统所有权之所以具有独占排他性，在于所有权既是对物权也是对人权，对物权和对人权最为玄妙的关系在于"占有、使用是对物的关系，而将对人的关系理解为对物关系的解释，对物的占有就意味着可以排除他人的占有"。❷ 与之类比，专利权要实现独占性、排他性的占有，也需要处理好这一玄妙的关系，即对财产权利明确地占有，并能够对他人进行充分解释，故需要满足以下两个条件：（1）发明创造具备充分的可实施性，且专利权所主张保护的范围确定，保护的范围具有一定的初创性，就如同捕鱼人最先为自己的捕鱼区域设置的范围；（2）专利权利要求含义清楚易懂，限制过分抽象的权利要

---

❶ KLASS A B, WILSON E J. Climate Change and Carbon Sequestration：Assessing a Liability Regime for Long-Term Storage of Carbon Dioxide [J]. Emory Law Journal, 2008 (58)：133-134.

❷ 孙永生. 民法学中的新发现 [M]. 桂林：广西师范大学出版社, 2018：41.

求，说明书充分完整地公开发明创造，正如猎人向社会公众明确宣示其对猎物的占有。

比较可行的路径是，以可实施性为前提并综合各种权利要求解释原则以平衡各方利益，促使专利申请人尽可能简要地、不脱离实际地描述其实际发明的技术方案。这样也可以契合专利的"非物质性"特征，并在知识社会的大背景下，在一定程度上实现对专利权独占性、排他性的占有，使由先进知识所造就的专利的经济价值和社会价值得以充分彰显。❶ 毕竟，知识的财产化并非是对传统财产权观念的冲击，而是统筹形成与"有形财产权"体系相对应的"无形财产权"体系，为现代社会财富的创造、积聚和流转，型构出更完整的权利体系。

小　结

在传统的财产权框架下，以物权、债权二分所创制的权利客体范畴使得无形的专利权要嵌入占有的权能规则充满理论和实践的障碍，这也正是实务层面问题专利频出、专利诱饵泛滥的法理诠释。即使溯源至罗马法之"先占""准占有"的理念，对于专利的权利表达和边界划分也显得无所适从。回溯财产权的发展史，对社会劳动创造的财富价值的现实关切，催生出众多要对财产实现"绝对保护"的理论呼吁；广义财产与狭义财产的类型划分和"似物性"概念的提出，逐步使专利的财产权构造摆脱"对物性"的桎梏；专利法律制度不应过多地受制于传统大陆法系方法论的体系化约束。结合西方学者将专利法律制度与"激励理论""信息传递理论"相勾稽的思路，强调专利书面描述规则的可实施性标准，试图为占有对专利的适用奠定理论基础，最核心的问题在于如何尽可能寻求专利权的确定性。占有理论下书面描述规则、充分公开与可实施性的内在关联使得专利的公示公信变得更加简便可行，但仍需回归专利权利要求解释，并限定在特定的场景和认知图景之中，探讨依

---

❶ 马克·迪亚尼. 非物质社会——后工业世界的设计、文化与技术 [M]. 滕守尧，译. 成都：四川人民出版社，1998：10.

据占有理论解释权利要求的必要性，以专利的"可实施性"为前提探索如何更加精确地解释权利要求，以尽可能地寻求专利权的确定性。这一确定性直接指向专利权的权利客体，并试图"勾勒出某种边界"，如果这一"边界"将来能够变得清晰，则专利诱饵的问题及其所引致的社会风险将得以缓释。需要认识到，实现对专利的"绝对保护"应在私法和公法的交互中完成，如果说传统财产权框架下的占有理论可以为专利权的确定性寻求完善形式和实质要件，那么公权力的介入应该也可以发挥重要作用。下文拟从政府干预等理论入手，围绕如何完善专利的社会政策并促进其功能发挥展开讨论。

第五章

专利权不确定性的纠正：专利与政府干预

专利权的财产权属性被学界广泛认同，但究其本源乃是一种"特权"，其权利的产生对政府的授权行为具有天然的依赖性。基于专利权这种"内生性"的市场规制特征，专利权所产生的问题难以完全依靠民法视野下的财产法规制手段，在保证博弈的理论下，专利法展现了自己作为政府干预创新工具的一面。现代知识产权的演进逐渐脱离自然法意义上的财产权，用社会契约理念也难以充分解释其发展轨迹，专利权或将成为一种创新与模仿保证博弈的结果。我们可以充分利用专利充当市场规制性工具的特征，加强政府对创新市场的干预。美国近年来以政府行政权为主导，努力提高专利质量、打击专利权滥用行为的若干实践正是一种"保证博弈"的有益尝试，这种做法对于我国提高专利质量、改善创新市场具有借鉴意义。

第一节 专利财产法属性的局限与政府干预

一、披着财产外衣的专利权及其与政府的关系

（一）作为"特权"的专利

官方确认技术商品化的专利可以追溯到中世纪时期的封建特许权，那时

专利并不限于发明，由君主颁发的专门许可或特权都可以叫作专利。为鼓励人们生产创造，封建君主往往授予个人、团体或城市利用某种技术，经营某种产业的特权。据史载，英国国王亨利三世于 1236 年曾赐给波尔多的一个市民制作色布 15 年的垄断权。❶

威尼斯的做法具有代表性。威尼斯给新技术发明人或引进者授予垄断权的做法十分普遍，不断勾勒出现代专利法的基本轮廓。16 世纪中叶以来，英国工商业逐渐从地方发展到全国，特权的大量颁布使垄断权与公众使用产生冲突。专利制度在英国的正式推行始于 16 世纪的伊丽莎白女王执政时期。1623 年英国为抑制垄断权滥用颁布垄断法，该法被视为现代专利法的源头，将合法的专利垄断限于新发明。❷

此后，专利制度开始走向新的轨道。美国 1790 年《专利法》开始的专利成文法模式出现后，法国于 1791 年制定了专利法，通过制定法的发展和相关的行政实践，在这期间专利法由传统向现代转型，专利由封建特权转变为发明人依法获得的权利。❸ 由此可见，专利的最初并不是作为财产权的一种形式，而是作为一种王室特权进入到人们视野当中，然后发展成为法律上的财产权利。专利权离不开公权力的赋权，其来源带有很强的公权力色彩。

（二）专利权——对政府具有依赖性的财产权

财产权具有不同的表现形态，人们的财产观念是在变化着的。随着生产方式的变化，人们逐渐从观念上接受了无形体的财产，而在以往，对财产的观念大都是有形意义上的。至于无形财产制度的出现，首先就是专利权。❹ 有形财产与作为无形财产的专利存在众多差异，这些差异导致权利规则设置的不同。从个体权利与公权力关系的角度看，专利权对公权力的依赖是一个非常值得关注的问题，公权力高度且深入地进入专利领域，甚至在某些方面起到关键作用。

---

❶ 戴维·M·沃克. 牛津法律大辞典 [M]. 北京：法律出版社，2003：848.

❷ 柴彬. 英国专利制度的渊源及其影响 [J]. 贵州社会科学，2016 (3)：89.

❸ 杨利华. 从"特权"到"财产权"：专利权之起源探微 [J]. 湘潭大学学报（哲学社会科学版），2009 (01)：43.

❹ 赵宇霆. 无形财产权理论研究 [M]. 北京：法律出版社，2011：58-59.

1. 权利的获得依赖政府审批授权

专利权并非自然权利，没有专利法律制度，就没有专利权。通过制度创新，人类提供了专利法这一全新的法律制度，创设了全新的财产权利——专利权。因此，发明创造完成后，不像有形财产那样，一旦制造生产出来，就自然获得财产权利，而必须由申请人以特定的方式向专利审理机构提出专利申请，经过审查，满足了专利法所规定的专利授权条件后，专利局作出专利授权的公告，方才获得专利权。不是完成了发明就享有专利权，申请和审批是必经程序，专利权的获得在起点上就强烈依赖政府，政府的作用至关重要。而且，政府起点上的干预，既关涉能否获得专利权利，审批标准的掌握还影响授权专利的质量和法律稳定性。

2. 书面的权利表达导致边界的不确定性：公权力干预的必要

有形财产的权利边界是清晰而明确的，对于动产来说，其权利边界体现于该物本身；对于不动产来说，其所有权和他物权的范围，是不动产的"四至"。总的来说，对于有形财产，物的边界通常就是物权的边界，在特定情况下，即使物权权利边界有所扩展，财产法也均有明确界定。反观无体财产权利边界通常是模糊的。知识产权的特殊性给人们对知识产权的认识带来困难：财产法发展史上从不曾出现保护对象没有确定的边界，全赖定义进行指称的"财产"。❶ 对于专利来说，权利范围的判定依据权利主体自己撰写的权利要求书，一旦专利申请被批准，该授权专利的权利要求书就是专利权保护范围的依据。在专利交易和专利侵权诉讼中，通过对权利要求的解释得出该专利权的权利范围，这种分析结果存在不确定性，导致了专利权的边界不够确定。

有形财产的客体通常会明确传达出足够的信息，例如，某个客体的权利主体是谁、供谁使用、如何使用。而无体财产上的权利状态和权利内容则通常并不明确，社会公众只明确其上存在知识产权人，但权利的"透视性"很差。知识产权是否有效、属于何人、权能范围是什么，都需要公众通过各种途径去明确。❷ 为促成创新市场中的专利交易，政府有必要介入其中，提供相

<hr />

❶ 徐瑄. 知识产权的正当性——论知识产权法中的对价与衡平 [J]. 中国社会科学, 2003（4）：144-153.

❷ 陈健. 知识产权权利制度研究 [M]. 北京：中国政法大学出版社，2015：14-24.

应的帮助和必要的支持。如监督专利申请行为，包括对专利代理师、代理机构和代理市场的监督，以及对专利代理行业的管理，规范专利申请行为；提高专利审查质量，提升专利权的法律稳定性和公示效力；提供专利信息的公共服务，为市场提供更为清晰的产权信息。

3. 累积创新，导致权利的从属关系：公权力发放强制许可予以干涉

权利人对有形财产的占有、取得、使用的权利状态通常是一种平行关系。例如，通过物的取得，劳动、生产、建造、先占等，可以独立构成各个权利。在他人之物上形成新的物权，民法通常也会设定特别规则，在原有之物的所有人与新形成之物的所有人之间划定明确的界限，以明确权利归属。对有形财产的使用，各权利人的权利关系也一般是平行的。所有人与使用权人对物的占有、使用、收益、处分权能也由民法或当事人之间的合同加以明确界定，以防互相之间发生交叉与干扰。而技术创新通常是累积的过程，人类的知识创造一般通过"站在巨人的肩膀上"的方式，即以他人已有技术为起点，在他人技术上有所突破，不可避免地需要使用他人的知识，从而在知识的利用上存在较为密切的联系，相互之间甚至可能出现叠加或融合，形成从属关系。无体财产权的取得、使用具有比较明显的权利从属关系，智力创作者经常在他人的智力成果基础上进行创作。无体财产上存在的这种从属关系深刻地影响着其使用。处理从属关系给专利法中的使用规则的设置提出了更为复杂的问题和要求。例如，从属发明的实施有赖于基础发明的许可，专利法设置了强制许可制度，以防止基础专利权人阻碍从属专利的实施，公权力在必要的时候可以进行干预。

而专利丛林的形成以及专利诱饵的出现，给市场竞争者进入市场带来了困难，甚至设置了障碍。政府有义务通过相应的政策引导和制度措施，预防、抑制专利诱饵给创新市场带来的消极影响。由于政府拥有良好的专利信息资源和服务能力，政府还应通过提供专利信息公共服务、专利预警等措施，预防和降低专利权不确定性所带来的资源浪费和社会损耗。

4. 禁止性规范所获得的排他权易被滥用：限制滥用和反垄断对政府干预提出要求

由于有形财产具有物理存在方式，可以占有，其权利可以通过占有来体现和实现，因此有形财产一般不需要经过法定审批程序来确认和表征其权利，法律赋予了以占有财产的方式直接表征物权的效力，即不仅仅推定占有人有权利，而且推定他有所有权。占有即推定为所有的公信力规则最初适用于一切有形财产，随着经济发展，交易领域和类型的扩大，一方面为了方便产权的管理和征税，并使不动产脱离政治或身份色彩成为纯民事权利，另一方面为了使登记财产具有对世性，便于世人了解谁是产权主体和财产情况，近代资产阶级革命时期确立了不动产登记制度，可以说，物权登记是保障交易安全和效率的重要手段，登记是物权之权利表征的另一种形式。❶ 专利法通过授予专利权人对他人利用其发明创造的行为进行控制的权利，使专利权人在法律上实现了"虚拟占有"而获得排他性权利。他人若未经专利权人的许可擅自实施专利，专利权人可以启动诉讼程序，请求法院认定构成侵权而禁止其使用。禁止权是专利权人所享有的最重要的权利，专利权人的其他权利以此为基础。当专利权遭到侵犯，专利权人一般难以实现私立救济，必须借助专利法提供的禁止性规范，通过行政或司法救济排除他人未经许可实施其专利的行为。但禁止性规范具有攻击性的本能，专利法否定任何未经许可又无法律依据的人擅自使用专利，这种禁止性规范激活了处于消极状态的排他权，使得专利权的行使具有了强烈的攻击性或扩张性。❷ 一方面专利权依赖诉讼的公立救济，另一方面专利权又极富攻击性，易被滥用，这种两面性同时给政府进行干预提出了需求。

专利权作为一种对世权，具有天然的垄断性。与此同时，禁止重复授权制度使得每一项授权专利都是独一无二的，具有非常低的可替代性，这种排他性和低可替代性使得权利人更容易滥用专利权。虽然专利权和市场竞争都把促进人类社会进步作为其价值目标，但专利权所具有的垄断性与市场竞争对自由价值的追求之间存在着冲突，专利权与市场竞争之间天生具有紧张关系。❸ 具有垄断性的专利权一旦被滥用，很容易对他人和社会造成严重不利，并对专利制度所追求的激励创新、促进技术进步这一制度目标的实现造成阻碍，因而需要反垄断法予以规制。

---

❶ 徐棣枫. 专利权限制的法律体系重构 [J]. 湖南师范大学社会科学学报, 2008（1）: 35-39.

❷ 徐棣枫. 专利权的扩张与限制 [M]. 北京: 知识产权出版社, 2007: 63.

❸ 于海东. 禁止专利权滥用原则及其对反竞争效果之考察 [J]. 知识产权, 2017（3）: 82.

财产法以有形财产为依托，一般有形财产权利的客体有明确的物质载体，可以清晰划定权利边界，其权利的获得以及行使并不依赖政府。而专利调整无形的专利权，其权利的获得、行使、保护等对政府的依赖度远高于前者。因而，完全在财产法属性视角下分析专利，处理政府与专利的关系，可能具有一定的局限性。

（三）专利是政府干预创新市场和创新行为的工具

国家干预知识产权的法律体制，主要是指政府代表国家对知识产权实施依法管理的体制，属于政府管理体制的构成部分，而专利是政府干预创新市场和创新行为的工具。在静态层面，专利权的规定直接或间接地反映了产业界利益诉求；在动态层面，专利权的行使落实了产业政策目标，起到了和产业发展互动的效果，两个方面都展示了专利权中蕴含的丰富的产业政策干预理念。❶

首先，专利权直接表达了产业政策目标。鉴于工业革命早期的资本家本身就是发明专利的持有人，很多国家和地区在设计专利权时将专利与产业加以综合考虑，传达了专利权的产业发展方向。❷ 有了发明创造并不一定可以享有专利权。获得专利权的权利人，其所享有的私权从某一方面来说是具有一定期限的排他性财产权利。但从某种角度出发，这种私权是以该专利有利于实现国家产业政策为前提条件的，暗含着政策取向，而非权利人自己的要求或法律规定的权利内容本身决定了专利权的属性。❸

其次，专利权反映了产业界的利益诉求。如专利立法采取征求产业界人士意见、委托社团立法或吸收产业界人士参与立法等方法。20世纪下半叶，日本在集成电路领域与美国展开了激烈的市场竞争，日本企业得到政府的政策支持，日本特许厅对美国德州仪器公司集成电路技术的相关专利申请采取了拖延战术，确实起到了延缓竞争对手的专利申请，为本国相关产业发展争

---

❶ 和育东. 专利政策一元化［J］. 科学学研究，2011（8）：1159.

❷ 如《日本实用新设计法》第1条规定："本法的目的，是通过保护和利用物品的形状、构造或组装的设计，以鼓励设计，为产业发展作出贡献。"我国台湾地区"专利法"第1条规定了专利制度目的："为鼓励、保护、利用发明与创作，以促进产业发展，特制定'本法'。"

❸ 和育东. 专利政策一元化［J］. 科学学研究，2011（8）：1158-1160.

取时间的实际效果。❶

最后，专利权的运用落实了产业政策目标。以英国早期实践为例，专利权的目的是促进国家工业化。垄断法规所赋予的专利权，初期大部分是给予引进新技术，且在英国制造生产的人，而非外国的技术发明人，这就是英国的进口专利。但当英国的产业技术迎头赶上欧陆各国后，英国自然成为世界各地发明家竞相前来实施其发明的乐园，英国遂取消进口专利制度，但要求发明必须在英国实施。而美国总统华盛顿号召政府部门关注"为发展农业、商业和制造业，运用各种适当手段"，包括"不但要切实鼓励应用国内的技能和人才，也要切实鼓励从国外引进新的实用发明"。❷

二、专利权对公权力的依赖：以市场为背景的进一步分析与讨论

（一）由法律创设权利，政府构建并维护创新市场

发明创造难以被实质"占有"让其交易变得更加困难。专利法将发明创造这种难以物化的思维变成了一种财产性权利，使专利权成为一种商品，交易变成了可能。专利法创造了一种全新的财产权利。我们可以说，没有专利法，就没有专利。此外，市场主体必须尊重他人的知识产权，专利权才能得以实现。❸专利法对权利的保护体现为立法、司法、执法应有利于专利权的实现。在法律规定方面，无论是专利授权确权、权利的行使，还是专利维权等都应有完善的制度设计。在司法实践方面，表现为司法终局性对专利权人财产性利益的保护。在执法方面，专利执法机构的行政执法行为能维护创新市场的良好运行。

法律为专利的获权、行权创设了前提条件，但专利权的实现还需要一个尊重创新的市场氛围。竞争是市场的灵魂，以竞争者竞争力的不断提高从而实现优胜劣汰。创新成果只有在市场环境下才能够实现其内在价值，脱离市场的专利技术，无论在创新度上有多高均谈不上有价值。只有通过市场运作的

❶ 彼得·达沃豪斯，约翰·布雷斯韦特. 信息封建主义 [M]. 刘雪涛，译. 北京：知识产权出版社，2005：135-136.

❷ 墨杰斯. 新技术时代的知识产权法 [M]. 齐筠，译. 北京：中国政法大学出版社，2003：102.

❸ 徐棣枫，于海东. 专利何以运营：创新、市场和法律 [J]. 重庆大学学报（社会科学版），2016（6）：142.

方式才能够将专利内在的无形资产价值货币化，从而直接体现财产价值，市场是实现专利价值的必然途径和关键。美国早已意识到创新市场在专利权实现中的重要作用，2000 年美国学者弗里施曼在《创新与制度：关于美国科学与技术政策的反思》一文中提出"创新市场"（Innovation Market）的概念。弗里施曼所指的"创新市场"是创新的投入与产出、供给与需求的市场，这是一种广义上的创新市场。❶ 狭义的创新市场最初是由美国司法部的两位高层官员吉尔伯特和森夏恩提出的，他们解释了在审查有关许可协议的交易时，政府创设了创新市场，并提出了确定创新市场的方法，该文所定义的创新市场是"未来产品和服务的研发市场"。❷ 在美国政府的主导下，美国长期以来奉行亲专利的政策，努力为专利权的实现提供良好市场氛围与竞争机制，实现了创新市场与法律的良性互动，公权力的介入使得专利权效能得到极大发挥。如今美国拥有诸如高通公司、杜比、HDMI、高智等行业翘首，这些公司不仅非常重视研发，通过加大对研发的投入以保持技术领先优势，而且还加强对创新成果的战略性专利布局，从而获得以标准必要专利为代表的行业核心专利。同时，还加强对优质专利资产的运营力度以获取高附加值收益，并将收益反哺研发。❸ 创新市场的构建离不开公权力的介入和努力，政府需要为创新市场提供基础设施，在有了知识产权法律制度后，还需要构建并维护知识产权制度有序运行的市场环境——让每一个市场主体都遵守知识产权法律，并积极运用这一制度。否则，如果徒有专利法律制度，市场主体没有尊重专利的意识和行为，以"山寨"替代创新，创新市场将无法构建起来。政府必须介入创新市场之中，为创新的产出和使用、公平而充分竞争提供保障。

（二）公权力的最初介入——专利权的审查和授予

1. 从王室特权到登记授权：专利权的获得须经政府审批

知识产权并非起源于任何一种民事权利，也并非起源于任何一种财产权，

---

❶　FRISCHMANN B. Innovation and Institutions: Rethinking the Economics of U. S. Science and Technology Policy [J]. Vermont Law Review, 2000 (24): 347.

❷　GILBERT R J, SUNSHINE S C. Incorporating Dynamic Efficiency Concerns in Merger Analysis: The Use of Innovation Markets [J]. Antitrust Law Journal, 1995 (63): 597-601.

❸　徐棣枫，于海东. 专利何以运营：创新、市场和法律 [J]. 重庆大学学报（社会科学版），2016 (6)：143.

它起源于封建社会的"特权"。这种特权，或由君主个人授予，或由封建国家授予，或由代表君主的地方官授予。● 在欧洲中世纪，各封建君主为鼓励人们进行充满风险的工商业活动，往往授予个人、团队或城市以经营特权，英国、法国、德国、意大利、瑞士等国都有授予新技术或产品以垄断特权的实践，威尼斯城邦还于 1474 年颁发了世界上第一部专利法。中世纪后期以来，各国的专利垄断由于各自不同的政治经济状况而走向了不同的发展道路。威尼斯等意大利城邦国家的专利制度尽管一度相当发达，但由于 16 世纪以来的欧洲工商业重心由地中海转移到大西洋沿岸，威尼斯等城市受行会限制、高税收制约和高工资成本的阻碍，未能适应不断变化的市场需要，加之没有开发海外殖民地拓展市场，其工商业迅速衰落。专利法作为调整技术市场利益关系的法律，在意大利失去了进一步发展的社会土壤，在 15 世纪中后期盛极一时后很快衰落，未能在现代专利法发展历程中留下特别的反响。法、德等欧洲国家尽管工商业较为进步，但当时西欧大陆严重的封建割据状况，使得封建君主所授予的垄断专利特权对市场的影响力有限，现代专利制度也没有首先从这里产生。❷

英国是现代专利制度的诞生国之一。英国专利制度的最早萌芽要上溯到 12 世纪，当时正值以英国为代表的资本主义萌芽较早的国家开始建立新式工业和引进新技术运动时期。1449 年英国产生了最早的发明专利。当时的亨利六世国王向佛兰芒人约翰授予为伊顿公学制造彩色玻璃的方法专利。这一时期的专利权主要以独占权为表现形式，用来鼓励建立新工业。在英国，这种权力经常以专利证书（Letters Patent）形式授予，意为敞开的证书，它以官方通知的方式将授予的权利告知公众，被授予者享有君主赐予的专门制造或贩卖某种产品的特权。当时的专利制度尚处于萌芽阶段，所谓的专利权仅是国王给予发明人的特权且时常被发明人滥用。专利制度在英国的正式推行始于 16 世纪的伊丽莎白女王执政时期。当时，专利授权活动出现了一个高潮时期，1561～1590 年间，女王批准了有关肥皂、纸张、硝石、皮革等物品制造方法

● 郑成思. 知识产权论 [M]. 3 版. 北京：法律出版社，2007：2-8.
❷ 杨利华.《垄断法》与现代专利法的关系探析 [J]. 知识产权，2010（4）：78.

的50项专利。都铎时期专利制度的建立为后世英国专利法的制订奠定了基础。❶ 由于都铎后期的专利制度声望不佳，授权专利的名实不符及专利权人滥用权利的现象普遍存在，随着自由经济理念的增强，在议会、司法、商业团体和公众的压力下，1610年詹姆斯一世被迫宣布：废除先前授予的所有专利的效力并在"奖励书"（Book of Bounty）中陈述了两个重要的观点，一是垄断违反法律必须加以废止，二是不违反法律、不贻害国家的发明创造可以授予垄断的专利权。在垄断权问题变得日益敏感之际，1615年"伊普斯维奇织布工人案"则以司法判例的方式宣告了人们对专利合法、有效性的认识，提出应对发明和发明人进行保护和补偿，并对国王任意授予专利权的行为加以限制。人们对专利的评判也开始延伸到专利授权背后的利益、政策、社会成本等公共政策，认为只有有利于公众的"好的垄断"才合法有效。因此为了避免更多的民愤民怨阻碍国家的发展，1621年开始着手商议出台一部规范专利的法律。在1624年5月的议会上，作为王权与议会及普通法院斗争中的一种相互妥协，《垄断法案》（the Statue of Monopolies）获得通过。❷《垄断法案》被公认为现代专利法的鼻祖，它明确规定专利保护的对象是新创工业领域最早的发明；专利权授予最早的发明者；专利权人在国内有权制造和使用该发明；专利权期限为14年以内等。这些原则和规定对于今天的专利法仍有很大影响。其后，欧美其他国家纷纷效仿，专利法及现代专利制度逐渐在工业化国家广泛建立。同时，工业革命前后，由于资本主义现代化大生产的出现，资本家为了使自己的产品在市场上有竞争力，拼命研究和采用新技术，并竭力要求垄断新发明，不准他人随意侵犯。❸

　　知识产权不能被确认为一项由功能、原则或者规范的目的论所调整的特定技巧，除非是在最平庸、陈腐的水平上，否则它也不能从经济学依据、作者人格权理论或者自然法、实证法方面得到解决。支持这个坚决的近乎武断的结论的主要论据之一是，在知识产权法形成过程中，登记制度起了重要的作用。大家可能会认为登记制度不过是产权法中技术性的旁枝细节，它无关

---

❶ 柴彬. 英国专利制度的渊源及其影响 [J]. 贵州社会科学，2016（3）：89-90.
❷ 邹琳.《大宪章》与英国专利制度的起源 [J]. 湘江法律评论，2015（2）：116-131.
❸ 柴彬. 英国专利制度的渊源及其影响 [J]. 贵州社会科学，2016（3）：91-92.

宏旨不必过多关注，一般了解即可。事实并非如此，登记制度起到的作用至为关键：它使知识产权法的各范畴相互区分开来，又结合成一体。在人们对智力财产的本质争论不休的时候，登记制度给争论的各方一个台阶，经过登记的，就是受保护的财产，从而把人们的视线转移开了，解决了看来将会旷日持久的争论。1852 年英国《专利法修订法》改变了人们看待专利财产权的方式，即从王室特权的产物转变为政府行政管理的一个结果。❶ 正如托马斯·韦伯斯特所言，之所以这样的原因在于，以前在专利上的财产权是从王室授予专利时开始产生的，但随着 1852 年引入的一种（更加）有效率的登记制度，在发明上的财产权就从申请日而非王室授权日开始了（亦即，它创设了在发明上的官僚式财产）。❷

　　登记过程中对不同对象的不同处理，区分了知识产权的各大范畴：著作权的登记是对作品的复制，专利和外观设计的登记是对对象的说明，而在说明对象时采取的技巧区分了专利及外观设计；商标登记则是以行政的权力确认商标的财产属性，这一点对商标法归入知识产权法的体系，是关键性的。登记制度甚至直接影响了专利法的存废。专利登记的混乱使得人们对该制度不仅不能产生信任，甚至有敌意，这是 19 世纪 60 年代专利制度在一些国家被取消的重要原因。而专利登记及专利局其他管理活动的改善，使得专利制度在约十年之后重新获得善待。登记还使得人们的注意力从对象的本质上转移开来，或者根本就忽略了对象本身，而关注的是对对象的描述（尤其是专利及外观设计），"一旦登记制度及其代理人能够确定下来，而且最重要的是它所出具的文件能够受人信任。那么，人们就不必再去调查文件表面之外的东西了，该纸面记载本身就是最终的结果"❸。也就是说，在对特定知识产权的范围和实质有疑问的时候，人们不再去考察对象本身，而只考察记载着对象的"纸片"。比如在专利侵权诉讼中，人们唯一关注的是，记载是怎样的，而压根不去考虑对象事实上是怎样的。如何让文件所记载的东西得到公众的信任？以人民利益为代表的政府作为被"信任"的专利权利要求审查机关肩

　　❶❷　布拉德·谢尔曼，莱昂内尔·本特利. 现代知识产权法的演进：英国的历程（1760—1911）[M]. 金海军，译. 北京：北京大学出版社，2006：160.

　　❸　同上：216.

负着重要的责任，即对专利的官方审查。❶

2. 官方审查：政府在起点上的干预

知识产权的私权化，是对封建特许权制度的一场法律革命。近代知识产权的形成，经历了一个由封建特许权向资本主义财产权嬗变的历史过程。❷ 18世纪末期，将专利权的属性界定为普通权利的呼声在英国发明人群体中日益高涨，但从成文法和判例法来看，在此后的很长一段时间，英国专利一直保持特权属性，而在英国专利传统基础上建立的美国专利体系在同一时期却走上了完全不同的道路，美国宪法的知识产权条款是历史上"第一部明确确认智力成果之上的财产权的实体法"❸。然而，经数百年历史积淀而形成的专利权的"特权属性"又岂是仅通过一部法律一朝一夕就可以改变，即使是历史负担最轻的美国专利体系在这个问题上也是几经周折，直到 1836 年专利法案中的专利行政授权机制确立之后，专利授权的去裁量化过程才算基本完成，因此在专利授权环节也就实现了专利权利与行政授权权力的脱钩，专利行政机关完全是依据法律程序对专利申请进行审查，一旦专利申请符合法定授权条件，专利行政机关就应当向发明人授予专利权。❹ 专利权的私权属性已受到普遍认可，但专利权本身固有的授权规则呈现出其与"私权"不同的性质。如前所述，专利权权利边界具有模糊性和不确定性，需要公权力机关按照统一客观的审查标准确定权利要求范围。从权利的社会公共属性来看，之所以公权力要介入私权获得的过程中，专利权的保护范围与社会公共利益息息相关，没有公权力的严格把控，个人主义下的私权很可能膨胀侵蚀公有技术领地。从权利获得过程来看，"私权"在创造出来之后创造者就可享有，但专利权则需要通过国家专利管理部门审查通过才能够获得批准。专利权在其产生的时候就是基于国家行政管理的确认或授予，它并不是人人享有、人人平等

---

❶ 罗向京. 除魅与重述——评《现代知识产权法的演进——1760—1911 年英国的历程》[J]. 知识产权，2007（6）：93-95.

❷ 吴汉东. 关于知识产权私权属性的再认识——兼评"知识产权公权化"理论 [J]. 社会科学，2005（10）：58.

❸ RAMSEY G. The Historical Background of Patents [J]. Journal of the Patent and Trademark Office Society, 1993（18）：15.

❹ 胡洪. 权力与权利的分离：专利权产生机制的历史考察——兼论专利权效力纠纷的民事纠纷属性 [J]. 科技与法律，2016（5）：868.

的"私权"。❶

现代专利制度脱胎于一个几乎不受任何约束的特权制度，这种由君主授予的特权的特点使其缺少必要的限制：对权利的取得没有严格的审查、对权利的范围没有清晰的界定、对权利的滥用没有合理的规制。现代专利制度的发展过程，实际上就是一个对特权不断设定限制以实现个人利益与公共利益平衡的过程。在这其中政府作为人民主权权力的行使者在专利授权审查、权利范围勘定、专利权行使是否合法等方面发挥着不可替代的作用。❷

与物权相比，专利权的获得对法律和公权力的依赖程度非常高。有形物如物权，基于该有形物的生产即可自然获得财产权，并不需要政府的审查批准程序，而发明创造要获得专利权，首先要制定专利法律，并提供专利法运行的基础设施——专利申请审批机制、专利保护机制、专利实施机制和市场。专利权是法律创设的权利，而非自然权利。发明创造完成后，申请人必须依据专利法向专利审批机构提出专利申请，并通过审查才可获得专利权。通过专利审批活动获得授权专利，发明就穿戴上专利之壳获得排他权，借由这种法律上的拟制占有，成为商品，从而可以成为市场上进行商业交易的对象。可见，政府的审批授权行为是重要的基础性条件，离开政府这种起点上的干预，专利权就不可能获得。

3. 专利质量改善：依赖官方审查

专利制度的首要目的是通过法律给予技术垄断权利，保护生产者的合法权益，规制专利的转让和许可，促进专利信息的传播与使用。❸ 制度目的的实现需要借助一整套精巧的机制，以市场主体通过创新成果获得市场收益作为动力，以司法救济作为保障运行的力量，通过专利审查和维持费用结构来调节专利的质量和数量，从而保证那些授权的专利都是真正具有创新水平的、能够带来市场收益前景的专利。在这样的制度链条中，专利审查是保障高质量专利产出的关键因素之一，也是知识产权保护的源头和专利工作的基础。而专利权的界定伴随着强烈的公权色彩，专利权是否符合授予条件、权利范

---

❶ 邹琳. 论专利权的权利属性 [J]. 湘潭大学学报（哲学社会科学版），2011（5）：69.
❷ 张健. 专利权滥用及其法律规制研究 [D]. 长春：吉林大学，2011：53.
❸ 吴汉东. 关于知识产权基本制度的经济学思考 [J]. 法学，2000（4）：36.

围的大小都依赖于官方的审查。那么，官方审查在一定意义上决定了专利权的有无与大小，专利质量的提高也非常依赖于官方审查的力度与态度。现实中的专利制度在审查中遵循着有限审查的原则，当授权专利在市场运行并产生争端后，进入专利的异议、无效甚至是诉讼程序。事实上，一直以来专利局都在理性地忽视审查过程中的错误，认为没有必要在缺少具备商业价值的专利中耗费更多审查精力。❶ 但专利丛林状态下，专利数量竞赛引发的成本高昂的市场竞争削弱了企业专利在授权后提起异议与诉讼的动机。❷ 过去 20 年间，欧洲授权专利异议比例显著降低❸，专利制度设计的平衡性实际上已经被打破。在此情况下，专利局需要在前期的审查阶段投入更多精力，以维持高质量专利产出，而不是等待专利进入市场之后再去寻求后端的争议解决。专利丛林、动机与策略转变，成本高昂的市场竞争以及激励政策影响等因素共同挑战了专利局理性忽视的制度基础，如果专利局放松审查政策标准，那么特定技术领域中的专利质量很可能进一步降低。简言之，高质量的官方审查行为才能支撑高质量的专利产生。❹

（三）专利权的行使，依赖政府创建和营造尊重专利权的社会氛围和提供有效的公共服务

1. 政府应创造尊重专利权的社会气氛

"专利"的本意是公开，但这并不意味着专利制度从诞生之日起就具备了专利契约论中作为"对价"意义上的公开性。早期的专利技术是保密的，其所谓"公开"，意在向所有臣民昭示专利证书持有者对其技术享有垄断特权，是对特权的公示，而不是对专利技术的公开。契约论下的现代专利制度是专利权人与公众之间的契约：专利权人获得的契约利益是专利权，承担的义务是通过说明书公开其技术；公众获得的契约利益是说明书公开带来的人类知

---

❶ LEMLEY M. Rational Ignorance at the Patent Office [J]. Northweatern University Law Review, 2001 (4)：1021.

❷ DIETMAR H, GEORG V G, STEFAN W. Conflict Resolution, Public Goods and Patent Thickets [EB/OL]. (2013-03-29). https：//ssrn.com/abstract=2145590

❸ HARHOFF D, REITZIG M G. Determinants of Opposition Against EPO Patent Grants the Case of Biotechnology and Pharmaceuticals [J]. International Journal of Industrial Organization, 2004 (4)：443-480.

❹ 毛昊. 中国专利质量提升之路：时代挑战与制度思考 [J]. 知识产权, 2018 (3)：68.

识增量，承担的义务是尊重专利权。专利权作为知识产权的一种，其客体——知识产品具有一定程度的"公共物品"的性质，作为一种无形财产，和一般的有形的私人物品有明显不同。有形财产的使用具有排他性，某人对有形财产的占有可以排除在相同时间内其他人对该财产的占有和使用。而知识产品具有非排他性，其可以被无限多的人同时使用，而且不会使其本身受到损耗，这种特点使得要排除他人擅自使用知识产品具有很大困难，也使实践中出现了大量不付费而消费的"搭便车"现象。专利权所控制的"公共物品"特征决定了通过私人手段很难控制。❶专利法通过授予专利权人对专利的排他性权利，让专利权人获得了法律上对自己的专利技术"虚拟的占有"的权利，从而通过他人对专利权的自觉尊重而排除"搭便车"。专利权实际上是排除他人未经专利权人许可实施自己专利的权利，这种权利难以以权利人的一己之力加以保护，发生侵权行为时，权利人只能通过公权力救济途径维护自己的权利，这就决定了政府不仅拥有授予他人专利权的权力，也应承担使公众尊重专利权行使的义务。若专利权的行使得不到社会的尊重，公众会依赖于免费使用他人技术成果而缺乏创新动力，创新者将越来越少，或者会选择商业秘密的保护方式保护创新成果，减少信息公开，这会造成信息公开不充分、缺乏激励的困境，与专利法初衷相违背。❷为使专利权得到尊重，政府起到了关键性的作用。政府通过干预创新市场的基础设施和基本要素建设，营造人人尊重专利权的社会氛围，最大限度地降低专利权遭受非法侵犯的概率，方能使专利权人的权利更好地得以实现。

专利法的实施，是促进发明创造的产出和运用，是发展产业的关键支撑。市场主体透过专利法所提供的市场运行机制，可以将发明创造这一过去无法商业化运用的无形物经过申请专利，获得财产权利，从而可以将其当作商品而在市场中进行交易。然而，由于专利权的无形性以及将其商品化是由一整套有别于有形财产的法律制度来完成的，一旦发生侵权，私力难以救济，而依赖于公权力的救济。因此，政府宣传普及知识产权知识，

❶ 冯晓青，杨利华. 知识产权热点问题研究 [M]. 北京：中国人民公安大学出版社，2004：6–10.
❷ 易继明. 专利法的转型：从二元结构到三元结构——评《专利法修订草案（送审稿）》第 8 章及修改条文建议 [J]. 法学杂志，2017（7）：41–46.

营造尊重知识产权的社会氛围，成为有效实施专利制度，维护专利权人权利的重要保障。

西方发达国家科技进步和产业发展的历史显示，实施有效的知识产权保护制度，引导全社会对知识产权的普遍尊重，营造公平透明的竞争秩序，提升市场主体的知识产权意识，是促进创新，提升产业竞争力必不可少的重要条件。近30年来，我国专利创造能力显著提升，专利运用效果逐步增强，与政府重视知识产权工作和在知识产权社会环境建设方面的投入密不可分，从而有效支撑我国高新技术产业的发展和升级，为我国知识产权强国建设打下了坚实的基础。

专利权的行使依赖政府构建透明公正的创新市场。专利权人权利的实现依赖所有的市场参与者的自觉尊重，即只在与专利权人达成专利许可使用协议后才使用专利技术。这种有序而公平竞争的市场秩序需要政府来构建并维护。可以想见，充分保护专利、严厉打击侵权行为的市场与保护不力、容忍侵权的市场，市场主体从事创新活动和获得专利并对专利进行投资进入市场的动力显然会不同。

2. 政府提供公共服务：专利信息服务

专利公告的内容包括权利要求书、说明书等与专利审查、授权、确权等有关的法律文件和资料，这些文件和资料所记载的信息被称为专利信息。❶ 按照我国专利法的规定，专利信息资源中所包括的各种文件、记录和资料是国务院专利行政部门在业务过程中产生和生成的信息资源，是政府信息资源中与专利有关的政府信息资源，属于基础性的信息资源。《中华人民共和国信息公开条例》第2条规定，政府信息"是指行政机关在履行职责过程中制作或者获取的，以一定形式记录、保存的信息"。我国专利行政部门在业务过程中产生和生成的各种专利文献应当属于政府信息公开的范围，而且是属于应当主动公开的政府信息。❷ 因此，从专利信息属性角度讲，公告专利信息的行为属于行政机关的行政行为。

专利信息是集技术、经济、法律信息于一体的综合性信息，是一种基础

---

❶❷ 赖茂生. 推动专利信息资源的社会化和市场化开发利用促进知识产权服务业发展 [M] // 杨铁军. 知识产权服务与科技经济发展. 北京：知识产权出版社，2010：69-84.

性、战略性资源。专利信息与专利文献有密切的关系。专利文献是各国专利局及国际性专利组织在审批专利过程中产生的官方文件及其出版物的总称。作为公开出版物的专利文献主要有专利说明书、专利公报、专利文摘、专利索引和专利分类表等。这些专利文献中的信息，或者从中衍生出来的信息，就构成了所谓的专利信息。❶专利文献涉及的技术广泛、内容全面，全世界每年公布的专利说明书等专利文献数以百万计。国家知识产权局曾于 2014 年对世界五大知识产权组织公布的发明类专利文献量进行了统计，其中，我国达到 500 多万件，美国达 1200 多万件（参见表 5-1）。经年积累，专利文献已经形成记载技术信息的海量文献。

表 5-1　发明类专利文献公布量❷

国家或组织	申请公布 文献量（件）	授权公告 文献量（件）	文献量小计 （件）	截止时间
中国知识产权局	3 697 108	1 354 519	5 051 627	2014. 4. 2
美国专利商标局	3 709 414	8 652 121	12 361 535	2014. 3. 30
欧洲专利局	2 801 954	1 300 570	4 102 524	2014. 3. 26
日本特许厅	12 190 840	4 687 278	16 878 118	2014. 4. 1
韩国知识产权局	2 307 076	1 360 488	3 667 564	2014. 4. 1
世界知识产权组织	2 408 107	—	2 408 107	2014. 3. 28

这些专利文献所涉及的技术从手机到电脑，从玩具到汽车，可谓无所不包，无所不有。据国外调查统计，专利文献中报道的技术内容，只有 5.77%刊载于其他文献中。❸专利信息资源无比巨大，但由于信息海量，要在其中挖掘出需要的信息，则需要具备一定的专利知识和专利检索技能。根据专利文献提供的技术主题、专利国别、专利发明人、专利受让人、专利分类号、专利申请日、专利授权日、专利引证文献等技术内容，广泛进行专利信息搜集，

---

❶ 李建蓉. 专利文献与信息 [M]. 北京：知识产权出版社，2002：9.

❷ 数据来源于国家知识产权局官网. 专利文献量公布情况 [EB/OL]. [2018-06-11]. http://www.sipo.gov.cn/docs/pub/old/wxfw/zlwxxxggfw/zsyd/zlwxyj/dtfx/201407/P020140728569483646352.pdf.

❸ 江镇华. 怎样检索中外专利信息 [M]. 北京：知识产权出版社，2001：2.

这样才能通过专利检索从海量无序的专利技术文献中搜索到相关的专利文献。❶专利信息是企业从事专利工作的学习工具、预警工具和决策工具。据统计,有效运用专利情报,可缩短 60% 的研发时间,并可节省 49% 的研发费用。❷ 从技术角度讲,专利文献中所蕴含的技术信息可以分为微观和宏观两个层面。宏观层面是指国家通过对专利信息的分析可以掌握各行业的发展态势以及技术总体水平。微观层面是指企业通过专利分析可以了解自己在技术方面所处的位置,并了解竞争对手的专利布局和技术现状。❸ 专利信息服务作为知识产权信息服务重要组成部分,是知识产权制度有效运转的重要支柱,高水平的专利信息服务对于知识产权创造、运用、保护和管理起着重要的促进作用,专利信息服务对企业明确产品研发方向、提高研发效率,形成并拥有自主知识产权发挥着不可替代的作用。而社会公众对专利信息的有效利用,又离不开政府在宏观层面提供完善的公共服务。国家知识产权局作为政府机构,具有专门的技术人员、专业的检索工具和最完善齐全的数据库,为了支持我国产业发展,其近年来组织编写并公布了多个产业的专利信息统计或者分析报告,为社会公众和企业提供专业化的专利信息公共服务。❹

我国各级行政机关为提供有效的专利信息公共服务出台了一系列的专利信息公共服务政策。国务院颁布的《国务院关于印发国家知识产权战略纲要的通知》中明确提出"构建国家基础知识产权信息公共服务平台","促进知识产权系统集成、资源整合和信息共享","培育和发展市场化知识产权信息服务,满足不同层次知识产权信息需求"。国家知识产权局《全国专利事业发展战略(2011~2020 年)》中提出,"按照专利法的要求,完整、准确、及时公开基础性专利信息,支持以多种方式向社会提供数据资源"。《国务院办公厅关于加快发展高技术服务业的指导意见》中提出,"扩大知识产权基础信息资源共享范围,使各类知识产权服务主体可低成本地获得基础信息资源"。国

---

❶ 何敏. 企业知识产权战略 [M]. 北京:知识产权出版社,2011:28.

❷ 袁真富:专利经营管理 [M]. 北京:知识产权出版社,2011:68.

❸ 何敏. 企业知识产权战略 [M]. 北京:知识产权出版社,2011:48.

❹ 例如,《2017 年我国人工智能领域专利主要统计数据报告》《中国专利密集型产业主要统计数据报告》《战略性新兴产业(新能源产业)专利文献引证分析报告》等。所述报告详见国知识产权局官网. http://www.sipo.gov.cn/tjxx/yjcg_tjxx/index.htm.

家知识产权局《关于加强专利分析工作的指导意见》中提出,"以多种方式向社会和地方提供专利数据资源以及专利信息分析工具"。

另外,为了实施国家知识产权战略,推动全国专利信息公共服务工作全面、协调、可持续发展,促进专利信息资源的开发利用,国家知识产权局按照"统筹规划、合理布局、资源共享、便捷有效"的方针,基本建成以国家专利数据中心、区域专利信息服务中心、地方专利信息服务中心三级架构为支撑的全国专利信息公共服务体系。

2018 年,国家知识产权局还从机构设置上进一步强化专利信息公共服务。2018 年国家知识产权局机构改革中新设公共服务司❶,其主要职责为组织实施全国知识产权信息公共服务体系和信息化建设,承担知识产权信息加工标准制定相关工作,推动信息服务的便利化、集约化、高效化。专利信息公共服务为社会公众提供无差别信息服务,是完善政府公共服务职能的必经之路,是满足用户信息需求的现实需要。❷

(四) 专利权的保护和确权中的政府干预:行政救济和无效程序

1. 专利权的行政救济

专利权的无形性使得其不可物理占有,面对专利侵权行为,专利权人无法私力救济,只能通过寻求公权力的干预来获得保护,要么向管理专利的行政机关寻求行政保护,要么直接向法院提起诉讼寻求司法保护。专利行政执法是指专利管理部门依据法律、法规的规定,对专利违法行为予以处置的具体行政行为,一般包括处理专利侵权纠纷、调解其他专利纠纷、查处假冒专利行为以及市场监督等。❸ 专利行政保护通过专利行政执法得以实现。在现行专利法环境下,除公安、海关等行政机构的执法行为外,一般所称专利行政执法是指专利管理部门依照专利法等法律、行政法规授权,对专利实施保护和对专利事务实施管理的行为,包括针对专利纠纷的行政处理和对专利事务的行政管理。专利行政管理除包括国家知识产权局负责的专利授权和专利确

---

❶ 国家知识产权官网. [2019-02-11]. http://www.cnipa.gov.cn/gk/gkzzjg/1121359.htm.

❷ 刘友华, 刘琳. 论我国专利信息服务平台的构建 [J]. 湖南科技大学学报 (社会科学版), 2012 (5): 105.

❸ 卢章平, 郑莎. 基于我国专利行政执法分析的专利行政保护对策研究 [J]. 科技管理研究, 2014 (10): 117.

权外，还包括决定强制许可、实施专利权质押登记和查处假冒专利等维护专利制度正当运行与秩序的行政行为。❶ 作为我国行政执法的组成部分，专利行政执法通过行政机关的积极介入，依托专利行政调处和行政处罚相结合的方式打击专利领域的侵权行为，并解决专利纠纷，程序简便、处理快捷、运作高效、执法成本与费用也相对较低，既维护了当事人的合法权益，又兼顾了各方利益，适合中小企业和小微企业，符合我国经济发展趋势和国家的政策导向。❷ 为此，近年来国家知识产权局大力推进专利行政执法规范化建设，先后制定《专利行政执法操作指南》《专利行政执法文书表格》《专利侵权判定和假冒专利行为认定指南》《国家知识产权局关于公开有关专利行政执法案件信息具体事项的通知》等文件，有效规范了全系统执法工作，全面提升了全系统执法办案工作水平。

由于"搭便车"的现象无法克服，可以说，没有公权的介入，专利权这种私权很难受到保障。❸ 专利权不仅关乎个人利益，还涉及公共利益、社会经济秩序的稳定以及社会的发展和进步，侵犯专利权已突破了单纯的民事侵权行为所涵盖的私人利益。政府具有维护公共利益的职责，要做到维护权利人合法利益与社会公共利益之间的平衡，理应允许国家公权力的介入，即由政府管理机关行使行政权，对专利权进行行政管理和行政保护。❹

首先，行政保护具有主动性。司法保护具有被动性，在程序上贯彻"不告不理"的原则，因权利人向法院提起侵权诉讼而启动。很多专利侵权案件是在权利人并不知情的情况下发生的，权利人因为没有证据而无法向司法机关起诉。而专利行政机关可以依权利人申请，也可以依职权主动进行专利保护。我国专利行政管理机关也具有开展主动保护的职能，如在专利执法方面，打击专利侵权假冒办案力度持续加强。2017 年 1~12 月全国专利行政执法办案总量 66 649 件，同比增长 36.3%。其中，专利纠纷办案 28 157 件（包括专利侵权纠纷办案 27 305 件），同比增长 35.0%；查处假冒专利案件 38 492 件，

---

❶ 刘银良. 论专利侵权纠纷行政处理的弊端：历史的选择与再选择 [J]. 知识产权, 2016 (3)：34.

❷ 唐要家，唐春晖，姜海华. 专利侵权救济制度有效性及其改革路向 [J]. 人文杂志, 2019 (1)：34-43.

❸ 冯晓青，杨利华. 知识产权热点问题研究 [M]. 北京：中国人民公安大学出版社, 2004：6-10.

❹ 孟鸿志. 知识产权行政保护新态势研究 [M]. 北京：知识产权出版社, 2011：3-5.

同比增长 37.2%。❶

其次，行政保护具有全面性。司法保护以事后保护为核心，即在权利人的权利遭到侵犯时，司法机关通过追究侵权人的法律责任来保护知识产权权利人的合法权益。而在我国公众知识产权意识普遍不高的情况下，对专利权进行事前、事中保护显得尤为重要。专利行政保护包括事前保护、事中保护、事后保护，以事前保护、事中保护为核心。

最后，行政保护具有便捷性。司法程序严格，周期也较为漫长，因而司法保护成本较高且效率较低。行政程序便捷有效的优势"不言而喻"。❷ 当事人之间发生纠纷后，一般都希望能尽快解决，使争议的权益确定下来。专利管理机关为当事人在司法程序之外，提供了一条便捷、省时的解决途径。❸ 由此可见，专利管理机关的专利行政执法在我国专利制度中发挥着重要的作用，它与人民法院一同担负着维护专利权人合法权益的神圣使命。

2. 独特的确权机制：专利效力的行政干预

专利审查的任务是授予创新者以符合法定条件的专利，但限于能力、条件、审查的复杂性等，专利局审查过程中难以确保所授权的专利不存在问题，难以确保授权专利都符合专利法定条件，即有可能将不符合授权条件的专利申请授予了专利权。为纠正这种错误，专利法设置了专利无效宣告程序。专利无效宣告程序的首要价值是纠错功能，是为错误的专利授权而设置的一种纠正程序。❹ 如果不应授予专利权的发明被授予专利权，无疑会给他人后续的发明创造活动增加成本。在专利侵权诉讼中，如果权利人主张的专利权本不应被授予，但却以之获得损害赔偿并禁止他人使用公有技术，不仅是对私人利益的剥夺，同样也侵犯公共利益。专利无效制度不仅是纠正审查部门疏漏的有效补救措施，还可以在维护个体利益的同时，维护社会整体福利。

世界各国的专利无效宣告制度有三种模式：一是法院确权模式，专利侵权和确权纠纷同在法院解决，代表国家有英国、法国、意大利等。二是专门机构确权模式，专利权的效力只有专门的行政机构才有权作出判定，如中国、

❶ 国家知识产权官网. ［2018-05-17］. http://www.sipo.gov.cn/zfwq/wqyzgndt/1119391.htm.
❷ 孟鸿志. 知识产权行政保护新态势研究 ［M］. 北京：知识产权出版社，2011：8-9.
❸ 张玲. 关于专利行政执法问题的探讨 ［J］. 南开学报，2000（5）.
❹ 崔国斌. 专利法原理与案例 ［M］. 北京：北京大学出版社，2016：421.

德国等。三是专利确权双轨制，专利确权既可以在行政机构进行，又可以在法院进行，如美国和日本。传统上美国是专利确权单轨制国家的典型代表，专利确权和侵权纠纷均在法院解决，并无专门解决专利无效的行政机构。然而，自 1980 年美国修订专利法并引入 EPR 以来，USPTO 有了在专利确权中发挥作用的机会。1999 年美国专利法修改又增加了双方再审查程序（Inter Parties Review），特别是 2011 年 AIA 通过以后，美国创设了 PTAB，并引入 PGR，进一步提升了专利行政部门在专利确权中的权限，任何人均可以以实用性、新颖性、创造性及可专利性客体为理由，向 USPTO 启动 EPR 宣告专利权无效，包括专利权人自己。如果对审理结果不服，仅专利权人有权向 PTAB 上诉；如果专利权人对 PTAB 的审查结果仍不满意，则可以进一步上诉至联邦巡回上诉法院，直至联邦最高法院。近年来，美国专利行政部门在解决专利无效纠纷中的作用与日俱增，美国已经成为专利确权双轨制的典型国家，美国国会希望专利行政确权程序能够成为司法程序经济有效的"替代性选择"。❶

从美国专利无效制度改革中我们可以认识到，其一，行政程序在解决专利权有效性争端中优势突出。AIA 之前，利益相关人在美国更多依赖于司法途径挑战专利权有效性。AIA 强化了 PTAB 职能和改进了专利行政确权程序，引导更多主体通过行政途径解决专利有效性争端。之后的实践中，行政程序充分显现了其效率高、成本低、专业性强等优势，获得了利益相关人的认可与持续关注。PTAB 与联邦地方法院的定位区分也由此越来越明晰，专利有效性问题被导向行政程序处理，联邦地方法院未来将会更专注于处理专利侵权问题。其二，清晰的程序定位促使行政和司法程序融合增效。在当前美国关于专利权有效性的审理中，PTAB 或联邦地方法院作为初审机构，明确事实问题并基于事实做出法律判断，美国联邦巡回上诉法院作为中间审级重点审核法律问题，而最高法院仅就关乎制度运行的少数关键原则问题进行审判，三个审级的职责和作用非常清晰明确，逐级递进。在美国，专利行政机关与法院职责定位也有不同，除非行政机关的决定和法条有直接冲突，法院对行政

---

❶ ISHNUBHAKAT S, RAI A K, KESAN J P. Strategic Decision Making in Dual PTAB and District Court Proceedings [J]. Berkeley Technology Law Journal, 2016 (31): 45-116.

机关决定充分予以尊重。❶ 其三，避免行政资源浪费。在改革中，美国非常重视制度设计，提供更多选择的同时也部署了一些限制要素，例如，为了防止被诉侵权人拖延侵权诉讼程序在 IPR 程序中设定了起诉时限，又如为了避免授权初期滥用程序在 PGR 程序中设置了较为严格的立案标准。这些细节设计有效避免了"制度投机"，确保行政资源在真正需要解决的争端中切实发挥作用。❷

（五）政府干预专利：在创新市场管理中发挥重要作用

莱斯特·瑟罗在其《21 世界的角逐——行将到来的日欧美经济战》中认为，美国想要在 21 世纪的经济竞争中继续取得优势地位，必须继续加强知识产权管理，而政府应该充当更为积极的角色。他在书中描述了美国政府在知识产权管理中发挥的重要作用。为了协调知识产权咨询，促进技术转移，1992 年美国联邦政府成立了国家技术转让中心，出资在各地建立了几十个科技成果推广中心，以激励科技人员转让科技成果的积极性。该中心提供咨询及有关知识产权的管理培训，并建立了咨询档案，把全美 700 多个实验室以及数千个研究开发成果资料纳入"应用技术咨询系统"，通过全国六个"区域性技术转移中心"进行技术评估、市场调查及技术中介工作，是美国政府支持的规模最大的知识产权管理服务机构。他认为，美国政府在知识产权立法、行政干预、政策激励、促进权力共享以及对外政策（如"301 条款"）作出的努力值得肯定，但远远不够，应该进一步加强政府对创新市场的管理作用。❸ 多特福德指出，政府不应在知识产权管理问题上采取消极态度，任由企业自己去管理，而应发挥政府的积极作用，为企业更是为自己国家的知识产权管理出谋划策，制定完善的管理制度与发展战略。❹ 桑德斯·托马斯提出："政府——知识产权管理的领航者"。知识产权在现代经济社会中无疑变得越来越重要，各国无不积极行动起来制定知识产权战略，积极开发自主知识产权，争取在经济大战中占得先机。各国政府正在尽最大努力融合自身资源，

---

❶ Chevron U. S. A., Inc. v. Natural Resources Defense Council, Inc., 467 U. S. 837 (1984).

❷ 宋蓓蓓，吕利强. 美国专利无效制度改革进展与思考 [J]. 电子知识产权，2017 (6)：62.

❸ 贾春峰. 值得研究的《二十一世纪的角逐》——莱斯特·瑟罗关于"行将到来的日欧美经济战"的一些新观点 [J]. 党校科研信息，1993 (07)：17-20.

❹ G. 多特福德. 政府将在知识产权保护中扮演重要角色 [J]. 传统知识产权，2000 (06)：8-11.

制定知识产权的发展政策，并逐步完善法律法规，鼓励企业不断创新，加大力度打击侵权行为，保护合法者权益。事实证明，政府正在、也应该成为管理创新市场的领导者。❶

第二节 政府干预专利的理论

一、社会契约说的不足与保证博弈理论下的专利管制观

(一) 社会契约说对专利法的解读

社会契约说既是一个政治学理论，又是一个经济学理论，它有着非常庞杂的内容体系。笔者从经济学和政治学两个角度出发，对社会契约说如何被应用于专利法以及这种应用存在的弊端作出解释。

1. 作为经济理论的社会契约说

经济学在某种意义上来说是一个关于资源配置的理论。经济学意义上的社会契约说指的是人们结成社会契约并面临资源配置（平均分配还是按需分配）将会作出何种选择。罗尔斯认为人们会倾向于把差别原则作为资源配置的基础。❷ 这种分配方式能够使境况最差之人得到改善，差别原则中最大标准、最小标准的运用也使得规则和再分配成为必要。与罗尔斯相反，豪尔沙尼提出了衡量每个社会成员的效用总量的最大化标准。❸ 简单地说，就是社会成员并不知道谁在无知之幕的支配下，会产生各种形式的分配偏好组合，故最好的决策规则就是使每个人的预期效用最大化，此最大化的量值与预估的全体社会成员的总效用是平衡的。可以看出，在经济学视角下，社会契约说是以对利益的追求为基础调整社会关系的，个人为了自己的利益而作出的理性行为将会形成相应的决策机制，尽管上述两位思想家均从自身利益的角度出发进行分析，进而推理出相应的规则，但他们对社会成员如何理解并寻求

---

❶ 刘玉安. 制度与问题：知识产权的政府管理 [M]. 上海：上海三联书店出版社，2009：67.

❷ JOHN R. A Theory of Justice [M]. Harvard：Harvard University Press，1971：607.

❸ HARSANYI J. Cardinal Welfare, Individualistic Ethics, and Interpersonal Comparisons of Utility [J]. The Journal of Political Economy，1995 (63)：309.

保护自身利益方式的前提假设却是截然不同的。

2. 社会契约说中的政府干预思想

从政治学角度理解社会契约说，应从合同的形成和对合同条款的理解出发。社会契约的出现使得人类社会从原始状态过渡到有组织、有规则的形态，在这种社会形态中，人们通过对合同的认可参与到合同活动，而以这种认可的方式形成的国家反过来使其成员得以保护。可以说，作为政治理论的社会契约说主要基于两个原则：同意和承诺。约翰·洛克和霍布斯都以同意和承诺作为基础发展出自己的理论，但是两者对知识产权法提供的却是截然相反的视角：洛克将财产看做人类改造自然的生产活动产生的所有权，劳动是获得财富的重要途径。人们将劳动作用于自然界而获得的思想、了解的自然法则等进行转化而成为发明创造，成为知识产权的基础。❶ 然而权利的授予服从于共有的需要，体现在法律中如版权制度中的法定许可和合理使用制度，专利制度中的实验使用。受同意和承诺概念的影响，人们更倾向于认同霍布斯的理论，认为人们创造出主权国家来使自己在自然状态之下获得保护，如果没有国家机器，自然状态是一种充满野性和暴力的状态，任何创造性活动的成果都将被拆分复制、被改编、被销售、被仿制。因此，国家通过知识产权法将这些权利绝对化、永久化，达到在自然状态下保护个人的目的。人们通过对条款的同意来平等地对待一切发明创造，同时每个作者和发明人通过承诺表明其将遵守该知识产权的社会契约。但是，正如鲁宾所言，社会契约说是建立在一种过时的，甚至可能是中世纪的落后观念基础之上的，这种观念认为持续的承诺足以成为社会组织的基础。❷ 然而，在社会组织形式不断发展、社会生活日益复杂的当代和未来，单纯的社会契约说无疑是理想化的存在，并不能契合知识产权法，尤其是专利法的发展，单纯的契约理论和社会实践不相匹配的实际，已经给专利法的发展带来了诸多问题，发展新的专利制度理论以构建和完善能够解决现存专利制度问题的规则体系势在必行。若能让社会契约说于现代专利法发挥更大的作用，其理论自身的政府干预思想

---

❶ DIENSTAG J F. Between History and Nature：Social Contract Theory in Locke and the Founders [J]. The Journal of Politics, 1996 (58)：992-993.

❷ MASHAW J L. Between Facts and Norms：Agency Statutory Interpretation as an Autonomous Enterprise [J]. University of Toronto Law Journal, 2005 (55)：497-533.

应受到重视。

（二）专利法的经济学与社会契约说

1. 囚徒困境与保证博弈

如前所述，在经济学视角下，社会契约说是以对利益的追求为基础调整社会关系的，故在构建与专利法经济学相匹配的社会契约说的尝试中，重点在于描述利益的形成以及被追逐的过程。发明者将发明创造实现的过程，也是其追逐利益的过程。发明者偏向能给发明成功者带来丰厚回报的强有力的专利法形式，而不给予模仿者同等力度的保护。而且，发明活动从最开始是在自然状态下进行的，合作是这种发明活动的最常见形式。基于上述两点，将社会契约说运用于专利经济学需要了解发明者博弈类型的知识。❶

（1）囚徒困境之于专利法。

关于专利法在经济学上的正当性，重点在于基于授权而产生的排他性，因为这种排他性允许专利权人获取超额利润，得到丰厚回报。这种排他性的授权是必要的，因为基于阿罗的信息悖论，市场竞争不能有效地促进研发和创新活动：根据阿罗的信息论，某种信息一旦产生并被泄漏，在理想情况下（充分竞争的市场中），人们就可以零成本地、非排他地传播和分享，而这种零传播成本破坏了人们最初制造和传播信息的积极性。专利法的排他性正是通过对信息传播加以限制而解决了这个问题。这个经济学上的解释支撑了洛克关于专利法的合理性：社会赋予创造者防止他人占有发明的权利。❷

洛克关于专利法的理论转化成了一种常见的自然状态下的博弈理论模型，并且成为社会契约的简明表达形式：如果没有专利法，人们要么创新，要么模仿。当所有人都模仿或者都创新时，达到一种稳定的平衡。所有人都创新带来的收益大于模仿，但只要有一个人模仿，就无法形成稳定的创新平衡。由于缺乏对模仿行为的惩罚，导致在循环往复的创新—模仿过程中，更容易达成的是所有人都模仿的平衡状态。在囚徒困境中，创新和模仿是两种选择，

---

❶ HARSANYI J. A New Theory of Equilibrium Selection for Games with Complete Information [J]. Games and Economic Behavior, 1995 (1)：1034.

❷ ARROW K J. Economic Welfare and the Allocation of Resources for Invention [J]. Economic and Social Factors, 1962 (12)：609-626.

且在自然状态下，模仿行为是符合人们自身利益的，这样的一种选择无疑是不利于社会创新风气的形成的。而专利法对发明人授予了一项财产权，这种财产权可以对未经允许的模仿行为进行惩罚，从而形成了社会契约的一种形式。这种关于社会契约的观点展现了一种强有力的知识产权保护，并且与洛克关于知识产权的合理性相契合。在这种理论下，发明人通过社会对其授予的防止他人非法占有的权利这种方式来解决囚徒困境。可以说，囚徒困境为知识产权提供了一种直观的理解。❶

然而，囚徒困境在几个方面未能充分描述专利法。第一，在囚徒困境中，模仿代表了一种重要策略，在这种策略下，模仿者从来不会单方面地为创新或贡献支付报酬，而这种说法显然是夸大了事实；第二，囚徒困境可以通过无数次的重复博弈而得到解决，这种解决方式的关键在于博弈的无限期间。根据这种观点，专利应该没有期间限制，而这种无期限又与权利的期间限制要求相矛盾。第三，囚徒困境作为对发明人行为的一种描述受制于一个本质的缺陷：它把发明进程限定为在创新和模仿之间的一个简单的选择，在这种简单的选择中，它预计模仿将成为一种重要策略并且每个人都将选择模仿，并且在任何情形下都不会受到限制或制裁。而在真正的发明实践中却相反，学术文化在很多情形下是基于分享而存在的，科学和学术界观点的传播往往是免费的、开放的，并且是在私人财产权和市场之外加以讨论的。❷

（2）保证博弈能够更好地描述专利法问题。

在博弈过程中存在两个平衡，博弈双方要么都同意创新，要么都同意模仿，与囚徒困境不同，单方的模仿将不再占支配地位。这种博弈之所以被称为"保证博弈"（Assurance Game）是因为如果每个参与者都能够获得保证，确信其他人不会模仿，那么创新将会盛行。在囚徒困境中，模仿是作为一种重要选择而存在，并且对模仿行为的惩罚缺位，所以保证博弈中的这种确信不存在。保证博弈能够更好地描述专利法根本问题是因为人们能够保证他们相互之间不会模仿。如果将创新模仿问题重构成公开/保密问题，保证博弈的优势会进一步凸显。与模仿/创新相同，在博弈中无论是选择公开还是选择保

❶❷ LEMLEY M A, WEISER P J. Should Property or Liability Rules Govern Information ［J］. Texas Law Review, 2007（85）：783-841.

密都将达到一种结果的均衡，博弈参与者要么全部公开，要么全部保密。在实践中，专利的制约与商业秘密的制约是保证博弈所产生的公开或保密两个平衡点的结果。根据法院的分析，专利制度是优于商业秘密法的，这一点也通过信息公开均衡所产生的价值大于保密均衡而得以说明。❶ 故保证博弈通过建立一种确信，让参与者相信其他参与者也将公开其发明，从而使公开盛行，产生更大的社会价值。

2. 经济学视角下专利法的走向

在社会契约理论下，专利协议中存在发明人与国家之间的一种交换关系，即发明人公开其发明信息，换取对其发明财产权的保护。但在这种关系下，公开并不是唯一选择，因为发明人还可以通过其他手段（如商业秘密法等）来保护其排他性。因此，发明人并不能确信其他发明人也将公开他们的发明信息，保证博弈将以一个次平衡的结果而结束。因此，契约理论可以用来解决囚徒困境，但并不能用来解决与专利制度更为接近的保证博弈问题。保证博弈为专利契约论提供了一种可替代选择的基础。既然保证博弈更好地描述了专利法的潜在问题，那么专利政策的设计就应该以发明人能够确信其他发明人也将公开其发明信息的目标为导向。这种确信仅仅依靠交换物是无法实现的，专利法应该创造一种能使这种确定性得到保证的氛围。证券法通过促进信息公开的规范以及对欺诈的制裁，使人们相信市场是可以信赖的，从而创造了一种市场诚信。与之相似，专利法的设计应该在创新和研发市场中创造出这样一种确定性。❷

（三）专利法中的管理和政策

1. 政治学视角下社会契约说的不足

从政治学视角看，社会契约理论应用于专利法的失败在于其在专利行政方面的无能。如果将专利协议看做发明人和国家之间的一个抽象的交易，那么理论上讲，专利所有人应当可以在授权条款下自由行为，然而这种授权条

---

❶　LANDES W M, POSNER R A. The Economic Structure of Intellectual Property Law ［M］. London：Harvard University Press, 2003：14-15.

❷　LEMLEY M A, WEISER P J. Should Property or Liability Rules Govern Information ［J］. Texas Law Review, 2007（85）：783-841.

款在一般情况下是不可以重新协商的。可以说，在某个历史时间点（可能是专利法颁布之日）所形成的原始协议，限制了矫正不公平实施专利权的尝试。这种原始协议格式化地，而非务实地将法律应用于专利实践。尽管这种循规蹈矩的行政本身并没有错，但要看其实施结果能否解决专利法所提出的紧迫问题，比如作为专利法和管制交叉典型例子的药物定价问题，在社会契约理论下并没有在专利中得以体现。❶

鲁宾教授把社会契约理论应用于专利法时，对专利的授权看作国家为了换取发明人的承诺而对其所做的承诺。鲁宾认为，政府的作用绝不是那么简单，且专利权不能仅建立在遵守诺言的基础上。社会契约理论认为作为对公开专利信息的交换，国家对发明人的财产权给予保护，然而对于专利法来说显然不止这些，因为从专利法和反垄断法的关系看，专利权中隐含了竞争政策。在实践中，如果把食品和药品法案仅仅看作是一个契约，即把政府的授权看作是换取安全药品供给的对价，就忽视了国家管制的应有之意。所以如果把专利法仅仅看作是一个契约，而把专利当作是保护财产权的工具，就忽视了专利管制的题中之意。❷

2. 保证博弈是更好的选择

囚徒困境与排他性息息相关，在囚徒困境下，模仿是一种策略，为了促使参与者放弃模仿而走向创新，构建了保护排他性的法律体制。❸ 与之相对，保证博弈主张用专利行政来保证市场正义，社会契约说将专利仅仅当作一种双方的交换，专利行政难题并不在社会契约的视野当中，而保证博弈考虑到了被有关道德和公共秩序限制的争议所忽略的问题。在实践中，拒绝对不道德的发明人或者不安全的发明授予专利并不能起到最好的效果，因为拒绝授予专利并不必然导致对不道德发明行为的遏制，创新成果依赖于商业秘密法保护依然会导致"坏"发明出现，结果是这些发明的秘密性使得对其进行管

---

❶ LEMLEY M A, WEISER P J. Should Property or Liability Rules Govern Information [J]. Texas Law Review, 2007 (85): 783-841.

❷ GHOSH S. Patents and the Regulatory State: Rethinking the Patent Bargain Metaphor After Eldred [J]. Berkeley Technology Law Journal, 2004 (4): 1315-1388.

❸ ARROW K J. Economic Welfare and the Allocation of Resources for Invention, in the Rate and Direction of Inventive Activity [J]. Economic and Social Factors, 1962 (12): 219-236.

制更加困难，因为这些发明信息没有按照相关规定公开。所以在社会契约理论下，简单地拒绝授予排他性权利无法规制此类"坏"发明，而在保证博弈中，若建立一种管制工具，能够使参与者确信其他参与者可以信赖，所有人都会公开其发明信息，那么这种"坏"发明即可暴露在阳光下，失去了秘密性的发明会被管制工具所规制，从而达到监管目的。❶

(四) 专利管制观是更好的选择

1. 专利法的难题

在囚徒困境中，专利法通过赋予发明人以强大的财产权来防止他人的模仿行为，这种设定的原因是人们总是选择模仿创新物而永远不会选择单方面的创新，可以说，社会契约说把专利法转化成了保护财产权的工具。而保证博弈提供了另一种思路，通过在参与者之间建立互惠的信任，促使创新和公开成为常态。其中关键在于对管制的强调，对专利法而言，难题在于如何通过管制的手段将市场与非营利性研究团体、公共利益组织的利益协调一致，以使这些主体共同防范对发明的危害。社会契约说把专利仅仅看作交换物而忽视了这些主体利益，而在保证博弈视域下，我们能够看到这些利益的存在，并且思考如何通过良好的市场管制，而将这些非商业利益囊括进来。❷

通过管制的手段协调各方利益，不可避免地会将专利作为国家市场管理的行政工具，这种思路可以从专利的发展历史中找到根据。专利曾经是主权国家对某些行为授予的专有权（如采矿），并随着时代的发展而逐步成为对某些具有新颖性的发明授予市场独占权。这种独占权在一定程度上被垄断法所限制，但专利却又提供了豁免，换句话说，在市场的形成和发展中，专利制度起到了修正作用。同样的，在现代法律中，专利是管理和组织市场的一种方式。专利常被学者用来描述和解释市场失灵，这时专利就化身成为行政管理工具。然而社会契约理论无法对作为行政管理工具的专利进行正确的评价，而是将其看作一种等价交换。这种把专利看作回报的观点仅揭示了专利的工

---

❶ LEMLEY M A, WEISER P J. Should Property or Liability Rules Govern Information [J]. Texas Law Review, 2007 (85): 783-841.

❷ GHOSH S. Patents and the Regulatory State: Rethinking the Patent Bargain Metaphor After Eldred [J]. Berkeley Technology Law Journal, 2004 (4): 1315-1395.

具性对发明补偿的一面，而忽视了专利在规制市场方面所起的作用。在社会契约说下，将专利作为交换物的正当性存疑：如果发明人在交换过程中只得到了应得的，那么其"应得"应由谁来判断；发明人为了换取专利权应当放弃什么放弃的数量应该用何种标准衡量。❶

上述问题揭示出了专利契约论和民主价值之间的冲突。如果对一项发明授予了专利，那么一个民主社会将会关注由谁来决定这种回报的数量。通常情况下，民主的要求是由市场来决定这种回报，而社会应当对市场进行管制以确保一个公正和公平的回报。由此可见，专利契约论与民主价值之间的冲突点在于如何激励发明。❷

2. 专利管制观是更好的选择

专利管制观缓解了专利法和民主社会之间的分歧。当专利法被视为管制行为和规范市场的工具时，其作用即与反垄断法、证券法相类似，这些法律的作用之一在于使市场价值与社会价值相协调。另外，将专利赋予行政管理职能，而不仅是专利契约论视域下的交换物，其价值就不局限于为发明人带来应得之回报，在一定程度上可以缓解仅将之视为交换物而与民主价值产生的冲突。当专利肩负了行政管理职能，人们的注意力应转向专利法如何去帮助建立管制良好的市场。

在保证博弈的条件下，法律不是用来惩罚复制行为的，而是用来创造一套规则，使人们能够根据这种规则作出最理想的行为，因为他们确信将会得到其他人的回报。通过这种互惠的保证，一个管制良好的市场将会得到发展。管制的观点认识到，通过促进互惠，专利法能使市场更有效地运转。因此，保证博弈提供了专利法在不同背景下的不同用途的灵活使用手段。❸ 既然保证博弈的预设情境与现代专利制度所追求的价值目标更加一致，那么专利制度规制的方向也应按照这个情境来架构。专利制度不应是在预设专利权正当性

❶ LEMLEY M A, WEISER P J. Should Property or Liability Rules Govern Information [J]. Texas Law Review, 2007 (85)：783.

❷ CALABRESI G, MELAMED A D. Property Rules, Liability Rules and Inalienability：One View of the Cathedral [J]. Harvard Law Review, 1972 (6)：1089~1128.

❸ LEMLEY M A, WEISER P J. Should Property or Liability Rules Govern Information [J]. Texas Law Review, 2007 (85)：783.

前提下而对市场主体进行充分的保护，而应是给予市场主体关于创新和模仿足够的保证，从而无论是市场主体对技术选择商业秘密保护还是公开保护的方式，都能实现市场主体投入研发时的最初策略目标。专利法的关注点也应当从最初的排他性财产权转移到市场主体的规制上来。在保证博弈的视角下，专利法不再是简单地保护发明者的排他权，而是对市场主体的根本行为的规制，并逐渐形成相关产业公开和创新的规则。❶

二、从财产性规则到责任性规则

伴随着法律经济学的全面发展，卡拉布雷西和梅拉米德提出的规则框架，对法学研究和法制改革的影响长盛不衰，成为研究规则选择和效率比较的一个主导范式，被学界称为"卡—梅框架"（C&M Framework）。依据法益的私人转移是否为当事双方自愿，"卡—梅框架"区分了"财产规则"和"责任规则"。财产规则的要点在于，法律明确指定了法益的归属，并且允许法益的私人转移，但将法益转移的唯一合法方式限定为自愿交易。因此，财产规则下的法益定价只能是交易双方的自愿定价。财产规则赋予法益拥有者的权利，实际上是法益的定价权，法益拥有者有自愿决定法益交易价格的充分而完整的权利。法律上适用财产规则的典型例证，是那些施加刑事制裁、行政处罚或者民事上的禁令、强制履行、返还原物、恢复原状、排除妨碍、消除危险与惩罚性赔偿的法律领域。但是，并不是在所有情况下自愿交易都是最好的选择。很多非自愿的法益转移和强制性的法益定价，很可能是有效率的。责任规则下法益的转移不再仅仅取决于当事人之间的自愿定价，而是由法律设定"买断"或"卖断"价格。既然责任规则剥夺了法益拥有者自愿定价的权利，就只能由其他机构（通常是法院）进行强制定价。其中的关键在于法益的"法定价格"（客观价格）如何评估。责任规则通常是由法院在具体案件的审判中适用，但有时政府的特定部门，独立的评估机构，乃至个人自己，都可能被法律赋予评估"客观价格"的职责或权力。责任规则意味着更多的国家干预，法益不仅得到了保护，而且其转让或者消灭时所依据的价值，也

---

❶　丁宇峰. 专利质量的法律控制［M］. 北京：法律出版社，2016：77-80.

是由国家的某个机关而非当事人自己来确定。❶ 专利权作为一项智力成果，社会公众很可能不知道专利权的存在而涉足专利权保护范围。即使知道专利权的存在，专利作为一项"虚拟占有"下的财产，其权利具有极大的不确定性，其权利状态和权利内容是不清晰的。一方面，在权利状态上，社会公众不知专利权是否确实满足授权条件而享有稳定的权利；另一方面，由于累积创新的存在，一件专利可能是在利用他人的已有专利技术基础上作出的改进，获得改进专利，但这并不意味着获得改进专利的实施权，如果要实施改进专利，还需要获得在先专利权人的许可。交易一方通常很难确定专利权利状态和是否存在在先专利的控制，尽管可以通过 FTO 分析，也难以得出准确结论，既增加了交易难度，也导致交易成本攀升。不仅如此，专利制度具有救济程序繁琐、救济成本高昂的问题，专利案件诉讼时间长、费用成本高，导致专利权人利用诉讼程序去保护自己的权利，必将面临着救济措施不力的困境。一件专利侵权民事诉讼，通常要经过包括民事诉讼和行政确权诉讼在内的多个审理程序，才能最终定案。专利诉讼时间长、费用成本高，表现得非常突出。这些诉讼成本与最终的侵权损害赔偿相比，常常入不敷出。

依据科斯定理，当交易成本很低时，无论产权的最初配置如何，最终都会实现经济效率。也就是说即使初始产权的配置是错误的，也会通过自愿交易得到纠正，使产权到达对其评价最高者手中，实现经济效率。所以当交易成本很低时，应采取财产规则来保护产权。相反，当交易成本很高时，产权的配置错误就难以通过谈判进行纠正，此时即使是对当事人双方都有利的交易也会因为高昂的交易成本而无法进行，应采用责任规则来保护产权，进而通过制定一个客观的赔偿标准就能促进交易的顺利进行。这样，当事人就可以不必获得产权所有者的事前同意，直接使用产权，实现经济效率。❷ 由于专利制度无法为专利权人提供及时、高效的保护，因此许多专利权人转而寻求其他制度的保护。例如，在无法通过专利权制度得到有效保护的情况下，专利权人通常会将发明创造与商业秘密相结合，通过商业秘密和技术诀窍来保

---

❶ 凌斌. 法律救济的规则选择：财产规则、责任规则与卡梅框架的法律经济学重构 [J]. 中国法学, 2012 (06)：11.

❷ 魏建, 宋微. 财产规则与责任规则的选择——产权保护理论的法经济学进展 [J]. 中国政法大学学报, 2008 (5)：134.

护自己的发明创造不被他人仿制，从而维护自己在一定时期内的市场优势。那么，专利制度有何用？这就变成了一个专利悖论，也充分说明了需要对该制度加以反思和调整。❶

人们可能认为，公权力机关在完成新颖性、创造性、实用性判断，廓清权利要求保护范围后已完成了其自身使命。事实并非如此。由于专利权的自身特性，其权利要求很难通过财产性规则得以实现，大量的专利权是通过事后权利的行使来实现排他权。排他性也是权利的一个重要属性，一方面，要排除其他与自己指向同一对象而性质上对立的权利的实现，这是权利的排他性的主要含义。另一方面，权利的排他性是指排除他人违反其对自己的义务（或者因行使权利超越范围而违反其对自己的义务）而侵犯权利主体的权利。❷ 在责任理论下，政府作为公权力主体，其权能行使范围不仅仅停留在授权、确权过程中，在专利权需要获得保护时，政府有责任发挥更大的作用来保障专利权的实现。❸

综上所述，社会契约说背景下的专利财产权制度可以解释原初的法律制度形成，但固守传统民法视域的专利财产制度已不能解决"坏"发明等带来的弊端，保证博弈为我们展示了专利法的市场规制特征。虽然专利从其创设之初即被视为一种特权，但其特殊之处在于这种通过政府命令授予的权利是一种控制竞争的权利。正是基于这种市场规制特征，专利制度不应完全按照传统私法对财产权利的配置和救济思路，而应将市场竞争的价值放在私人财产价值之上，而且应当与市场领域的相关制度共同协作，方能促进技术进步。"知识产权对市场竞争的控制作用不是单独发挥的，而是与商业秘密法、反垄断法和反不正当竞争法等交互作用，从而在这些激励自由竞争的法律规定中达成平衡。"❹ 现代知识产权已不能停留在自然法意义上财产权的思考模式上，也不能满足于激励创新意义上专利排他权与创新激励之间的交易意义上的社

---

❶ 陈健. 强化知识产权使用规则研究 [J]. 中国政法大学学报，2016（3）：90.

❷ 王克金. 权利冲突论——一个法律实证主义的分析 [J]. 法律与社会发展，2004（2）：53.

❸ LEMLEY M A, WEISER P J. Should Property or Liability Rules Govern Information [J]. Texas Law Review, 2007（85）：783.

❹ REICHMAN J H. Legal Hybrids between the Patent and Copyright Paradigms [J]. Columbia Law Review, 1994（8）：2432.

会契约说的理解，它是一种在创新与模仿之间的保证博弈的结果。专利已与市场、创新、竞争、垄断等形成一个有机结合。法律如果仅仅在专利保护层面思考问题则将囿于一隅，如管中窥豹、盲人摸象，不能获得整体层面的理解。专利法的作用方式不应机械地仅仅隔断为授权和侵权诉讼两个部分，而应构建起从技术创新、市场运用、专利授权、竞争策略到专利侵权等一套有机的解决方案和法律调整机制，以实现权利保护、市场竞争与公共利益之间的平衡，在其中，政府应成为专利管制观实施的关键主体。

第三节　政府干预专利的手段

一、专利申请行为的行政规制

发明创造完成后，专利权的获得需要经过法律规定的一个系统过程：申请人的申请（输入）—专利局的审查—授权或者驳回（输出）。当作为一个系统的终端输出的结果有问题时，作为输入端的申请应该纳入研究视野之中。问题专利、低质量专利等的出现，与申请人的申请行为密不可分，正是由于申请人提出了不当申请，并通过利用审查制度的缺陷，问题专利等应运而生。❶ 因此，在申请和审查阶段，专利审批机构有理由也应该履行干预的职能，对专利申请行为进行规制。从输入端开始进行行政规制，可能会产生意想不到的积极效果。

（一）美国行政干预申请人不正当申请的努力

美国专利法认为，专利申请人负有坦率和诚实的义务（a Duty of Candor and Good Faith），具体体现为诚实的信息披露义务，如果专利申请人违反了这一义务，对重要事实作出不真实的陈述，或是不披露重要的信息，欺骗或误导专利局，则该行为构成不正当行为。❷ 1977 年，USPTO 以联邦法规的形式进一步明确了申请人的诚信的信息披露义务，美国《联邦法规汇编》第 37 编第 1.56 条

---

❶ 徐棣枫. 专利权的扩张与限制 [M]. 北京：知识产权出版社，2007：304.

❷ Molins PLC v. Textron, Inc., 48 F. 3d 1172, 1178 (Fed. Cir. 1995).

规定，每一个与专利申请和审查有关系的人与专利局打交道时均有诚信义务，包括向专利局披露其所知的对专利授权有实质影响的所有信息的义务。❶ 美国专利法为每一个参与专利申请的人都设定了诚信披露义务❷，包括专利申请中署名的发明人、负责专利申请的律师或代理师以及他们的辅助人员❸，与发明受让人或专利申请受让人等有关联并实质性参与专利申请准备和处理过程的其他人。❹ 若上述人员因意图欺骗 USPTO 而违反上述义务，则其行为将会被认定为不正当行为。发明人所在的公司不是承担此类披露义务的主体，但是发明人所在的公司需要承担前述义务人诚实披露信息所引发的法律后果。❺

美国联邦最高法院认为，当公共利益受到潜在的损害时，衡平法上的"不洁之手"原则具有重要意义。专利权本质上影响公共利益，公共利益遭受的潜在损害包括对非法专利权人授予垄断权。❻ 因此，1945 年在 Precision 案中，美国联邦最高法院认为，当发现专利申请人在申请过程中存在不正当行为时，美国联邦地方法院可以依据"不洁之手"原则，驳回专利权人要求保护其专利权的诉讼请求，从而以判例法的形式确立了不正当行为可以作为一种专利侵权诉讼中的抗辩事由。不正当行为原则在挑战专利有效性之外，通过质疑专利权的可执行性，为被控侵权人提供了一项对抗专利权人的途径。❼ 在专利侵权诉讼中，被法院认定不正当行为成立的，不但涉案专利所涉及的所有权利要求均不具执行力，其他非涉案但与涉案专利有关联的专利，也有可能被认定为不具有强制执行力。❽ 不正当行为之所以会导致这么多后果，其

---

❶　37 C. F. R § 1.56.

❷　37 C. F. R. § 1.56（a）；Bristol - Myers Squibb Co. v. Rhone - Poulenc Rorer, Inc., 326 F. 3d 1226, 1233（Fed.Cir.2003）.

❸　43. 37 C. F. R. § 1.56（c）；Molins PLC v. Textron, Inc., 48 F. 3d at 1178 n. 6（Fed. Cir. 1995）；FMC Corp. v. Manitowoc Co., 835 F. 2d 1411, 1415 n. 8（Fed. Cir. 1987）.

❹　37 C. F. R § 1.56（c）.

❺　USPTO MPEP § 2001. 01.

❻　Precision Instrument Mfg. Co. v. Auto. Maint. Mach. Co., 324 U. S. 806（1945）.

❼　Amazon.com, Inc. v. Barnes and noble. Com, Inc., 239 F. 3d 1343, 1344（Fed.Cir.2001）.

❽　Lummus Indus., Inc. v. D. M. & E. Corp., 862 F. 2d 267, 274（Fed.Cir.1988）（"The principle is well settled that if inequitable conduct is established as to any claim, all claims of the patent are rendered unenforceable."）；Consol. Aluminum Corp. v. Foseco Int'l Ltd., 910 F. 2d 804, 809（Fed.Cir.1990）（holding several related patents unenforceable because of inequitable conduct）.

目的是为了惩罚具有"不洁之手"的专利权人，警告其他专利申请人，在专利申请过程中必须要诚实。否则，USPTO 就很难正常运转，经过 USPTO 审批的专利的有效性就得不到保障，公众的利益就会因此受到损害。❶

不正当行为被作为一种专利侵权诉讼中的抗辩事由，通过联邦法院不强制执行专利权来落实。USPTO 并不直接审查申请人是否实施了不正当行为。1982 年，美国曾经修改《联邦法规汇编》第 37 编第 1.56 条，许可 USPTO 基于不正当行为或欺诈拒绝专利申请❷，即通过行政干预的手段规制专利申请行为。但是，USPTO 发现，其没有足够执法力量来调查不正当行为，很难判断申请人的主观意图，因而难以证明当事人违反了此类义务。❸ 因此，1988 年，USPTO 宣布不再调查申请过程中的不正当行为，也不依据不正当行为拒绝专利申请。应当说，作为行政机构的 USPTO 通过行政干预规制专利申请方面作出了有益的尝试，但由于行政资源有限，且很难就申请人主观意图进行合理判断，不得已放弃了以行政方式在申请阶段规制专利申请人不正当申请的努力。

（二）中国对非正常专利申请的规制：对专利申请行为在申请阶段进行行政干预

随着我国专利事业的快速发展，全国各地掀起了申请专利的热潮。除了专利制度本身的激励外，还出现了诸多非基于市场需求的激励。例如，各级政府出台很多资助或者奖励政策，鼓励发明人更多地申请专利；很多科研院所和大专院校将申请专利的数量作为获得科研资助、职称晋升、绩效考核的要求之一，申请专利甚至可以作为学生高考的加分项。❹ 另外，在申报"高新技术企业"、完成"企业知识产权贯标"等财政税收优惠政策的刺激下，也产生了大量专利申请需求。但这些政策或多或少地扭曲了专利制度自身的市场

❶ 程永顺，罗李华. 专利侵权判定：中美法条与案例比较研究［M］. 北京：知识产权出版社，1998：319.

❷ HRICIK D, BOUNDARIES A. The Duty of Candor as a Limitation on the Duty of Patent Practitioners to Advocate for Maximum Patent Coverage［J］. South Texas Law Review, 2002 (44)：205.

❸ MACK K. Reforming Inequitable Conduct to Improve Patent Quality：Cleansing Unclean Hands［J］. Berkeley Technology Law Journal, 2006 (21)：147.

❹ 崔国斌. 专利法：原理与案例［M］. 2 版. 北京：北京大学出版社，2016：21.

化激励机制，导致违反诚实信用原则的专利申请行为的出现，将明知不具备授权条件的技术方案，甚至是编造的技术方案提交专利申请。这些不诚信行为不但没有为社会的技术创新作出任何贡献，还大量占用有限的审查资源，影响审查效率，降低了整体专利质量，甚至出现以不诚信行为获得专利，恶意起诉竞争对手，实施不正当竞争行为的现象，严重干扰了专利制度的正常运行，影响社会公众对专利制度的正确认知。

不诚信的专利申请行为形式多样，非正常专利申请则是我国近年来较为突出的违反诚实信用原则的专利申请行为。非正常专利申请多为不进行实质审查的实用新型、外观设计专利申请。我国对实用新型和外观设计专利申请不进行实质审查，这为心存恶意的人提供了将现有技术和现有设计申请为实用新型和外观设计专利，并利用存在瑕疵的专利起诉他人侵权的可能。❶当然，发明专利同样也存在不诚信的申请行为。例如，申请人向专利局提交虚假的实验数据，以证明其申请专利的技术方案具有意想不到的效果，从而获得原本不应当被授予的专利权。另外，由于现有技术检索难以全面彻底，尤其是以使用公开形式存在的现有技术，专利局没有专门的检索手段，相关信息难以被专利局掌握，不诚信的专利申请人在明知不具备授权条件的情况下，仍然提交专利申请。

2007 年国家知识产权局就出台了《关于规范专利申请行为的若干规定》（以下简称《规范专利申请行为的若干规定》），意图通过行政措施对专利申请行为进行干预。结合出现的新情况、新问题，2017 年国家知识产权局对《规范专利申请行为的若干规定》作出了重大修订，一是增加了非正常专利申请的行为方式，二是强化了规制措施。国家知识产权局根据专利申请新情况，及时作出政策调整，通过行政政策规制专利申请行为。不诚信的申请人通过批量专利申请可以套取大量专利资助和奖励资金，他们关心的是申请数量而不是质量，甚至不关心今后是否可以授权，只要提交了申请获得受理通知书即可。这些行为破坏了正常的申请秩序，影响了专利制度的声誉。对于非正常专利申请行为，国家知识产权局以及各级地方知识产权局可以采取不予减缓专利费用、给予通报批评、纳入全国信用信息共享平台、给予专利代理人

---

❶　宁立志，宋攀峰. 专利诉权滥用的防范［J］. 知识产权，2017（10）：24.

惩戒等。❶ 由于依据《规范专利申请行为的若干规定》打击违反诚实信用原则的专利申请行为主要是以批量申请骗取国家专利资助资金的行为，在批量申请中较容易判断是否存在编造专利申请、重复提交专利申请等情况。

在申请端由政府直接依据行政职能对非正常申请进行规制，理论基础是有的，但会增加专利行政机关的工作量，需要消耗大量行政资源，这是美国放弃在专利申请阶段规制专利申请人不正当行为的主要原因之一。另外，行为人不会主动报告自己的不正当申请，个案审批中靠审查员发现申请人不正当行为也较为困难。我国专利行政管理资源相对美国来说比较丰富，除了中央政府设置有国家知识产权局外，地方省、市各级政府部门基本都设置有专门负责知识产权工作的行政部门，这为开展干预专利申请行为提供了管理资源。而且，中国非正常申请主要针对批量申请行为，借助计算机信息系统等辅助性技术手段，通过数据监控和分析，容易获得相关信息，为发现和锁定非正常申请提供了技术支持。近年来，我国知识产权行政机关依据《规范专利申请行为的若干规定》打击违反诚实信用原则的专利申请行为，处理了一些专利申请人和专利代理机构。通过行政手段干预，在规制专利申请方面取得了一定的效果，体现了我国在申请端对专利申请行为进行行政干预的优势。

（三）上调专利申请费等各项费用：政府利用价格杠杆干预专利申请和维持行为

发明人如果想获得专利权，不但需要向国家主管专利工作的行政部门提交符合专利法规定的形式、实质要件的申请文件，而且还需要缴纳一定金额的申请费、实质审查费以及授权之后的年费。这种缴费制度设计既反映了个

---

❶ 《规范专利申请行为的若干规定》第4条规定，"对于非正常申请行为，除依据专利法及其实施细则的规定对提交的专利申请进行处理之外，可以视情节采取下列处理措施：（一）不予减缴专利费用；已经减缴的，要求补缴已经减缴的费用；情节严重的，自本年度起五年内不予减缴专利费用；（二）在国家知识产权局政府网站以及《中国知识产权报》上予以通报，并纳入全国信用信息共享平台；（三）在国家知识产权局的专利申请数量统计中扣除非正常申请专利的数量；（四）各级产权局不予资助或者奖励；已经资助或者奖励的，全部或者部分追还；情节严重的，自本年度起五年内不予资助或者奖励；（五）中华全国专利代理人协会对从事非正常申请专利行为的专利代理机构以及专利代理人采取行业自律措施，必要时专利代理惩戒委员会根据《专利代理惩戒规则（暂行）》的规定给予相应惩戒；（六）通过非正常申请专利的行为骗取资助和奖励，情节严重构成犯罪的，依法移送有关机关追究刑事责任。"

人利益与社会利益间的激烈博弈，也为政府利用这一制度行政干预专利申请行为提供了法律依据和具体手段，即国家通过调整专利申请费、实质审查费以及专利年费的收费标准，发挥经济杠杆作用，调节专利申请行为，影响专利申请倾向，抑制低质量的专利申请，从而促使更多的创新成果进入公共领域。

西方主要国家专利局近年来为应对专利申请量剧增以及缓解审查积压，一直在频繁应用费用杠杆工具进行行政干预，如 USPTO 在 2002 年、2004 年和 2007 年，欧洲专利局在 2008 年、2009 年、2010 年分别提高了专利费用的额度；❶ USPTO 上一次大幅提高费用是在 2013 年，2018 年 USPTO 再次上调专利收费标准，专利申请费用上调 33%，并将专利审理和上诉费上调 72%。上调最多的是 IPR 请求费用，增长了 6500~15 500 美元不等，且无论实体状况如何皆不给予优惠。实用专利授权费增至 1000 美元，外观设计专利申请及植物专利申请相关费用也相应增长。❷

USPTO 这次提高费用的目标是为了继续实现 2014~2018 财年的目标，维持当前发展轨迹，支持 PTAB 的工作，以提供更高质量的服务和准时完成工作。一方面，上调专利申请费用可以让一些"问题专利"申请者谨慎发起专利申请，更多地考虑专利申请所带来的风险，对专利质量有间接提高的作用。另一方面，上调 IPR 申请费用可以在一定程度上规制恶意骚扰专利权人的行为，给予专利权更好的行使环境。专利申请费、实质申请费以及授权后的维持费等费用制度是专利制度重要的组成部分，通行于设立专利制度的各国家中，是各国用来补偿专利制度运行的公共成本以及调节专利制度的运行效率的重要工具。❸ 政府可通过调整专利费的高低，调控专利申请行为。一般而言，当提高专利收费标准，专利申请和维持的成本提高，专利申请行为和维持行为将面临较高的经济压力，会令费用承担者更谨慎地评估是否申请或维持专利。特别是对于以大量收购并持有专利，以专利运营为业的专利诱饵而

---

❶ 文家春. 专利审查行为对技术创新的影响机理研究 [J]. 科学学研究. 2012（6）：848.

❷ USPTO. Setting and Adjusting Patent Fees During Fiscal Year 2017 [EB/OL].［2019-03-03］. https://www.gpo.gov/fdsys/pkg/FR-2017-11-14/pdf/2017-24390.pdf.

❸ 文家春，朱雪忠. 政府资助专利费对我国专利制度运行的效应分析与对策 [J]. 中国科技论坛，2008（11）：22.

言，其运营成本也会加大，从而限制其激进的专利获取和运营行为。

二、政府干预专利质量，提升专利审查质量

专利行政机关严格把握专利授权要件，将不符合条件的申请从源头上予以清除是提高专利审查质量的最佳途径。❶ 政府在提升专利审查质量方面有着不可替代的作用，近年美国不断运用行政干预手段力图提高专利审查质量，同时学界也积极研究并提出一些设想，都值得我们关注。

（一）美国行政干预专利质量的实践

1. 以优化专利质量为目标的专利战略

2018 年 8 月，USPTO 发布《2018~2022 战略规划》草案，并征求公众意见。❷ 该规划草案提出一系列目标，包括优化专利和商标的质量和审查的及时性，致力于改善美国及全球的知识产权政策、执法和保护现状。该草案指出，因为认识到创新对于美国经济增长和民族竞争力提升的基础性作用，USTPO 将着重提升专利质量，尤其是授权专利的可靠性。同时也将继续提升专利审查的效率，以确保能及时向市场提供创新产品和服务，促进经济增长。

根据这一战略目标，USPTO 通过增加在美国国内和国际的相关活动，开展与国际同行间的合作，试图在全球范围内寻求强有力的知识产权政策、执法和保护，倡导美国政府的知识产权政策。该战略目标强调了 USPTO 在提升专利质量方面应承担的重要责任。由于专利无效率高引发了社会对创新市场的担忧，USPTO 意识到应努力提高专利授权质量，拒绝授予缺乏权利稳定性的专利。

2. 加强专利质量审查控制

USPTO 专利审查阶段对质量控制的措施主要包括三个方面：通过在专利商标局内部设立相关部门控制专利审查质量；通过同行评议的方式吸纳行业专家对特定专利进行专家评审以补充审查员能力和时间的不足；通过开放式审查的方式吸引更多的同行加入，提高现有技术相关信息的完整性。具体措

---

❶ 文希凯. 提高专利申请质量的重要性刍议 [J]. 中国发明与专利，2014（2）：853.
❷ 中科院知识产权信息. 美国专利商标局发布《2018—2022 战略规划》草案 [EB/OL].
[2019-02-09]. http://www.iprdaily.cn/news_19924.html.

施如下：第一，专利质量保障局的复核。专利质量保障部内部设有质量审核专家，如果质量审核专家认定一个或多个权利要求不可专利，那么申请审查程序便被重新启动，并重新发布审定通知书。专利质量保障局通过质量考核机制鞭策审查员的审查工作。专利质量保障局如果抽查到 4.5% 的错误率将会对雇员的评估产生负面影响；而如果发现 7% 以上的错误率将使得审查员面临职业终止。❶ 第二，特别审核项目。即"第二双眼"项目，是 USPTO 于 2000 年 3 月针对商业方法专利而设置的，高级审查员和审查组将对获准申请进行额外的审核。这个项目的设立是因为公众对 1998 年以来授权的商业方法专利的争议愈演愈烈。❷ 该审核项目是基于恰当的权利要求解释并确保发现和正确应用最接近的现有技术。USPTO 通过这个项目成功地提高了现有技术的正确率，此后又将其推广到一些先进技术领域，如半导体、电信和生物技术等。第三，专利同行评议。为了解决公众怀疑 USPTO 确认最佳对比文件的能力的问题，专利与商标委员会在 2007 年 6 月宣布了一项试点计划，由公众有组织地提交与专利申请相关的文件和评论便于审查员对现有技术进行比对。该同行评议程序实质上就是利用公众检索和筛选所有可能发现的现有技术，USPTO 从而可以在审查程序中利用公众所筛选或检索出现有技术的最佳结果。这主要是为了弥补 USPTO 行政资源和能力局限性和传统同行评议封闭式评审的缺陷，事实证明，此方法对于专利质量提升有较好的作用。❸

（二）行政干预专利质量审查的新思路：专利申请费用转移支付规则

如何解决专利质量问题已引起人们的广泛关注和思考，目前大致形成两条治理路径：一是"事前治理"，即"强化专利申请人义务，加之一定的法律责任以遏制问题专利的泛滥"。❹ 二是"事后治理"，即"借鉴美国'莱姆利'方案，加强专利质量的司法控制，用司法手段治理好在市场中展现出价值的

---

❶　丁宇峰. 中美专利质量控制措施比较与启示［J］. 理论与改革，2016（4）：162.

❷　State St. Bank & Trust Co. v. Signature Fin. Group, Inc., 149 F. 3d 1368, 1375 – 77（Fed. Cir. 1998）.

❸　JEFFERY J A. Preserving the Presumption of Patent Validity：An Alternative to Outsourcing the U. S. Patent Examiner's Prior Art Search［J］. Catholic University Law Review, 2003（52）：761–802.

❹　徐棣枫. 问题专利探析［J］. 东南大学学报（哲学社会科学），2007（4）：58.

专利"。❶ 专利质量问题的解决是加强"事前治理"还是"事后治理"成为争议的焦点。"专利权形成源头，即专利申请人行为的法律规制对于改善专利质量问题起着至关重要的作用"。❷ 有研究颇为大胆且有创意地提出，在专利申请费用制度架构上可以学习诉讼中的"律师费转移支付规则"，构建起属于专利权领域的"专利申请费用转移支付规则"。❸ 以下简单举例对该规则予以说明。

假设低质量专利申请最终被拒绝的概率一定会大于高价值专利被拒绝的概率，专利申请人应缴纳专利申请费用 1 万元，如果申请者 A 成功获得专利授权，那么专利局予以退还申请费用 8000 元；如果申请者 B 被拒绝后发起继续申请或上诉而最终申请失败，申请费用不再予以返还。这样就能以 B 的申请费用补偿了 A 的申请费用支出，该情形谓之"专利申请费用转移支付规则"。

该规则看似简单却有许多实际效果。一是，如果单纯提高专利申请费用，会一并加重有价值专利申请者和问题专利申请者的负担，一些作出了真正好发明的小型创新者或初创研发的机构可能被排除在专利保护"大门"之外。此外，低质量专利申请人大多抱有"投机者"的心态，其行为如同买彩票一般，在高额的专利申请费前进行一番"博弈"。"费用转移支付"在不加重有价值专利申请者负担的同时将风险转移至低质量专利申请者身上。二是，面对大量专利申请，实践中采纳增加专利局审查投入的方式，实际效果并不明显，专利申请人毫无顾虑地将审查申请丢给专利局，专利局审查积压变得愈发严重。"费用转移支付"带有激励和惩戒双重性质。一方面，激励专利申请人努力提高自身专利的技术和撰写质量，廓清权利要求边界，在自我充分公开和自我加强现有技术披露义务下，间接提高了专利局的审查效率。另一方面，对于低质量专利申请人也是一种警示，低质量专利不能肆意申请，否则会有沉重的经济负担，这样会使一部分低质量专利申请人认真考虑是否申请专利，间接减轻专利局案件积压。三是，专利申请者被拒绝授权后往往发起

❶ 梁志文. 专利质量的司法控制 [J]. 法学家，2014（03）：63.

❷ YELDERMAN S. Improving Patent Quality with Applicant Incentives [J]. Harvard Journal of Law and Technology，2014（28）：77-78，82-83.

❸ SUKHATME N U. "Loser Pays" in Patent Examination [J]. Social Science Electronic Publishing，2016：207-208.

再次申请，以最终获得授权为目标不断向专利局施加压力，而专利局面对繁重的审查任务往往会作出授权决定以减轻工作压力，大量低质量专利因此而产生，在"费用转移支付"规则下，"没收"专利申请人费用的前提是"专利申请者被拒绝申请后继续申请或提出诉讼而最终未获授权"，这样给被拒绝授权的专利申请者充分考虑的机会，是应当在拒绝授权后发起继续申请，还是就此放弃专利申请，去努力提高专利质量以避免"惩罚"。❶

专利申请费用转移支付的制度构想建立在美国法背景之下，直接适用，难免"水土不服"。如何构建起适宜我国的专利申请费用转移支付规则还有待深入的思考研究。以下试作构想：其一，具体制度设计应符合我国专利法规范。我国专利法中并未规定"继续申请"制度，但我国专利法规定有复审制度。根据我国《专利法》第41条第1款的规定，专利申请人对专利局作出的驳回专利申请的决定不服的，可以向专利复审委员会请求复审，若复审仍被驳回可寻求司法救济。在具体制度设计时，可结合我国专利法具体规定，如将"申请人发起继续申请或上诉最终仍未获授权"改为"申请人在申请驳回后发起复审或上诉最终仍未获授权"。其二，应面对国情，以解决现实问题的态度出发设计具体制度。我国专利资助政策饱受诟病，催生了许多低质量专利申请。❷ 在"费用转移"方面，可以采取间接奖励成功获得专利授权人的方式完成"转移支付"。例如，将最终未获专利授权申请人或非正常申请的申请人所缴纳的费用"没收"款项集中，建立一个专项资金，用于奖励或补贴获得授权的专利权人的专利年费，进而代替直接进行专利资助的方式。这样既可以威慑那些为赚取专利资助的低质量申请者，还能做到奖励那些真正值得获得"奖励"的高质量专利申请人。其三，可能有人会质疑，我国刚刚走上建设创新型国家的道路，初步形成以专利保护创新技术成果的社会氛围，带有"惩戒"性质的专利申请费用转移支付规则是否会阻碍专利申请，影响国家创新水平建设的发展。笔者认为，我国已走过用专利作为创新成果保护方式意识树立的阶段，当下的时代命题为"如何从注重专利申请数量到提高

---

❶ SUKHATME N U. "Loser Pays" in Patent Examination [J]. Social Science Electronic Publishing, 2016: 190-191.

❷ 徐棣枫，邱奎林. 专利资助政策与专利制度运行：中国实践与反思 [J]. 河海大学学报（社会科学版），2014（3）：75.

授权专利质量""如何从低水平的创新走向高水平的创新"。❶ 排除低质量专利、垃圾专利也是今后专利法改革的时代任务。

三、专利权行使的行政规制，应对专利诱饵滥用专利权和垄断

(一) 专利聚合：一种尚未构成垄断的专利权滥用行为

为了能更准确地反映出专利投机实体的行为内涵和法律特征，此处将专利诱饵中的专利投机实体称为专利聚合（Patent Aggregator）。其定义是指一些知识产权运营公司或团体将积聚集中的大量专利技术作为钓饵，对这些专利技术领域的企业采取诉讼或许可谈判方式来获取营利的行为。由此可知，专利聚合包含积聚专利和主动索赔两个阶段，将其概括为集中行为和钓饵行为。所谓集中行为是指知识产权运营的专业公司或团体主要是通过收购、托管其他公司、研究机构或个人专利技术的所有权或使用权从而集中大量的专利，形成规模性优势；钓饵行为是指不以制造专利产品或者提供专利服务为目的，专门寻找有侵权嫌疑的生产产品或提供服务的企业以专利侵权诉讼相威胁，发起侵权诉讼或许可谈判来获取巨额的和解金、侵权赔偿费、授权许可费或达成其他利益交换的行为。因此，集中行为是形成优势地位的手段，获取高额赔偿是钓饵行为的目的。专利聚合的复合特性必然使作为理性经济人的聚合公司或团体在运营专利权时本能地扩张权利的范围，造成权利的滥用。专利聚合公司通常将数量众多的专利形成一个个专利群或一张张铺天盖地的专利大网来获取竞争优势或垄断地位，达到单项专利权不曾具有的威慑力，通过钓饵行为逼迫竞争对手面对高额赔偿的诉讼、专业复杂的程序、漫长的周期而生畏惧，或巨额赔付或和解认输，以致屡屡得手，扭曲了技术市场的竞争秩序，违背了专利制度的宗旨而构成专利权的滥用。❷

首先，专利聚合的结果抑制和削弱了技术市场竞争，使社会整体利益受到实质性的损害，但是其行为不属于不择手段的过度竞争行为，与反不正当竞争法规制的商业混淆、误导、诋毁、利诱行为和侵犯商业秘密等反竞争行

---

❶ 吴汉东. 加快知识产权强国建设是新时期的国家战略 [N]. 中国知识产权报，2016-01-27 (01).

❷ 唐代盛. 专利聚合的法律规制研究 [J]. 学海，2014（5）：192.

为具有实质的差异。其次，根据我国《专利法》第六、第七章规定的强制许可和专利权保护的内容，专利聚合与这些对专利权行使的限制对象亦不相同。最后，在反垄断法中，专利权的滥用行为和状态表现为限制竞争，然而专利聚合的行为本身或状态并不是一种垄断行为。也就是说在专利权的实施行为中，尽管垄断是滥用中的典型表现，包括拒绝许可、搭售行为、价格歧视、掠夺性定价等。显然，专利聚合具有一般性专利权滥用的构成要件，即主体为专利权人及独占实施许可人，具有有效的专利权或专利申请权存在，权利人行使权利时具有主观故意，其结果侵犯了他人或公众的利益。❶

但上述自身特殊性质和形态却有别于诸如欺诈获得专利与滥用专利申请权、以侵权诉讼相威胁等类型❷，其还具有不同于这些类型的特殊构成要件，因此属于一种新的一般性专利权滥用行为类型。这些特殊的构成要件有：第一，专利聚合的经营产品或对象是通过合法途径积聚的大量专利，而这些所有的专利几乎都是从其他公司、科研院所买来的，并通过隐秘的方式运用这些专利技术，即设立并控制数量众多甚至达上千家空壳公司，通过不同技术领域的空壳公司收集和管理具有潜在价值的专利资源。第二，专利聚合是故意利用大量专利权的排他性形成竞争优势，采取钓饵行为获得营利，超出了法律允许的范围。其主要是对社会公共利益的损害，不仅与专利制度的法益背道而驰，而且限制了技术市场的自由竞争。实际上，专利聚合的主要目的是获得不当利益，而不是进行创新。❸ 第三，专利聚合的行为是对产品或服务所使用的技术可能落入其专利组合或联盟所构成专利群中的实体企业发动侵权诉讼，以诉讼相威胁或许可谈判获取高额费用。这种专利侵权诉讼或谈判日趋专业和密集，并成为他们营利和营运发展的主要方式。如同专利聚合这种已构成权利滥用，但尚未达到反垄断法规制程度的行为，在现行法律体制下如何对其进行规制，值得我们去思考。

---

❶ 徐棣枫. 专利权的扩张与限制［M］. 北京：知识产权出版社，2007：278-280.

❷ 张伟君，单晓光. 规制知识产权权利人滥用诉权法律制度比较研究［J］. 重庆工学院学报（社会科学），2009（2）：50-54.

❸ SIINO J K，MCFALL L G，Merges R P，et al. Brief of Amicus Curiae Yahoo！INC. in Support of Petitioner［J］. International Journal of Clinical & Experimental Hypnosis，2014，38（4）：219-238.

(二) 专利权滥用并不必然遭到反垄断法规制

专利权滥用与垄断行为是不同的，虽然专利权具有垄断的特性，但专利权滥用并不必然导致垄断。美国学者朱尼尔指出，专利权滥用与违反反托拉斯法行为存在以下区别：第一，与反托拉斯诉求不同，专利权滥用是盾而不是矛。它使得被控侵权人免受法律制裁，但是它不能为被控侵权人提供要求金钱或禁令救济的基础。第二，虽然违反反托拉斯法的行为一般足以构成专利权滥用，但专利权滥用并不必然构成违反反托拉斯法的行为。第三，与违反反托拉斯法的行为不同，专利权滥用可以得到矫正。一旦专利持有人放弃了不适当的行为，且专利权滥用的后果得到消除，专利持有人可以重新强制执行其专利权。❶

"专利权滥用制度其实在联邦反托拉斯法存在以前就已产生，且在该法获得广泛认可之前就已成熟。但目前反托拉斯法已发展到可以规范所有严重妨碍竞争的行为，因此要它与同样可以起到防止妨碍竞争的专利权滥用制度进行明确的划分是很困难的。一种可能的区别是专利权滥用制度是针对程度轻微的反竞争行为，在很多法院的判决中都认为专利权滥用的案件在证据方面的责任要求比反托拉斯法的证据要求来得轻。"❷ 墨杰斯等在反驳废除专利权滥用制度的观点时指出，专利权滥用制度的范围比反垄断法的范围要广，它还包括反垄断法不管辖的一些特殊情况。反垄断法是有效的，但过于狭窄，专利权滥用制度的深度及特有的威慑作用，足以作为保留它的一个理由。可以认为，专利权垄断构成专利权滥用，但是专利权滥用并不一定都构成专利权垄断。❸

(三) 反垄断法对专利权滥用规制的缺失和低效

为了鼓励竞争，各国通过制定反垄断法对可能限制竞争以及可能造成垄断的行为加以禁止。反垄断法的基本价值就在于通过禁止一切垄断行为和不

---

❶ 冯江. 论知识产权滥用的竞争法规制 [G]. 规划·规范·规则——第六届中国律师论坛优秀论文集, 2006：499-503.

❷ USM Corp. v. SPS Techs., Inc., 694 F. 2d 505, (1982).

❸ 张冬. 专利权滥用争议的法律协调——以专利法与反垄断法的关联为视角 [J]. 河北法学, 2009 (6)：132.

合理的限制竞争的行为，保护竞争和竞争秩序，在尽可能大的范围内保证市场处于有序的竞争状态，以达到最优利用各种资源，最大创造社会财富的目的。反垄断法的立法理论基础在于通过完全竞争来达到社会资源最优化配置的帕累托最优效应。❶ 在这一点上，知识产权法和反垄断法的深层次目标是一致的。专利作为一种合法垄断，一般是作为反垄断法的例外存在的，但是并不意味着专利权的行使可以完全脱离反垄断法的控制，合法的权利一旦构成滥用，就会遭到国家政策和法律的干预。

知识经济发达的美国、欧盟、日本等很早就将知识产权领域内的垄断、不正当竞争行为纳入了反垄断法或竞争法的调整范围。但由于知识产权滥用的特殊性和复杂性，一部统一的反垄断法不可能对权利滥用问题作出十分详尽的规定，只能是作出原则性的规定，因而其对专利权滥用的规制作用也略显不足。❷ 再者，反垄断法与专利法分属完全不同的法律领域，前者的立法目的是保护市场竞争，防止和制止垄断行为，提高经济运行效率，维护经营者、消费者合法权益和社会公共利益，促进社会主义市场经济健康发展；而专利法是为了保护民事主体的财产权，并以此鼓励创新。因此，反垄断法属于国家干预经济的公法领域，它是以"社会本位"为出发点，追求的是社会公共利益的最大化，维护良好的市场竞争秩序；专利法属于私法领域，保护的是私人个体利益。由于其立法目的不同，因而设计出的规则也不同。❸

专利权滥用的行为广泛存在，但只有达到"垄断"的程度才会遭到反垄断法的干预规制。那些已经构成专利权利滥用而尚未达到反垄断法干预的行为，现有法律规范中缺乏有效的规制机制。从另一个角度看，我们的专利法中缺少便捷、有力的对专利权滥用行为进行有效规制的行政干预手段。

四、政府对创新市场干预的若干实践

专利权这种通过政府授予的权利是一种控制竞争的权利，其强烈的行政

---

❶ 黄勇. 论我国反垄断法在知识产权领域的应然取向 [J]. 电子知识产权, 2006 (5)：144-147.

❷ 费安玲. 防止知识产权滥用法律机制研究 [M]. 北京：中国政法大学出版社, 2009 (1)：162-164.

❸ 张玲，王洋. 专利权滥用的反垄断法规制 [J]. 南开大学学报（哲学社会科学版），2007 (4)：79.

色彩导致专利制度不应完全按照传统私法财产性规则来规制权利。现代知识产权已经不能停留在自然法意义上财产权的思考模式上，已突破社会契约说的思维范畴，成为一种创新与模仿之间保证博弈的结果。市场规制理论给了我们规制专利权滥用行为一个良好的启示，包括但不限于政策性规范的方式也成为专利权行使的规制手段，以实现权利保护、市场竞争以及公共利益的平衡。❶

（一）政府直接打击滥用知识产权的行为

美国 1930 年《关税法》第 337 条最初建立的目的是防范进口贸易中的不公平行为、不公平竞争方法和侵犯知识产权的行为，包括破坏或严重损害美国某一产业，阻碍该产业建立，限制或垄断美国市场的贸易活动；进口美国的货物侵犯了美国专利或美国版权；进口利用受美国专利保护的方法制造、生产或加工的货物；进口侵犯美国商标权的货物；进口侵犯受美国法律保护的设计专有权货物。❷ 337 调查手段灵活高效，在针对贸易中尚未构成反垄断法干预的知识产权滥用行为，在较短的时间内便可作出裁决，不必经过复杂费时的诉讼程序。❸ 其行政干预色彩强烈，以行政手段介入到与知识产权有关的贸易活动当中，适用单一化的知识产权保护标准，一旦行为人被认定为滥用权利阻碍美国创新市场发展，将会遭到严厉的制裁。

（二）政府政策性干预

从国家层面看，知识产权是一种社会政策工具。是否保护知识产权，对哪些知识赋予私人财产权，采取什么标准保护知识产权，实际上是一个国家根据现实发展状况和未来发展需要而作出的公共政策选择和安排。知识产权法律是公共政策的组成部分，这是政策科学对知识产权政策属性的基本概括。所谓知识产权政策，即政府以国家的名义，通过制度配置和政策安排对于私人知识资源、归属、利用以及管理进行指导和规制，通常表现为一系列的法

---

❶ 丁宇峰. 专利质量的法律控制 [M]. 北京：法律出版社，2016：82-83.

❷ WATAL J. US-China Intellectual Property Disputea Comment on the Interpretation of TRIPS Enforcement Provisions [J]. The Journal of World Intellectual Property, 2010 (13)：609-616.

❸ 朱鹏飞，邢敏. 论《美国关税法》第 337 条款调查特点及我国的应对策略 [J]. 法学杂志，2011 (3)：133.

令、条例、规章、规划、计划、措施、项目等。❶

　　面对专利诱饵对创新市场造成的威胁，2003 年 FTC 发表了题为《促进创新：竞争、专利法和政策之间的适当平衡》（*To Promote Innovation：the Proper Balance of Competition and Patent Law and Policy*）的报告，报告中的建议部分与国家科学院（National Academy of Sciences，NAS）的报告建议重复，部分则是其补充，鼓励专利局妥善处理创新市场与竞争之间的关系。❷ 在提出此建议的时候，FTC 已经具有了专利滥用原则的意识。根据该原则，如果专利所有人在专利许可或者其他使用专利的活动中有过不良信用，那么该项专利就不能对特定当事方起反对作用。❸ 专利滥用原则一直备受争议，很大程度上是因为它一直以一种不可预料的方式被应用，并且其是在与反垄断法对专利所有人的不恰当使用的情况下平行适用于专利所有人的。但是 FTC 的报告演示了维持专利滥用原则并对之加以改革的理由。专利以反竞争的方式被使用，尽管反垄断法可能说明了一些问题，但仍然存在一些不属于反垄断法纠正的市场危害类型的使用专利行为。❹

　　总之，FTC 的报告为专利法的管制理论提供了一个很重要的说明，并且其并非基于虚构的社会契约的理念或者把专利当作财产权而提出。相反，对专利法和竞争政策之间关系的考量表明了将专利法作为管制基础行为的工具的可能性。最后，FTC 的报告显示了专利法的设计是如何通过解决反竞争性危害对市场正义的威胁，从而在创新过程中促进互惠和信任以及妥善使用专利权。

（三）政府推动立法

　　2007 年，美国反垄断现代化委员会在给国会和总统的报告中认为，"发明在促进美国成为世界上卓越的技术和超级经济国家中扮演着重要的角色"，并

---

❶ 吴汉东. 知识产权的多元属性及研究范式 [J]. 中国社会科学，2011（5）：44.

❷ Federal Trade Commission. To Promote Innovation：The Power Balance of Competition and Patent Law and Policy [J]. Berkeley Technology Law Journal，2004（19）：861-883.

❸ 国家知识产权局. 美国联邦贸易委员会《专利主张实体活动报告》述评 [EB/OL].（2017-04-06）. http://www.sipo.gov.cn/gwyzscqzlssgzbjlxkybgs/zlyj_zlbgs/1062655.htm.

❹ 李锦春，刘春艳. 美国联邦贸易委员会《PAEs 活动调研报告》评述——以专利主张实体商业模式为视角 [J]. 中南财经政法大学研究生学报，2017（2）：119-124.

对处理知识产权与反垄断法的关系提出了建议，认为国会应当在鼓励创新的同时，力避专利制度的滥用，努力保持二者的平衡，既要防止阻碍发明，也需防止不合理地限制竞争。❶

2013 年 6 月《专利主张与美国创新》报告中指出，专利诱饵所发起的诉讼数量近年来高速增长。据统计，2010 年专利诱饵共发起专利侵权诉讼 729 件，约占全部专利侵权诉讼的 29%；2011 年此类案件数量增加到 1507 件，约占全部专利侵权诉讼的 45%；而到 2012 年，专利诱饵引发的专利侵权诉讼共 2921 件，约占全部专利侵权诉讼的 62%。这份报告引起了立法者的极大关注，美国的立法者们已经意识到了形势的严峻性，并且纷纷作出了反应。❷ 仅在 2013 年，就有多达七项有关遏制专利诱饵的法案被提交国会讨论。鉴于此，鲍勃·古德莱特议员在总结先前法案的经验和吸取相应教训的基础上提出了《创新法案》，主张采取多元化的治理手段去解决专利诱饵问题。他的提案很快就获得了奥巴马总统的积极响应与支持。事实上，《创新法案》提出之后的立法进展也较为顺利。2013 年 11 月 21 日，美国众议院司法委员会以 33 票赞成和五票反对批准了这项针对专利诱饵的法案。短短一个月不到立法机构再传捷报，《创新法案》于同年 12 月 9 日在众议院内获得通过。此前不久即 2013 年 12 月 4 日，奥巴马政府曾表示支持此项遏制专利诱饵的法案。再上溯半年，美国白宫曾敦促国会采取措施，遏制近年来在科技产业中滥用专利诉权的势头，并就遏制专利诱饵宣布采取五项行政措施，以及向国会提出了七项立法意见。这些措施和意见大部分都在《创新法案》中得以体现。❸

在中国，现阶段知识产权的政策目标表现为实施知识产权战略，建设创新型国家。知识产权战略是主体通过规划、执行、评估等战略举措，谋求战略目标实现而采取的全局性、整体性的谋略和行动安排。技术作为一种信息产品，其产权需要得到政府的特殊保护。❹ 从某种意义上讲，包括专利权在内

---

❶ 赵耀. 知识产权与反垄断法：一般关系、美国经历与中国立场 [J]. 江海学刊, 2008 (6)：214.

❷ The White House. Patent Assertion and U. S. Innovation [EB/OL]. [2019-03-09]. https://www. whitehouse.gov.

❸ 易继明. 美国创新法案评析 [J]. 环球法律评论, 2014 (4)：148.

❹ 王浩. 论创新领域的市场失效与政府关键作用 [J]. 人民论坛·学术前沿, 2015 (22)：12.

的知识产权不仅是私权，其还表现出社会的"公共产品"的属性。❶专利权一旦滥用，其造成的危害难以估量。政府掌握着高比例的社会资源，更要在实施创新驱动发展战略中发挥作用，面对那些反垄断法力所不及的专利权滥用的行为，政府应当承担更多责任。将属于市场的创新资源交给市场，将属于政府的政策性手段运用好。❷

小　结

专利权由封建特权发展成为一种公民私权，伴随着私权与公权博弈的过程。作为一种法定权利，其权利形成过程对政府行政行为具有天然的依赖性。专利权能否得到公权力保护、权利范围大小之界定，都需要公权力机关的审查认可，专利权的产生离不开政府公权力的介入和干预，专利的质量与政府专利审批的质量密不可分，专利权的行使依赖政府构建良好的尊重知识产权的社会氛围。不仅如此，专利权的禁止性规范依赖公权力的保护，形式上看具有强烈的"攻击性"，专利权容易被滥用。产生于反垄断的专利本身带有垄断基因，可能发育和突变出传统垄断法无法调整而专利法作为财产法也难以规制的行为。专利与反垄断具有天然的联系，连接点就是滥用。为避免垄断法的不确定性放大专利权的不确定性，也为避免破坏现有垄断法的理论和规范体系，应将专利法中本就含有的政策性加以规范化，在专利法规范中嵌入专利政策，充分发挥政府在干预创新市场中的作用。但应当认识到，政府对创新市场的干预应是合理的、适度的，在充分发挥市场基础性作用之上发挥"有形的手"应有的作用。这不但符合专利权自身特性，也契合了反垄断法提倡"适度干预"的理念。

---

❶ 曲三强，张洪波. 知识产权行政保护研究 [J]. 政法论丛，2011（03）：59.
❷ 王克钧，刘燕平. 论创新驱动中发挥政府和市场两个方面的作用 [J]. 四川行政学院学报，2018（6）：79.

第六章

确定性的寻求：专利制度创新与完善

　　适应发明创造的无形性而构建的专利制度，在借鉴传统有形财产法律制度的基础上，通过一系列制度创新，构建了符合无形性特点的专利法律制度，从而为发明的财产化提供了制度条件。由于有形财产可以借助占有以及自己的物理存在而起到公示和确定权利边界和范围的作用，传统财产法并不需要专门为财产的权利边界提供复杂的制度以保证其确定性。发明无法像有形物那样被实际占有，也非物理存在，所有权制度中的保障财产确定性的相关规则虽然没有办法直接适用于专利，但可通过对专利制度中的书面描述、充分公开、可实施性等以占有为路径加以分析，并将其运用于对说明书、权利要求书进行阐释，借由财产法路径，挖掘提升专利权确定性的可行方案。同时，考虑到专利权的获得依赖政府，并且专利权的行使也需要政府创建和提供创新市场的基础条件，而且专利权易被滥用，保证博弈和责任性规制理论支持将专利视为政府管制创新市场的工具，为防止市场失灵，政府干预专利行为成为必须。而专利诱饵正是利用了专利权的不确定性，从中寻求高额的利益，甚至干扰了专利在创新市场中应有的激励作用的发挥，阻碍了创新。为提高专利权确定性而在财产和行政干预两条路径上的努力，将有助于遏制专利诱饵的滥诉等对创新的干扰，缓解专利诱饵问题。

第一节　以占有为指导，提升专利的确定性

专利权的权利边界不够确定，加之涉足专利的相关主体有可能有意无意地利用专利权利表达和界定的不确定性，特别是以专利运营为业的专利诱饵，充分运用了专利权的不确定性从中谋取利益。借鉴物权占有规则，尽可能缓解专利无形性带来的不确定性问题，不失为一个可以考虑的思路。

在 Ariad v. Lilly 案中，美国联邦巡回上诉法院适用占有理论论述了独立的书面描述原则，即《美国专利法》第112条第1款中所规定的书面描述要求独立于可实施性要求，书面描述要求须单独评价。虽然可实施性要求是判断发明人是否在申请日占有发明的标准之一，但随着科学技术的发展，申请专利的技术方案变得越来越复杂和抽象，能够被人们从物理实物角度感知的程度越来越低。此时，发明人既要披露制造和使用发明的方法是什么，还需要披露发明本身是什么，否则其披露义务就不完整。对于这些与机械、物理领域技术方案在技术要素构成、技术方案表达以及可感知程度等方面有明显区别的技术方案，如果仅通过可实施性要求来判断发明人是否在申请日占有发明的标准显得不够充分。而书面描述的特点是公开，"在公开中表明占有"是更完整、更明确的表达。通过书面描述，说明书可以客观展示出欲被保护的发明创造已经由发明人实际作出或者已经被发明人实际"占有"。美国联邦巡回上诉法院通过占有理论明确书面描述要求独立于可实施性要求的做法，以及学界对专利法中的占有的研究成果，为我国从专利撰写和审查的角度提升专利质量，强化专利确定性，应对专利诱饵问题提供了思路。

一、我国专利法领域中"为实施的书面描述"原则

我国《专利法》第26条第3款规定，"说明书应当对发明或者实用新型作出清楚、完整的说明，以所属技术领域的技术人员能够实现为准"。该条为我国专利法中有关书面描述要求和可实施性要求的规定。《专利审查指南2010》对前述规定作了详细和全面的阐述。❶ 根据该条的行文逻辑以及《专

---

❶ 《专利审查指南2010》第二部分第二章2.1节。

利审查指南 2010》对该条内涵的阐述，可以确定，目前在我国，书面描述要求从属于可实施性要求，可实施性是书面描述是否清楚和完整的判断标准。《专利法》第 26 条第 3 款的行文明确"清楚"和"完整"是"以所属技术领域的技术人员能够实现为准"。同时，根据《专利审查指南 2010》第二部分第二章 2.1 的规定，说明书所谓"清楚"和"完整"，是通过内容结构完整的申请文件，从现有技术出发，写明发明或者实用新型所要解决的技术问题以及解决其技术问题采用的技术方案（包括具体实施方式），并对照现有技术写明发明或者实用新型的有益效果，明确地反映出发明或者实用新型想要做什么和如何去做，使所属技术领域的技术人员能够确切地理解该发明或者实用新型要求保护的主题，达到所属技术领域的技术人员能够实现该发明或者实用新型的程度。我国学者在评述《专利法》第 26 条第 3 款时指出，"以所属技术领域的技术人员能够实现为准"的含义是指，本领域普通技术人员在阅读说明书的内容之后，不需要付出创造性的劳动，就能够理解并实施该发明或者实用新型，解决发明或者实用新型要解决的技术问题，产生其预期的有益效果。❶ 通过文本分析以及从我国学者所持观点可以看出，说明书需要对发明进行"清楚"和"完整"的书面描述，而其"清楚"和"完整"的标准则是可实施性。

二、书面描述与可实施性的功能发挥：占有理论对专利文件撰写和审查的规范

专利制度的重要功能在于向社会公众充分公开发明创造。而专利文本充分公开的实现，需要从书面描述要求和可实施性要求两个方面进行判断，使得占有理论对专利文件撰写和审查的规范作用得以发挥。书面描述要求和可实施性要求两者共同服务于一个目标——占有专利。对于申请人而言，通过书面描述，其在申请日就已占有专利申请文件记载的专利技术；对于社会公众来说，一旦专利期限届满后，通过阅读专利说明书就可实施该保护期届满的专利，从而占有之。

发明人完成发明还仅仅是一种事实上的占有，即其经过创新活动而产生

---

❶ 尹新天. 中国专利法详解［M］. 北京：知识产权出版社，2011：361.

了一项技术方案。由于发明的无形性，发明人还不能从法律上获得排他性的占有。发明人为了确保获得法律拟制的排他性占有，需通过书面描述后以专利申请文件的形式将发明表达出来，并通过专利局的审查，方能形成法律上的占有。此时，专利申请文件的书面描述在占有理论的要求下，说明书必须清楚地记载确定发明或者实用新型的技术方案的实质性内容。● 因此，在占有理论指导下，发明人首先要清楚、完整地描述出其在专利申请日之前通过创新活动在事实上占有，并欲通过专利审查和授权而具有排他性占有的发明本身是什么。在专利审查过程中，审查员如果有合理的理由质疑发明或者实用新型没有达到充分公开的要求，则可以要求申请人予以澄清。

在占有理论的规范下，说明书在记载了发明的实质性内容后，应当详细地描述实现发明或者实用新型的具体实施方式，完整地公开对于理解和实现发明或者实用新型必不可少的技术内容。授权专利如果缺乏可实施性，则导致社会公众即使获得了专利权人的授权，也无法实施被授权的专利。专利权人没有占有其所谓的发明创造，被授权人当然也不可能占有该发明创造。这就要求发明人在撰写专利申请文件时，不但要表明自己已经在事实上占有发明创造，还要为社会公共根据专利文件占有发明创造提供条件，而专利文件的撰写是否达到了这一条件的标准，就是在审查过程中判断说明书公开的技术方案是否具有可实施性。在专利审查过程中，对于以下各种情况，专利局会认为由于缺乏解决技术问题的技术手段而会被认为无法实现，从而不符合可实施性要求：（1）说明书中只给出任务或设想，而未给出任何技术手段；（2）说明书中给出了技术手段，但该手段含糊不清、无法实施；（3）说明书中给出了技术手段，但该手段并不能解决所要解决的技术问题；（4）按照说明书记载的内容并不能实现某一个技术手段；（5）说明书没有给出实验证据，而技术方案又必须依赖实验结果加以证实才能成立。❷ 上述各种情况的共同之

● 实质性内容包括：发明或者实用新型所要解决的技术问题，解决其技术问题采用的技术方案、发明或者实用新型的有益效果。说明书面描述的技术问题、技术方案和有益效果应当相互适应，不存在相互矛盾或不相关联的情形，也不得含糊不清或者模棱两可，以致所属技术领域的技术人员不能清楚、正确地理解该发明或者实用新型。凡是所属技术领域的技术人员不能从现有技术中直接、唯一地得出的有关内容，均应当在说明书中描述。详见《专利审查指南2010》第二部分第二章2.1节。

❷ 《专利审查指南2010》第二部分第二章2.1节。

处在于，专利文件没有充分公开而使得社会公众不能通过实施专利技术而占有授权的发明创造。

当然，无论是发明人是否已经占有发明或者社会公众是否可以占有发明，其判断的时间点是相同的，即审查申请文件是否满足书面描述要求和可实施性要求的时间点均为专利文件提交之日。发明人通过专利审查和授权确认占有的发明的范围不能超过其在专利申请之前通过创新性活动而在事实上占有的发明范围，即发明人不能声称其占有了事实上并未占有的发明。

三、专利文件撰写的规范化：强化专利申请文件的充分披露要求

专利制度的公开功能以专利法所规定的充分公开为依托，而充分公开的判断中，书面描述要求和可实施性要求所体现的重要制度功能是彰显发明人和社会公众对发明的占有，以使给发明人授予的排他权与其对社会所做贡献相对称。

（一）依据占有理论，强化对权利要求的审查

《专利法》第 26 条第 4 款规定，权利要求书应当以说明书为依据，清楚、简要地限定要求专利保护的范围。权利要求书应当以说明书为依据，是指权利要求应当得到说明书的支持。《专利审查指南 2010》规定，权利要求书中的每一项权利要求所要求保护的技术方案应当是所属技术领域的技术人员能够从说明书充分公开的内容中得到或概括得出的技术方案，并且不得超出说明书公开的范围。权利要求的概括应当不超出说明书公开的范围。对于权利要求概括得是否恰当，审查员应当参照与之相关的现有技术进行判断，并审查这种概括是否得到说明书的支持。

对于前述权利要求概括的适当性问题，反映的是发明人寻求排他性占有的范围与其通过发明创新事实上占有的范围是否一致，是否超出了其事实上"占有"的范围。例如，对于"用高频电能影响物质的方法"这样一个概括较宽的权利要求，如果说明书中只给出一个"用高频电能从气体中除尘"的实施方式，对高频电能影响其他物质的方法未作说明，而且所属技术领域的技术人员也难以预先确定或评价高频电能影响其他物质的效果，则该权利要求寻求的排他性占有的范围超出了发明人事实上占有的范围，不应获得授权。

（二）规范功能性限定技术特征的使用

通常，对产品权利要求来说，应当尽量避免使用功能或者效果特征来限定发明。只有在某一技术特征无法用结构特征来限定，或者技术特征用结构特征限定不如用功能或效果特征来限定更为恰当，而且该功能或者效果能通过说明书中规定的实验或者操作，或者所属技术领域的惯用手段直接和肯定地验证的情况下，使用功能或者效果特征来限定发明才可能是允许的。但是，在实践中，功能性限定技术特征成为了一种扩大或模糊保护范围的专利文件撰写技巧，给社会公众确定专利保护范围带来困惑。因此，《专利审查指南2010》规定，对于含有功能性限定特征的权利要求，应当审查该功能性限定是否得到说明书的支持。例如，权利要求中限定的功能仅能以说明书中记载的特定方式完成，或者说明书仅以含糊的方式描述了其他替代方式，而没有描述清楚替代方式具体是什么，则权利要求中的功能性限定是不允许的。

功能性限定技术特征原本是为了解决技术方案表达困难而使用的变通性方案，但由于其高度的语言概括性，发明人试图通过对具体技术特征的功能性概括来将具体的占有扩大化为功能性的一般占有，所反映的也是权利要求寻求的排他性占有的范围超出了发明人事实上占有的范围，不应获得授权。

（三）完善《专利法》第36条规定的披露义务

《专利审查指南2010》在阐述说明书完整性时规定，说明书应当包含帮助理解发明或者实用新型不可缺少的内容，如有关所述技术领域、背景技术状况等。但由于技术领域、背景技术等事项描述是否清楚、完整不影响授权，在专利申请和审查实践中，往往出现背景技术简单、文不对题的情况，对于理解发明本身几乎没有作用，从而降低了专利整体质量，增强了专利的模糊性。现行《专利法》第36条规定，发明专利的申请人请求实质审查的时候，应当提交在申请日前与其发明有关的参考资料。这些参考资料主要是指发明人在完成发明过程中所参考借鉴的与其发明相关的技术资料，包括专利文献、科技书籍、科技期刊等。[1] 所谓"与发明相关"应该是对专利申请的授权前景有实质性影响。[2] 由于该条款适用范围有限，没有具体法律后果，且由于检索

---

[1] 尹新天. 中国专利法详解：缩编版 [M]. 北京：知识产权出版社，2012：324.
[2] 崔国斌. 专利申请人现有技术披露义务研究 [J]. 法学家，2017 (2)：110–117.

技术的发展，该条对规范专利文件撰写尚未显现出作用。但对于审查员和社会公众而言，了解与专利申请有关的技术领域、背景技术状况等信息，有助于判断发明占有情况。因此，可以对《专利法》第36条规定进行改造，扩大信息范围，充分披露帮助理解发明或者实用新型不可缺少的内容，帮助审查员和社会公众了解特定领域的现有技术。对于《专利法》第36条所表述的"有关的参考资料"，可以作出更加具有强制力和拘束力的规定。同时，增加未能履行披露义务的法律后果。

第二节　发挥行政干预的作用，积极应对专利诱饵

一、专利审批机构能动性的发挥：提高授权专利权利边界的可预见性

专利审查制度设置的初衷是为了保障授权专利的质量，由于审查条件以及标准掌握、主观判断等因素的影响，审查结果的确定性并不充分，授权专利的质量令人担忧。加之，专利权权利边界的模糊性、保护范围的不确定性，给侵权诉讼中对峙的双方造成巨大的博弈空间。专利诱饵正是利用这种不确定性向疑似侵权方频繁发起诉讼，企图获得赔偿金或赢得高额和解费。降低专利权利要求不确定性，对于遏制专利诱饵危害具有关键作用。通过强化审批来提高授权专利的质量尽管会增加行政资源负担、延长获得专利授权时间，但提高授权专利权利边界的可预见性是应对专利诱饵问题的有效解决方案之一。

（一）强化专利质量的法律控制

1. 强化专利审查工作，完善专利审查流程，提升专利审查质量

专利审查质量的高低直接影响到授权专利的质量，专利局在审查阶段应投入更多资源，为高质量、高效率的专利审查工作顺利开展提供保障，以维持高质量专利产出，而不是等待专利进入市场之后交由后端的争议解决程序来处理。

第一，加大资源投入，在人力资源、技术资源等方面确保专利审查力量足以满足快速增长的专利申请量对审查工作所提出的挑战。第二，建立专利

审查质量监督机制，将专利审查质量管理贯穿于整个审查流程之中。第三，强化专利审查，建立有效的审查员与申请人之间的交流机制，利用和发挥专利审查阶段对申请文件进行修改的机会和空间，促进授权专利的权利确定性的提升。第四，探索建立专利审查案例指导制度，约束可专利性标准判断的主观性，提高专利审查授权的连续性、一致性。专利行政机关可将审查中具有代表性的案例集结成册或者建立专利审查案例数据库，使审查员在实务中遇到类似案例时有所参考和借鉴，以保证审查质量的一致。这也使发明人、专利代理师可以对专利申请、授权形成预判，进而从源头上改善专利审查质量。第五，完善专利审查模式，引入公众审查制度。专利行政机关的有限理性及现有技术信息不足严重影响专利审查质量，引入公众审查制度，让拥有与审查专利最突出和最相关知识的第三方参与审查，能有效克服专利审查中现有技术信息的不足。我国专利行政机关可借鉴 USPTO 的 Peer to Patent 平台，设立开放透明的公众审查平台，让公众参与到审查当中，鼓励专业类技术人才对审查提出有益的意见。❶

　　2. 重视商业方法软件专利适格性标准设置

　　我国在 2015 年国务院发布的《关于大力推进大众创业万众创新若干政策措施的意见》中，首次提出"研究商业模式等新形态创新成果的知识产权保护办法"。在 2017 年《专利审查指南 2010（修改版）》中，新增加了涉及商业模式权利要求的例子，即如果既包含商业规则和方法的内容，又包含技术特征，则不应当排除其获得专利权的可能性。这在一定程度上回应了产业发展对专利制度完善的迫切需求，将商业方法专利纳入到保护范围当中。然而商业方法专利的模糊性问题较为严重，随着市场经济的日趋成熟和商业方法专利的不断发展，我国有可能将面临与美国而同样的低质量商业方法专利危害其他产业发展的情况。由于商业方法专利本身具有比较模糊的权利保护范围，权利要求带有一定的外延性，主要以保护方法和步骤为主，在权利要求解释上具有扩大解释的倾向，如果过多地不适宜地授权专利，看似保护了商业方法创新，实则对于计算机软件产业和商业方法发展带来的危害是十分严

---

❶　刘运华. 专利质量阐释及提升策略探讨［J］. 知识产权，2015（9）：83.

重的。❶ USPTO 针对商业方法专利的复审程序值得借鉴。通过审查机构重新审视商业方法的可专利性，对于平衡商业方法创新与其他产业健康发展的关系，促进专利制度不断完善有积极作用。

3. 开展专利质量宏观调控

高质量专利是专利制度和国家创新体系协调运转的产物，不仅存在于专利审查端，受国家专利制度体系运行效率的影响，更内嵌在国家创新体系之中，表现为较高的经济贡献和市场价值。政府应当在构建保护范围清晰适当、权利稳定可期的高质量专利权的基础上，建立专利质量认知的结构性思维，通过宏观政策提升专利制度在国民经济和创新发展中的运行效率，实施有效的制度安排与政策调整。❷ 第一，建立专利类型维度的宏观调控管理思维。中国专利制度体系由三种专利构成，尽管近年来国家专利结构得到了一定优化，但从制度效率和专利总体质量角度看，三种专利的比例结构仍存在进一步调整的空间。2016 年中国国内 330.5 万件专利申请中，发明、实用新型和外观设计的占比分别为 36.5%、44.4%、19.1%；162.9 万件授权专利中，三种专利的占比分别为 18.5%、55.1%、26.4%。❸ 不论从专利申请还是授权来看，实用新型专利所占比重均是最高的。提升创新能力、增加发明专利授权比重是我们下一阶段鼓励发明创造的重点任务。第二，强化专利制度使用主体、产业和区域的宏观调控管理。需要结合国家科技和产业创新体系，实施更趋细化的专利宏观管理，结合不同产业对专利制度的依赖性差异，明确优先发展的产业领域。第三，在国民经济体系中实现专利制度与创新体系的协同。高质量专利内蕴于国家专利制度与市场创新体系，政府应提供优良的专利审查、保护和服务。❹

4. 改进专利资助政策，适度提高专利申请和维护费率

专利收费的设置在某种程度上可以促使专利持有人自我审查其专利的价值，鼓励他们放弃低价值的专利，因为"最有资格去判断专利系统中哪些专利是最没有用处和不必要的人正是那些拥有它们的人"❺。

---

❶❷ 毛昊. 中国专利质量提升之路：时代挑战与制度思考 [J]. 知识产权, 2018 (3)：61.
❸ 2016 年中国专利统计年报 [EB/OL]. [2019-10-31]. http://www.sipo.gov.cn/tjxx/tjnb/.
❹ 毛昊. 中国专利质量提升之路：时代挑战与制度思考 [J]. 知识产权, 2018 (3)：70.
❺ 金泳锋，黄钰. 专利丛林困境的解决之道 [J]. 知识产权, 2013 (11)：87.

一般而言，专利费用支出包括申请费和每年的维持费（又称年费）。近年来，美国不断提高专利申请维护费用率的做法促使企业对其拥有的专利进行自我审查，以达到抛弃经济效益较低的专利，有效阻止专利丛林繁衍生长的目的。● 应该取消我国对专利申请大面积资助补贴的政策，并适度提高专利申请和专利维持费用，发挥专利费这一重要的政府干预专利的价格杠杆工具作用，积极影响专利申请人的专利申请和专利权人的维持专利的决策和行为。

（二）行政与司法的协调：明晰专利授权边界的事后审查

1. 避免行政和司法确权之间的冲突，维护专利制度的公信力

AIA 改革专利无效程序的主要目的在于应对现实中专利持有量不断攀升、专利纠纷增多、专利诉讼案件激增的状况，大量专利诉讼案件让联邦法院不堪重负，AIA 意图使专利无效这一"准司法"程序成为寻求专利权利确定性之经济有效的替代性方案（Quick And Cost Effective Alternatives）。但实践中，当事人会考虑到联邦法院与 USPTO 适用不同的权利要求解释规则会导致权利要求范围认定不一致，进而不认同 USPTO 裁决结果而上诉至联邦法院的情况时有发生。据 USPTO 统计，经过专利无效行政程序审理的案件中有 86.8% 又因相同的事由诉至联邦法院，这与美国国会改革专利无效程序的初衷相违背。●

专利审查员在理解权利要求的过程中，首先要将权利要求作尽可能宽泛的理解，然后再基于合理性原则进行限缩或排除。美国法院曾指出，"适用 BRI 进行权利要求解释的范围总是要大于或至少不会小于按 Philips 规则解释的范围"。尽管一项专利权经 USPTO 专利无效程序审查认为具有新颖性，但当进入联邦法院诉讼程序中依然有可能会被法院依 Philips 规则判定为无效。如此，行政审查与司法审查结果的冲突有损专利制度公信力。●

● 金泳锋，黄钰. 专利丛林困境的解决之道 [J]. 知识产权，2013（11）：87.

● VISHNUBHAKAT S, RAI A K, KESAN J P. Strategic Decision Making in Dual PTAB and District Court Proceedings [J]. Berkeley Technology Law Journal, 2016（31）：59-60. 转引自闫宇晨, 徐棣枫. 美国最宽合理解释适用的变化及其启示 [J]. 学习与实践, 2018（9）：69.

● Facebook, Inc. v. Pragmatus AV, LLC, 582 F. App'x 864, 869（Fed.Cir.2014）.

2. 有利于专利权利确定性的寻求：统一解释规则

BRI 标准为权利人提供了一个探寻专利权利边界的"宽松"氛围，意图使权利人不断澄清权利要求范围，与现有技术划清边界。这为权利人扩张专利权提供了充分空间，权利人可以利用这个机会扩大自己的权利边界获得"垄断"，这不仅会吞噬公共技术领地，也增加权利的不确定性。❶ 可见，近年美国专利审查部门为增强专利权利要求确定性，改善专利质量，提高授权专利权利边界可预见性作出了诸多努力。

在我国，由于采职能分离的"双轨制"，即人民法院管辖是否侵权，不在侵权诉讼中直接判定专利权效力，专利复审委员会管辖专利权的效力，请求人向专利复审委员会提出宣告专利权无效的请求，对专利复审委员会的决定不服的，任何一方都可以向人民法院提起行政诉讼。这种职能分离的机制下，法院的司法程序与专利复审程序中有可能对权利要求的解释适用不同的规则，在司法和行政之间留下了相互冲突的空间，司法和行政程序中容易出现冲突，加剧权利的不确定性。应坚持专利权效力判定和侵权判定保护范围确定标准上的一致性，而不应在两程序上设置不同的权利要求解释规则，放大权利的不确定性。❷

二、强化政府对专利的行政干预，促进创新市场的繁荣

（一）政府适时调整专利申请、维持、资助费率，引导高质量专利申请的产出

实践经验表明，专利申请的门槛和维持的成本对专利质量有直接影响。政府通过对专利制度的提升和强化，会在一定程度上控制中国的专利泡沫和专利的创新假象。❸ 发挥政府在费率调整方面的作用，制定合理的专利申请、

---

❶ USPTO. Comments on Changes to the Claim Construction Standard used in AIA Trial Proceed-ings [EB/OL]. [2019-03-03]. https://www.uspto.gov/patents-application-process/patent-trial-and-appeal-board/comments-changes-claim-construction.转引自闫宇晨，徐棣枫. 美国最宽合理解释适用的变化及其启示 [J]. 学习与实践，2018（9）：72.

❷ 陈文煊. 专利权的边界 [M]. 北京：知识产权出版社，2014：118-121.

❸ 张杰. 中国专利增长之"谜"——来自地方政府政策激励视角的微观经验证据 [J]. 武汉大学学报（哲学社会科学版），2019（1）：101.

资助费率，有利于创新市场优化改革，引导创新市场产生更多高质量的专利申请。

1. 妥善配置专利申请和维持费率

与美、日、欧相比，我国专利申请费用低而维持费用高。在我国申请发明专利所需费用（以一个单位申请所缴纳官费和代理费总额为例）一般约为5000多元人民币，不到1000美元，而维持20年需8万多元。鉴于我国专利申请数已居世界第一，今后的目标应转向大力提高专利的质量和价值，建议逐步提高专利申请门槛而降低维持成本。如果把维持费降低到目前水平的一半，申请费（一个单位申请）提高到8000元左右，加上代理费4000余元，达到12 000元以上，这样并不会显著减少国家专利局对每个发明专利的平均收费。通过提高申请费将会减少低价值或无价值专利的申请，而降低维持费用又会帮助一些有价值，但短时间内未得到转化的专利得以维护。在专利审查环节，在一定程度上提高申请费，降低维持费率，也实现专利申请费用的"排出效应"更多作用在专利投机者身上的"靶向效应"。❶

2. 专利资助政策制定与提高专利质量形成良性互动

专利资助已经成为知识产权管理部门的基本政策，并形成了范围广、受众多、影响深的资助格局。为了提高专利资助金的利用效率，进一步促进专利申请数量与质量提升的协调发展，需要对专利资助政策进行调整。❷ 逐步取消政府直接资助专利申请费，由重数量向重质量转变，重点促进高质量发明专利申请的提出，由奖励申请逐步转为奖励授权。各级政府和知识产权管理部门应制定完善的专利资助政策体系，建立协调、统一的专利资助管理机制，打破各自为政的现状。❸

（二）规范专利申请行为，扩大非正常专利申请查处范围

2017年修订后的《规范专利申请行为的若干规定》没有将申请人提交一两件不诚信专利申请的行为按非正常专利申请对待，原因之一可能是制定该

---

❶ 周璐. 专利质量与积压的事前治理政策体系研究 [J]. 科学学研究，2017（11）：1645.

❷ 谭龙，刘云杨，芳娟. 促进专利申请量与质量协调发展的资助政策改进策略研究 [J]. 科技进步与对策，2013（19）：99.

❸ 同上：104.

规定的出发点在于规制借助批量专利申请套取专利资助和奖励资金的行为。❶ 而且，在批量专利申请下，对是否存在不诚信行为相对容易认定。但是，那些虽然不是批量出现，但却故意将现有技术或明显不满足创造性要求的技术方案内容申请专利的行为❷，虽然不构成非正常专利申请，仍属于不诚信的专利申请行为，目前尚无查处途径和手段。实践中，被控侵权人通过无效或者现有技术抗辩等来对抗不诚信的专利权人。但无效程序复杂时间冗长，现有技术抗辩适用条件限制严格，无法涵盖所有违背"诚实信用原则"的行为，效力也仅及于个案。有必要扩大"诚实信用原则"所规制的专利申请行为的范围，从而有效发挥"诚实信用原则"对规范专利申请行为的作用。而且，诚实信用原则还应在规范专利代理市场方面发挥重要作用。专利代理师在帮助申请人获得专利权的过程中也应当遵守诚实信用义务，从而使专利能够获得合理的保护范围。应加大对代理机构和代理师的执业诚信信息披露力度，强化行业自律，促进专利代理质量和服务水平的提升。

2018 年，国家发展和改革委员会等 38 部门和单位联合签署了《关于对知识产权（专利）领域严重失信主体开展联合惩戒的合作备忘录》，进一步加大监管力度，依法从重处罚违法行为。根据备忘录要求，相关部门在 2018 年 12 月底前，对知识产权（专利）领域严重失信主体，开展联合惩戒。该备忘录明确将对知识产权（专利）领域严重失信行为的主体实施者开展联合惩戒。严重失信行为包括重复专利侵权行为、不依法执行行为、专利代理严重违法行为、专利代理师资格证书挂靠行为、非正常申请专利行为、提供虚假文件行为六类，涵盖知识产权创造、运用、保护、服务各个环节。该备忘录的出台，进一步强化了行政干预在规制专利申请中的作用，当然其效果和合理性还需进一步接受实践的检验。

（三）加快建立预警机制，维护创新市场秩序

加快建立我国的专利预警机制，全面提高国家、行业、企业预防和解决

---

❶ 《规范专利申请行为的若干规定》对非正常专利申请人的主要惩罚措施是，对于享受资助和奖励的申请人，各级知识产权局除了不予资助、奖励、进行追还外，视情况自本年度起 5 年内不予资助或者奖励。

❷ 实践中，还有将他人技术抢先申请专利，或者贴牌加工制造商或者对外贸易公司将国外展会上参展或者市场上刚刚出现的相关产品在国内提交专利申请的不诚信行为。

国际专利争端的能力，营造合理保护专利权人和社会公众利益的良好氛围，维护国家经济安全和市场经济秩序，这也是政府加强对创新市场监管、提升政府对创新市场服务能力的关键一环。需进一步完善政府对创新市场的监督、管理和服务，建立由政府主导的专利预警机制。

（1）构建专利预警机制建设系统框架。由国家科技相关部门联合地方政府，按照"统一布局、分工协作、共建共享"的原则，构建专利预警机制建设的系统框架，并从重点地区、重点行业、重点任务入手，进一步制定和完善专利预警机制体系建设的相关政策措施。（2）政府机构主导，开展专利预警机制建设试点示范和宣传教育。（3）加快重点领域综合性专利预警服务平台建设。针对重点技术领域的专门需求，以国家知识产权局为主，联合其他科技相关部门，充分依托公益性科技信息机构和商业性专利服务机构，加强在数据库、方法和工具、经验与知识、人才等方面的深度交流和合作。❶

（四）规制专利聚合等专利权滥用行为

以专利聚合行为为代表的专利权滥用行为，侵害了专利法所保护的法益，但还没有越过反垄断法所保护的法益界限，政府应适时进行干预。滥用专利权限制竞争越过反垄断法所保护的自由竞争界限时，反垄断法才会像安全阀一样发挥作用，开始保护市场的竞争秩序。专利聚合虽然有排除竞争的效果，但还未达到垄断行为所构成限制竞争的结果，并不适合用反垄断法进行规制。

专利权的产生伴随着强烈的政府干预色彩，目前政府干预专利的理念仅停留在专利审批阶段，一旦授权，政府极少有机会也不愿意再干预专利事务的现状，以发挥政府在规制专利权行使方面应有的作用。充分利用专利法自身的政策性属性，发挥政府在对创新市场干预中的能动性作用，在专利法中嵌入禁止一般性专利权滥用的规范，让政府在规制专利权滥用方面发挥更大的作用。政府掌握着高比例的社会资源，更要在实施创新驱动发展战略中发挥作用。面对那些反垄断法力所不及的专利权滥用的行为，政府应当承担更多责任，将属于

---

❶ 贺德方. 中国专利预警机制建设实践研究 [J]. 中国科技论坛，2013（5）：123.

市场的创新资源交给市场，将属于政府的政策性手段运用好。❶

第三节　完善专利法律制度，防范专利诱饵滥用专利权

一、以现有技术抗辩制度为模型设计中国版的不正当行为抗辩制度❷，防止诚实信用原则在专利法领域的空洞化

《规范专利申请行为的若干规定》第 4 条只从行政管理的角度对非正常专利申请人、代理机构或者帮助他人提交非正常专利申请的单位或者个人进行了处罚❸，对因非正常申请获得的专利权的效力没有影响。在专利权人行权阶段，或者在人民法院审理相关案件时，被控侵权人无法依据这些规定对抗非正常专利申请人。我国属于大陆法系，没有"不洁之手"这一理论基础，因此也难以引入美国不正当行为原则，直接以专利申请中存在不诚信行为作为抗辩事由不予强制执行专利权。2015 年 12 月国务院颁布了《中华人民共和国专利法修订草案（送审稿）》，其中第 14 条规定：申请专利和行使专利权应当遵循诚实信用原则。不得滥用专利权损害公共利益或者不合理地排除、限制竞争。❹目前，专利法第四次修改已进入全国人大立法阶段，全国人大于2018 年 12 月将含有前述诚实信用条款的《中华人民共和国专利法修正案（草案）》［以下简称《专利法修正案（草案）》］已经正式提请全国人大审议。此条被普遍认为是引入了《民法总则》第 7 条"民事主体从事民事活动，秉持诚实，恪守承诺"中所规定的基本原则。❺此次在专利法中植入

---

❶　王克钧，刘燕平. 论创新驱动中发挥政府和市场两个方面的作用［J］. 四川行政学院学报，2018（6）：79-84.

❷　具体制度构建参见徐棣枫. 不正当行为抗辩制度之移植可行性及设计构想 ——基于《专利法》第四次修改中的"诚实信用原则"［J］. 东方法学，2018（6）：30-38.

❸　《关于规范专利申请行为的若干规定》第 4 条.

❹　国家知识产权局.［2019-01-09］. http://www.sipo.gov.cn/pub/old/sipo2013/ztzl/zlfxg/xylzlfxg/1051938.htm.

❺　徐棣枫. 不正当行为抗辩制度之移植可行性及设计构想 ——基于《专利法》第四次修改中的"诚实信用原则"［J］. 东方法学，2018（6）：30-38.

"诚实信用原则"虽然弥补了原则性条款的缺失，对促进专利领域的公平竞争秩序具有重要指导作用，但要发挥其应有作用，离不开相应的具体制度设计的构建。●《专利法修正案（草案）》确立原则性的诚实信用原则，为防止不当申请和专利权滥用提供了立法原则上的依据，但不难发现，立法对诸如该原则所适用的主体范围、行为方式以及违背诚实信用原则之行为的后果等具体适用问题均未明晰。因此《专利法修正案（草案）》所确立的诚实信用原则实际上呈现出一种令人担忧的空洞化状态。如果诚实信用原则在一部法律中仅仅作为一项基本原则加以确立，而没有相应的制度规定予以具体落实，诚实信用原则在司法实践中的运用就有可能会走向两个极端：或因其内容的模糊与不确定性而被束之高阁，或因动辄适用诚实信用原则而造成对专利申请和权利行使过分随意的限制。❷

为有效发挥诚实信用原则对遏制非正常专利申请行为及其后的恶意诉讼行为的作用，在专利侵权与专利确权采司法和行政分离体制的中国，参考现有技术抗辩制度，将不正当行为抗辩制度移植至中国，将专利申请中的不正当行为作为违反"诚实信用原则"的一种具体类型，设计中国版的不正当行为抗辩制度，可能是一个行之有效的方法。❸

2008 年修订的《专利法》第 62 条规定了现有技术抗辩制度。依据该条规定，在专利侵权诉讼中，被告只要有证据证明其实施的技术属于现有技术的，就不构成对原告专利权的侵犯。现有技术抗辩并非是要与专利权的效力相争辩而去否定原告专利权的存在，而是通过审查被控侵权物与现有技术之间的关系来否定原告专利权的行使。换言之，现有技术抗辩是否认原告专利权行使的抗辩。❹ 由此可见，现有技术抗辩与不正当行为原则抗辩都是一种针对原告专利权主张行为的抗辩权，两者否定的都是原告专利权的可执行力，而非专利权的有效性。

---

❶ 徐棣枫. 不正当行为抗辩制度之移植可行性及设计构想 ——基于《专利法》第四次修改中的"诚实信用原则"[J]. 东方法学, 2018（6）：30-38.

❷ 杨秀清. 民事诉讼中诚实信用原则的空洞化及其克服 [J]. 法学评论, 2013（3）：37-44.

❸ 徐棣枫. 不正当行为抗辩制度之移植可行性及设计构想 ——基于《专利法》第四次修改中的"诚实信用原则"[J]. 东方法学, 2018（6）：30-38.

❹ 杨志敏. 关于"公知技术抗辩"若干问题的研究——从中、德、日三国判例与学说的对比角度 [J]. 比较法研究, 2003（2）：56-67.

现行的"现有技术抗辩制度"给我们的启发是：理论上应当采用可专利性评价标准的现有技术抗辩标准，受限于中国的专利分权审查体制以及法院对技术的理解能力的限制，发展出了不同于可专利性评价标准的其他评判标准（"无实质性差异"标准、"等同"标准以及允许进行简单组合的"公知常识"标准）。❶ 这一司法实践的发展路径显示出，法院依其职权可审、依其能力能审的，剥离依其职权不可审、依其能力不能审的。可以参考"现有技术抗辩制度"来移植和设计中国版的不正当行为抗辩制度。具体而言，在评判专利权人进行误导性陈述的、未披露的或者提供了错误的信息是否符合不正当行为抗辩成立所要求的"重要"标准时，虽然法院不能采用专利法所规定的新颖性、创造性和实用性等专利授权审查标准来审视信息是否"重要"，但法院可以采用"现有技术抗辩制度"所创立的"无实质性差异"标准、"等同"标准以及允许进行简单组合的"公知常识"标准来审查所述信息是否是理性审查员在决定专利申请是否具有可专利性时所认为的重要信息。更为具体地，专利侵权诉讼的被告只能基于一份对比文件或者一份对比文件与公知常识的结合，而不能基于两份或两份以上的对比文件来主张该抗辩；法院在审理该抗辩是否成立时，应参照北京市高级人民法院《专利侵权判定指南（2017）》、最高人民法院的相关司法解释、《专利审查指南2010》中分别有关"无实质性差异""等同"以及"公知常识"的规定来审查所述信息是否属于"重要"信息。这不仅适应中国的专利分权审查体制以及法院的技术理解能力，而且还具有一定的合理性，具体体现在专利申请人并不像专利审查员一样能够准确评判专利是否具有可专利性，从一个技术理解能力不如专利审查员的法官的角度来审视专利权人申请专利行为的正当与否具有更强的合理性。此外，对于不正当行为抗辩成立所要求的另一个要件——欺骗意图，法院可按照民法中的民事欺诈的构成标准来进行评判。

经由我国现有技术抗辩制度的确立和发展路径，将美国专利司法实践形成的不当行为抗辩移植到中国，在遵守专利确权和专利侵权职能分离的现有体制下，既可丰富和具体化《专利法》中的"诚实信用原则"，也可在实践

❶ 徐棣枫. 不正当行为抗辩制度之移植可行性及设计构想 ——基于《专利法》第四次修改中的"诚实信用原则"[J]. 东方法学，2018（6）：30-38.

中有效遏制不当专利申请和其后的恶意专利诉讼行为。

二、建立律师费转移支付制度，引导权利人理性诉讼，遏制专利诱饵滥诉

美国专利法领域的律师费转移支付措施也为我国应对专利诱饵问题提供了启示。关于专利侵权诉讼中的律师费承担问题，我国《专利法》第65条规定，侵犯专利权的赔偿数额还应当包括权利人为制止侵权行为所支付的合理开支。根据该条的规定，所有侵犯专利权诉讼案件中均需将权利人的合理开支计算在赔偿范围内，权利人的合理开支包括调查费用和诉讼代理费，诉讼代理费不但包括律师费还包括代理专利侵权诉讼的专利代理师的代理费用。❶司法实践中，当专利权人胜诉后，法院常会在被告的赔偿额中专门考虑权利人的诉讼代理费，以弥补权利人为制止侵权行为所支付的合理开支。可以看出，我国专利法领域目前考虑的律师费仅限于权利人的律师费，对胜诉被告律师费的承担，尚无相关规定。司法实践中曾发生过因错误申请临时措施而请求赔偿包括律师费在内的损害赔偿案件，该案件虽然不涉及专利诱饵，但从该案件中可以想象出被告在面对专利诱饵诉讼时所处的被动局面。

在青岛太平货柜有限公司（以下简称"太平公司"）与中国国际海运集装箱（集团）股份有限公司（以下简称"中集集团"）因申请知识产权临时措施损害责任纠纷案件中❷，起初，中集集团以专利侵权为由将太平公司诉至法院，并向法院申请诉前临时措施，法院经审查后发出了临时措施裁定，要求太平公司停止被诉侵权行为，并查封了部分准备出口的集装箱。后该专利侵权案件经法院审理后认定不构成侵权。太平公司遂向法院另行提起损害赔偿诉讼，要求中集集团承担因采取临时措施而遭受的损失，具体包括因采取临时措施导致被扣押集装箱不能正常出口的损失、因恶意传播案件信息诋毁商业信誉致使订单流失的损失以及为应对专利侵权诉讼而支出的专利检索费、无效申请费、律师费、差旅费等损失。该案经法院审理后认为，该案为申请知识产权临时措施损害纠纷，如果申请人错误申请临时措施并造成损害的，应当承担赔偿责任。但在该案中，虽然中集集团临时措施申请错误，但太平

---

❶　尹新天. 中国专利法详解［M］. 北京：知识产权出版社，2011：738-739.
❷　山东省高级人民法院（2017）鲁民终99号民事判决书。

公司并没有实际执行该临时措施，没有证据证明确实存在损失，对于因恶意传播案件信息诋毁商业信誉致使订单流失的损失，法院认为是不正当竞争纠纷，可另案起诉；对于因专利侵权诉讼而支出的专利检索费、无效申请费、律师费、差旅费等损失，由于是为应对后期侵权诉讼案件而产生，并非针对临时措施而发生，不属于该案受理范围，未予处理。由于该案案情所限，对于胜诉被告律师费如何处理，法院没有在该案中给出答案。但该案由此引发一个问题，即在专利侵权诉讼中，被告的包括律师费在内的诉讼成本是否属于滥用专利权的损害后果，是否可以由败诉的权利人承担，被告是另案起诉还是可以在侵权诉讼案件中提出反诉。面对这些问题，我国有必要在借鉴美国经验的基础上，结合我国的法律环境和传统，建立律师费转移支付制度，引导权利人理性诉讼。

对于我国如何建立律师费转移支付制度，可供选择的途径有两个，其一是直接通过修订专利法，在专利法中明确规定专利侵权案件的败诉方承担胜诉方的律师费，其二是通过法院司法审判，在司法实践中建立律师费转移支付制度。笔者认为，第二种途径相对可取。目前我国正在进行专利法第四次修订，修正案草稿已经送全国人大审议，其中并不包括律师费转移支付的内容，可以预见，本次修订在全国人大通过后，短期内不会再进行修订，否则会危及法律的稳定性。另外，由于专利诱饵尚不是法律概念，在法律条文的表述上也存在困难，如果直接规定由败诉方承担胜诉方的律师费，可能将败诉原告的范围扩大至一般的使用专利制度保护发明创造的专利权人，专利法没有规定也无法要求专利权人行使诉权时必须保证能够胜诉。在建立律师费转移支付制度的美国，也不是通过修改专利法实现的，而是在专利法实践中通过司法审判实现的。

实际上，我国法院已经为建立律师费转移支付制度积累了一定的司法经验。例如，在本书第一章提及的以伪专利主张权利的案件❶，就涉及被控侵权人向专利权人提起的损害赔偿之诉，要求专利权人承担包括律师费在内的损失，法院经审理后认定专利权人为恶意专利申请人，主观状态缺乏诚实信用，依据《民法通则》第 4 条关于诚实信用原则的规定以及第 106 条关于损害赔

---

❶ 具体案情和审判过程参见南京市中级人民法院（2003）宁民三初字第 188 号判决书。

偿的规定，支持了被控侵权人的诉求。法院在处理该案件时可能尚未注意到通过司法审判建立律师费转移支付制度，但该案判决中事实上实践了这一制度。近年来，最高人民法院已经注意到律师费调节当事人诉讼行为的杠杆作用，曾通过司法解释的形式规定，当事人存在滥用诉讼权利、拖延承担诉讼义务等明显不当行为，造成诉讼对方或第三人直接损失的，人民法院可以根据具体情况对无过错方依法提出的赔偿合理的律师费用等正当要求予以支持，以引导当事人诚信理性诉讼。❶ 该司法解释为我国法院在司法审判中建立和实践律师费转移支付制度创造了条件。因此，在当前法律环境下，通过法院司法审判建立律师费转移支付制度不失为一种较优的选择。当然，在司法审判中建立和实践律师费转移支付制度时，还面临一项困难，被控侵权人难以直接以抗辩或者反诉的方式提出律师费索赔请求，这需要法院积极协调侵权案件和索赔案件的受理和审判，减轻当事人诉累，提高审判效率。

三、完善禁令获得条件，降低专利诱饵的诉讼威慑力

专利诱饵是否可以获得禁令救济是目前专利侵权案件中争议较大的问题之一。而在判断是否决定给予权利人禁令救济之前，法院需要先判断权利人是否为专利诱饵，即首先要能识别出专利诱饵。表面上看，专利诱饵获得专利、主张专利权均在专利法上有据可循，与专利实施主体无异，但其持有专利权的目的仅仅是为了通过令人厌恶的方式获取勒索性质的专利许可费，而不是为专利技术的推广和应用，因此其具有特殊的商业模式。从专利诱饵持有专利的数量和方式看，其一般持有数量庞大的专利，这些专利主要是向第三方收购，尤其是在专利技术被广泛应用之后收购临近保护期届满的专利。专利诱饵自己不实施专利技术，不生产、制造或者销售任何专利产品，专利是其唯一的资产，其收益来源于收取专利许可费。另外，专利诱饵往往利用壳体公司将数量庞大的专利拆分为各种专利组合后分散隐藏起来，以便对潜

---

❶ 《最高人民法院关于进一步推进案件繁简分流优化司法资源配置的若干意见》（法发〔2016〕21号）第22条规定：引导当事人诚信理性诉讼。加大对虚假诉讼、恶意诉讼等非诚信诉讼行为的打击力度，充分发挥诉讼费用、律师费用调节当事人诉讼行为的杠杆作用，促使当事人选择适当方式解决纠纷。当事人存在滥用诉讼权利、拖延承担诉讼义务等明显不当行为，造成诉讼对方或第三人直接损失的，人民法院可以根据具体情况对无过错方依法提出的赔偿合理的律师费用等正当要求予以支持。

在的目标实施专利狙击。专利诱饵主张权利时，主要通过向不特定的潜在目标发送警告函以迫使对方接受其苛刻的许可费要求，或者频繁向潜在目标提起专利侵权诉讼以获取赔偿金。因此，法院在识别某一权利人是否为专利诱饵时，可以根据以下因素来判断：其一，权利人所拥有的专利数量、专利来源以及取得专利权的时间；其二，专利权人自己是否生产、制造或者销售专利产品；其三，权利人的主要资产和盈利来源；其四，权利人寻求许可费的目标范围和数量、寻求许可费的方式以及控告他人侵权的诉讼记录。结合权利人的实际运营情况，通过前述四方面的因素考察，可以将专利诱饵从其他权利人识别出来。

对于专利诱饵发放禁令的条件，在 2008 年判决的 eBay Inc. v. MercExchange 一案中，美国联邦最高法院明确反对所谓"自动禁令"，重申法院应当根据衡平法中的四要素判断法确定是否应当给权利以禁令救济。在四要素判断法中，最核心的两个要素为权利人遭受了无可弥补的损害以及公众利益不会因颁发禁令而受到损害。与我国相关规定相比，美国四要素判断法所要考察的因素要比我国现行有关规定宽泛。按照《中华人民共和国侵权责任法》的规定，不适用停止侵权责任的例外因素是涉及国家利益和公共利益，专利法实践中也一直贯彻这一主张。《最高人民法院关于审理侵犯专利权纠纷案件应用法律若干问题的解释（二）》第 26 条规定，被告构成对专利权的侵犯，权利人请求判令其停止侵权行为的，人民法院应予支持，但基于国家利益、公共利益的考量，人民法院可以不判令被告停止被诉行为，而判令其支付相应的合理费用。因此，我国现有的法律框架是否判决停止侵权的考量因素是是否涉及国家利益和公共利益，如果不涉及国家利益和公共利益，则原则上应当给予禁令救济。

我国法院近期审理的一个案件，似乎也吸取了美国联邦最高法院的经验，没有仅从公共利益角度考虑是否应当判决被告承担停止侵权的责任。在西安西电捷通无线网络通信股份有限公司（以下简称"西电捷通"）与索尼移动通信产品（中国）有限公司（以下简称"索尼"）侵害发明专利权纠纷一案中❶，北京知识产权法院认为，在我国现行法律框架中，专利侵权案件中适用

---

❶ 北京知识产权法院（2015）京知民初字第 1194 号判决书。

停止侵害的侵权责任承担方式是一般规则，不适用是例外，该案中被告作为涉案标准必要专利的潜在被许可方，基于对原告承诺的"合理的无歧视的期限和条件"进行专利授权许可的信赖，而实施涉案专利有其合理性基础。但是，该合理性基础的前提是双方善意协商。在双方协商未果的情形下，被告实施涉案专利能否绝对排除原告寻求停止侵害救济的权利，仍需要考虑双方在专利许可协商过程中的过错。具体来讲，在双方均无过错，或者专利权人有过错，实施人无过错的情况下，对于专利权人有关停止侵权的诉讼请求不应支持，否则可能造成专利权人滥用其标准必要专利权，不利于标准必要专利的推广实施；在专利权人无过错，实施人有过错的情况下，对于专利权人有关停止侵权的诉讼请求应予支持，否则可能造成实施人对专利权人的"反向劫持"，不利于标准必要专利权的保护；在双方均有过错的情况下，则应基于专利权人和实施人的过错大小平衡双方的利益，决定是否支持专利权人有关停止侵权的诉讼请求。经法院查明，原告西电捷通所依据的专利技术为国家强制执行的标准，双方当事人迟迟未能进入正式的专利许可谈判程序，过错在专利实施方。于是，法院支持了原告要求被告停止侵权的诉讼请求，判决索尼公司立即停止实施侵犯原告的标准必要专利技术。该案中，法院在是否支持停止侵害的诉求时，从双方是否有过错、是否有可能构成"反向劫持"的角度来分析，而不仅仅从是否有违国家利益、公共利益的角度来分析。该判决提出的新的考量因素，具有积极意义，并可做更深入思考。

该案中需要考虑的一个问题是，如果不为权利人提供停止侵权的救济，而技术实施人又恶意拖延许可谈判，有可能造成权利人永远收取不到许可费。如果权利人还是 SEP（标准必要专利权利人），则还有可能构成所谓"反向劫持"，被许可人利用其谈判筹码获取低于公平、合理、无歧视原则（Foir Reasonable and Non-discriminatory Lerms，FRAND）水平的许可费率和许可条款。根据我国《专利法》第 11 条的规定，停止侵权行为可以包括两个方面，一方面，通过判决要求被告停止专利技术实施行为，此时双方没有就后期达成许可使用协议，被告也不再实施专利技术，侵权状态消除。另一方面，通过判决要求被告以一定的方式结算专利使用费，包括判决前已经使用的产品，以及判决后可能生产的产品，此时，相当于双方达成许可协议，侵权状态也消除。我国学者将这两个方面称为物理意义上停止侵权行为和法理意义上停止侵权行为。❶ 在侵权人仍然希望继续实施专利的情况下，可以责令其与专利权人达成协议，向专利权人支付专利实施使用费用，只有在此基础上才能继续实施专利技术，这种法理意义上的停止侵权行为类似由法院发放强制许可，达成协议后的继续使用已是合法的使用，对协议达成之前的使用支付了费用从而也就补偿了专利权人，可视为事后的许可。

对于专利诱饵来说，由于其自己不实施专利技术，停止侵权不是其目的，其目的是获得收益；而对于被告来说，具有继续实施标准必要专利的意愿，不愿意被禁令驱逐出市场，故在此情况下，法院兼顾原被告的利益平衡，通过引导双方协商，在谈判无法促成的情况下判决按一定费率支付许可费可以达成以下效果：对专利诱饵而言，获得许可费，其合法利益得到实现；对被告而言，支付专利费用后可以继续使用专利，商业活动得以继续；对于社会而言，可以继续获得专利产品的供应。而如果一味自动获得禁令，被告的商业活动被禁止，投资有可能受损，同时由于专利诱饵并不实施专利，被告被禁止使用专利后，市场将无法获得专利产品。如果技术实施人能够继续实施，则专利诱饵可以在今后的产品中收取更多的许可费，而不是仅仅是通过赔偿获得起诉之前已经发生的许可费。因此，可以建立一个规则，如果专利权侵权诉讼中，原告专利权人并没有实施自己的专利，包括自己使用或许可他人使用，则限制专利权人获得禁止他人实施专利的权利，但可获得财产补偿。基于专利诱饵行为性质以及可以用许可费获得补偿，专利诱饵寻求禁令的行为，一般不应予以支持。

第四节　占有规则与中国专利侵权判定原则的发展与完善❷

在专利侵权司法实践中，法院在判定被诉侵权物是否落入了涉案专利的保护范围的过程，其实质就是依法个案适用各专利侵权判定原则的过程。综

---

❶ 尹新天. 中国专利法详解 ［M］. 北京：知识产权出版社，2011：661.

❷ 本节内容主要见徐棣枫，于海东. 专利侵权判定原则：变化发展中的中国司法实践 ［M］//中德法学论坛：第 13 辑. 北京：法律出版社，2016：276-296.

观中国过去 30 多年的专利立法和司法实践，专利侵权判定原则始终都是先在司法实践中经历各真实案件的洗礼，然后才在最高人民法院的各司法解释中得以确认。相关司法、立法实践又表明，中国的专利侵权判定原则一直都处在不断的发展变化中，并逐步趋于合理、完善。早期的司法实践倾向于对专利权人进行强保护，这不仅体现在法院在适用"全面覆盖原则"的时候，还允许专利权人主张适用"多余指定原则"，更还体现在法院在适用"等同原则"时，几乎对该原则的适用不施加任何限制。早期对专利权人的这种强保护，使横架于专利权人与社会公众之间的利益平衡之天平向专利权人一侧发生了严重倾斜。为了更好地平衡专利权人与社会公众之间的利益，防止专利权人对社会公众可自由使用的自由公知技术的侵犯，最高人民法院在后期不仅通过个案审理否定了适用"多余指定原则"的合理性，而且还在司法解释中通过规定"禁止反悔原则"来限制"等同原则"的适用，以及近期在司法解释中明确删除了权利要求解释中技术特征前的"必要"。占有理论可以很好地阐释中国专利侵权判定原则的演变过程，并显示了中国专利司法保护中寻求专利权的确定性的努力。

一、占有支持"全面覆盖"，拒绝"多余指定"

专利权的保护范围，是指专利权效力所及的技术范围，即专利权所覆盖的那些技术特征。❶关于应如何来界定专利权的保护范围，中国 2000 年《专利法》第 56 条第 1 款规定："发明或者实用新型专利权的保护范围以其权利要求的内容为准，说明书及附图可以用于解释权利要求。"同时，2001 年《最高人民法院关于审理专利纠纷案件适用法律问题的若干规定》又对此进行了补充规定，该司法解释第 17 条第 1 款规定，"专利法第五十六条第一款所称的'发明或者实用新型专利权的保护范围以其权利要求的内容为准，说明书及附图可以用于解释权利要求'，是指专利权的保护范围应当以权利要求书中明确记载的必要技术特征所确定的范围为准"，上述规定体现出了专利侵权判定的一个重要原则，即"全面覆盖原则"。所谓"全面覆盖原则"，是指被诉侵权产品如果包括了权利要求中所记载的全部技术特征，则落入专利权的保

---

❶ 刘春田. 知识产权法教程［M］. 北京：中国人民大学出版社，1995：247.

护范围。我们注意到，2001 年《最高人民法院关于审理专利纠纷案件适用法律问题的若干规定》使用的是"必要技术特征"而非"全部技术特征"。所谓"必要技术特征"是指发明或者实用新型为解决其技术问题所不可缺少的技术特征，其总和足以构成发明或者实用新型的技术方案，使之区别于背景技术中所述的其他技术方案。对于一项权利要求而言，以独立权利要求为例，其包括前序部分和特征部分。其中，前序部分记载的是要求保护的发明或者实用新型技术方案的主题名称和发明，或者实用新型主题与最接近的现有技术共有的必要技术特征，而特征部分记载的则是发明或者实用新型区别于最接近的现有技术的技术特征，这些特征和前序部分记载的特征合在一起，限定发明或者实用新型要求保护的范围。由此可见，一项权利要求所记载的技术特征并非全部都是必要技术特征，只有为了实现发明目的、为解决发明所要解决的技术问题所不可缺少的技术特征才能被界定为必要技术特征。如果一项技术特征虽被记载在权利要求中，但其并非为实现发明目的、为解决发明所要解决的技术问题所不可缺少的技术特征，则不属于必要技术特征。有鉴于此，2001 年的司法解释使用"必要技术特征"而非"全部技术特征"，是否意味着被诉侵权产品只要具有涉案专利权利要求所记载的"必要技术特征"而无需具有"全部技术特征"即可落入涉案专利的保护范围，即"多余指定原则"是否也可被适用，对此，该司法解释并未予以明确规定。

"多余指定原则"是指在专利侵权判定中，在解释专利独立权利要求和确定专利权保护范围时，将记载在专利独立权利要求中的明显附加技术特征（多余特征）略去，仅以专利独立权利要求中的必要技术特征来确定专利权保护范围，判定被诉侵权物（产品或方法）是否覆盖专利权保护范围的原则。❶在以往的司法实践中，也出现过数起法院适用"多余指定原则"的案例，其中，最有影响的案件之一是专利权人周林诉北京奥美光机电联合开发公司和北京华奥电子医疗仪器有限公司侵犯"人体频谱匹配效应场资料装置及生产方法"发明专利一案。在该案中，专利权人周林获得的产品专利的独立权利要求包括七个技术特征：（1）效应场发生器基体，（2）基体上的换能层，

---

❶ 《北京市高级人民法院专利侵权判定若干问题的意见（试行）》（京高法发〔2001〕229 号）第 47 条。

（3）换能控制电路，（4）加热部件的机械支撑和保护系统，（5）机械部件，（6）换能层上的由 14 种包括金属氧化物、金属铬和氧化镧等混合稀土的组份及含量制成的模拟人体频谱发生层，（7）立体声发音系统和音乐电流穴位刺激器及其控制电路。法院认为上述技术特征（1）至（6）确定了频谱治疗仪专利的保护范围，技术特征（7）虽被写入独立权利要求，但结合专利说明书中的阐述，就该专利整体技术方案的实质看，技术特征（7）确不产生实质性的必不可少的功能和作用，系申请人理解上的错误及撰写申请文件缺少经验所致，应视为附加技术特征。❶法院在此所称的"附加技术特征"就是多余技术特征，是法院在判定被诉侵权产品是否落入涉案专利保护范围时不予考虑的技术特征，只要被诉侵权产品能够覆盖涉案专利权利要求所记载的"必要技术特征"，而无论其是否覆盖了"全部技术特征"，均可通过"全面覆盖原则"的验证而对涉案专利构成侵权。

"多余指定原则"由于无形中扩大了专利权的保护范围，使横架于专利权人利益与社会公众利益之间的天平明显向专利权人一侧进行了倾斜，并且对公众、专利公示制度的信赖构成了挑战，其在司法实践中的适用引起了理论与实务界的广泛争议。其中，最高人民法院于 2005 年 8 月 22 日在其对大连仁达新型墙体建材厂诉大连新益建材有限公司侵犯专利权纠纷再审案件中首次明确在专利侵权判定中原则上不适用"多余指定原则"。在该案中，最高人民法院认为，凡是专利权人写入独立权利要求的技术特征，都是必要技术特征，都应当纳入技术特征对比之列。❷ 同时，最高人民法院在 2010 年《最高人民法院关于审理侵犯专利权纠纷案件应用法律若干问题的解释》第 7 条第 1 款中也规定："人民法院判定被诉侵权技术方案是否落入专利权的保护范围，应当审查权利人主张的权利要求所记载的全部技术特征。"可能也出于对使用"必要技术特征"来界定专利权保护范围有失妥当的担心，最高人民法院在其修订的 2015 年《最高人民法院关于审理专利纠纷案件适用法律问题的若干规定》中，也用"全部技术特征"替换掉了"必要技术特征"。至此，"全面覆盖原则"所对比的技术特征应该是指被记载在权利要求中的"全部技术特

---

❶　北京市中级人民法院（1993）中经知初字第 704 号民事判决书。
❷　最高人民法院民事判决书（2005）民三提字第 1 号。

征"，而无论其是必要技术特征，还是非必要技术特征。

专利是以其权利要求作为权利外观的，其对世效力来源于公示，权利要求中记载的技术特征是发明人自己主张所占有的技术方案的构成要素，并通过专利审批机构审查的，这些技术特征的总和体现了专利的保护范围，一经公布即具有法律效力。专利权人所占有的是这些技术特征构成的整体的技术方案，因此，权利要求中记载的技术特征在确定权利范围时，每一个都发挥了不可替代的作用，其共同构成了确定公示效力的依据，只有被控侵权方实施的技术方案使用了权利要求中的每一个技术特征，才意味着非法使用了专利权人的专利技术，即全面覆盖才侵权，否则，从技术方案范围的层面看，与专利权人占有之技术方案将不同，而从权利公示原则看，也有违公示的确定性效力原则。

就所谓多余指定而言，公示后允许以多余指定为由删除技术特征，将被控侵权方技术方案中缺少了专利权利要求中的某一项技术特征，允许以其不必要为由，在解释权利要求时删除，即该非必要技术特征不参与比对，无异于不经过修改（这种修改应该是不允许的，因为删除一个技术特征，专利的保护范围比原来扩大）并重新公示就产生了修改已公示的权利的效果，而公众此时仍然只能根据早先公示的、未做任何修改的权利要求来确定专利的保护范围，显然违背权利公示原则，公众难以预见专利权的边界，公众将始终处于不确定的状态之中，不仅不利于专利交易的发生，甚至遏制专利技术的运用，创设专利制度的初衷将难以实现。

二、以占有构建等同原则适用的具体规则

等同原则作为被各国专利司法实践中所广泛适用的侵权判定原则之一，是指被诉侵权技术方案有一个或者一个以上技术特征与权利要求中的相应技术特征从字面上看不相同，但属于等同特征，应当认定被诉侵权技术方案落入专利权保护范围。❶ 关于何为等同特征，2001 年《最高人民法院关于审理专利纠纷案件适用法律问题的若干规定》第 17 条第 2 款规定："等同特征是指与所记载的技术特征以基本相同的手段，实现基本相同的功能，达到基本

---

❶ 《专利侵权判定指南》第 42 条。

相同的效果，并且本领域的普通技术人员无需经过创造性劳动就能够联想到的特征。"此外，最高人民法院在 2015 年对该司法解释进行修订时又增加了被诉侵权行为发生时为等同判定的时间基准的内容。❶

（一）占有的具体技术特征：等同原则的比对对象

从 2001 年《最高人民法院关于审理专利纠纷案件适用法律问题的若干规定》所规定的"等同特征是指与所记载的技术特征以基本相同的手段"中可以看出，等同原则的比对对象应当是权利要求中所明确记载的具体技术特征，而并非权利要求所记载的整个技术方案。相对于具体技术特征的等同，整个技术方案的等同无形中会扩大专利权的保护范围，进而会导致对专利权人的过渡保护，其中"多余指定原则"的适用就是会导致整个技术方案等同的一个例证。

对于在等同侵权判定时，是只能以"一对一"的方式进行技术特征比对，还是可以以"一对多"或"多对一"的方式进行技术特征比对，该司法解释并未进行明确规定。但是，北京市高级人民法院在其颁布的《专利侵权判定指南》第 50 条规定，等同特征，可以是权利要求中的若干技术特征对应于被诉侵权技术方案中的一个技术特征，也可以是权利要求中的一个技术特征对应于被诉侵权技术方案中的若干技术特征的组合，即等同侵权判定不仅可以进行"一对一"的比对，还可以进行"一对多"或"多对一"的比对。但是，对于权利要求所要求保护的技术方案与被诉侵权技术方案存在多个等同特征的情况，是否就可直接认定被诉侵权技术方案对权利要求构成等同侵权，即量积到一定程度时是否会导致质的变化的问题，北京市高级人民法院认为，如果该多个等同特征的叠加导致被诉侵权技术方案形成了与权利要求技术构思不同的技术方案，或者被诉侵权技术方案取得了预料不到的技术效果的，则一般不宜认定构成等同侵权❷，即当存在多个等同特征的时候，并不宜直接认定被诉侵权技术方案对权利要求构成等同侵权，还需要考证多个等同特征

---

❶ 2015 年《最高人民法院关于审理专利纠纷案件适用法律问题的若干规定》第 17 条第 2 款规定："等同特征，是指与所记载的技术特征以基本相同的手段，实现基本相同的功能，达到基本相同的效果，并且本领域普通技术人员在被诉侵权行为发生时无需经过创造性劳动就能够联想到的特征。"

❷ 《专利侵权判定指南》第 53 条。

的叠加是否会导致不同技术构思的形成或者预料不到技术效果的取得。

（二）占有对等同技术特征的限制：手段、功能、效果基本相同是等同原则成立的一个必要非充分条件

根据 2001 年《最高人民法院关于审理专利纠纷案件适用法律问题的若干规定》的规定，等同特征是指"与所记载的技术特征以基本相同的手段，实现基本相同的功能，达到基本相同的效果"的技术特征，即等同特征应当是在技术手段、功能和效果这三方面都构成基本相同的技术特征，依据该司法解释的有关规定，等同原则的成立还需要具备其他条件。因此，手段、功能、效果基本相同只是等同原则成立的一个必要非充分条件。

每一项权利要求记载的是一项完整的技术方案，技术方案本身则是由权利要求所记载的、以技术特征为表现形式的技术手段构成，而每一项技术手段在该权利要求所限定的技术方案中都能发挥一定的功能，并进而能达到一定的技术效果，即技术手段、功能和效果都是针对特定技术方案而言的。因此，在评价手段、功能和效果是否构成基本相同时，应当将其放在权利要求所限定的整个技术方案与被诉侵权的相应技术方案中进行考量，而不应脱离技术方案来进行独立评价。所谓"基本相同的手段"，根据《专利侵权判定指南》第 44 条的规定，一般是指在被诉侵权行为发生日前专利所属技术领域惯常替换的技术特征，以及工作原理基本相同的技术特征；该指南第 45 条规定，所谓"基本相同的功能"，是指被诉侵权技术方案中的替换手段所起的作用与权利要求对应技术特征在专利技术方案中所起的作用基本上是相同的；第 46 条规定所谓"基本相同的效果"，一般是指被诉侵权技术方案中的替换手段所达到的效果与权利要求对应技术特征的技术效果无实质性差异，被诉侵权技术方案中的替换手段相对于权利要求对应技术特征在技术效果上不属于明显提高或者降低的，应当认为属于无实质性差异。

（三）占有之主体及其主观性限制：本领域的普通技术人员容易想到是等同原则成立的另一个必要非充分条件

根据 2001 年《最高人民法院关于审理专利纠纷案件适用法律问题的若干规定》的规定，等同原则的成立还需要具备另一个前提条件，即具备该三个基本相同条件的技术特征应当是"本领域的普通技术人员无需经过创造性劳

动就能够联想到的特征"，这是对等同进行判断时的主体及其能力的限制。占有是本领域的普通技术人员的占有，以这一法律拟制的标准人之知识、能力、经验等为视角，评价技术特征的替换是否是容易想到的，即是否属于显而易见的，从而指引这一判断，将其限制在一定的可预见性范围之内，防止主观判断的随意性。

关于何为"本领域的普通技术人员"，该司法解释并未进行明确定义。但是，我国《专利审查指南2010》对类似的术语"所属技术领域的技术人员"进行了定义，即"所属技术领域的技术人员，也可称为本领域的技术人员，是指一种假设的'人'，假定他知晓申请日或者优先权日之前发明所属技术领域所有的普通技术知识，能够获知该领域中所有的现有技术，并且具有应用该日期之前常规实验手段的能力，但他不具有创造能力。如果所要解决的技术问题能够促使本领域的技术人员在其他技术领域寻找技术手段，他也应具有从该其他技术领域中获知该申请日或优先权日之前的相关现有技术、普通技术知识和常规实验手段的能力。"可以参考该定义来理解"本领域的普通技术人员"。由此可见，"本领域的普通技术人员"是一种法律拟制人，其代表本领域技术人员的一般技术水准，通晓本领域的普通技术知识，最为重要的是他不应具有创造能力。因此，在就被诉侵权技术方案中的有关特征是否是"本领域的普通技术人员无需经过创造性劳动就能够联想到的特征"进行判断时，所述判决是否是基于"本领域的普通技术人员"这样的身份作出的，则显得尤为重要。虽然现实中的法官、技术调查官、陪审员、司法鉴定人员与"本领域的普通技术人员"这一理想化的法律拟制人都存在着或多或少的差异，但这些人员在进行评案或者提供司法鉴定意见时，应有意从"本领域的普通技术人员"的角度出发进行评案，以确保其对等同特征认定的准确。此外，对于"无需经过创造性劳动就能够想到"，应当是指对所属技术领域的普通技术人员而言，被诉侵权技术方案中替换手段与权利要求对应技术特征相互替换是显而易见的。❶

以占有为视角，可以认为，专利权人占有了在技术手段、功能、效果方面是基本相同，并且将其进行替换是本领域技术人员显而易见的技术特征，

---

❶　《专利侵权判定指南》第47条。

即使在文字表达上被控侵权的技术方案中的技术特征与权利要求中的不一致，但其仍应属于专利权人所占有的范围，应当属于专利权人受保护的范围。

（四）占有和公示原则的适用：对以被诉侵权行为发生时作为等同侵权判定的基准时间点提出的质疑和改进要求

在进行等同侵权判定时，本领域的普通技术人员应当首先确定一个基准时间点，并以该基准时间点的技术发展状况为准，来判定被诉侵权技术方案是否对权利要求构成等同侵权。这是因为，技术总是随着时间的推移而不断发展变化的，等同侵权判定的基准时间点不同，等同侵权判定的结论也就有可能不同。纵观世界各国的专利司法实践，有的国家采用"专利申请日（优先权为）"作为等同侵权判定的基准时间点，有的国家则采用"专利公开日"或者"侵权行为发生日"作为等同侵权判定的基准时间点。在中国，2015 年的《最高人民法院关于审理专利纠纷案件适用法律问题的若干规定》中将等同侵权判定的基准时间点规定为"被诉侵权行为发生时"❶，这也就是说，在专利申请日之后、被诉侵权行为发生之前出现的与专利技术特征不同的技术特征，如果其属于被诉侵权行为发生日所属技术领域普通技术人员能够容易想到的替换性技术特征，该技术特征也应当被认定为等同特征，虽然如果从专利申请日以前的技术发展状况来看，其不一定会被认定为等同特征。以占有规制视角下，会发现侵权行为发生时的替换技术特征可能在专利申请日并没有出现，专利权人实际上并未占有这一技术特征，因此，占有理论和权利公示原则将反对这一扩张专利权的解释方法。有研究指出，等同原则适用扩展了专利权利要求字面范围所界定的排他权范围，如果在适用等同原则的时候，出于公平的原因完全忽略了专利权利要求的话，那么专利权利要求所提供的这种提前"公示"还能够起多大作用呢？这个不容忽视的矛盾被简要的称为"公平保护与确定性的难题"（Fair Protection-certainty Conundrum）。❷ 其实，国内司法实践中也已关注这一问题，对于针对功能性限定权利要求的等同侵权判定，北京市高级人民法院在其《专利侵权判定指南》第 54 条中认为

---

❶ 《最高人民法院关于审理专利纠纷案件适用法律问题的若干规定》第 17 条第 2 款。

❷ J. M. 穆勒. 专利法 ［M］. 3 版. 沈超, 李华, 吴晓辉, 等, 译. 北京: 知识产权出版社, 2013: 330.

等同的判断时间点应当为专利申请日，而非被诉侵权行为发生时。由此可见，由于功能性限定权利要求相对于其他类型的权利要求有着更宽泛的保护范围，因此，在对其适用"等同原则"时，不宜再进行扩大性解释，以"专利申请日"为基准时间点来进行等同判定可能更为合理。占有和公示原则的适用，对以被诉侵权行为发生时作为等同侵权判定的基准时间点提出了质疑和改进要求，应以专利申请日作为等同侵权的判断时间基准。

（五）　占有对功能性限定技术特征等同的限制：依据具体实施方式判定

功能性限定技术特征是指对于结构、组分、步骤、条件或其之间的关系等，仅通过其在发明创造中所起的功能或者效果进行限定的技术特征。关于如何对功能性限定技术特征进行等同判定，一直是争议较大的问题。从《最高人民法院关于审理侵犯专利权纠纷案件应用法律若干问题的解释》第4条关于"对于权利要求中以功能或者效果表述的技术特征，人民法院应当结合说明书和附图描述的该功能或者效果的具体实施方式及其等同的实施方式，确定该技术特征的内容"的规定中可以看出，对于功能性限定技术特征进行等同判定时，并不是直接针对该功能性限定技术特征本身进行等同判定，而是以说明书和附图描述的该功能或者效果的具体实施方式为基础进行等同判定。对于包含功能性特征的权利要求，如果被诉侵权技术方案的相应技术特征不但实现了相同的功能，而且实现该功能的结构、组分、步骤、条件等与专利说明书和附图中描述的具体实施方式所确定的结构、组分、步骤、条件等等同的，则可认定构成等同特征。

说明书和附图描述的该功能或者效果的具体实施方式是专利申请人提交专利申请时实际占有的技术方案，发明人并没有提供能够实现权利要求中的功能性的所有的技术方案，即其披露的仅限于其实际占有的说明书中的具体实施方式，其保护范围也仅限于此，否则公众将处于不确定之中，无从知晓这种专利的具体范围，也让专利权人有机会获得其实际并没有占有并向公众公开的技术，这显然是不合理的。

三、一经占有并公示，不得反悔：禁止反悔原则的适用

禁止反悔原则，又称禁止反言原则，其是指在专利授权或者无效程序中，专利申请人或专利权人通过对权利要求、说明书的修改或者意见陈述的方式，对权利要求的保护范围作了限制或者部分放弃，从而在侵犯专利权诉讼中，在确定是否构成等同侵权时，禁止专利申请人或专利权人将已放弃的内容重新纳入专利权保护范围。❶ 禁止反悔原则是与等同原则相对立的侵权判定原则，其实质是防止专利权人在专利侵权诉讼过程中出尔反尔，将其在专利授权或无效程序中已经限制或者放弃的技术方案通过主张适用等同原则而又将其重新纳入专利的保护范围。禁止反悔原则首次在 2010 年的《最高人民法院关于审理侵犯专利权纠纷案件应用法律若干问题的解释》中以司法解释的方式得以确认，该司法解释第 6 条规定："专利申请人、专利权人在专利授权或者无效宣告程序中，通过对权利要求、说明书的修改或者意见陈述而放弃的技术方案，权利人在侵犯专利权纠纷案件中又将其纳入专利权保护范围的，人民法院不予支持。"禁止反悔原则是占有规制的必然要求，占有者以其占有进行意思表示，没有占有的，明确放弃的，当然不在你的意思表示之内，允许事后重新捡起来，补入权利范围，将破坏占有制度的公示公信效力，对权利人的宽容和优待带来的结果是对公众的利益于不顾，置公众于不确的危险之中。

（一）仅在说明书或者附图中描述而未被权利要求概括的技术方案可导致禁止反悔原则的适用

在实践中，经常会出现特定的技术方案已经被专利说明书或者附图所公开，但可能是由于专利申请人的撰写问题或者是为了克服审查员所指出的实质性缺陷而最终并未被授权权利要求所概括，针对这种情况，理论与实务界一般认为专利权人在后续的专利侵权诉讼中不得再将其纳入专利的保护范围。对此，2010 年的《最高人民法院关于审理侵犯专利权纠纷案件应用法律若干问题的解释》也进行了明确规定，该司法解释第 5 条规定："对于仅在说明书或者附图中描述而在权利要求中未记载的技术方案，权利人在侵犯专利权纠纷案件中将其纳入专利权保护范围的，人民法院不予支持。"此外，对于被诉侵权技术方案属于说明书中明确排除的技术方案的情况，如果专利权人主张

---

❶ 《专利侵权判定指南》第 57 条。

构成等同侵权的，北京市高级人民法院在其《专利侵权判定指南》第 36 条第 2 款中认为对此，法院应不予支持。

（二）对权利要求、说明书的修改可导致禁止反悔原则的适用

关于专利申请人或专利权人在专利授权或无效程序中对权利要求书和说明书作出的何种修改可导致禁止反悔原则的适用，一般认为如果所述修改是针对专利审查过程中审查员所指出的或者无效宣告程序中无效宣告请求人所指出的专利申请或授权专利存在缺少新颖性或创造性实质性缺陷而作出的，那么这样的修改可导致禁止反悔原则的适用。但是，针对除了缺少新颖性或创造性以外的其他实质性缺陷的修改是否亦可导致禁止反悔原则的适用，理论与实务界并没有定论。但是，最高人民法院在湖北午时药业股份有限公司与澳诺（中国）制药有限公司、王某社侵犯发明专利权纠纷案中认为，"从涉案专利审批文档中可以看出，专利申请人进行上述修改是针对国家知识产权局认为涉案专利申请公开文本权利要求中'可溶性钙剂'保护范围过宽，在实质上得不到说明书支持的审查意见而进行的，同时，专利申请人在修改时的意见陈述中，并未说明活性钙包括了葡萄糖酸钙，故被申请人认为涉案专利中的活性钙包含葡萄糖酸钙的主张不能成立"。[1] 由此可见，不仅针对缺少新颖性、创造性的缺陷而作出的修改可导致禁止反悔原则的适用，针对权利要求书得不到说明书支持等其他实质缺陷而作出的修改亦可导致禁止反悔原则的适用。

（三）符合特定条件的意见陈述可导致禁止反悔原则的适用

专利申请人在专利授权过程中针对审查员所指出的实质性缺陷，或者专利权人在无效宣告程序中针对无效宣告请求人所指出的不符合授权条件的缺陷，可能仅进行了有针对性的意见陈述，但并未对说明书或权利要求书进行修改，这种情况下，该意见陈述是否可导致禁止反悔原则的适用，从 2010 年《最高人民法院关于审理侵犯专利权纠纷案件应用法律若干问题的解释》第 6 条的规定来看，如果专利申请人或专利权人的意见陈述导致了放弃技术方案的效果，那么，此种意见陈述应当可导致禁止反悔原则的适用。但是，理论

---

[1] 最高人民法院（2009）民提字第 20 号判决书。

与实务界比较有争议的是如果专利申请人或专利权人的意见陈述并未被审查员或者无效宣告审查决定所接受，那么，此种情况下的意见陈述是否亦可导致禁止反悔原则的适用，对此，最高人民法院在淮南市杰明生物医药研究所与四川隆盛药业有限责任公司、北京同仁堂合肥药店有限责任公司侵犯发明专利权纠纷案中认为，"专利权人在无效审查程序中对70℃下的负压浓缩与未限定温度的负压浓缩做了进一步的陈述，主张涉案专利'减压到70℃下进行蒸发浓缩'与证据7中记载的'经减压蒸发浓缩后，即可分装于瓶中，供出售服用'两者有实质性的区别。虽然第9836号无效决定没有采纳该主张，而是认为负压浓缩是本领域公知的常规浓缩技术，其具体的适宜浓缩温度的获得并不需要创造性劳动，该区别技术特征不能为权利要求1带来突出的实质性特点和显著的进步。但从专利法意义上讲，专利权人已经认为负压浓缩与未限定温度的负压浓缩以及常压浓缩存在着实质性差异，常压浓缩应当是专利权人已放弃了的技术方案，不应当以其与权利要求1中记载的'滤液在70℃下负压浓缩至25~30公斤'等同而纳入到专利权的保护范围。因此，E与e是既不相同也不等同的技术特征"。[1]由此可见，最高人民法院在该案中认为，专利权人在无效程序中作出的意见陈述，即使该意见陈述最终并未被无效宣告审查决定所接受，但如果该意见陈述的内容产生了放弃技术方案的效果，那么，该意见陈述就能够导致禁止反悔原则的适用。但是，最高人民法院在该案中的观点确与其在2014年发布的《最高人民法院关于审理侵犯专利权纠纷案件应用法律若干问题的解释（征求意见稿）》的规定相左，在该征求意见稿第16条中，最高人民法院认为，如果权利人举证证明该修改或者陈述未被审查员采信或者与专利授权确权条件无因果关系，人民法院应当认定该修改或者陈述未导致技术方案的放弃。由此可见，最高人民法院在意见陈述可否必然导致禁止反悔原则的适用这一点上的意见也并非一致。但本文比较赞同征求意见稿中的意见，这是因为，专利申请人或者专利权人的意见陈述很多情况都是与其专利文件所公开的技术方案相左的，有时甚至是违背客观技术事实的，对于这种意见陈述，不宜认定其亦可导致禁止反悔原则的适用。

---

❶ 最高人民法院（2010）民提字第149号民事判决书。

（四）人民法院可主动适用禁止反悔原则

禁止反悔原则是对认定等同侵权的限制，现行法律和司法解释对人民法院是否可主动适用禁止反悔原则未作明确规定，早期的司法实践倾向认为，人民法院只有在当事人主动请求适用禁止反悔原则的时候才可以对该原则进行适用。但最高人民法院在沈其衡与上海盛懋交通设施工程有限公司专利侵权案中则认为，为了维持专利权人与被诉侵权人以及社会公众之间的利益平衡，不应对人民法院主动适用禁止反悔原则予以限制。因此，在认定是否构成等同侵权时，即使被诉侵权人没有主张适用禁止反悔原则，人民法院也可以根据业已查明的事实，通过适用禁止反悔原则对等同范围予以必要的限制，以合理地确定专利权的保护范围。❶ 由此可见，禁止反悔原则不仅可以由当事人主动要求法院进行适用，法院在已经查明的事实及证据的基础之上，也可以主动通过禁止反悔原则的适用来合理界定专利权的保护范围。

中国的专利侵权判定原则的变化发展，清晰地显示出其努力追求的目标是，既为专利权人提供适当保护，为创新提供适度的激励，也为公众提供较为确定的专利权的边界。❷ 这一简短是发展演变历史，与欧美专利立法和司法实践变化出现了同样的趋势，侵权判定规则集中体现为权利要求的解释规则，而权利要求的权利界定功能和其自身含有的不确定性之缺陷，需要加以限制，权利要求的合理解释规则应当充分考虑专利权的特殊性，通过适当的权利要求解释规则，确定合适的司法裁判尺度，在权利权人与公众之间构建平衡。❸占有理论及其思路在专利法及专利侵权判定中的引入和借鉴，可作为专利权的确定性寻求的一种与既有制度具有一定契合性的新思路。

---

❶　最高人民法院（2009）民申字第 239 号民事判决书。

❷　《欧洲专利公约》第 69 条解释的议定书要求"将专利权的合理保护和对第三方的适当程度的确定性结合"。

❸　徐棣枫. 专利权的扩张与限制 [M]. 北京：知识产权出版社，2007：358.

参考文献

一、中文类

（一）著作类

［1］程永顺，罗李华. 专利侵权判定——中美法条与案例比较研究［M］. 北京：知识产权出版社，1998.

［2］崔国斌. 专利法原理与案例［M］. 北京：北京大学出版社，2016.

［3］陈维国. 美国专利诉讼：规则，判例与实务［M］. 北京：知识产权出版社，2014.

［4］冯晓青，杨利华. 知识产权热点问题研究［M］. 北京：中国人民公安大学出版社，2004.

［5］费安玲. 防止知识产权滥用法律机制研究［M］. 北京：中国政法大学出版社，2009.

［6］国家知识产权局条法司. 最新专利国际条约汇编：下［M］. 北京：知识产权出版社，2002.

［7］国家知识产权局专利复审委员会. 专利复审委员会案例诠释：现有技术与新颖性［M］. 北京：知识产权出版社，2004.

［8］高富平. 物权法原论：中［M］. 北京：中国法制出版社，2001.

［9］甘绍宁. 美国专利诉讼要案解析［M］. 北京：知识产权出版社，2013.

［10］国家知识产权条法司. 新专利法详解［M］. 北京：知识产权出版社，2001.

［11］何敏. 企业知识产权战略［M］. 北京：知识产权出版社，2011.

［12］江镇华. 怎样检索中外专利信息［M］. 北京：知识产权出版社，2001.

［13］寇宗来. 专利制度的功能和绩效［M］. 上海：上海人民出版社，2005.

［14］刘春茂. 知识产权原理［M］. 北京：知识产权出版社，2002.

［15］李明德. 美国知识产权法［M］. 2版. 北京：法律出版社，2014.

［16］吕炳斌. 专利披露制度研究：以 TRIPS 协定为视角［M］. 北京：法律出版社，2016.

［17］曲三强. 现代知识产权法概论［M］. 北京：北京大学出版社，2015.

［18］孙宪忠. 中国物权法总论［M］. 2版. 北京：法律出版社，2009.

［19］孙永生. 民法学中的新发现［M］. 桂林：广西师范大学出版社，2018.

［20］汤宗舜. 专利法解说［M］. 北京：知识产权出版社，2002.

［21］王先林. 知识产权与反垄断法：知识产权滥用的反垄断问题研究［M］. 北京：法律出版社，2001.

［22］王泽鉴. 民法物权：二［M］. 北京：中国政法大学出版社，2001.

［23］吴汉东. 知识产权基本问题研究：总论［M］. 北京：中国人民大学出版社，2009.

［24］王泽鉴. 民法物权·占有［M］. 台北：三民书局，1959.

［25］吴汉东，胡开忠. 无形财产权制度研究［M］. 北京：法律出版社，2005.

［26］徐棣枫. 专利权的扩张与限制［M］. 北京：知识产权出版社，2007.

［27］徐棣枫. 企业并购中的知识产权风险［M］. 南京：南京大学出版社，2013.

［28］夏先良. 知识论：知识产权，知识贸易与经济发展［M］. 北京：对外经济贸易大学
出版社，2000.

［29］徐棣枫，解亘，李友根. 知识产权法：制度·理论·案例·问题［M］. 2版. 北京：
科学技术出版社，2011.

［30］尹新天. 美国专利政策的新近发展动向［M］//刘春田. 中国知识产权评论：第三卷.
北京：商务印书馆，2008.

［31］杨利华. 美国专利法历史研究［M］. 北京：中国政法大学出版社，2012.

［32］尹新天. 中国专利法详解［M］. 北京：知识产权出版社，2011.

［33］叶金强. 公信力的法律构造［M］. 北京：北京大学出版社，2004.

［34］郑成思. 知识产权论［M］. 修订本. 北京：法律出版社，2001.

［35］张乃根. 美国专利法判例选析［M］. 北京：中国政法大学出版社，1995.

［36］张晓都. 郑成思知识产权文集：专利和技术转让卷［M］. 北京：知识产权出版
社，2017.

［37］郑成思. 知识产权论［M］. 3版. 北京：法律出版社，2007.

［38］保罗·爱德华·盖勒. 国际专利的乌托邦？［M］//知识产权研究：第十五卷. 北京：
中国方正出版社，2004.

（二）译著类

［1］亚当·杰夫，乔希·勒纳. 创新及其不满：专利体系对创新与进步的危害及对策
［M］. 罗建平，兰花，译. 北京：中国人民大学出版社，2007.

［2］阿尔伯特·爱因斯坦，可奥波德·英费尔德. 物理学的进化［M］. 周肇威，译. 上海：
上海科学出版社，1962.

［3］A. L. 科宾. 科宾论合同［M］. 王卫国，徐国栋，李浩，等，译. 北京：中国大百科
全书出版社，1997.

［4］巴鲁·列弗. 无形资产——管理，计量和呈报［M］. 王志台，译. 北京：中国劳动社
会保障出版社，2003.

[5] E·博登海默. 法理学：法律哲学与法律方法 [M]. 邓正来，译. 北京：中国政法大学出版社，2004.

[6] 布拉德·谢尔曼，莱昂内尔·本特利. 现代知识产权法的演进：英国的历程（1760—1911）[M]. 金海军，译. 北京：北京大学出版社，2006.

[7] 彼得罗·彭梵得. 罗马法教科书 [M]. 黄风，译. 北京：中国政法大学出版社，1992.

[8] 彼得·达沃豪斯，约翰·布雷斯韦特. 信息封建主义 [M]. 刘雪涛，译. 北京：知识产权出版社，2005.

[9] 多米尼克·格莱克，布鲁诺·范·波特斯伯格. 欧洲专利制度经济学——创新与竞争的知识产权政策 [M]. 张男，译. 北京：知识产权出版社，2016.

[10] 戴维·M·沃克. 牛津法律大辞典 [M]. 李双元等，译. 北京：法律出版社，2003.

[11] 弗雷德里克·波洛克. 普通法上的占有 [M]. 于子亮，译. 北京：中国政法大学出版社，2013.

[12] J. M. 穆勒. 专利法 [M] 3版. 沈超，李华，吴晓辉，等，译. 北京：知识产权出版社，2013.

[13] DRATLER J. 知识产权许可：上 [M]. 王春燕等，译. 北京：清华大学出版社，2003.

[14] 克里斯蒂娜·博翰楠，赫伯特·霍温坎普. 创造无羁限：促进创新中的自由与竞争 [M]. 兰磊，译. 北京：法律出版社，2016.

[15] 罗伯特·P·墨杰斯，彼特·S·迈乃尔，马克·A·莱姆利，等. 新技术时代的知识产权法 [M]. 齐筠，张清，彭霞，等，译. 北京：中国政法大学出版社，2003.

[16] 勒内·达维德. 当代主要法律体系 [M]. 漆竹生，译. 上海：上海译文出版社，1984.

[17] 理查德·A·波斯纳. 法律的经济分析 [M]. 蒋兆康，译. 北京：中国大百科全书出版社，1997.

[18] 迈可尔·N. 米勒. 国外专利诉讼 [M]. 孟庆法，译. 成都：成都科技大学出版社，1987.

[19] 墨杰斯. 新技术时代的知识产权法 [M]. 齐筠，译. 北京：中国政法大学出版社，2003.

[20] 欧洲专利局. 未来知识产权制度的愿景 [M]. 郭民生，杜建慧，刘卫红，译. 北京：知识产权出版社，2008.

[21] 威廉·M·兰德斯，理查德·A·波斯纳. 知识产权法的经济结构 [M]. 金海军，译. 北京：北京大学出版社，2005.

（三）论文类

[1] 袁晓东，孟奇勋. 美国知识风险公司的运作模式及其启示 [J]. 知识产权，2009（5）：78-85.

[2] 曹勇，黄颖. 专利钓饵的诉讼战略及其新发展 [J]. 情报杂志，2012（1）：25-30.

[3] 李明星，刘晓楠，罗鍪，等. 创新视阈下专利许可公司商业模式解构研究 [J]. 科技进步与对策，2014（23）：116-120.

[4] 孙远钊. 专利诉讼"蟑螂"为患？——美国应对"专利蟑螂"的研究分析与动向 [J]. 法治研究，2014（1）：76-86.

[5] 宁立志，宋攀峰. 专利诉权滥用的防范 [J]. 知识产权，2017（10）：22-34.

[6] 王先林. 竞争法视野的知识产权问题论纲 [J]. 中国法学，2009（4）：6-16.

[7] 于海东. 禁止专利权滥用原则及其对反竞争效果之考察 [J]. 知识产权，2017（3）：81-86.

[8] 崔航. 不正当行为原则的发展历程与启示 [J]. 中国发明与专利，2018（1）：36-44.

[9] 朱雪忠，漆苏. 美国专利改革法案内容及其影响评析 [J]. 知识产权，2011（9）：79-89.

[10] 郭羽佼，闫文军. eBay 案与美国专利制度改革 [J]. 科技与法律，2012（2）：34-37.

[11] 吴汉东. 知识产权保护论 [J]. 中国社会科学，2001（1）：68-79.

[12] 徐棣枫. 权利的不确定性与专利法制度创新初探 [J]. 政治与法律，2011（10）：123-136.

[13] 董涛. 知识产权还需要占有制度吗？——知识产权给占有制度带来的困惑与重构 [J]. 浙江大学学报（人文社会科学版），2009（4）：82-91.

[14] 吴汉东. 科技、经济、法律协调机制中的知识产权法 [J]. 法学研究，2001（6）：128-148.

[15] 朱雪忠，漆苏. 美国专利改革法案内容及其影响评析 [J]. 知识产权，2011（9）：79-89.

[16] 吕炳斌. 单独的"书面描述"要求理论探析 [J]. 电子知识产权，2010（10）：41-43.

[17] 徐棣枫，郄志勇. 美国专利案件中的律师费承担规则及其发展 [J]. 知识产权，2014（10）：108-112.

[18] 徐棣枫. 权利的不确定性与专利维权周期——专利法第 4 次修改草案相关方案的探讨 [J]. 南京大学学报（哲学·人文科学·社会科学），2013（5）：66.

[19] 陈武. 问题专利与专利权的重构——拟议中的"美国专利改革法案"思想评述 [J].

环球法律评论, 2009 (4)：53-60.

[20] 闫宇晨, 徐棣枫. 美国最宽合理解释适用的变化及其启示 [J]. 学习与实践, 2018 (9)：68-74.

[21] 徐棣枫. 不正当行为抗辩制度之移植可行性及设计构想——基于《专利法》第四次修改中的"诚实信用原则"[J]. 东方法学, 2018 (6)：30-38.

[22] 吴汉东：财产的非物质化革命与革命的非物质财产化 [J]. 中国社会科学, 2003 (4)：122-133.

[23] 冯晓青. 论知识产权的若干限制 [J]. 中国人民大学学报, 2004 (1)：87-94.

[24] 梁志文. 论专利制度的基本功能 [J]. 吉首大学学报 (社会科学版), 2012 (3)：94-103.

[25] 叶金强. 私法中理性人标准之构建 [J]. 法学研究, 2015 (1)：101-114.

[26] 易继明. 美国创新法案评析 [J]. 环球法律评论, 2014 (4)：148.

[27] 吕炳斌. 专利契约论的二元范式 [J]. 南京大学法律评论, 2012 (秋季卷)：212-222.

[28] 张平. 专利联营之反垄断规制分析 [J]. 现代法学, 2007 (3)：97-104.

[29] 杨利华. 从"特权"到"财产权"：专利权之起源探微 [J]. 湘潭大学学报 (哲学社会科学版), 2009 (01)：40-43.

[30] 徐棣枫. 专利权限制的法律体系重构 [J]. 湖南师范大学社会科学学报, 2008 (1)：35-39.

二、外文类

（一）著作类

[1] BESSEN J, MEURER M J. Patent Failure：How Judges, Bureaucrats, and Lawyers Put Innovators at Risk [M]. Princeton：Princeton University Press, 2008.

[2] BURK D L, LEMLEY M A. The Patent Crisis And How The Courts Can Solve It [M]. Chicago：University of Chicago Press, 2009.

[3] BERRY J. Tangible Strategies for Intangible Assets [M]. New York：McGraw-Hill Companies, 2005.

[4] POSTEMA G J. Bentham and the Common Law Tradition [M]. Oxford：Clarendon Press, 1989.

[5] JAFFE A B, LERNER J. Innovation and Its Discontents：How Our Broken Patent System Is Endangering Innovation and Progress, and What to Do About It [M]. Princeton：Princeton University Press, 2007.

（二）论文类

[1] LEMLEY M A. Rational Ignorance at the Patent Office ［J］. Northwestern University Law Review, 2001（95）：1021-1055.

[2] HYLTON K N. Patent Uncertainty：Toward a Frame Work with Applications ［J］. Boston University Law Review, 2016（96）：1117-1148.

[3] MULLALLY K C. Legal（Un）Certainty, Legal Process, and Patent Law ［J］. Loyola of Los Angeles Law Review, 2010（43）：1108-1159.

[4] SURDEN H. Efficient Uncertainty in Patent Interpretation ［J］. Washington and Lee Law Review, 2011（68）：1737-1821.

[5] DOUGLAS N. Non-Practicing Entities & Patent Reform ［J］. Pace Law Review, 2018（38）：607-633.

[6] SEYMORE S B. Patent Asymmetries ［J］. UC Davis Law Review, 2016（49）：963-1015.

[7] SARNOFF J D. Bilcare, KSR, Presumptions of Validity, Preliminary Relief, and Obviousness in Patent Law ［J］. Cardozo Arts & Entertainment Law Journal, 2008（25）：995-1057.

[8] FELDMAN R, LEMLEY M A. Do Patent Licensing Demands Mean Innovation ［J］. Iowa Law Review, 2015（101）：137-189.

[9] MAMMEN C E. Controlling the "PLAGUE"：Reforming the Doctrine of Inequitable Conduct ［J］. Berkeley Technology Law Journal, 2009（24）：1329-1397.

[10] MAHN G. Keeping Trolls Out of Courts and Out of Pocket：Expanding the Inequitable Conduct Doctrine ［J］. Loyola University Chicago Law Journal, 2014（45）：1245-1306.

[11] MACK K. Reforming Inequitable Conduct to Improve Patent Quality：Cleansing Unclean Hands ［J］. Berkeley Technology Law Journal, 2006（21）：147-175.

[12] LEMLEY M A, WEISER P J. Should Property or Liability Rules Govern Information ［J］. Texas Law Review, 2007（85）：783-841.

[13] TIMOTHY R. Patent Anticipation and Obviousness as Possession ［J］. Emory Law Journal, 2016（65）：987-1050.

[14] MIKSCHE M T, ROTH S W. A Balances Approach to Patent Utilization ［J］. Property Law Review, 2014（5）：99-117.

[15] LICHTMAN D, LEMLEY M A. Rethinking Patent Law′s Presumption of Validity ［J］. Stanford Law Review, 2007（60）：45-72.

［16］ REILLY G. Completing the Picture of Uncertain Patent Scope ［J］. Washington University Law Review, 2014（91）: 1353-1365.

（三）网络资源

［1］ Federal Trade Commission. To Promote Innovation: The Proper Balance of Competition and Patent Law and Policy ［EB/OL］. ［2018-04-20］. https://www.ftc.gov/sites/default/files/documents/reports/promote-innovation-proper-balance-competition-and-patent-law-and-policy/innovationrpt.pdf.

［2］ RPX. 2017 in Review: A Year of Transition ［EB/OL］. ［2018-08-09］. http://www.rpxcorp.com/2018/01/02/2017-in-review-a-year-of-transition/.

［3］ Darts-ip. The Rise of Non-Practicing Entity（NPE）Cases Outside the United States ［EB/OL］. ［2018-11-06］. https://www.darts-ip.com/the-rise-of-non-practicing-entity-npe-cases-outside-the-united-states/.

［4］ Executive Office of the President. Patent Assertion and U.S. Innovation ［EB/OL］. ［2018-10-07］. http://www.whitehousegov/sites/default/files/docs/patent.report.pdf.

［5］ Federal Trade Commission. The Evolving IP Marketplace: Aligning Patent Notic And Remedies with Competition ［EB/OL］. ［2018-09-06］. https://www.ftc.gov/sites/default/files/documents/reports/evolving-ip-marketplace-aligning-patentnotice-and-remedies-competition-report-federal-trade/110307patentreport.pdf.

［6］ A Rule by the Patent and Trademark Office on 10/11/2018: Changes to the Claim Construction Standard for Interpreting Claims in Trial Proceedings Before the Patent Trial and Appeal Board ［EB/OL］. ［2019-03-22］. https://www.federalregister.gov/documents/2018/10/11/2018-22006.

［7］ The White House. Patent Assertion and U.S. Innovation ［EB/OL］. ［2019-03-09］. https://www.whitehouse.gov.

［8］ USPTO. Comments on Changes to the Claim Construction Standard used in AIA Trial Proceedings ［EB/OL］. ［2019-03-03］. https://www.uspto.gov/patents-application-process/patent-trial-and-appeal-board/comments-changes-claim-construction.

后 记

本书是 2013 年度国家社会科学基金项目"专利权的不确定性与专利诱饵的法律规制研究"（13BFX122）的最终研究成果。2007 年 8 月到 2008 年 8 月，笔者赴美国威斯康星大学法学院访学，恰逢美国各界热烈讨论专利诱饵现象和美国专利法如何修改，这引起了笔者的兴趣。美国访学间，笔者收集了大量的相关文献资料，并与威斯康星大学法学院的教授进行了研讨，还积极与美国联邦地区法院法官、专利律师、技术转移和投资机构人士就专利诱饵问题展开交流。回国后，有企业邀请笔者介绍美国专利诱饵及其应对方法，这更激发了笔者对专利诱饵问题开展研究的兴趣，便开始从专利诱饵现象、专利法面临的挑战、专利法如何应对等方面展开研究，并陆续发表了一些成果。

2011 年开始，笔者以专利诱饵为主题申请国家社会科学基金，由于笔者的博士论文以《专利权的扩张与限制》为题，提出专利权具有不确定性的特点，并提出借鉴"占有"制度限制专利权的不确定性的设想，而专利诱饵正是利用专利权的不确定性进行运营的，专利权的不确定性正好可以成为对专利诱饵进行研究和观察的理论起点，并可继续我博士论文的思考。于是笔者在博士论文的基础上展开进一步分析，思考专利诱饵现象、成因及对策，构思了研究思路和方法，列出了详细的研究框架和需要重点分析的难点及突破点。在第一次基金申请失败后，笔者继续完善了研究内容，补充了理论分析，终于在 2013 年获得国家社会科学基金立项。

从 2007 年笔者关注专利诱饵开始，到 2013 年国家社会科学基金立项，虽然有长达六年多的积累，但是基金课题获批后真正开始研究，仍然是困难重重。一方面，美国专利改革过程复杂，大量立法提案被提出，美国专利商标局也出台了很多措施，美国联邦法院的司法实践和理论界的学术争论更是纷繁复杂；另一方面，以专利权不确定性结合财产理论和政府管制为视角对专利诱饵进行研究的成果有限，可供借鉴的理论和学说难寻，而且，传统理论下"占有"对于专利法而言，多数研究认为其适用存在困难。

2017 年，根据新的情况，笔者对课题研究大纲进行了完善，确定了章、节和一、二级标题，列出了详细的编写纲要、观点、内容以及存在的问题和研究重点。2018 年笔者的三位博士研究生加入课题研究，在笔者制定的研究框架和选定的具体研究方向下，按照笔者编制的研究提纲，分别承担了部分文献收集整理和部分内容的初稿编写。其中笔者完成了引言、第一章、第二章和第六章的编写和定稿。孟睿起草了第三章第一稿，严骥起草了第四章第一稿，闫宇晨起草了第五章第一稿。笔者和三位博士生历经十多次讨论、修改，最终由笔者修改、定稿了第三、第四、第五章。本书是笔者和三位博士生共同研究的成果，课题研究历时五年多，期间发表了与课题相关的学术论文十多篇，2019 年 3 月该研究成果提交鉴定，并顺利获得通过。

　　然而，深感遗憾的是，本研究对权利、财产的渊源挖掘尚存有不足。占有理论看似简单，但运用于专利，如何克服无形的障碍并提供具体制度设计，困扰于专利制度为产权化发明而做的复杂和抽象的制度设计；如何具体化并易于理解和简便易行，仍然困难重重，本研究也仅仅是做了初步的尝试。专利本身就往返于公权与私权之间，对于专利的国家干预的理论研究深度和干预措施的具体化也有待进一步挖掘。期待本研究有助于引发研究者的兴趣，共同探讨专利法的基本理论问题，并为专利法的改革和实践如何应对专利诱饵这类行为提供建议。

徐棣枫

2019 年 12 月 1 日